21世纪高职高专能力本位型系列规划教材·经济贸易系列

互联网贸易实务

主　编　符静波

北京大学出版社
PEKING UNIVERSITY PRESS

内 容 简 介

本书以培养学生综合职业能力为主线，介绍了互联网贸易的基础知识和实操内容，国际贸易实务的基本概念、理论知识以及作为国际互联网贸易实操部分的 SimTrade 外贸实习平台。本书配套资源丰富，特别重视实践能力和创新能力的培养。

本书适用于高职高专电子商务、国际商务、国际贸易以及经济管理等相关专业的教学和培训，对从事电子商务和国际贸易的实际工作者及研究人员也具有一定的参考价值。

图书在版编目(CIP)数据

互联网贸易实务/符静波主编．—北京：北京大学出版社，2013.10

(21 世纪高职高专能力本位型系列规划教材·经济贸易系列)

ISBN 978-7-301-23297-2

Ⅰ.①互… Ⅱ.①符… Ⅲ.①国际贸易—电子商务—高等职业教育—教材 Ⅳ.①F713.36

中国版本图书馆 CIP 数据核字(2013)第 233217 号

书　　名：互联网贸易实务

著作责任者：符静波　主编

责 任 编 辑：蔡华兵

标 准 书 号：ISBN 978-7-301-23297-2/F·3762

出 版 发 行：北京大学出版社

地　　址：北京市海淀区成府路 205 号　100871

网　　址：http://www.pup.cn　　新浪官方微博:@北京大学出版社

电 子 信 箱：pup_6@163.com

电　　话：邮购部 62752015　发行部 62750672　编辑部 62750667　出版部 62754962

印　刷　者：北京鑫海金澳胶印有限公司

经　销　者：新华书店

787 毫米×1092 毫米　16 开本　18.5 印张　434 千字

2013 年 10 月第 1 版　2015 年 1 月第 2 次印刷

定　　价：37.00 元

前　　言

互联网贸易是电子商务的重要组成部分之一，它是指通过互联网所进行的贸易活动，或者是指以 Internet 为载体，利用数字化进行的在线交易。在互联网贸易中，贸易活动的各方通过不同的网络服务平台，发布浏览贸易信息、进行贸易洽谈、签订贸易合同、支付货款等。这种基于全球计算机网络的电子贸易具有网络用户多、信息量大、交易快捷、成本低等优势，被称为未来国际贸易的发展方向。

“互联网贸易实务”是跨电子商务专业和国际贸易实务专业的核心课程之一，通过这门课程的学习，学生可以了解国内贸易和国际贸易的基本理论，掌握利用互联网进行国内和国际贸易的方法和技术，熟悉阿里巴巴电子商务平台，并且能够利用 SimTrade 外贸实习平台完成互联网国际贸易的业务流程。

本书以提高学生整体素质为目的，以培养学生综合职业能力为主线，特别重视实践能力和创新能力的培养，适合 60～90 课时的教学安排。

全书共分 4 个模块，简介如下：

模块一　网络贸易实务——互联网贸易的基础知识和理论，包括网络商务信息的采集与处理、网络营销、网络采购、网上交易管理和网络贸易安全。

模块二　国内贸易实务——国内互联网贸易实操部分，以阿里巴巴为例，介绍阿里巴巴电子商务平台，包括在阿里巴巴中文站进行企业信息推广、商机捕获和报价留言管理、网络采购、网上支付、网上洽谈和安全防范。

模块三　国际贸易实务——国际贸易实务的基本概念和理论知识，包括国际贸易术语，有关商品的约定，国际贸易商品的价格，国际货物运输，国际货物运输保险，国际交易的收付，商品检验、索赔、不可抗力和仲裁，国际货物买卖合同的商订和履行，电子商务在国际贸易中的应用。

模块四　SimTrade 外贸实习——国际互联网贸易实操部分，包括交易准备、交易磋商、签订合同、履行合同和其他方式下的履约流程。

除模块四以外，本书各小节均设置了学习目的、每节一练，部分理论性较强的小节还配有案例分析和计算；此外，本书还配有教学大纲、电子课件、参考答案、阿里巴巴中文站 Flash 操作练习题等教学资源。

本书是深圳信息职业技术学院商务管理学院电子商务专业参加国家骨干高职院校建设重点项目之一。本书由符静波主编。

由于“互联网贸易实务”课程还在持续建设和改革之中，加之编写时间仓促，编者水平有限，所以书中不足之处在所难免，敬请各位专家、读者批评指正。

编　者

2013 年 5 月

前 言

目　　录

模块一 网络贸易实务

WANGLUO MAOYI SHIWU

网络贸易是电子商务的重要组成部分之一，它是指在网络平台基础上直接进行在线交易(Trade on Line)，利用数字化技术将企业、海关、运输、金融、商检和税务等有关部门有机连接起来，实现从浏览、洽谈、签约、交货到付款等全部或部分业务自动化处理。广义的网络贸易主要包括互联网贸易和 EDI(Electronic Data Interchange，电子数据交换)无纸贸易两种类型；狭义的网络贸易则仅指互联网贸易。EDI 技术开发应用时间较早，但它是一个封闭性系统，费用昂贵，且技术标准复杂，缺少通用性，至今 EDI 无纸贸易的发展仍较缓慢。互联网贸易(Trade on Internet)是通过 Internet 进行贸易，这种基于全球计算机网络的电子贸易具有网络用户多、信息量大、交易快捷、成本低等优势，被称为未来国际贸易的发展方向。

(1) 网络贸易具有广泛性、时效性、风险性的特点。

① 广泛性——网络贸易的广泛性，是指网络贸易的产生不受地域限制，不受时间限制，也叫整体性，即整个网络贸易的主体是一个整体，对谁都是平等的，也包括随时性，网络商店不存在打烊，只要服务器不关，就是 24h 全天候营业。通过一根网线，将数百亿台计算机联在一起，使得顾客在家里就如同到了商店，挑选购买自己所需的商品，网络使商家与顾客面对面，使顾客与商品面对面，使商家与网络面对面，因此网络广泛性与资源共享性使顾客、商家融为一个整体。

② 时效性——对于商人来说，时间就是金钱，网络贸易的时效性非常强，正如广告词所说，“商机无处不在，只需你现在就点”。“现在”这个词就充分体现了其具有较强的时效性。对于一条有用的商业信息，谁先把握，谁就能最先获利；同样，相同的商业信息，谁先发布，谁就可能先获利，后者就可能失去这样的机会。

③ 风险性——网络贸易由于买卖双方是不见面的，整个交易过程是在网上进行的，所以存在一定的隐蔽性，顾客在购买商品之前可能见不到实物，只能通过介绍或者一些图片信息及视频资料来了解产品的相关信息，在进行交易时，可能存在被卖方欺骗的可能，购买方只能通过自己的判断，确定信息的真实性与有效性，确保自己的利益不受到损失。

(2) 与传统的贸易方式相比，网络贸易优势明显。

① 买卖双方的交易成本大大降低——买卖双方通过网络直接接触，无需贸易中介的参与，减少了交易的中间环节；参与交易的各方只需支付较低的网络通信和管理费用就可存储、交换和处理信息，节省资金，降低成本。由于 Internet 是全球性开放网络，有利于交易双方获得“完整信息”，故降低了市场搜寻成本，减少了交易的不确定性；在网上直接传递电子单证，既可节约纸质单证的制作费用，又可缩短交单结汇时间，节省利息开支。

② 提高有关部门工作效率——现有的网络技术实现了商业用户间标准格式文件(如合同、提单、发票等)的即时传送和交换，买卖双方足不出户，就可在网上直接办理订购、谈判、签约、报关、报检、租船订舱、缴税、支付结算等各项外贸业务手续，大大缩短了交易时间，从而带动了金融、海关、运输、保险等有关部门工作效率的提高。

③ 有利于企业增强竞争地位——公司和厂商可以申请注册域名，在 Internet 上建立自己的网站，通过网页介绍产品、劳务和宣传企业形象，有利于扩大企业知名度，开拓海外市场和提高国际竞争力。此外，网络贸易无时间、地域的限制，受自然条件影响小，可以进行“全天候交易”，同时又有助于及时、准确地掌握市场动态，密切同客户的业务联系。

1.1 网络商务信息采集与处理

【学习目的】

(1) 掌握网络信息的概念、特点和种类。

(2) 掌握网络信息收集与整理的方法、要求和工具。

(3) 掌握网络市场调研的方法。

1.1.1 什么是网络信息

一、网络信息的概念

广义地讲，信息是物质和能量在时间、空间上定性或变量的模型或其他符号的集合。

对于现代企业来说，如果把人才比作企业的支柱，那么信息可看作是企业的生命，是企业一刻也离不开的法宝。网络商务信息不仅是企业进行网络营销决策和计划的基础，而且对于企业的战略管理、市场研究以及新产品开发都有着极为重要的作用。

网络信息与传统商务信息相比较有显著的特点：

(1) 时效性强。由于传统的商务信息传递速度慢、传递渠道不畅，所以经常导致“信息获得了但也失效了”的局面，网络商务信息则可有效地避免这种情况。由于网络信息更新及时，传递速度快，所以只要信息收集者及时发现信息，就可以保证信息的时效性。

(2) 准确性高。绝大部分网络信息的收集是通过搜索引擎找到信息发布源获得的。在这个过程中，减少了信息传递的中间环节，从而减少了信息的误传和更改，有效地保证了信息的准确性。

(3) 便于储存。现代经济生活的信息量非常大，如果仍然使用传统的信息载体，那么存储起来难度相当大，而且不易查找。网络商务信息可以方便地从 Internet 下载到自己的计算机上，然后通过计算机进行信息的管理。同时，在原有的各个网站上，也有相应的信息存储系统。当自己的信息资料遗失后，还可以到原有的信息源中再次查找。

(4) 加工筛选难度大。虽然网络系统提供了许多检索方法，但全球范围的各行各业的海量信息，常常把企业营销人员淹没在信息海洋或者说信息垃圾之中。在浩瀚的网络信息资源中，迅速地找到自己所需要的信息，经过加工、筛选和整理，把反映商务活动本质的、有用的、适合本企业情况的信息提炼出来，这些需要相当一段时间的培训和经验。

二、网络信息的分级

第一级：免费商务信息(主要是社会公益性信息，如在线免费软件、实时股市信息)。

第二级：收取较低费用的信息(一般性的普通类信息，如一般性文章的全文检索信息)。

第三级：收取标准信息费的信息(知识、经济类信息，是信息服务商的主要服务范围)。

第四级：优质优价的信息(有极高使用价值的专用信息，如重要的市场走向分析、网络畅销商品情况调查)。

三、网络信息搜集的基本要求

1. 定义

它是在网络上对商务信息的寻找和调取工作。

(1) 它是一种有目的、有步骤地从各个网络站点查找和获取信息的行为。

(2) 完整的企业网络商务信息收集系统包括:

① 网络检索设备。

② 科学的信息收集方法。

③ 业务精通的网络信息检索员。

2. 要求

(1) 及时。迅速、灵敏地反映销售市场各方面的最新动态。

(2) 准确。信息应真实地反映客观现实,失真度小。信息失真的原因:

① 信源提供的信息不完全、不准确。

② 信息在编码、译码和传递过程中受到干扰。

③ 信宿(信箱)接受信息出现偏差。

(3) 适度。信息要有针对性和目的性,不要无的放矢。

(4) 经济。以最低的费用获得必要的信息。追求经济效益是一切经济活动的中心,也是网络商务信息搜集的原则。

四、网络信息的整理

1. 信息的储存

(1) 定义:把获得的大量信息用适当的方法保存起来,为进一步地加工处理及正确地认识和利用这些信息打下基础。

(2) 从网上下载资料的方法。

① 下载全文。

② 下载图像。

③ 下载并编辑。

④ 摘取资料。

(3) 信息储存的方法。

① 定义:根据信息提取频率和数量,建立一套适合需要的信息库系统。

② 特点:容量越大,信息储存越多,对决策越有帮助。目前,比较常见的存储介质有硬盘、光盘、U 盘等。

③ 缺点:大容量信息库的提取和整理比较麻烦,浪费了信息库的空间。

2. 信息的整理

(1) 定义:将获取和储存的信息条理化及有序化的工作,旨在提高信息的价值和效率,防止库中的信息滞留,发现所储存信息内部新的联系,为信息的加工做好准备。

（2）步骤：

① 明确信息来源。

② 浏览信息，添加文件名。

③ 按主题分类。

④ 建立信息管理系统。

⑤ 初步筛选。

3. 信息的加工处理

（1）定义：信息的加工处理是将各种有关信息进行比较分析，并以自己企业的目标为基本参照点，发挥人的才智，进行综合设计，形成新的信息产品，如市场调查报告、营销计划、销售决策、新的人事安排等。

（2）方式：人工处理和机器处理。人工处理是指由人脑，包括专家和专家集团进行信息处理；机器处理是指计算机的信息处理。两种方式各有优劣：人工处理可以识别和接受多种多样的明确信息和模糊信息，并在信息处理的过程中加入一定的人情因素；计算机有强大的计算功能，速度和准确性要超过人脑，但是计算机的处理只能按照既定的程序来进行，无法加入情感因素。综合这两种“信息处理器”的优点，形成一个合理的人机结合的“一人一机”信息处理系统，是当前信息处理的较好方法。

1.1.2 网络信息收集工具

一、搜索引擎

搜索引擎是在 Internet 上进行信息资源搜索和定位的基本工具，起源于传统的信息全文检索理论，即计算机程序通过扫描每一篇文章中的每一个词，建立以词为单位的排序文件，然后检索程序根据检索词在每一篇文章中出现的频率和每一个检索词在一篇文章中出现的概率，对包含这些检索词的文章进行排序，最后输出排序的结果。搜索引擎除了需要有全文检索系统之外，还要有所谓的“蜘蛛”(SPIDER)系统，即能够从互联网上自动收集网页的数据搜集系统。“蜘蛛”系统将搜集所得的网页内容交给索引和检索系统处理，就形成了常见的互联网搜索引擎系统。

互联网搜索引擎是一个全自动的软件服务，并且非常容易在搜索结果网页中插入具有很高针对性的广告，一旦投入运转，其收益与成本的比率远高于一般的网站内容服务。根据中国环联网信息中心(CNNIC)统计，在中国网民中，搜索是排在电子邮件之后的第二大互联网应用。百度是国内最大的商业化全文搜索引擎，占国内 80%的市场份额，其功能完备，搜索精度高，除数据库的规模及部分特殊搜索功能外，其他方面可与当前的搜索引擎业界领军人物 Google 相媲美，在中文搜索支持方面有些地方甚至超过了 Google，是目前国内技术水平最高的搜索引擎。

常用的高级搜索语法有以下 5 种。

1. 把搜索范围限定在网页标题中——intitle

网页标题通常是对网页内容提纲挈领式的归纳。把查询内容范围限定在网页标题中，有时能获得良好的效果。其使用的方式是把查询内容中特别关键的部分，用“intitle:”领起来。例如，找林青霞的写真，就可以这样查询：“写真 intitle：林青霞”。注意：“intitle:”和后面的关键词之间不要有空格。

2. 把搜索范围限定在特定站点中——site

有时候，如果知道某个站点中有自己需要找的东西，就可以把搜索范围限定在这个站点中，提高查询效率。其使用的方式是在查询内容的后面，加上“site：站点域名”。例如，天空网下载软件不错，就可以这样查询：“msn site：skycn. com”。注意：“site:”后面跟的站点域名不要带“http://”；另外，“site:”和站点名之间不要带空格。

3. 把搜索范围限定在 url 链接中——inurl

网页 url 中的某些信息常常有某种有价值的含义，如果对搜索结果的 url 做某种限定，就可以获得良好的效果。其实现的方式是用“inurl:”，后跟需要在 url 中出现的关键词。例如，找关于 Photoshop 的使用技巧，可以这样查询：“Photoshop inurl：jiqiao”。上面这个查询串中的“Photoshop”是可以出现在网页的任何位置，而“jiqiao”则必须出现在网页 url 中。注意：“inurl:”语法和后面所跟的关键词之间不要有空格。

4. 精确匹配——双引号和书名号

如果输入的查询词很长，则百度在经过分析后，给出的搜索结果中的查询词，可能是拆分的；如果用户对这种情况不满意，则可以尝试让百度不拆分查询词。此时，给查询词加上双引号，就可以达到这种效果。例如，搜索上海科技大学，如果不加双引号，搜索结果被拆分，效果不是很好，但当加上双引号后，即“上海科技大学”，获得的结果就全是符合要求的了。

书名号是百度独有的一个特殊查询语法。在其他搜索引擎中，书名号会被忽略，而在百度中，中文书名号是可被查询的。加上书名号的查询词，有两层特殊功能：一是书名号会出现在搜索结果中；二是被书名号括起来的内容，不会被拆分。

书名号在某些情况下特别有效果，如查名字很通俗和常用的那些电影或者小说。例如，查电影“手机”，如果不加书名号，很多情况下出来的是通信工具——手机，而在加上书名号后，《手机》结果就都是关于电影方面的了。

5. 要求搜索结果中不含特定查询词

如果用户发现搜索结果中，有某一类网页是不希望看到的，而且这些网页都包含特定的关键词，那么用减号语法，就可以去除所有这些含有特定关键词的网页。例如，搜“神雕侠侣”，希望是关于武侠小说方面的内容，却发现很多关于电视剧方面的网页。那么就可以这样查询：“神雕侠侣　－电视剧”。注意：前一个关键词和减号之间必须有空格，否则减号会被当成连字符处理，而失去减号语法功能；减号和后一个关键词之间有无空格均可。

二、电子邮件

电子邮件也称 E-mail，它是用户之间通过计算机网络收发信息的服务，是网络用户之间快捷、简便、可靠且成本低廉的现代化通信手段，也是互联网上使用最广泛、最受欢迎的服务之一。

1. 利用电子邮件收集商务信息的步骤

（1）获得客户的电子邮件地址。

① 查阅企业原有客户的邮件地址。

② 企业网站上建立留言簿供访问者留言和签名，获得他们的电子邮件。

③ 在网站上建立与产品或者服务内容相关联的讨论，以吸引客户参加并留下电子邮件地址。

④ 通过专门的电子邮件地址服务商租用或购买。

⑤ 通过专用的电子邮件地址收集软件，在特定的范围内收集。

（2）制作网上调查问卷。

（3）通过电子邮件向客户派发。

（4）在自己的信箱中接收客户反馈信息，汇集反馈信件，统计问卷返回比例。

2. 利用电子邮件收集商务信息的技巧

（1）主动出击。

（2）准确定位。

（3）注意发送周期。

（4）强调管理技巧。

3. 利用电子邮件收集商务信息的注意事项

（1）避免滥发邮件。

（2）避免邮件没有主题或主题不明确。

（3）避免隐藏发件人姓名。

（4）避免邮件内容繁杂。

（5）避免邮件内容采用附件形式。

三、BBS

BBS是“Bulletin Board System”的缩写，翻译成中文为“电子布告栏系统”或“电子公告牌系统”。BBS是一种电子信息服务系统，它向用户提供了一块公共电子白板，每个用户都可以在上面发布信息或提出看法。现在，多数网站上都建立了自己的BBS系统，供网民通过网络来结交更多的朋友，表达更多的想法。目前，国内的BBS已经十分普遍，可以说是不计其数。

利用BBS收集信息的步骤一般为：

（1）登录某个BBS网站，注册为会员。

（2）以会员身份登录，浏览相关论坛上主帖子并收集感兴趣的信息。

四、新闻组

1. 新闻组的概念

简单地说，新闻组(Usenet或News Group)就是一个基于网络的计算机组合，这些计算机被称为新闻服务器，不同的用户通过一些软件可连接到新闻服务器上，阅读其他人的消息并可以参与讨论。新闻组是一个完全交互式的超级电子论坛，是任何一个网络用户都能进行相互交流的工具。

国际新闻组在命名、分类上有其约定俗成的规则。新闻组由许多特定的集中区域构成，这些集中区域就被称为类别，具体见表1-1。

表1-1 常见的新闻组顶级类别

Biz	商业类	sci	科学类
Comp	计算机类	soc	社会、文化、宗教类
News	网络新闻类	talk	辩论类
rec	娱乐类	misc	杂类
Usenet	本身	alt	可供选择的类别

新闻组在命名时以句点间隔，通过上面的主题分类，人们可以一眼看出新闻组的主要内容。

2. 订阅、阅读及回复新闻组的方法

处理新闻组的基本工具是Outlook Express。要订阅和浏览新闻组上的新闻，首先要在Outlook Express中添加新闻组账户，并从该新闻组上将所订阅的新闻下载到本地计算机才能进行浏览和回复。

添加新闻组账户需要知道要链接的新闻组服务器名称或地址，必要时还需要知道账户名和密码。新闻组服务器名称可以通过搜索引擎网站获得。

几个常见的新闻组服务器名称及地址见表1-2。

表1-2 常见的新闻组服务器名称及地址

新闻组	服务器名称及地址	新闻组	服务器名称及地址
宁波新闻组	news. cnnb. net	微软新闻组	msnew. microsoft. com
新帆新闻组	news. newsfan. net	幽谷新闻组	hermitage. vicp. net
香港新闻组	news. newsgroup. com. hk	风中纸叶	fzhzhy. 3322. org
万千新闻组	202. 102. 170. 164	希网新闻组	news. cn99. com

下面以宁波新闻组为例，介绍添加新闻组账户的基本操作(图1.1)。

(1) 打开Outlook在“工具”菜单中选择“账户”，在“Internet账户”对话框中单击【添加】按钮。选择“新闻”命令以打开“Internet连接向导”对话框，前两步与设置邮件账户相同，之后弹出的“Internet News服务器名”对话框如图1.1(a)所示。然后，在文本框中输入新闻组服务器名称，单击【下一步】按钮。

(2) 新闻组服务器被添加到“Internet账户”选项中的“新闻”列表中。单击【关闭】按钮，根据系统提示确定下载新闻组，可以看到新闻组下载的对话框，图1.1(b)所示为正在下载新闻组。

(3) 当下载完毕后，在弹出的“新闻组预订”对话框中的“新闻组”列表中，选中新闻组，单击【订阅】按钮，在选中的新闻组前边出现被订阅的标记，单击【确定】按钮完成新闻组的订阅，如图 1.1(c)所示。

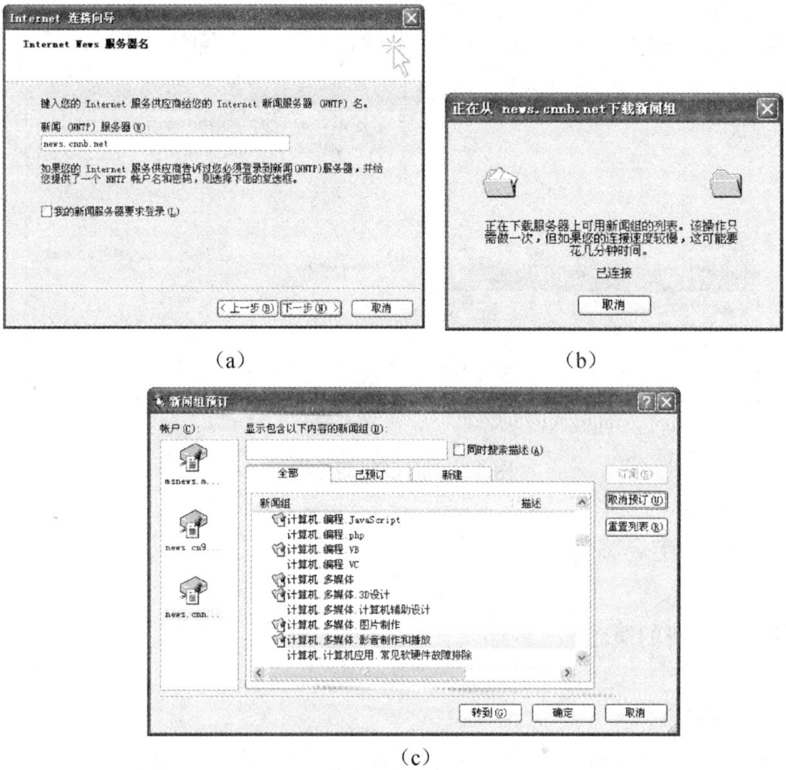

图 1.1　下载新闻组操作

3. 阅读新闻、获取新闻

（1）在线阅读新闻。在文件夹列表中，选择一个新闻组，该组下的所有新闻主题都会显示在新闻列表框中。用户在新闻列表中选中某一主题，预览窗格会显示新闻的具体内容，并且在预览窗格的顶部显示该新闻的发件人、收件人和主题，如图 1.2 所示。

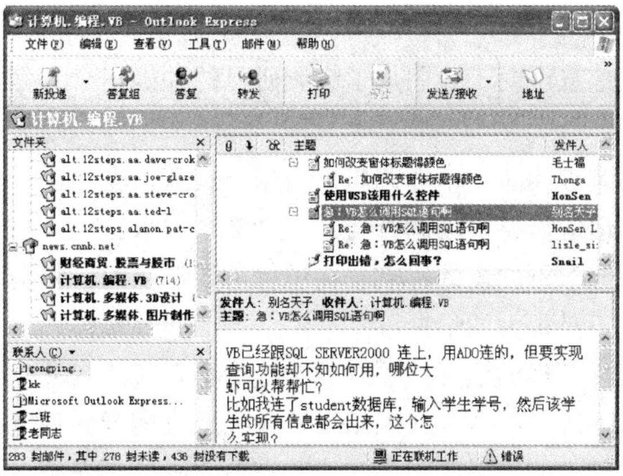

图 1.2　在线阅读新闻操作

（2）离线阅读新闻。将新闻组下载到硬盘上，即使断开 Internet 也可以阅读新闻组邮件。

① 设置新闻组的同步下载属性。在 Outlook Express 主窗口，选择“工具”→“同步新闻组”命令，弹出“同步新闻组”对话框，根据自己的需要进行相应的设置，如图 1.3(a)所示。

② 单击【确定】按钮进行新闻组的同步下载，如图 1.3(b)所示。

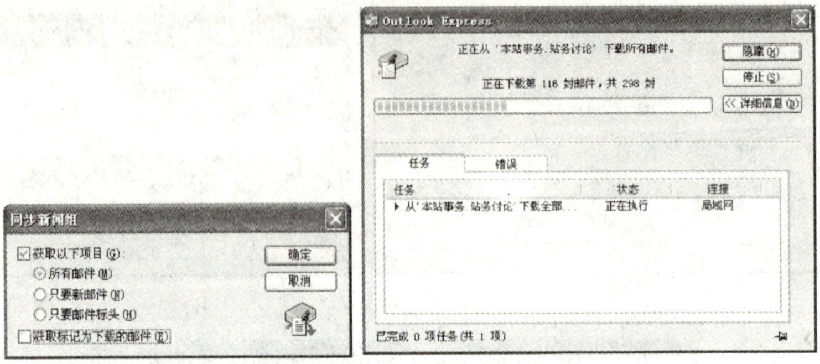

(a)　　　　　　　　　　(b)

图 1.3　同步新闻组操作

1.1.3　如何开展网络市场调研

一、网络市场调研的概念

1. 网络市场调研的原则

在线调查常用于产品调查、消费者行为调查、顾客意见以及品牌形象调查等方面，是获得第一手调研资料的有效工具。提高在线调查结果的质量是开展网络市场调研过程的关键，其应遵循以下原则：

(1) 认真设计在线调查表。在线调查表应主题明确、简洁明了，问题便于被调查者正确理解和回答，且便于调查结果的处理，这是所有问卷设计的基本原则。

(2) 吸引尽可能多的人参与调查。参与者的数量对调查结果的可信度至关重要。

(3) 尽量减少无效问卷。提醒被调查者对遗落的项目或者明显超出正常范围的内容进行完善。

(4) 公开保护个人信息声明。让用户了解调研目的并确信个人信息不会被公开或者用于其他任何场合。

(5) 避免滥用市场调查功能。市场调研也向用户透露出企业的某些动向，使得市场调查具有一定的营销功能，但应该将市场调查与营销严格区别来。

(6) 尽量降低样本分布不均衡的影响。在进行市场调研时，要对网站用户结构有一定的了解，尤其在样本数量不是很大的情况下。

(7) 奖项设置合理。合理的设置奖项有助于减少不真实的问卷。

(8) 多种网上调研手段相结合。在网站设置在线调查问卷是最基本的调研方式，但并不限于这种方式，常用的网上调研手段除了在线调查表之外，还有电子邮件调查、对访问者的随机抽样调查、固定样本调查等。根据调查目的和预算，采取多种网上调查手段相结合的方法，以最小的投入取得尽可能多的有价值的信息。

2. 网络市场调研的特点

（1）及时性和共享性。

（2）便捷性和低费用。

（3）可检验性和低费用。

（4）交互性和充分性。

3. 网络市场调研的内容

（1）市场需求研究。

（2）用户及消费者购买行为的研究。

（3）营销因素研究。

（4）竞争对手研究。

（5）宏观环境研究。

二、网络市场调研的方法

1. 网上直接调查

网上直接调查一般只适合于针对特定问题进行专项调查，其中网上问卷调查法是最常用的方法。

（1）主动调查法。调查者主动组织调查样本，完成统计调查的方法。主动调查法以E-mail方式为代表，通过 E-mail 将问卷发送给调查者，被调查者在完成后将结果通过 E-mail 返回。

① 优点：可以有选择性地控制被调查者。

② 缺点：容易引起被访问者的反感，有侵犯个人隐私之嫌。因此，当使用该方式时首先应取得被访问者的同意。

（2）被动调查法。调查者被动地等待调查样本造访，完成统计调查的方法。

① 优点：填写者一般是自愿性的。

② 缺点：无法核对问卷填写者的真实情况，同时为达到一定问卷数量，站点还必须进行适当宣传，以吸引大量访问者。

2. 网上间接调查

网上间接调查主要利用互联网收集与企业营销相关的市场、竞争者、消费者以及宏观环境等信息。企业用得最多的还是网上间接调查方法，因为它的信息能广泛满足企业管理决策需要。

它的收集渠道包括 WWW、新闻组、BBS、邮件列表，其中 WWW 是最主要的信息来源。

三、网络市场调研的实施

1. 网络市场调研的操作流程

（1）根据企业经营目标制订网络调研计划。

（2）根据企业计划组织实施网上市场调查。

（3）处理分析网上调查资料。

（4）撰写网络调研报告。

2. 制订网络市场调研计划

（1）明确调研目的。明确调研目的是首先要解决的问题，决不可过于笼统。比较典型的目的包括了解市场需求、了解消费者购买动机、研究营销因素和宏观环境、研究竞争对手等。

（2）确定调研对象。依据调研目的，就可以决定调查对象。

（3）选择调查方法。不同的调研对象适用的调查方法是不同的。例如，对于现有及潜在的消费者的调研，网上直接调查法(通过调查问卷)较为合适；而对于竞争对手的调研，网上间接调查法(通过网络通信)更为合适。

（4）确定调查进度和人员需求。

（5）确定调研费用预算。将调研所需人力、物力及奖励计划所需各项费用汇总起来，确定调研费用预算。

3. 实施网络市场调研

（1）设计调研问卷。调研问卷一般包括问卷说明、调研内容、结束语3个部分。

① 问卷说明。问卷说明包括称呼、调研目的、填写者受益情况、主办单位和感谢语等。如果涉及个人资料，那么应该有隐私保护说明。

② 调研内容。调研内容是调研问卷的主题，主要包括根据调研目的所设计的调研问题与参考选择答案等。

③ 结束语。在结束语中，一般再次向填写者表示感谢或致意，此外还可注明公司的标志性信息。

（2）设计网上调查问卷。网上调查问卷可以直接根据传统的市场调研问卷的形式制作。问卷可由多个问题组成，包括需用户输入信息的填空问题、单项选择问题、多项选择问题，并可指定必答项和非必答项，且问卷生成前和生成后都可即时修改。问卷应清楚写明自己企业的所在地、通信地址和联系方式。

（3）问卷设计应注意的问题。

① 问题设计应力求简明扼要，一般所提问题不应超过20项。

② 所提问题不应有偏见或误导。

③ 不要诱导人们回答。

④ 问题应是能在记忆范围内回答的。

⑤ 必须明确提问的意思和范围。

⑥ 以过滤性的提问方法来展开问题。

⑦ 避免引起人们反感的问题。

⑧ 调查表中的所有问题都应能够得到精确答案。

问卷制作步骤见表1-3。

表 1-3 问卷制作步骤

阶 段	步 骤	内 容
事前准备	调查目的的确认与明确化	调查目的的确认
		原有资料、信息的分析，设定假说
		汇总、分析方法的确定
调查问卷的设计	确定调查项目和提问项目	确定调查项目
		确定提问项目
	设定问题项目的制作	提问形式、回答形式的推敲
		设定问题方案内容的推敲
		措辞用字的检查
		确定回答项目
	提问顺序的推敲	
	进行预备测试(模拟试验)	
事后的检查	调查问卷的完成	根据预备测试进行修正，印刷、校对，调查问卷的完成

4. 网络调查资料的处理分析

(1) 处理分析流程。

① 进行资料处理工作。对所收集的资料进行去粗取精、去伪存真、由此及彼、由表及里的加工处理。

② 进行资料分析工作。将经过挑选处理的数据资料导入数据库中，并使用某种分析方法对问卷数据进行加工、分析、处理，得出有关分析数据或图表。

(2) 常用的数据分析方法。

① 回归分析：常用最小二乘法或求截距的方法计算回归系数。

② 判别分析：有距离判别、Fisher 判别、Bayes 判别等。

③ 相关分析：两个变量之间不精确、不稳定的变化关系被称为相关关系。

④ 聚类分析：又被称为群分析和类分析，常用的聚类方法有样品聚类法、系统聚类法、模糊聚类法等。

⑤ 时间序列分析：一般采用曲线拟合和参数估计方法(如非线性最小二乘法)进行。

(3) 常用的分析图表。

① 圆饼图：表示部分与整体的比例关系。

② 曲线图：表示现象在时间上的变化趋势、现象的分配情况和两个现象之间的依存关系，可分为简单曲线图和复合曲线图。

③ 柱形图：清楚地表现各种不同数值资料相互对比的结果，可分为简单柱形图和复合柱形图。

④ 其他图形：散点图、面积图、高低图、控制图、雷达图、箱图等。

5. 撰写网络市场调研报告

(1) 题目。依据报告的内容和表达需求，选用标题。其中，调研对象是标题的核心要素。

(2) 目录。要写明报告各部分内容的名称，包括题目、大标题、小标题、附件及各部分内容所在的页码，使读者对报告的整体框架有一个整体的了解。

(3) 概要。简明扼要地写出时间、地点、对象、范围、目的，说明调查宗旨和采用方法，介绍全文的主要内容和取得的主要收获，交代主要背景或主要结论。

(4) 正文。市场调研报告的核心部分。

① 现状部分：指已成为事实的客观情况。

② 预测部分：通过对现状部分资料数据的具体分析和计算，预测出经济活动发展的趋势和规律，这部分内容是报告的重点所在。

(5) 结论。主要依据正文的情况介绍和预测分析，得出调研的结果。

(6) 建议。也可写作“对策”、“意见”，这部分内容是市场调研报告的最终目的和落脚点。

(7) 附件。不破坏报告整体性，应将市场调研成文过程中涉及的一些较为重要的原始材料和调查问卷、相关政策法规附在报告后。这部分内容是一份完整的市场调研报告所必需的。

每节一练

一、不定项选择题

1. 网络信息本身所具有的总体价格水平可以分为(　　)个等级。

A. 1　　B. 2　　C. 3　　D. 4

2. 网络信息的特点有(　　)。

A. 时效性强　　B. 准确性高　　C. 便于储存　　D. 加工筛选难度大

二、判断题

1. 网络商务信息收集越多越好。　(　　)

2. 为了更多地了解客户的想法，调查问卷的问题越多越好。　(　　)

3. 新闻组只是用来看新闻的。　(　　)

三、问答题

1. 网络商务信息分哪些级别?

2. 网络商务信息收集有哪些基本要求?

3. 网络市场调研应遵循哪些原则?

4. 网络市场调研有哪些方法?

四、操作题

1. 通过搜索引擎收集一条商业信息。

2. 利用 Outlook Express 下载新闻组“news. newsfan. net”，利用该新闻组收集有关“××专业应具备的技能”的信息。

3. 就学校食堂伙食问题设计一份至少包含 10 个问题的简单的调查问卷。

1.2 网络营销

【学习目的】

(1) 了解网络营销的概念和分类。

(2) 了解网络营销的特点和优势。

(3) 了解网络营销的职能。

(4) 掌握网络营销的常用方法。

1.2.1 什么是网络营销

一、网络营销的概念

网络营销(On-line Marketing 或 E-Marketing)就是以国际互联网络为基础，利用数字化的信息和网络媒体的交互性来辅助营销目标实现的一种新型的市场营销方式。简单地说，网络营销就是以互联网为主要手段进行的，为达到一定营销目的的营销活动。网络营销概念的同义词包括网上营销、互联网营销、在线营销等。

“网络营销是企业整体营销战略的一个组成部分，是为实现企业总体经营目标所进行的，以互联网为基本手段营造网上经营环境的各种活动。”这是八加八网络营销公司对网络营销的定义，被各种网络营销教材和网络营销论文广泛引用。

网络营销具有很强的实践性特征，从实践中发现网络营销的一般方法和规律，比空洞的理论讨论更有实际意义。因此，如何定义网络营销其实并不是最重要的，关键是要理解网络营销的真正意义和目的，也就是充分认识互联网这种新的营销环境，利用各种互联网工具为企业营销活动提供有效的支持。这也是网络营销研究必须重视网络营销实用方法的原因。

二、网络营销的分类

1. 按照服务对象的不同分类

(1) 个人网络营销。个人可以通过网络的方式进行营销，目前这种方式已经广泛地被广大网民使用，典型的应用如“淘宝卖家”、“芙蓉姐姐”、“凤姐”等通过网络的方式出名的网络炒家的作品。

(2) 企业网络营销。网络的商用价值应该成为互联网营销的主流，目前大量的企业通过网络营销的方式拓展自己的业务。

2. 按照应用范围分类

（1）广义的网络营销。网络营销就是以互联网为主要手段（包括 Intranet 企业内部网、EDI 行业系统专线网及 Internet 国际互联网）开展的营销活动。

（2）狭义的网络营销。狭义的网络营销是指组织或个人基于开放便捷的互联网络，对产品、服务所做的一系列经营活动，从而达到满足组织或个人需求的全过程。

（3）整合网络营销。2002 年，资深网络营销实践者敖春华提出整合网络营销概念：网络营销是企业整体营销战略的一个组成部分，是为实现企业总体经营目标所进行的，以互联网为基本手段营造网上经营环境的各种活动。这个定义的核心是经营网上环境，这个环境可以理解为整合营销所提出的一个创造品牌价值的过程，整合各种有效的网络营销手段以营造更好的营销环境。

（4）颠覆式网络营销。2010 年爆发"颠覆式网络营销"模式，创始人郑俊雅认为企业应跳出此普通层面，以高端的商业策划为指导，突破常规网络营销方法，创造出独特、新颖、创意、吸引、持久的颠覆式网络营销方法，才能实现网络营销效果。

3. 按照具体推广方式分类

其可分为口碑营销、网络广告、媒体营销、事件营销、搜索引擎营销、E-mail 营销、数据库营销、短信营销、电子杂志营销、病毒式营销、问答营销、针对 B2B 商务网站的产品信息发布以及平台营销等。

4. 按照与顾客互动交流分类

（1）在线咨询、留言本、在线咨询表单、QQ、MSN 等为代表的即时通信；百度商桥、53KF 等为代表的在线客服。

（2）E-mail 邮件及邮件列表。

（3）Help 或 FAQS（常见问题解答）。

（4）企业论坛（BBS）或顾客交流社区。

三、网络营销的特点

随着互联网技术发展的成熟以及互联网成本的低廉，互联网好比是一种"万能胶"，将企业、团体、组织以及个人跨时空联结在一起，使得他们之间信息的交换变得"唾手可得"。

1. 时域性

营销的最终目的是占有市场份额，由于互联网能够超越时间约束和空间限制进行信息交换，使得营销脱离时空限制进行交易变成可能，企业有了更多时间和更大的空间进行营销，可每周 7 天、每天 24h 提供全球性营销服务。

2. 多媒体

互联网被设计成可以传输多种媒体的信息，如文字、声音、图像等信息，使得为达成交易进行的信息交换能以多种形式存在和交换，以充分发挥营销人员的创造性和能动性。

3. 交互式

互联网通过展示商品图像，商品信息资料库提供有关的查询，来实现供需互动与双向沟通。此外，还可以进行产品测试与消费者满意调查等活动。互联网为产品联合设计、商品信息发布以及各项技术服务提供最佳工具。

4. 个性化

互联网上的促销不仅是一对一的、理性的、消费者主导的、非强迫性的、循序渐进式的，而且是一种低成本与人性化的促销，避免推销员强势推销的干扰，并通过信息提供和交互式交谈，与消费者建立长期良好的关系。

5. 成长性

互联网使用者数量快速成长并遍及全球，使用者多属年轻、中产阶级、高教育水准，由于这部分群体购买力强而且具有很强市场影响力，因此是一项极具开发潜力的市场渠道。

6. 整合性

一方面，互联网上的营销可由商品信息到收款、售后服务一气呵成，因此也是一种全程的营销渠道；另一方面，企业可以借助互联网将不同的传播营销活动进行统一设计规划和协调实施，以统一的传播资讯向消费者传达信息，避免不同传播中不一致性产生的消极影响。

7. 超前性

互联网是一种功能最强大的营销工具，它同时兼具渠道、促销、电子交易、互动顾客服务以及市场信息分析与提供的多种功能。其所具备的一对一营销能力，正是符合定制营销与直复营销的未来趋势。

8. 高效性

计算机可储存大量的信息，代消费者查询，可传送的信息数量与精确度，远超过其他媒体，并能应市场需求，及时更新产品或调整价格，因此能有效了解并满足顾客的需求。

9. 经济性

通过互联网进行信息交换，代替以前的实物交换，一方面可以减少印刷与邮递成本，可以无店面销售，免交租金，节约水电与人工成本；另一方面可以减少由于迂回多次交换带来的损耗。

10. 技术性

建立在以高技术作为支撑的 Internet 基础上的网络营销，使企业在实施网络营销时必须有一定的技术投入和技术支持，必须改变企业传统的组织形态，提升信息管理部门的功能，引进懂得营销与计算机技术的复合型人才，才能具备和增强本企业在网络市场上的竞争优势。

四、网络营销的优势

(1) 网络媒介具有传播范围广、速度快、无时间地域限制、无时间版面约束、内容详尽、多媒体传送、形象生动、双向交流、反馈迅速等特点，有利于提高企业营销信息传播的效率，增强企业营销信息传播的效果，降低企业营销信息传播的成本。

（2）网络营销无店面租金成本，且能实现产品直销，帮助企业减轻库存压力，降低经营成本。

（3）国际互联网覆盖全球市场，通过它企业可方便快捷地进入任何一国市场，尤其是世贸组织第二次部长会议决定在下次部长会议之前不对网络贸易征收关税，网络营销更为企业架起了一座通向国际市场的绿色通道。

五、网络营销的职能

网络营销的职能不仅表明了网络营销的作用和网络营销工作的主要内容，而且也说明了网络营销所应该可以实现的效果，对网络营销职能的认识有助于全面理解网络营销的价值和网络营销的内容体系。

1. 网络品牌

网络营销的重要任务之一就是在互联网上建立并推广企业的品牌，知名企业的网下品牌可以在网上得以延伸，一般企业则可以通过互联网快速树立品牌形象，并提升企业整体形象。网络品牌建设是以企业网站建设为基础，通过一系列的推广措施，达到顾客和公众对企业的认知和认可。在一定程度上说，网络品牌的价值甚至高于通过网络获得的直接收益。

2. 网址推广

这是网络营销最基本的职能之一，在几年前，人们甚至认为网络营销就是网址推广。相对于其他功能来说，网址推广显得更为迫切和重要，网站所有功能的发挥都要以一定的访问量为基础，因此网址推广是网络营销的核心工作。

3. 信息发布

网站是一种信息载体，通过网站发布信息是网络营销的主要方法之一。同时，信息发布也是网络营销的基本职能，所以也可以这样理解，无论哪种网络营销方式，结果都是将一定的信息传递给目标人群，包括顾客/潜在顾客、媒体、合作伙伴、竞争者等。

4. 在线调研

通过在线调查表或者电子邮件等方式，可以完成网上市场调研，相对传统市场调研，网上调研具有高效率、低成本的特点，因此网上调研成为网络营销的主要职能之一。

5. 销售促进

营销的基本目的是为增加销售提供帮助，网络营销也不例外，大部分网络营销方法都与直接或间接促进销售有关，但促进销售并不限于促进网上销售。事实上，网络营销在很多情况下对于促进网下销售十分有价值。

6. 销售渠道

一个具备网上交易功能的企业网站本身就是一个网上交易场所，网络销售是企业销售渠道在网上的延伸，网络销售渠道建设也不限于网站本身，还包括建立在综合电子商务平台上的网上商店及与其他电子商务网站不同形式的合作等。

7. 顾客服务

互联网提供了更加方便的在线顾客服务手段，从形式最简单的 FAQ 到邮件列表以及 BBS、MSN、聊天室等各种即时信息服务，顾客服务质量对于网络营销效果具有重要影响。

8. 顾客关系

良好的顾客关系是网络营销取得成效的必要条件，通过网站的交互性、顾客参与等方式，在开展顾客服务的同时，也增进了顾客关系。

开展网络营销的意义就在于充分发挥各种职能，让网上经营的整体效益最大化，因此仅仅由于某些方面效果欠佳就否认网络营销的作用是不合适的。网络营销的职能是通过各种网络营销方法来实现的，网络营销的各个职能之间并非相互独立的，同一个职能可能需要多种网络营销方法的共同作用，而同一种网络营销方法也可能适用于多个网络营销职能。

1.2.2 网络营销常用的方法

一、搜索引擎营销

搜索引擎营销分两种：SEO 与 PPC。SEO 即搜索引擎优化，是通过对网站结构(内部链接结构、网站物理结构、网站逻辑结构)、高质量的网站主题内容、丰富而有价值的相关性外部链接进行优化而使网站对用户及搜索引擎更加友好，以获得在搜索引擎上的优势排名为网站引入流量。PPC 是指购买搜索结果页上的广告位来实现营销目的，各大搜索引擎都推出了自己的广告体系，相互之间只是形式不同而已。搜索引擎广告的优势是相关性，由于广告只出现在相关搜索结果或相关主题网页中，所以搜索引擎广告比传统广告更加有效，客户转化率更高。

二、交换链接

交换链接或称互换链接，它具有一定的互补优势，是两个网站之间简单的合作方式，即分别在自己的网站首页或者内页放上对方网站的 LOGO 或关键词并设置对方网站的超级链接，使得用户可以从对方合作的网站中看到自己的网站，达到互相推广的目的。交换链接主要有几个作用，即可以获得访问量、增加用户浏览时的印象、在搜索引擎排名中增加优势、通过合作网站的推荐增加访问者的可信度等。更值得一提的是，交换链接的意义已经超出了是否可以增加访问量，比直接效果更重要的在于业内的认知和认可。

三、网络广告

几乎所有的网络营销活动都与品牌形象有关，在所有与品牌推广有关的网络营销手段中，网络广告的作用最为直接。标准标志广告曾经是网上广告的主流(虽然不是唯一形式)，进入 2001 年之后，网络广告领域发起了一场轰轰烈烈的创新运动，新的广告形式不断出现，新型广告由于克服了标准条幅广告条承载信息量有限、交互性差等弱点，因此获得了相对比较高一些的点击率。

四、信息发布

信息发布既是网络营销的基本职能，又是一种实用的操作手段。通过互联网，不仅可以浏览到大量商业信息，而且可以自己发布信息。最重要的是，将有价值的信息及时发布在自己的网站上，以充分发挥网站的功能，如新产品信息、优惠促销信息等。

五、许可 E-mail 营销

基于用户许可的 E-mail 营销比传统的推广方式或未经许可的 E-mail 营销具有明显的优势，如可以减少广告对用户的滋扰、增加潜在客户定位的准确度、增强与客户的关系、提高品牌忠诚度等。开展 E-mail 营销的前提是拥有潜在用户的 E-mail 地址，这些地址可以是企业从用户、潜在用户资料中自行收集整理，也可以利用第三方的潜在用户资源。

六、邮件列表

邮件列表实际上也是一种 E-mail 营销形式，邮件列表也是基于用户许可的原则，用户自愿加入、自由退出。稍微不同的是，E-mail 营销直接向用户发送促销信息，而邮件列表是通过为用户提供有价值的信息，在邮件内容中加入适量促销信息，从而实现营销的目的。邮件列表的主要价值表现在 4 个方面：作为公司产品或服务的促销工具、方便和用户交流、获得赞助或者出售广告空间、收费信息服务。邮件列表的表现形式很多，常见的有新闻邮件、各种电子刊物、新产品通知、优惠促销信息、重要事件提醒服务等。

七、个性化营销

个性化营销的主要内容包括用户定制自己感兴趣的信息内容、选择自己喜欢的网页设计形式、根据自己的需要设置信息的接收方式和接受时间等。个性化服务在改善顾客关系、培养顾客忠诚以及增加网上销售方面具有明显的效果。据研究，为了获得某些个性化服务，在个人信息可以得到保护的情况下，用户才愿意提供有限的个人信息，这正是开展个性化营销的前提保证。

八、会员制营销

会员制营销已经被证实为电子商务网站的有效营销手段，国外许多网上零售型网站都实施了会员制计划，几乎已经覆盖了所有行业。国内的会员制营销还处在发展初期，不过已经看出电子商务企业对此表现出的浓厚兴趣和旺盛的发展势头。

九、网上商店

建立在第三方提供的电子商务平台上、由商家自行经营网上商店，如同在大型商场中租用场地开设商家的专卖店一样，是一种比较简单的电子商务形式。网上商店除了通过网络直接销售产品这一基本功能之外，还是一种有效的网络营销手段。从企业整体营销策略和顾客的角度考虑，网上商店的作用主要表现在两个方面：一方面，网上商店为企业扩展网上销售渠道提供了便利的条件；另一方面，建立在知名电子商务平台上的网上商店增加了顾客的信任度。从功能上来说，这对不具备电子商务功能的企业网站也是一种有效的补充，对提升企业形象并直接增加销售具有良好效果，尤其是将企业网站与网上商店相结合，效果更为明显。

十、病毒性营销

病毒性营销并非真的以传播病毒的方式开展营销，而是通过用户的口碑宣传网络，信息像病毒一样传播和扩散，利用快速复制的方式传向数以千计、数以百万计的受众。病毒性营销的经典范例是现在几乎所有的免费电子邮件提供商都采取类似的推广方法。

十一、来电付费

按接到客户有效电话的数量进行付费，英文为“Pay Per Call”，是近年在欧美国家出现的一种新的广告推广计费新模式，实现策划不收费，展示不收费，点击不收费，只有广告主接到客户有效电话后才收取相应费用。也就是说，按来电付费，是一种真正意义上的按效果付费的模式。

十二、网络视频营销

“通过数码技术将产品营销现场实时视频图像信号和企业形象视频信号传输至 Internet 上，客户只需上网登录公司网站就能看到对公司产品和企业形象进行展示的电视现场直播。”这是遥瞰网络监控发展科技有限公司在网站建设和网站推广中，为加强浏览者对网站内容的可信性、可靠性而独家创造的。“在这以前，所有的网站建设和网站推广方式所能起的作用只是让网民从浩如瀚海的互联网世界找到您，而网络电视营销使找到您的网民相信您。”

十三、论坛营销

人们早就开始利用论坛进行各种各样的企业营销活动了，当作为新鲜媒体的论坛出现时，就有企业在论坛里发布企业产品的一些信息了，其实这也是论坛营销的一种简单方法。在这里结合网络策划的实践经验简要地说一下什么是论坛营销，论坛营销“就是企业利用论坛这种网络交流的平台，通过文字、图片、视频等方式发布企业的产品和服务的信息，从而让目标客户更加深刻了解企业的产品和服务，最终达到企业宣传企业的品牌、加深市场认知度的网络营销活动。”

十四、网络图片营销

网络图片营销现在已经成为人们常用的网络营销方式之一，人们时常会在 QQ 上接收到朋友发过来的创意图片，在各大论坛上看到以图片为主线索的帖子，这些图片中多少也掺有一些广告信息，如图片右下角带有网址等。这其实就是图片营销的一种方式。目前，国内的图片营销方式五花八门，如果很有创意，则可以很好地掌握图片营销。其中，供求信息平台、在线黄页服务、网上拍卖、网站资源合作、网上商店营销等都是网络图片营销的实例。

十五、网络营销联盟

目前，营销联盟在我国还处于萌芽阶段，在国外已经很成熟了，1996 年亚马逊通过这种新方式取得了成功。网络营销联盟包括三要素：广告主、网站主和广告联盟平台。广告主按照网络广告的实际效果（如销售额、引导数等）向网站主支付合理的广告费用，节约营销开支，提高企业知名度，扩大企业产品的影响，提高网络营销质量。

十六、事件营销

事件营销是指企业通过策划、组织和利用具有新闻价值、社会影响以及名人效应的人物或事件，吸引媒体、社会团体和消费者的兴趣与关注，以求提高企业或产品的知名度、美誉度，树立良好品牌形象，并最终促成产品或服务的销售的手段和方式。由于这种营销方式具有受众面广、突发性强，在短时间内能使信息达到最大、最优传播的效果，为企业节约大量的宣传成本等特点，所以近年来越来越成为国内外流行的一种公关传播与市场推广手段。

每节一练

一、问答题

1. 什么是网络营销？
2. 网络营销可以分为哪些类别？
3. 网络营销有哪些特点？
4. 网络营销有哪些优势？
5. 网络营销有哪些职能？
6. 网络营销常用的方法有哪些？

二、操作题

观察经常访问的网站（如门户网站、购物网站、团购网站等）、即时通信工具、电子邮件等，说说商家都运用了哪些方法进行网络营销。

1.3 网络采购

【学习目的】

(1) 了解网络采购的概念和分类。
(2) 了解网络采购的优势和发展趋势。
(3) 了解网络采购的操作流程和组织实施。
(4) 了解网络采购的管理。

1.3.1 什么是网络采购

一、网络采购的概念

传统采购是指客户根据生产、建设、经营、管理等活动的需要提出购买计划，经过对计划的审核后，选好供应商，再经过商谈确定采购物品的价格、交货和相关事宜，最后签订合同，按合同要求收货付款的过程。网络采购是电子商务的一种具体形式，就是使与采购相关的数据、信息、过程实现电子化，它所要达到的最终目标与传统的采购相同，只不过是充分利用网络来完成采购各环节的任务，这样能够更好地利用 Internet 所带来的方便。

利用网络采购可以大大避免传统采购的不足，更有利于企业、政府的采购与采购管理，充分体现采购在企业、政府运行中的地位与作用，能够更好地完成采购目标任务。网络采购可以自行建立网络采购平台，也可以利用公共采购平台。

二、网络采购的主要类型

1. 按网络采购参与的对象分类

（1）政府网络采购。政府利用在线网络对所需求的采购品实行网上公告、发售标书、开标、评标、定标以及签订电子合同，实现电子化结算，甚至直接进行网上谈判来达到政府网络采购目标的一种方式。

（2）企业网络采购。制造和零售企业的采购流程利用在线网络自动化，把采购人员的注意力从战术层面转移到战略层面，通过分析采购模式、监控存货与补货延误，从而更好地制订生产周期和销售计划。

2. 按网络采购信息的发源分类

若按网络采购信息的发源分类，则网络采购可分为国际采购和国内采购。其中，国际采购还可进一步按国别细分，国内采购也可细分为中央采购、地方采购。

3. 按网络采购过程的管理分类

若按网络采购过程的管理分类，则网络采购可分为集中采购和分散采购。集中采购是由各国各级政府或者其授权的机构确定并公布的采购项目，一般来说，要求集中采购的项目的采购金额是有规定的，如《中华人民共和国政府采购法》第七条、第八条中就有相关规定。

4. 按网络采购进行的方式分类

（1）卖方主导型。卖方为增加市场份额，以计算机网络为销售渠道而实施的电子商务系统，卖方在网站上列出销售品目录、设置在线销售系统或在线拍卖系统，让买方选购或竞买，如戴尔、英特尔、联想集团等网上销售系统。

买方登录卖方主导型系统通常是免费的，卖方保证采购的安全。使用这种系统的优点是访问容易，能直接接触供应商，对于买方来说，无须做任何投资；其缺点是难以跟踪和控制采购开支。这种系统是采购人员开始网络采购而又不担风险的理想工具。

（2）买方主导型。买方自己控制的电子商务系统，在卖方自己的网站上列出要采购的产品和服务目录，设置在线采购招标系统，由卖方进行竞买，如美国三大汽车公司联合开发的全球汽车零配件供应商网络、海尔集团的网上招标和上下游供应商等。

买方主导型系统通常是链接到企业的内部网，或企业与其贸易伙伴形成的企业外部网，通常由一个或多个企业联合建立，目的是把市场的权力和价值转向买方。这种系统的优点是快速的客户响应、节省采购时间和容许对采购开支进行控制和跟踪；其缺点是需要大量资金投入和系统维护成本。

(3) 中介型。中介型网络采购是中介机构设立的公共采购平台，将买卖双方要采购的或能提供的产品和服务目录列出来，买卖双方通往网上交易平台可以享受到各类信息查询、信用查询、贸易洽谈、签订合同、支付结算等在线服务。

中介型网络采购平台通常有综合市场中介和行业市场中介两种类型，前者如 Ariba、Commerce One、Free Markets 和国内的中国企业采购在线、企业采购在线网等；后者如专门买卖金属(特别是钢材)的 Metal Site、专门经营石油化工和塑料制品的 Che Match、国内最权威的钢材采购网站中国钢铁采购网等。

三、网络采购的优势(相对传统采购而言)

1. 公正透明

网络采购利用网络平台使采购信息公开化、过程透明化、竞争公平化、中标公正化，由于招标信息在网上发布快捷、公开、通畅，所以能够有效扩大竞价范围，确保采购产品质量合格、价格适中。网络采购能够增加政府工作的透明度，使长期处于“暗箱操作”的政府采购和工程招标项目等成为“阳光下的交易”，从而促进廉政建设。

2. 效率高

在透明的采购过程中，对采购过程中的关键环节全部实现标准化和电子化，使整个采购流程合理有序，有效提高网络采购的效率，缩短了采购周期。网络采购把价格谈判的时间从几个月压缩到几个小时，减少了商业环境剧烈变化对价格影响的可能性。网络采购企业对整个采购过程通常实行一条龙服务，从联系确定供应商，到确定采购时间，最后完成采购竞价，一直全线跟踪服务。

3. 竞争性强

网络采购平台把竞争扩大到世界级的范围，公平竞争排除了原有供应商享有的一些优势，参加竞争的供应商有同等的机会赢得订单。扩大的市场偏向有竞争能力的供应商，也就是说，合格的供应商将来会被邀请参加当前的顾客所发起的网络采购，另外也有更多机会赢得来自新客户的业务；供应商因此能增加销售和扩大顾客范围，并建设了与相关的销售和市场开销，参加网络采购的供应商能看到市场价格并验证自身的竞争能力。

4. 节约成本

网络采购能够有效地降低采购费用、降低材料和服务成本，这使得它备受企业和政府的青睐。企业和政府在网上寻找合适的供应商，从理论讲具有无限的选择性。这种无限选择的可能性将导致市场竞争的加剧，并代理供货价格降低的好处。例如，著名的 Mercer 管理顾问咨询公司分别对施乐、通用汽车、万事达信用卡 3 个具有行业代表性的企业作了一次详尽的电子化采购调查，比较了其运用互联网技术前后的采购流程成本控制，结论是施乐公司下降 83%、通用汽车公司下降 90%、万事达信用卡公司下降 68%。

网络采购已经成为一个有效成本的解决办法，其与传统采购的比较见表 1 - 4。

表 1-4 网络采购与传统采购的比较

序号	比较项目	传统采购	网络采购
1	通信费用	(电话、传真)高	(互联网)低
2	作用效率	(手工)低	(软件)高
3	办公消耗	(纸张、耗材)高	(电子单据)低
4	单据查询与共享效率	(纸张单据)低	(电子单据)高
5	询价处理周期	长	短
6	采购审批周期	长	短
7	业务报表	手工	自动
8	供货商资源共享	少	多
9	比价(竞价)效果	(人工操作，低效率)差	(软件操作，效果高)好
10	差错率	高	低
11	透明度	低	高
12	采购成本	高	低

四. 网络采购的发展趋势

1. 从为库存而采购到为订单采购

在商品短缺的状态下，为了保证生产，必然形成为库存而采购，但在如今供大于求的状态下，为订单而采购则成了一条铁的规律。在市场经济条件下，大库存是企业的万恶之源，零库存或少库存成为企业的必然选择。制造订单是在用户需求订单的驱动下生产的，然后制造订单驱动采购订单，采购订单再驱动供应商，这种准时化的订单驱动模式可以准时响应用户的需求，从而降低了库存成本，提高了物流的速度和库存周转率。

2. 从对采购商品的管理到对供应商外部资源的管理

由于供需双方建立起了一种长期的、互利的战略伙伴关系，所以供需双方可以及时把生产、质量、服务、交易期的信息实现共享，使供方严格按要求提供产品与服务，并根据生产需求协调供应商的计划，以实现准时化采购，最终使供应商进入生产过程与销售过程，实现双赢。

3. 从采购方式单元化到多元化

网络采购方式可以使全球化采购与本土化采购相结合，迅速向多元化方向发展。跨国公司生产的区域布局更加符合各个国家的区位比较优势，而其采购活动也表现为全球化的采购，即企业以全球市场为选择范围，寻找最合适的供货商，而不是局限于某一地区。

1.3.2 网络采购的操作流程

网络采购通过 Internet 利用全球的资源，在全世界范围内寻找供应商，寻找质量最好、价格最合理的产品(货物与服务)。伴随着经济的全球化，网络采购成为一种必然趋势。从某种意义上看，政府、企业都把网络采购视为其重大战略。

一、政府采购流程与操作

政府网络采购通过各级政府采购网，实现采购人、采购中心、供应商等共享同一信息平台，从而实现全面、全程联网采购。政府采购总流程如图 1.4 所示。

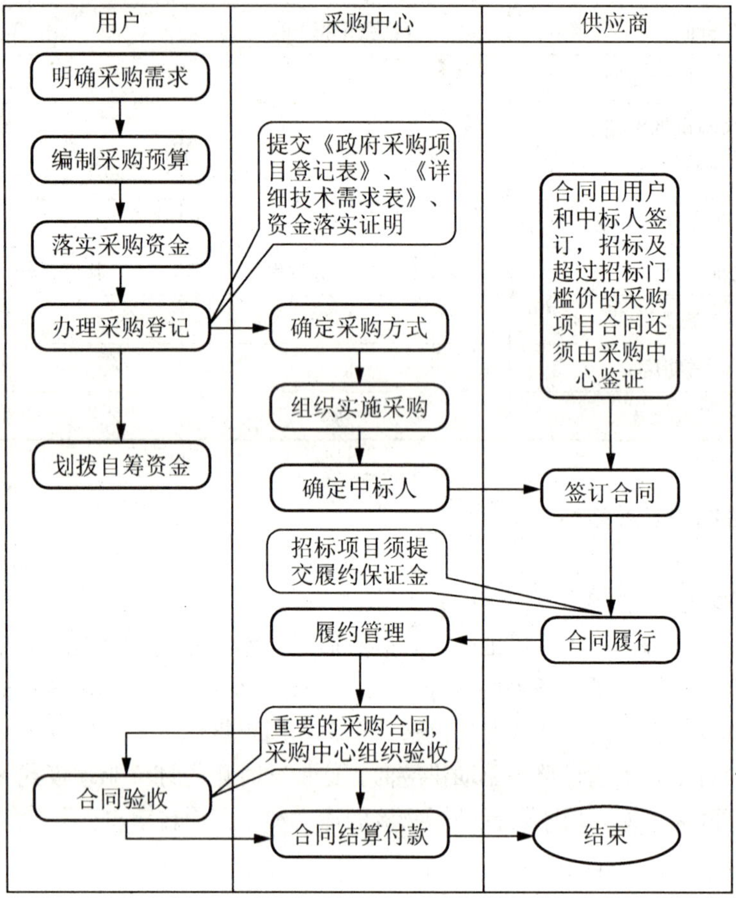

图 1.4　政府采购总流程图

此时，可以在网上发布采购、招标信息，进行网上报价、询价、答疑，公布采购进度、结果等，也可以通过网络下载采购项目书、电子标书、供应商表格、合同范本，在线洽谈、自动传递规范表单等。但是，由于政策、安全的因素的影响，在实际运作中，可能较多采购流程的审批管理还是采用传统的方式。为了规范政府采购管理，提高政府采购的效率，实现政府采购的完全网络化运行显得非常的迫切。

政府采购以招标采购为主，其现实中招标采购流程与操作如下：

（1）招标。招标采购是指采购方根据已经确定的采购需求，提出招标采购项目的条件，向潜在的供应商或承包商发出投标邀请的行为。招标是招标方单独的行为。

（2）投标。投标是指投标人在知道招标通知后，根据招标通知的要求填写招标文件，并将其送交采购机构的行为。在这一阶段，投标商所进行的工作主要有申请投标资格、购买标书、考察现场、办理投标保函、算标编制和投送标书等。

（3）开标。开标是采购机构在预先规定的时间和地点将投标人的投标文件正式启封揭晓的行为。开标由采购机构组织进行，但需投标商代表参加。在这一阶段，采购官员要按照有关要求，逐一揭开每份标书的标套。当开标结束后，还应由开标组织者编写一份开标会纪要。

（4）评标。评标是采购机构根据招标文件的要求，对所有的标书进行审查和评比的行为。评标是采购方的单独行为，由采购机构进行。在这一阶段，采购员要进行的工作主要有：审查标书是否符合招标文件的要求和有关规定；组织人员对所有的标书按照一定方法进行比较和评审；初评阶段被选出的几份标书中存在某种问题要求投标人加以澄清，最终评定并写出评标报告等。

（5）决标。决标是采购机构决定中标人的行为。决标是采购机构的单独行为，但需由使用机构或其他人一起进行裁决。在这一阶段，采购机构所要进行的工作有：决定中标人；通知中标人其投标已经被接受，向中标人发送授标意向书；通知所有未中标的投标人，并向他们退还投标保函等。

（6）签订合同。签订合同就是招标人将合同授予中标人并由双方签署的行为。在这一阶段，通常双方对标书中的内容进行确认，并依据标书签订正式合同。为保证合同履行，在签订合同后，中标的供应商或承包商还应向采购人或业主提交一定形式的担保书或担保金。

政府采购网上招标流程如下：

（1）招标准备阶段。在这一阶段中，首先是招标人要成为政府采购网站的会员，然后在线填写申请表，最后经过网站审核，成为会员，发布相关的招标信息。

（2）招标阶段。在这一阶段中，首先是到招标人设定的开始时间自动开始招标，然后接受投标，最后到招标人设定的投标截止时间自动介绍招标。

（3）评标阶段。在这一阶段中，首先查看投标并进行评标，然后到招标人设定决标时间在网站公布结果，招标结束。

二、企业采购流程与操作

互联网络可以优化企业的采购活动，在线采购系统就是利用计算机网络软件系统，使采购活动规范化和程序化，提高采购效率，降低采购成本，保证企业的生产和经营活动顺利进行，网络采购流程具有非常明显的自动化特征。

在网络平台中，由于所有的商家都能得到相同质量的服务，并遵照标准的协议来进行交易处理，所以商务之间的信息沟通更加便利，而且加入的商家越多，信息沟通越有效。目前，网络采购的重点应放在企业信息流和资金的有效集成上，解决采购与财务结算中的瓶颈问题，以确保网络采购活动的正常运行。

企业采购流程与操作如下：

（1）客户浏览网站。客户根据自己的需求在网上搜索相关的网站，可以是卖方采购系统、买方采购系统、第三方门户采购系统，浏览网站。假设进入的是第三方门户采购系统——企业采购网，客户可以浏览到许多采购信息。

（2）客户在网站上选货。客户在网站上选货、比货询价，还可以直接进入到在线洽谈室进行议价。

（3）提交网络采购申请。客户在最后确定采购商品，只有注册成为会员，才能进行在线采购，提交网络采购申请，可视各个网站的具体流程提示来进行采购。

（4）在线审批。网站对接收到的客户采购申请进行审查，在线进行审批。

（5）网上订单处理。对已生成的网上订单，依据设定的规则决定是立即发给供应商或是留待采购管理部门再次审核修改。

（6）网上订单查询。客户可以上网查询订单执行情况，按指定要求进行下一步。

（7）网上支付。客户按要求进行付款。

（8）货物配送。供应商收款后按合同要求进行货物配送。

1.3.3 网络采购的组织实施

一、政府网络采购的组织实施

政府网络采购的组织实施统一由各级政府采购中心负责，由它组织办理采购办公室或采购单位委托的政府采购事务，及时在政府采购网站发布采购信息，建立和维护政府采购信息数据库、供应商信息库、专家信息库，向政府采购办公室报送采购信息情况等。

（1）受采购办公室委托，具体组织纳入政府采购目录范围内的集中采购事宜。

（2）对属于竞争性谈判采购、询价采购、单一来源采购方式的采购项目，按照政府采购管理暂行办法规定程序组织实施。

（3）受政府采购办公室委托，根据有关规定，对采购单位的要求，根据采购项目、供应商和市场情况，组织招标事宜，具体如下：

① 制定招标文件。

② 发布招标公告。

③ 组织招标。

④ 组建评标小组评标。

⑤ 向政府采购办公室送交相关招标文件，报告中标结果。

⑥ 向中标单位发《中标通知书》，向落标单位发《落标通知书》。

⑦ 组织签订合同。

⑧ 督促相关单位或人员按合同执行。

⑨ 检查或评估执行情况。

二、企业网络采购的组织实施

企业网络采购的组织实施一般由采购部门负责，由它组织办理生产部门或其他部门提出采购计划，利用采购管理信息化系统，使网络采购实现内部各相关程序和权利的公开、透明和有效制衡，采购物资的价格质量等信息要在企业内部网上公开，做到采购人员掌握的信息，监督和管理人员也能掌握，防止“暗箱操作”，堵塞采购漏洞，减低采购成本，确保采购物资质量，防止过高库存。有条件的企业要通过互联网及其他专业网络广泛收集采购物资的市场价格和质量信息，努力实现网上招标采购，对比其他企业，实现比质比价采购。

1.3.4 网络采购管理

网络采购管理实际上是基于一个复杂的信息管理系统实现的，它将使网络采购实现真正意义上的“公开透明、公平竞争、公正合理、诚实信用”原则。

一、组织结构管理

网络采购的组织管理符合各行业采购习惯的权限管理。基于适用性、效率性和安全等因素提供足以承担特定采购任务的角色和权限管理，通过角色和权限的可定制功能实现对内部用户群分级分组管理，从而保证了合适级别组别的人群能够浏览和操作合适的项目、进行系统管理等，并能根据组织或运营变化的要求实现角色权限与用户的动态管理。同时，也包括对供应商、专家等的动态管理。

二、供应商目录管理

网络采购的供应商目录管理实现由供应商动态维护其内部信息和产品信息。供应商登录系统能够维护单位基本信息，并可以按照采购商设定的权限范围内产品目录动态更新自己的产品信息，包括新增产品种类、更新产品基本信息描述、更新产品价格、更新产品库存、更新生产能力及目前剩余生产能力、更新产品基本信息的有效期。供应商可以提供标准价格，也可以提供分级价格，也可以实现采购商对供应商的资信评估；采购商能够对供应商在一段时期内的供货质量、价格、交货期、服务、可持续性的改进等各方面进行综合全面的统计和评估，从而实现对合作伙伴的动态管理，如引入新伙伴、摒弃已有的伙伴等。供应商目录管理提供了比较实用的统计分析，能够帮助采购单位很好地预测市场前景与交易风险，调整采购策略。供应商目录管理为采购商进行决策和采购成本管理提供了量化的、准确的依据，既提供了采购质量和采购效率，又改善了采购单位与供应商关系，使采购单位对供应商的管理由原来的交易管理转向关系管理，为客户长期的可持续发展战略提供了有力的支持。

三、产品目录管理

网络采购的产品目录管理让采购方可以设定本单位的产品目录，定制产品目录下的产品信息数据视图，如产品名称、产品编码及价格等；采购单位可以设定产品目录发布管理流程，严格控制入市产品目录的准确性；采购单位也可以设定产品目录浏览操作权限管理，即可以设定浏览操作某产品目录的供应商或者供应商群组，未设定权限的供应商将不能查看产品目录，只有设定权限的供应商才能按照产品目录视图维护企业产品信息，对于经常采购的产品，系统会自动生成快捷目录，提供后续采购的工作效率。产品目录管理提供了灵活的目录设置和动态更新功能，能够帮助客户实时更新产品目录，保证产品目录的先进性，以符合市场需求。

四、采购计划管理

网络采购的采购计划管理能够实现年度、半年度、季度、月度采购计划编制，并可以随时调整采购计划，实现对不同产品的请购管理；对经常性请购产品与定期请购产品的管理；形成经常性请购产品的请购模板。对于定期请购，系统会在设定时间自动发送请购申请，实现对计划外的额外采购规范管理，并严格规范本单位的额外采购。

五、采购过程管理

网络采购过程管理应提供招标采购、竞价采购、谈判采购和直接采购等几种常见的网络采购方式的过程管理，如图 1.5 所示。不同产品目录或不同产品，其网络采购具体方式也不一样。

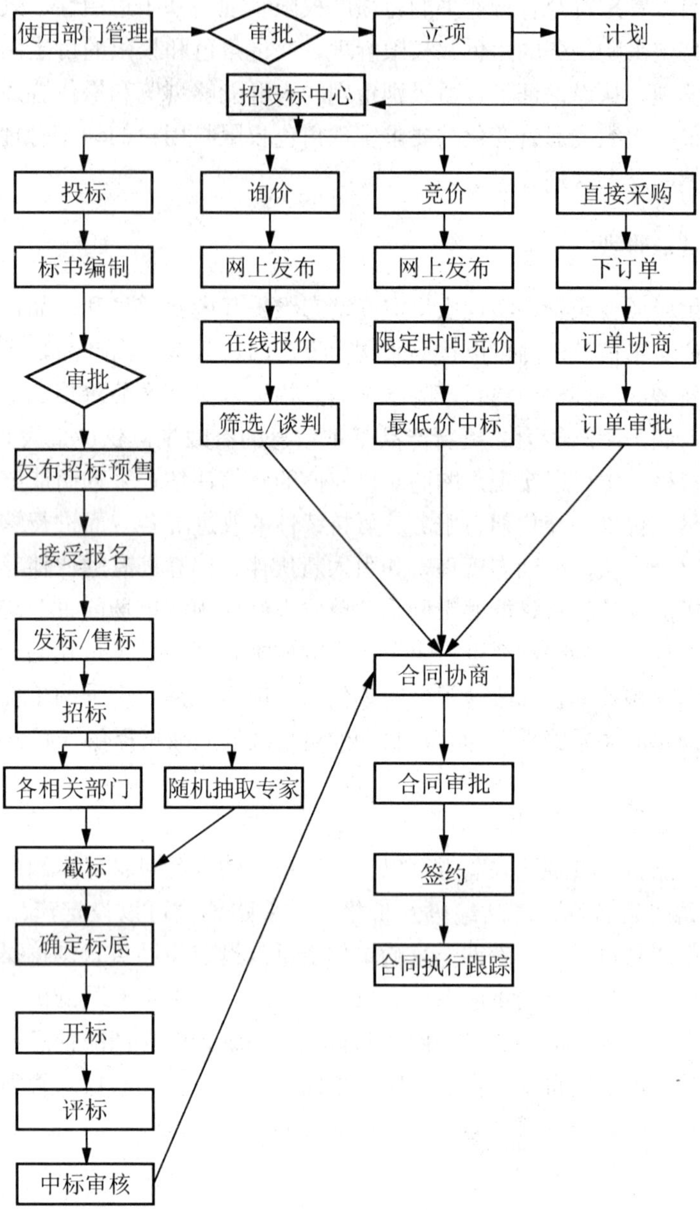

图 1.5　网络采购过程示意图

六、合同执行管理

网络采购的合同执行管理凭借流程自定义功能，可以轻松实现在线合同签订、合同管理、合同执行状态跟踪电子支付等。

七、采购效果分析

网络采购的采购效果分析主要用来帮助采购单位评估业务项目的采购结果，包括项目最终成本、项目质量、供应商合同履行质量和采购人员绩效等。用户可以自行设定评估模型，同时也可以应用工作流技术自行制订评估流程，评估时使用的数据可为业务流程中的项目数据、生产过程中的反馈数据和采购成本管理系统数据。

八、决策支持系统

网络采购的决策支持系统拥有强大的统计查询功能，为采购决策提供依据。用户可根据业务需要设置多种统计查询模板，相关权限人员可以使用统计查询模板，实现对采购项目所关注信息的统计查询功能。采购单位不同层次人员可以统计查询与其相关的采购项目信息，如经营层可以统计查询战略决策辅助信息；管理层可以统计查询管理性决策辅助信息；执行层可以统计查询决策性辅助信息等。

九、采购成本管理

网络采购的采购成本管理可以自行设定财务费用种类，如会议费、差旅费等；进行年/季/月度采购成本预算和产品采购成本预算；可以自行设置用款申请审批流程。针对具体单笔采购，采购人员提出用款申请，批复同意后方可正式启动采购项目。网络采购的采购成本管理系统还可以自行设置费用报销审批流程，采购过程中采购人员提请费用报销，需经审批，财务才予以报销；可以进行项目成本决算，包括项目交易成本、采购过程发生成本，如人力投入、报销费用等；可以进行年/季/月度采购成本决算和产品采购成本决算；可以统计各种财务费用发生明细。采购成本管理贯穿了采购业务的全过程，其工作流技术的运用为严格规范财务用款申请和报销程序提供了强有力的技术支持。

十、供应链采购管理

供应链客观存在于各类企业中，供应链管理是针对这些企业而言的。供应链管理的内容可以分为企业操作层面的供应链管理和经营战略层面的供应链管理两大方面，供应链采购管理是企业操作层面的供应链管理内容之一。在供应链采购管理环境下的运作，主要是指双赢式和准时化的采购管理。

(1) 双赢式采购。双赢式采购合作关系是日本企业率先采用的，它提倡一种双赢采购机制，强调在合作的生产商与供应商之间共同分享信息，通过合作和协商来达到双赢的目的。在此，要在采购活动中来体现供应链管理的思想，对供应商的选择与控制就应集中在如何与供应商建立双赢关系以及维护双赢关系上，其具体表现在要实现生产商和供应商信息的交流与共享，要对供应商采用激励机制，同时要对供应商采用合理的评价方法和手段。

(2) 准时化采购。准时化采购是一种管理哲学在采购中的运用，在日本也称 JIT(Just In Time)采购，是一种较先进的采购方法，其基本思想体现为在恰当的时间、恰当的地点、恰当的数量以及恰当的质量来提供恰当的物品。这种准时化采购是准时化生产管理模式的必然要求，为了消除库存和不必要的浪费而进行的持续性改进。在供应链管理环境下，要求选择最佳的供应商，并对供应商进行有效的管理是准时化采购成功的基石，卓有成效的采购过程质量管理是准时化采购成功的保证，供应商和生产商的紧密合作是准时化采购成功的钥匙。为此，先要制订准时化采购的策略计划，选择少量的供应商建立合作伙伴关系，再确定准时化采购小组，进行试点采购。确保供应商对准时化的认识和理解，来实现配合准时化生产的交货方式，体现准时化采购的运作绩效。

每节一练

一、不定项选择题

1. 网络采购的主要类型有(　　)。

A. 若按网络采购参与的对象分类，则网络系统可分为政府网络采购和企业网络采购

B. 若按网络采购信息的发源分类，则网络采购可分为国际采购和国内采购

C. 若按网络采购过程管理分类，则网络采购可分为集中采购和分散采购

D. 若按网络采购进行的方式分类，则网络采购可分为卖方主导型、买方主导型和中介型

2. 网络采购的优势有(　　)。

A. 公正透明　　B. 效率高　　C. 竞争性强　　D. 节约成本

二、问答题

1. 什么是网络采购?

2. 网络采购的发展趋势如何?

3. 简述政府采购的操作流程。

4. 简述企业采购的流程与操作。

1.4　网上交易管理

【学习目的】

(1) 了解网上交易的过程。

(2) 了解并掌握网上单证的设计方法。

(3) 了解电子合同的概念、特点，并掌握电子合同的签订。

(4) 了解电子支付的分类及方法。

(5) 了解网上售后服务的内容、方法和策略等。

1.4.1　网上交易过程

网上交易过程一般包括交易准备、贸易磋商、签订合同和执行合同 4 个阶段，如图 1.6 所示。交易的前期是商家或客户发布信息、收集过滤信息阶段，当交易双方的供需信息匹配后，即进入贸易磋商阶段。此时，贸易双方通过对商品和服务的洽谈，达成交易意向，这其中会涉及采购单、报价单、订购单等网上单证制作和传递。在这以后，除了 C2C 或采用商城间接交易的 B2C 交易通常将其订单等效于合同以外，对于 B2B 贸易或大部分直销型的 B2C

贸易，必须签订电子合同以完成对交易的确认，合同签订后即可转入合同执行阶段，包括付款、发货、发票、售后服务等。

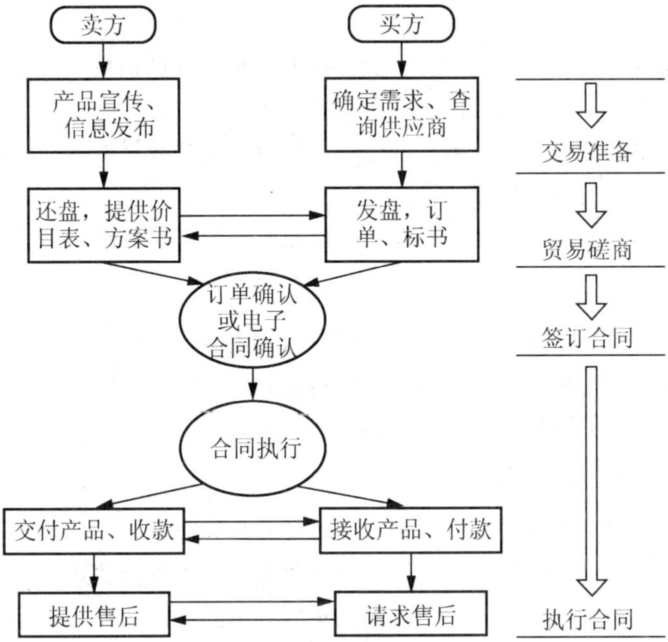

图 1.6　网上交易的过程

1.4.2　网上单证管理

一、网上单证的概念

网上单证就是在电子交易中使用的表格和单证。它是计算机网络的数据库与用户之间的联系界面，是电子交易信息流的逻辑载体，其可以通过网页的形式来表现和传播，向用户收集和传递必要的商务信息。从表面形式上看，它与纸质单证没有区别，但实际上，它通过计算机程序与数据库紧密相连，并可通过计算机根据不同的需求，进行不同的处理，从而实现交易的自动化。

网上单证按照功能可分为身份注册和验证类、普通信息交流类和信息发布类。各类单证的内容与特点如下：

（1）身份注册和验证类型的网上单证一般用于各网站收集用户信息和确认用户身份，如在进行网站会员注册、申请电子邮件或个人主页空间时，网站都需要用户的个人信息，以确认用户身份，赋予用户相应的角色和权限。

（2）普通信息交流类型网上单证的内容包括姓名、主题、电子邮件、地址、电话、留言信息等。

（3）信息发布类型网上单证一般用于网站提供给用户发布信息的工具。信息发布类型网上单证的内容包括单位名称、邮编、电子邮件、地址、电话、联系人、信息主题、信息内容（主要是和产品相关的信息，如产品规格、数量及价格等）。

二、网上单证的设计

1. 设计网上单证的种类

（1）按照一般网上商店在网上销售、交易双方信息交互的需要，列出所需的网上单证种类的名称，如客户注册单证、商品信息表、购物车等。

（2）列出各种单证的有关数据项并确定项名以及定义其数据类型和长度等。

（3）画出各种单证的表格样张。

（4）确定客户在填写单证时各数据项的特性是必需的或是可选的。

2. 设计网上单证的风格

（1）列出各网上单证为方便客户所需要的提示语内容。

（2）确定本商店网上单证统一的风格，包括色彩、字体、字形等。

（3）确定各单证中的问候语和广告语的内容。

3. 设计各网上单证的功能和链接

（1）确定各网上单证应出现在哪些相关网页及其具体位置。

（2）设计各网上单证之间的相互关系，包括数据调用和链接关系。

（3）设计各网上单证的有关功能，如购物车中的商品的确认和删除等。

（4）设计对客户输入数据的核对功能。

4. 网上单证的实现

（1）按照上面对本商店各网上单证的设计内容定义相应的数据库格式。

（2）用选定的网页设计语言和工具实现上述各网上单证。

5. 网上单证设计的技巧

（1）尽力使客户在购物时感到方便。

（2）使客户对商店产生强烈的第一印象。

（3）把干扰减少到最小，广告不一定总是必需的。

（4）个性化和问候语。

（5）简洁明了。

（6）提供可视化的线索和与购物车链接。

（7）在列表中使用交替背景色。

（8）给客户一个暂时存放的地方。

三、网上单证常见问题处理

网上单证出现的问题来自网上商店本身的工作环境(包括硬件设备、数据库和网上购物单证系统软件)、网络消费者在进行网上购物时的操作失误以及交易第三方如网络银行和通讯网络的环境 3 个方面。

（1）一般情况下，网上商店的单证系统在进行对客户的购物单证处理时，是按照软件系统的固定程序运行，出错的几率较低，但由于内部数据库和设备故障等各种情况有时也会出现问题。

（2）网络消费者在进行网上购物时，面对一张又一张内容各不相同的网上单证以及与网上商店的信息交互往来，经常会发生各种各样的选择和操作的错误，影响购物的顺利进行，而这种情况对于刚开始在网上交易的客户更是不可避免。

（3）因为电子商务交易的参与者除了买卖双方以外还有银行等其他机构的参与，所以相互之间的数据信息传输依赖于通信网络以及各方的系统设备。由于目前的网络通信环境并不理想，所以出错和数据传输的不顺利也是经常发生的事，特别表现在客户在进行购物后进行网上支付的处理过程。

上述各种使网上单证出错的结果，一方面使网上商店失去了许多商机，另一方面也可能会使网络消费者对网上购物失去耐心。对于上述各方面引起网上商店的单证出错的情况，总的来说可以采取以下解决方法。

1. 客户不知道订单是否提交成功

网上购物订单提交的最后一步，网上商店将会让客户确认订单的全部内容，如客户认为需要进行修改，则应提供明显的选择可让客户“退回”到相应页面修改，经确认无误后单击【提交订单】按钮正式订购。

网上商店会自动生成一个订单号，确定客户的订单已提交完成，系统应在尽可能短的时间内让客户收到订单确认信，作为客户交易和查询的依据。

如果客户选择网上支付，那么接着要进行划账操作步骤。若货款不到账，则客户的订单一般仍将被自动取消。因此，商店要注意客户进行在线支付容易失败的情况，设法避免出现这种情况，如及时的提示和再次操作的安排。

如果客户留下的联系方式不正确，则会使网上商店无法联系和送货，客户的订单也将被取消。一般可以采取交易结束后立即向客户发送电子邮件等方法与客户进行联系确认。

2. 有效的订单但尚未付款

客户在网上购物时，有时会碰到客户的订单已经生效，但是没有付款，而客户希望完成付款情况。客户在进行网上支付时，往往会发生信用卡存折的金额不足，或者由于意外的断线等状况而导致网上支付的不成功。

对此，网上商店的流程可以选择两种方法进行弥补：请客户重新提交一次付款申请完成网上支付；请客户在支付页面操作或与客户服务部联系，改用其他银行卡或其他支付方式，如通过邮局汇款、银行电汇等。

3. 网上支付出现错误

客户在网上商店购物后进行网上支付时出现错误是常有的事，这种错误往往会终止客户的购物过程。这种情况不仅影响了消费者的购物热情，而且也对商店的形象造成损害。

客户在网上支付时出现错误，除了是网上购物不熟练的客户操作失误外，一般来讲是银行的支付系统运行不稳定所致。但是，由于网上商店的订单提交与银行的货款划账是两个不同的系统，所以网上商店单方面暂时是无法改善这种状况的。对此，商店应将这种情况的原因向客户说明清楚，并通过醒目的建议，提醒客户在试过几次后仍然不成功时，及时联系改用其他付款方式完成付款，并向客户表示歉意，让客户对商店留下一个良好的印象。

4. 购物订单的确认、提交与订单合并

网络客户在进行网上购物整个过程的最后一步时，将看到自己在购买过程中所选择的全部商品清单。此时，应该允许客户在认为有必要时对订单进行修改，然后提醒客户单击【提交订单】按钮并在信息返回后予以确认正式订购。商店要告知客户，系统将对他的订单自动生成一个需要记住的订单号，它将是自己购买和以后查询的唯一依据；并且要注意自己的网上购物程序只有在得到订单号时才算完成。

许多网上商店在给客户进行配送时，按一张订单进行一次配送服务并向客户收取一份配送费用。但是，客户在完成一次购物后，还会继续在本店浏览购物，可能又会下订单。这样，购物的客户就要支付与订单数相同的配送费用，这对客户实际上是不合理的，而对于商店要多安排一次配送作业，并非十分有利。因此，许多网上商店允许客户在规定的时间内以同一收货人提交的购物订单可以合并为一，从而可以让客户少付配送费，并使客户感到商店良好的服务并留下良好的印象。当然，对于订单的合并，要在客户提交订单时予以特别提示，如“如果您在 2h 之内分别以同一收货人名义提交两份以上的订单，为了减少您支付的发送费用，您可以在第二份订单提交成功后，马上与客户服务部联系提出合并订单要求，或单击此页面下方的订单查询与修改，亲自在网页上进行订单的修改、合并，否则发送费用将按规定以订单数收取”。

5. 订单的查询和修改

网上购物是在一个虚拟的环境中进行的过程，网络客户往往会因为心里不踏实而要求对自己所提交的订单进行查询和修改，这是很正常的，网上商店必须在这方面为客户提供方便。网上商店应该让客户在任何页面均可进入“订单查询”以便进行自行查询和修改，客户只要登录后，就应该可以进行如下的订单查询、修改、删除、合并和取消的操作。

（1）查询订单。客户可以对自己已提交的订单进行查询。

（2）修改订单。客户可以修改订购数量、收货人资料、发送及付款方式。

（3）删除订单。客户可以将已经生效的订单删除，或恢复已删除的订单。

（4）合并订单。所有未经处理的订单都允许任意合并，以节省客户的配送费用。

（5）取消订单。客户可以取消自己未提交的订单。

1.4.3 电子合同管理

一、什么是电子合同

1. 电子合同的概念

随着电子技术的发展，电子合同得以出现，其虽然也通过电子脉冲来传递信息，但是却不再以一张纸为原始的凭据，而只是一组电子信息。EDI 和 E-mail 是电子合同的基本形式，两者以各自具有的特点和优势在电子商务活动中占据了一席之地。

电子合同又称电子商务合同，根据联合国国际贸易法委员会《电子商务示范法》以及世界各国颁布的电子交易法，同时结合《中华人民共和国合同法》（下文简称《合同法》）的有关规定，电子合同可以界定为：电子合同是双方或多方当事人之间通过电子信息网络以电子的形式达成的设立、变更、终止财产性民事权利义务关系的协议。通过上述定义可以看出电子合同是以电子的方式订立的合同，其主要是指在网络条件下当事人为了实现一定的目的，通过数据电文、电子邮件等形式签订的明确双方权利义务关系的一种电子协议。

2. 电子合同的特点

电子合同是计算机信息处理技术和计算机网络通信技术高度发展的产物，电子合同存在的物质条件是电子计算机和计算机网络。在电子合同中，一台计算机先将当事人一方的订约意思表示由可识别的文字转化为数字，通过调解器发送到另一方当事人的计算机中，另一方当事人的计算机接受后再转化为可识别的文字信息。由于意思表示是由计算机通过数字转化来完成的，所以电子合同又被称为数字合同。它将物质的流动改变为电子的流动，由电子数据、电子单据、数字货币、电子银行取代了有形的合同书、票据、纸币、银行。

(1) 主体的虚拟化。合同一方或双方在网上大都以网址的形式存在，其真实姓名地址在网上并不明示显现。目前，上网建立网页进行销售活动和交易没有完全置于法律控制之下，任何人都可以成为合同的主体。

(2) 合同订立过程中的无纸化。电子合同一切都是通过网络进行的，合同双方互不见面，电子合同的签署和履行是在无数计算机构筑的网络空间中进行的，合同订立只是双方在网上通过披露信息来完成的。

(3) 履行的无纸化。履行的无纸化即所谓的在线经营，它是通过网上信息传递来代替合同的实物履行，用电了流代替物质流。在合同履行内容中(付款、交货、提供服务和劳务等)，除必须实物交货和提供劳务的电子合同之外，其他电子合同都可以直接在网上进行和完成。电子货币、电子钱包、网上银行、电子票据完全可以实现支付功能；以计算机软件、图纸、音乐等为内容的无形产品，可以通过网上下载、电子邮件等方式进行交货；提供服务类的合同包括技术咨询、培训也可以通过网络数字信息的传递来完成。

(4) 履行的超时空化。在网络里没有中心、距离、国界，因而电子合同的签订、履行不受时间空间的限制。

3. 电子合同与传统合同的区别

电子合同与传统的合同有着显著的区别，电子合同的当事人、要约、承诺及合同的效力问题都是现代立法中的一个难点。

(1) 合同订立的环境不同。传统合同发生在现实世界里，交易双方可以面对面的协商，而电子合同发生在虚拟空间中，交易双方一般互不见面。在电子自动交易中，甚至不能确定交易相对人，他们的身份依靠密码的辨认或认证机构的认证。

(2) 合同订立的各环节发生了变化。要约与承诺的发出和收到的时间较传统合同复杂，合同成立和生效的构成条件也有所不同。

(3) 合同的形式发生了变化。电子合同所载信息是数据电文，不存在原件与复印件的区分，无法用传统的方式进行签名和盖章。

(4) 合同当事人的权利和义务有所不同。在电子合同中，既存在由合同内容所决定的实体权利义务关系，又存在由特殊合同形式产生的形式上的权利义务关系，如数字签名法律关系。在实体权利义务法律关系中，某些在传统合同中不很重视的权利义务在电子合同里显得十分重要，如信息披露义务、保护隐私权义务等。

(5) 电子合同的履行和支付较传统合同复杂。

(6) 电子合同形式上的变化对与合同密切相关的法律产生了重大影响，如知识产权法律、证据法。

电子合同形式的变化，对于世界各国都带来了一系列法律新问题。电子商务作为一种新的贸易形式，与现存的合同法发生矛盾是非常容易理解的事情。但是，对于法律、法规来说，就有一个怎样修改并发展现存合同法，以适应新的贸易形式的问题。

4. 电子合同的分类

电子合同的分类其目的在于，通过分类来掌握一类合同的共同特征以更好地进行研究和指导实践。电子合同作为一种民商事合同自然可以按传统合同的分类标准来划分，然而，它又是一种特殊形式的合同，具有自己的特殊性，可以按照自身的特点加以分类。

(1) 信息产品合同与非信息产品合同。根据标的不同，合同可分为货物贸易合同、服务贸易合同及知识产权贸易合同三大类。电子商务包括了传统商务的电子化，如在线进行货物买卖，在线信息服务等，这类电子合同的标的与传统合同的标的并无二致。同时，电子商务也产生了一类新的合同，即信息产品合同。

信息产品是指可以被数字化并通过网络来传播的商品。例如，在网上花店为朋友订购一束花，如果要求网上花店在指定的时间将鲜花送给这位朋友，这是一个实物产品的买卖合同，其标的就是一束现实的鲜花；如果订购的是一束数字化的花，要求花店按时送给那位朋友，此时标的并非是鲜花。可以说，人们买的花或图片是一串特定的电子数据，实际上它就是信息产品。与此类似，软件、数据库、书刊、音像等可以在线传播的都是信息产品。

因此，可以把电子合同的标的分为两类，一类是信息产品，另一类是非信息产品，从而产生信息产品合同与非信息产品合同。

(2) 有形信息产品合同与无形信息产品合同。在信息产品合同中，根据数字化的信息是否具有实体形式，可分为有形信息产品合同与无形信息产品合同。数字化信息附着在有形载体上，如附着在音乐碟片、软件光盘上，可以称为有形信息产品。此类产品可以在网上订立和付款，但不能从网上下载，必须有现实的产品交付。此类购买合同可称为有形信息产品合同。数字化信息保持数字形式通过网络中进行传播，购买方可以直接从网上下载，这类信息产品可称为无形信息产品。此类购买合同可称为无形信息产品合同，即从合同的订立到履行都在网上进行。

区分这两类合同的意义在于合同的履行方式不同。有形信息产品的交付可以根据《合同法》的有关规定执行，而无形信息产品在履行的时间、履行的完毕、风险承担、检验、退货等方面有其特殊性。

(3) 信息许可使用合同与信息服务合同。根据合同标的性质的不同，电子合同可分为信息许可使用合同与信息服务合同。信息许可使用合同是指以转移信息产品的使用权为标的的合同，如音乐、软件的所有权人许可他人下载，在离线后仍可使用；信息服务合同是指以提供信息服务为标的的合同，如信息访问、认证服务、交易平台服务等。

二、电子合同的签订

电子合同的签订过程包括买卖双方 CA(Certificate Authority，证书发行机构)认证、询价和报价、洽谈、签约和执行，如图 1.7 所示。其中，除了询价和报价之外，其他 3 个过程的所有信息都通过交易中心的设备加密传输和分发，并且根据用户的要求保留其中间过程的所有(或部分)内容和结果。

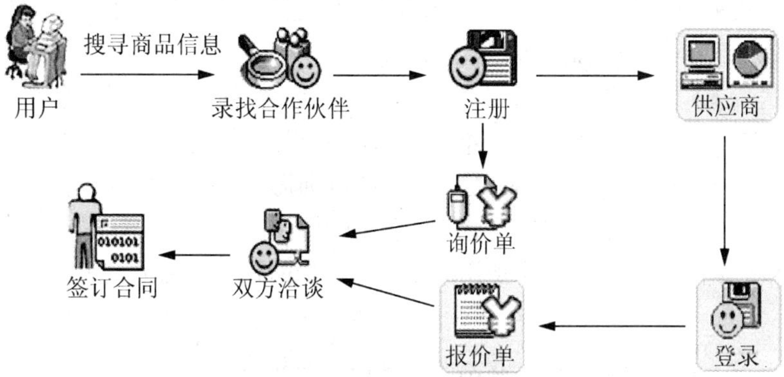

用户和贸易伙伴双方进行CA认证
用户和贸易伙伴以CA方式登录网上商城
用户浏览与查询市场信息，寻找交易伙伴
发送询/报价单
洽谈过程
签约过程
执行过程

图 1.7　电子合同的签订过程

1.4.4　电子支付管理

一、电子商务常用支付方式

1. 汇款

银行汇款或邮局汇款是一种传统支付方式，是顾客将订单金额通过银行或邮政部门汇到商户的一种结算支付方式。

采用银行或邮局汇款，可以直接用人民币交易，避免了诸如黑客攻击、账号泄漏、密码被盗等问题，对顾客来说更安全。但是，用此种支付方式的收发货周期时间长，如卓越网的邮局汇款支付期限为 14 天，银行电汇为 10 天，而采用其他网上支付则只需 1～2 天。此外，顾客还必须到银行或邮局才能进行支付，支付过程比较烦琐。对于商家来说，这种交易方式也无法体现电子商务高速、交互性强、简单易用且运作成本低等优势。因此，这种支付方式并不能适应电子商务的长期高速发展。

2. 货到付款

货到付款又称送货上门，指按照客户提交的订单内容，在承诺配送时限内送达顾客指定交货地点后，双方当场验收商品、当场交纳货款的一种结算支付方式。目前，很多购物网站都提供这种支付方式。

货到付款是充满中国特色的B2C电子商务支付方式、物流方式，既解决了国内网上零售行业的支付和物流两大问题，又培养了客户对网络的信任。货到付款是中国用户最喜欢的支付方式之一，但是其也有不足之处：

(1) 付款方式采用现金付费，因此只局限于小额支付上，如某电子商务网站的订单金额不可高于15 000元，对于商家的大额交易则无法实现。

(2) 由于送货上门受到地区的局限，而EMS费用又较高，所以顾客选择最多的还是普通邮寄，这就会带来必然的时间损耗，给用户造成不便。例如，某网上书店送货上门服务，送到北京市内读者手中需1～2天，而送到其他城市则需3～7天，普通邮寄则是更需1～2周，这还不包括边远地区。送货上门单张订单购物金额满30元免5元平邮费用，单张订单购物金额满200元免加急费用，这个费用对于小额购物的顾客来说是无法接受的。

3. 网上支付

网上支付是以金融电子化网络为基础，以商用电子化工具和各类交易卡为媒介，以电子计算机技术和通信技术为手段，以二进制数据形式存储，并通过计算机网络系统以电子信息传递形式实现的流通和支付。网上支付主要有网上银行卡转账支付和第三方支付平台结算支付两大类。

(1) 网上银行卡转账支付。网上银行卡转账支付指的是电子商务的交易通过网络，利用银行卡进行支付的方式。客户通过Internet向商家订货后，在网上将银行卡卡号和密码加密发送到银行，直接要求转移资金到商家银行账户中，完成支付。银行卡的卡类可以包括信用卡、借记卡和智能卡等。

这种方式存在着安全性和方便性两方面的矛盾。一般的用户如果不去银行申请启用有数字证书保护的网上支付功能，就只能使用无数字证书保护的网上支付。不启用数字证书保护的网上支付在功能上会有一定的限制，如只能进行账户查询或只能进行小额支付；而启用数字证书保护的网上支付不仅拥有更高的安全性，而且能享受网上银行所提供的全部服务，支付的金额不受限制。但是，要启用数字证书保护，付款人必须经过向银行申请安装数字证书，下载指定软件等多道手续，对有些对电脑操作不熟悉的顾客而言就很难实现了。另外，因客户直接将货款转移到商家的账户上，如果出现交易失败的情况，那么讨回货款的过程就可能变得非常烦琐和困难。

(2) 第三方支付平台结算支付。第三方支付平台结算支付是指客户和商家都首先在第三方支付平台处开立账户，并将各自的银行账户信息提供给支付平台的账户中，第三方支付平台通知商家已经收到货款，商家发货；在客户收到并检验商品后，通知第三方支付平台可以付款给商家，第三方支付平台再将款项划转到商家的账户中。

这种方法的优势在于：客户和商家的银行账户信息只需提供给第三方支付平台，比较安全，且支付通过第三方支付平台完成；如果客户未收到商品或商品有问题，则可以通知第三方支付平台拒绝划转货款到商家；而商家则可以在货款有保障的情况下放心发货，有效地降低了交易风险。第三方平台结算支付是当前国内服务数量最多的支付模式。

这种方法的劣势在于：

① 中国法律规定只有金融机构才有权吸纳代理用户的钱，其他企业机构不得从事类似活动，支付平台的法律地位也受到一部分人的质疑。

② 货款在第三方支付平台中滞留的时间内将产生一定的利息，这部分利息如何分配目前也缺乏明确的规范和严格的监督。

③ 支付平台解决的电子商务支付过程中的安全性问题只限于客户和厂商之间，其他安全性问题如客户在支付平台填写银行资料时信息的保密性、有效性和完整性问题还有待进一步解决。

④ 操作还不够简便，客户在使用支付平台时都必须进行一系列烦琐的申请。

⑤ 货款会在第三方支付平台的账号中滞留一段时间，非实时性支付带来存款风险，如第三方支付企业不能完全保证货款安全，则将大大损害客户和商家的利益。

⑥ 第三方支付平台可能会被利用，通过捏造虚假交易从信用卡套现，甚至存在可能被利用来进行洗钱的风险。

二、电子支付

电子支付是指从事电子商务交易的当事人，包括消费者、厂商和金融机构，通过信息网络，使用安全的信息传输手段，采用数字化方式进行的货币支付或资金流转。

1. 电子支付的特征

（1）数字化的支付方式。电子支付是采用先进的技术通过数字流转来完成信息传输的，其各种支付方式都是采用数字化的方式进行款项支付的；而传统的支付方式则是通过现金的流转、票据的转让及银行的汇兑等物理实体的流转来完成款项支付的。

（2）开放的系统平台。电子支付的工作环境是基于一个开放的系统平台之中；而传统支付则是在较为封闭的系统中运作的。

（3）先进的通信手段。电子支付使用的是最先进的通信手段，如 Internet、Extranet；而传统支付使用的则是传统的通信媒介。电子支付对软、硬件设施的要求很高，一般要求有联网的计算机、相关的软件及其他一些配套设施；而传统支付则没有这么高的要求。

（4）明显的支付优势。电子支付具有方便、快捷、高效、经济的优势。用户只要拥有一台上网的计算机，便可足不出户，在很短的时间内完成整个支付过程。支付费用仅相当于传统支付的几十分之一，甚至几百分之一。

2. 电子支付的协议

（1）SSL(Secure Sockets Layer，安全套接层协议)。SSL 协议层包括两个协议子层，即 SSL 记录协议与 SSL 握手协议。SSL 记录协议的基本特点是连接是专用的和可靠的。SSL 握手协议的基本特点是能对通信双方的身份的认证、进行协商的双方的秘密是安全的、协商是可靠的。

（2）SET(Secure Electronic Transaction，安全电子交易协议)。SET 协议运行的目标包括保证信息在互联网上安全传输、保证电子商务参与者信息的相互隔离、解决网上认证问题、保证网上交易的实时性、规范协议和消息格式。SET 协议所涉及的对象有消费者、在线商店、收单银行、电子货币发行机构以及 CA。

3. 电子支付工具

（1）电子现金。电子现金(E-Cash)又称为数字现金，一种表示现金的加密序列数，它可以用来表示现实中各种金额的币值，是一种以数据形式流通的，通过网络支付时使用的现金。电子现金存在的问题有以下几个：

① 目前的使用量小。只有少数几家银行提供电子现金开户服务，也只有少数商家接受电子现金。

② 成本较高。电子现金对于硬件和软件的技术要求都较高，需要一个大型的数据库存储用户的交易和电子现金序列号，以防止重复消费。

③ 存在货币兑换问题。由于电子货币仍以传统的货币体系为基础，各国银行只能以各国本币的形式发行电子现金，所以从事跨国贸易就必须要使用特殊的兑换软件。

（2）银行卡支付方式。

① 无安全措施的银行卡支付。买方通过网络从卖方订货，而银行卡信息通过电话、传真等非网上传送，或者银行卡信息在互联网上传送，但无任何安全措施，卖方与银行之间使用各自现有的银行商家专用网络授权来检查银行卡的真伪。这种支付方式具有以下特点：

a. 由于卖方没有得到买方的签字，所以如果买方拒付或否认购买行为，卖方将承担一定的风险。

b. 银行卡信息可以在线传送，但无安全措施，买方(即持卡人)将承担银行卡信息在传输过程中被盗取及卖方获得银行卡信息等风险。

② 通过第三方代理人的支付。改善银行卡事务处理安全性的一个途径就是在买方和卖方之间启用第三方代理，其目的是使卖方看不到买方银行卡信息，避免银行卡信息在网上多次公开传输而导致的银行卡信息被窃取。

a. 第三方代理人支付方式的支付流程。

（a）买方在线或离线在第三方代理人处开账号，第三方代理人持有买方银行卡号和账号。

（b）买方用账号从卖方在线订货，即将账号传送给卖方。

（c）卖方将买方账号提供给第三方代理人，第三方代理人验证账号信息，将验证信息返回给卖方。

（d）卖方确定接收订货。

b. 第三方代理人服务的特点。

（a）支付是通过双方都信任的第三方完成的。

（b）银行卡信息不在开放的网络上多次传送，买方有可能离线在第三方开设账号，这样买方没有银行卡信息被盗窃的风险。

（c）卖方信任第三方，因此卖方也没有风险。

（d）买卖双方预先获得第三方的某种协议，即买方在第三方处开设账号，卖方成为第三方的特约商户。

③ 简单加密银行卡支付。简单加密银行卡模式原理是若使用简单加密银行卡模式付费，则当银行卡信息被买方输入浏览器窗口或其他电子商务设备时，银行卡信息就被简单加密，安全地作为加密信息通过网络从买方向卖方传递。

④ SET 信用卡支付。SET 协议保障了 Internet 上信用卡支付的安全性，利用 SET 协议制定的过程规范，可以实现电子商务交易过程的机密性、认证性、数据完整性等安全要求。SET 提供商家和收单银行的认证，是目前用信用卡进行网上支付的国际标准。

（3）电子支票。电子支票(Electronic Check)是一种借鉴纸张支票转移支付的优点，利用数字传递将钱款从一个账户转移到另一个账户的电子付款形式。电子支票主要用于企业与企业之间的大额付款。电子支票的支付一般是通过专用的网络、设备、软件及一整套的用户识别、标准报文、数据验证等规范化协议完成数据传输，从而可以有效控制安全性。

电子支票支付方式的特点：

① 电子支票与传统支票工作方式相同，易于理解和接受。

② 加密的电子支票使它们比数字现金更易于流通，买卖双方的银行只要用公开密钥认证确认支票即可，数字签名也可以被自动验证。

③ 电子支票适于各种市场，可以很容易地与 EDI 应用结合，推动 EDI 基础上的电子订货和支付。

④ 电子支票技术将公共网络连入金融支付和银行清算网络。

电子支票支付方式的优势在于处理速度快、安全性能好、处理成本低和给金融机构带来了效益。

电子支票的使用过程如图 1.8 所示。

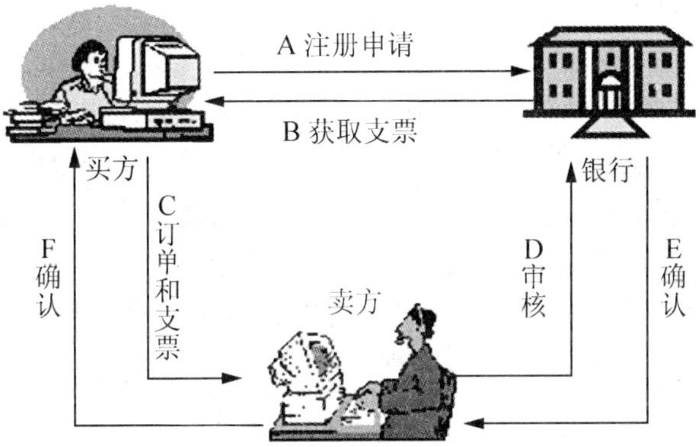

图 1.8 电子支票的使用过程

① 用户向银行申请并获得电子支票。

② 用户和商家达成购销协议选择用电子支票支付。用户在计算机上填写电子支票，电子支票上包含支付人姓名、支付人账户名、接收人姓名、支票金额等。用自己的私钥在电子支票上进行数字签名，用卖方的公钥加密电子支票，形成电子支票文档。通过网络向商家发出电子支票，同时向银行发出付款通知单。

③ 商家收到电子支票后进行解密，验证付款方的数字签名，背书电子支票，填写进账单，并对进账单进行数字签名；再将经过背书的电子支票及签名过的进账单通过网络发给收款方开户银行。

④ 当收款方开户银行验证付款方和收款方的数字签名后，通过金融网络发给付款方开户银行。

⑤ 当付款方开户银行验证收款方开户银行和付款方的数字签名后，从付款方账户划出款项，收款方开户银行在收款方账户存入款项。

(4) 电子钱包。电子钱包(E-wallet)是电子商务活动中顾客购物常用的一种支付工具，是小额购物或购买小商品时常用的新式“钱包”。电子钱包是一个用来携带信用卡或借记卡的、可在具有中文环境的 Windows 操作系统上独立运行的软件，就像生活中随身携带的钱包一样。持卡人将这种电子钱包安装在自己的微机上，在进行网上安全电子交易时使用。

① 电子钱包的作用：保证个人卡资料信息在网上传输的安全性；利用国际标准的SET协议对商户提供身份确认；保存多张卡资料；及时通知商户接收及认可订单；随时查询历史交易信息；电子安全证书的管理，包括电子安全证书的申请、存储、删除等。

② 电子钱包的使用过程(以中国银行的长城电子借记卡为例)：申请一张中国银行的长城电子借记卡；获得中银电子钱包；安装中银电子钱包；申请证书；订购商品；付款。

③ 使用电子钱包应注意的问题：

a. 持卡人在线申请电子安全证书必须在电子钱包中进行。

b. 电子钱包实行密码管理，持卡人每次使用电子钱包都需输入密码，所以持卡人对自己的用户名及口令应该严格保密，以防电子钱包被他人窃取；否则就像生活中钱包丢失一样有可能会带来一定的经济损失。

(5) 移动支付。根据移动支付论坛(Mobile Payment Forum)的定义，移动支付是指交易双方为了某种货物或者业务，通过移动设备进行商业交易。移动支付所使用的移动终端可以是手机、PDA、移动PC等。

移动支付具有3点优势：一是手机随身携带的优势，移动支付彻底地体现了网络经济时代的3A特点，可以更方便、快捷地实现随时随地的交易；二是更加庞大的客户群体，手机已经成为人们日常生活中必不可少的工具之一，智能手机的迅速普及，使移动互联网的发展速度大大超过桌面互联网，且应用规模将超乎大多数人的想象；三是安全优势，移动支付不仅可以将手机号码的身份识别工具(自带IMSI、IMEI、MAC、设备序列号等)特征作为安全保障，同时也可以像网上支付一样加载证书、贴片卡、Token等附属安全工具。

1.4.5 网上售后服务管理

一、网上售后服务的概念

售后服务可分为传统售后服务和网上售后服务两种。传统售后服务主要是通过人工进行的一种售后服务，是由企业员工与顾客面对面地接触完成其服务过程，它是传统市场营销中提高顾客满意度的一种行之有效的策略选择；而网上售后服务主要是借助互联网进行网上互动式的售后服务，以便捷方式满足客户对产品技术支持以及使用维护的需求，它是网络营销中增加顾客满意度的一种理想选择。随着上网企业的日益增多以及网上销售业务的日益扩大，网上售后服务的作用越来越明显地表现出来。

二、网上售后服务的优势

1. 便捷性

网上服务不受地域、时间的限制，全球用户享受24h实时服务，因此通过Internet提供售后服务，用户可以随时随地上网寻求支持和服务，无须长时间等待。

2. 低廉性

网上售后服务的自动化和开放性，使得企业可以减少人力、物力的开支，一方面企业可以减少售后服务和技术支持人员，免除长途跋涉之苦；另一方面可以大大地减少不必要的管理费用和服务费用。

3. 灵活性

网上售后服务，对于用户的共性问题，企业可在主页上集中解答，介绍保养知识及维护方式等，而用户则可以根据自己的需要从网上寻求相应的帮助；对于用户的个性问题，可通过即时聊天工具、BBS 或使用电子邮件传送图示、照片来显示故障部位，并进行反复讨论，以便排除故障。

4. 直接性

客户通过网上可以直接寻求服务，避免通过传统方式经过多个中间环节才能得以处理。例如，传统服务需经过电话客服将问题记录下来，然后再根据问题性质转交相关部门和人员，在问题解决后还需经过售后客服进行协调，从而增加了许多中间环节。

5. “一对一”的个性化服务

网上售后服务的最大优势就在于能与顾客建立持久的“一对一”服务关系，这种服务关系能以其低成本为客户提供个性化的售后服务。

三、网上售后服务的形式

开展网上售后服务和免费服务是网站制胜的法宝，相信每个网站都会结合自己的经营业务为它的访问者或顾客提供相应的服务。

1. 销售过程的售后服务

这类服务是指产品的买卖关系已经确定，为客户提供从下单订货到产品送达指定地点这一整个过程的服务。它包括提供下单订货便利、帮助顾客在网上了解订单执行情况、产品运输情况等。例如，某公司是一家向石油公司提供零部件的机械制造企业，该公司在网上建立了在线交易网页，使远在北海海上石油平台的壳牌石油公司的工程师通过网页就可以立即下单订货，而不需像原来那样还必须回到岸上来操作。

2. 网上产品支持和技术服务

这类服务包括热门问答、软件升级等，它帮助顾客在网上直接寻找问题的答案或升级软件，不仅节省了企业大量人力物力，而且还提高了顾客的满意率。例如，一架新型波音飞机的维修手册厚达几千页，成本高不说，而且更新也极慢。现在，波音公司通过网站公布其零件供应商的联系方式，同时将有关技术资料放到网站，方便各地飞机维修人员及时地索取最新资料和寻求技术帮助，大大提高了维修工作的水平。

3. 推销型售后服务

这类服务包括根据顾客爱好为其推荐新产品，提供有关新闻或其他个性化服务。企业要尽可能地把推销融于服务中。例如，一对父母为他们新生的宝宝在网上购买婴儿用品，那么企业就可以根据他们的购买行为判断他们的婴儿年龄、性别情况，同时判断他们的收入、偏好情况，从而有针对性地通过电子邮件为这对父母提供育儿建议，把各种关于婴儿的产品，如婴儿玩具、婴儿服装、婴儿营养品和婴儿护肤品的信息发送给这对父母，使他们能根据这些信息很方便的买到自己需要的商品，也可以使企业大幅度地提高商品的销售额。

四、网上售后服务的策略

企业在 Internet 上建立了自己的网站后，要多途径地为网络用户提供十分便捷的免费服务，以吸引客户，提高商品的销售额。

1. 设计 FAQ 页面

FAQ 页面是几乎所有电子商务站点都必须具有的页面，这个页面主要为顾客提供有关公司及其产品的常见问题的答案。这种策略的基本思想为：将用户可能遇到的各种问题加以罗列并给予正确解答，以一问一答的方式向用户提供服务信息。这样有利于节省用户支持人员的时间，让他们集中精力去应付那些较冷僻的问题。例如，Dell 在世界范围内向它的客户发布两套“常见问题解答”，用户可以通过电子邮件、FTP（文件传送）以及有关的讨论小组获取这些服务信息。这种方法对于我国中小型企业也是适用的，投入费用低，而且不需要熟练的计算机软件人员。

企业在设计面向顾客的 FAQ 时，在策略的运用上要注意分两个层次：第一个层次是针对潜在顾客或新顾客，这个层次的 FAQ 主要是提供关于公司、产品的最基本问题的答案；第二个层次是针对老顾客，他们对公司的产品有所了解，这个层次的 FAQ 主要是提供有关产品的详细技术细节、技术改进等信息。

2. 提供“免费下载”或“软件库”

在科学技术高速发展的今天，产品的更新换代异常迅速，可能上个月刚刚购买的产品，到了这个月就发现它有些过时了。尤其是在计算机软件方面，如原来的 Win 3.2 变成了今天的 Windows 8，原来的 IE 3.0 提高到现在的 IE 10.0。至于那些应用软件，版本变化的速度之快更是让人有些无所适从，往往是这个版本人们还没有完全明白，下一个版本已隆重推出了。这就使得顾客在购买产品时不得不考虑产品更新的问题，以防止自己刚刚购买不久的产品因为版本更新被淘汰掉。因此，对于产品生产企业而言，想要消除顾客的这种疑虑，促进产品的销售，就必须为用户提供产品自动升级服务。例如，Dell 在 Internet 的一个 FTP 站点，拥有 1 万多个公司的文件与软件以及将近 40 万个公用软件，供 Internet 用户免费使用。

3. 网上 BBS 或新闻组

网站应有在线 BBS，以供客户直接通过网络寻求帮助。这样，一方面企业的相关人员可以提供相应的网上帮助；另一方面的预期效果是期望其他有相同问题的客户能相互提供帮助，这就是许多企业设立网上 BBS 的原因所在。尤其对于大公司来说，由于其产品遍布全球，所以更应在 Internet 上建立起与其产品相关的讨论小组。例如，美国的 Silicon Graphics 公司，在网上建立了若干个与其产品直接相关的讨论小组，公司内有一个工作组密切注视跟踪这些小组中提出的问题，并加以综合分析，然后适时地将答案在小组内公布。这样，公司不但帮助和解决了在小组中提出问题的用户，而且还帮助了那些遇到类似问题但还没有提出问题的用户。

4. 建立电子邮件用户支持渠道

电子邮件是最常用的提供用户支持的工具之一。为了有效地建立电子邮件用户支持渠道，企业内部可设专人阅读邮件并及时予以处理。一种较好的方法是在企业网站上设置一个电子邮件自动答复软件，在收到每个电子邮件后，自动向来件的用户发回一个电子邮件，告之用户电子邮件已收到，目前正在处理中。对于用户提出的种种问题以及答案，要分门别类加以整理，不断完善与扩大提供用户支持的信息库的内容。这样，对于某些经常在电子邮件中提出的问题，有关人员不必重复逐个给予回答，只需在回件中告诉用户获取信息的 URL（地址），用户自己就能够在 Internet 上浏览或下载所需的信息。

5. 定期向顾客提供“电子杂志”

电子杂志是一个统称，泛指通过 Internet 定期向订阅者提供信息内容的网上新媒体。电子杂志的作用主要表现在：宣传企业，提高企业的知名度；向目标顾客推荐新产品，提高网上产品的销售能力；答疑解惑，解决顾客在产品使用中遇到的问题，提高顾客的满意度。

在策略的运用上，第一，可在登载顾客感兴趣的内容的同时，顺便推销新产品；第二，欢迎和鼓励顾客积极投稿，以此来吸引顾客关注企业、关注产品；第三，鼓励顾客通过电子杂志介绍产品使用和维护小窍门，以便让顾客相互之间提供帮助。

五、开展网上售后服务注意事项

(1) 网上产品问题解决和技术支持的信息要丰富、全面，否则客户从网上寻求不到直接支持，有可能转为寻求传统方式解决，这样就发挥不了网上售后服务的优势。

(2) 网上服务和人工服务相结合。售后服务单靠互联网是不够的，还需与传统售后服务渠道相结合，如产品的维修，大多数还必须通过传统方式来进行。

(3) 注意网上服务的及时性。客户在网上需求产品支持和技术帮助时，如果回答不及时可能导致客户失去耐心转而寻求人工服务方式，因此最好是配备专人来解决网上的问题。

(4) 强化网上售后服务的质量控制。就目前来说，客户对于网上服务有一种陌生感，因此网站在客户问题解决时和解决后应发送 E-mail 信息与客户保持密切联系，以降低客户的不信任感。

(5) 定期发送企业的产品动态和服务信息，保持与客户联系，方便客户寻求帮助和注意产品的更新换代。

每节一练

一、不定项选择题

1. 网上交易过程一般包括(　　)几个阶段。

A. 交易准备　　B. 贸易磋商　　C. 签订合同　　D. 执行合同

2. 电子合同的特点有(　　)。

A. 主体的虚拟化　　B. 合同订立过程中的无纸化

C. 履行的无纸化　　D. 履行的超时空化

3. 网上支付有(　　)几大类。

A. 网上银行卡转账支付　　B. 第三方平台结算支付

C. 货到付款　　D. POS 机支付

4. 电子支付的特征主要有(　　)。

A. 数字化的支付方式　　B. 开放的系统平台

C. 先进的通信手段　　D. 明显的支付优势

5. 网上售后服务的形式主要有(　　)。

A. 销售过程的售后服务　　B. 网上产品支持

C. 网上技术服务　　D. 推销型售后服务

二、问答题

1. 什么是网上单证？它按照功能可分为哪几个类型？
2. 什么是电子合同？它和传统合同的区别在哪里？
3. 什么是电子支付？它常用的工具有哪些？
4. 开展网上售后服务有哪些优势？
5. 网上售后服务的策略有哪些？

三、操作题

1. 在某个网站上找到4种类型的网上单证(身份注册类、身份验证类、普通信息交流类和信息发布类)，说说它们设计得如何。

2. 调查一家经常光顾的购物网站都支持哪些支付方式。

3. 调查一家经常光顾的购物网站都采取了哪些网上售后服务策略。

1.5 网络贸易安全

【学习目的】

(1) 了解网络贸易安全的要求、存在的问题、原因和措施。
(2) 掌握网络贸易安全的常识。
(3) 了解网络贸易安全技术与协议。

1.5.1 什么是网络贸易安全

在互联网有力地推动社会发展的同时，也面临着越来越严重的威胁和攻击。网络安全问题越来越受到重视。保证网络贸易的正常运作，必须高度重视安全问题。网络交易的安全涉及社会的方方面面，而不仅仅是一堵防火墙或一个电子签名就能简单解决的问题。安全问题是网络成功交易的关键所在，它不仅关系到个人的资金安全、商家的货物安全，而且关系到国家的经济安全、国家经济秩序的稳定。

一、网络贸易安全的要求

1. 可靠性要求

可靠性要求是指为了防止计算机的软件错误、硬件故障、网络中断、计算机病毒和自然灾害等突发事件，采取的一系列控制和预防措施来防止数据信息资源部受破坏的可靠程度。

2. 保密性要求

信息的存取是在安全的环境中进行的，不能被非法窃取、泄露；信息的发送和接收是在安全的网络中进行的，交易双方在信息交换过程中没有被窃听的危险，非参与方不能获取交易的信息，以保证交易双方的信息安全。

3. 完整性要求

完整性是指数据在发送、接收和传递过程中，要求保证数据的一致性，防止非法用户对数据的随意生成、修改和删除，同时还要保证数据传递次序的统一。信息的完整性是从事电子商务交易双方的经营基础。

4. 真实性要求

从事网络贸易的交易双方的身份不能被假冒或伪装，能够有效鉴别、确定交易双方的真实身份。能否方便而又可靠地确认交易双方身份的真实性是顺利进行电子商务交易的前提。

5. 不可抵赖性要求

在电子商务环境下，通过手写签名和个人印章进行交易双方的鉴别已是不可能的了，参与交易的个人、企业、商家或其他部门必须在交易信息的传递过程中提供可靠的标识，由第三方提供有效的数字化过程记录，使交易各方不能事后抵赖。

6. 有效性要求

在网络交易中，交易双方的信息交流(如双方的购销合同、签名、时间等)都是以数字化的形式出现的，数字化的文件取代了原有的纸张，那么保证这种数字信息的有效性并为交易双方共同认可，就显得格外重要。当签订交易合同后，这项交易就受到法律保护，并防止被篡改或伪造。

二、网络贸易中的安全问题

1. 信息传输问题

信息传输问题是指在进行网上交易时，因传输的信息失真或者信息被非法窃取、篡改和丢失，从而导致网上交易的一些不必要的损失。从技术上看，网上交易的信息传输问题主要包括以下几个方面：

(1) 冒名偷窃。为了获取重要的商业秘密、资源和信息，竞争对手或者“黑客”常常采用源 IP 地址来进行欺骗攻击。

(2) 篡改数据。攻击者在利用非法手段掌握了信息的格式和规律后，通过各种手段方法，将网络上传输的信息数据进行删除、修改、重发等，以破坏数据的完整性和真实性，损害他人的经济利益，或者干扰对方的正确决策。

(3) 信息丢失。在交易中存在的信息丢失，是因为线路问题、安全措施不当或在不同的操作平台上转换操作不当导致的。

(4) 信息传递过程中的破坏。由于计算机技术发展迅速，原有的病毒防范技术、加密技术、防火墙技术等始终存在被新技术攻击的可能性。计算机病毒的侵袭、“黑客”的非法入侵、线路窃听等很容易使重要的数据在传输过程中泄露，威胁电子商务交易中的安全。另外，外界的干扰也会影响到数据的真实性和完整性。

(5) 虚假信息。在网上交易过程中，信息传输问题可能来源于用户以合法身份进入系统后，买卖双方都可能在网上发布虚假的供求信息，或者以过期的信息冒充现在的信息，从而骗取对方的钱款或货物。

2. 信用问题

(1) 来自买方的信用问题，对于买方来说，可能在网络上利用信用卡进行支付时的恶意透支，或者使用伪造的信用卡来骗取卖方的货物。

（2）来自卖方的信用问题，卖方不能按质、按量、按时寄送买方购买的货物，或者不能完全根据合同来履行合同内容，造成对买方权益的损害。

（3）买卖双方都存在的抵赖问题，电子商务交易是直接通过网络进行的，导致信用得不到保证，买方存在不付款，卖方存在不发货的抵赖行为，从而致使信用问题难以控制，网上交易很难进行。

3. 管理问题

（1）交易流程管理问题。在网络交易中介介入交易的过程中，客户进入交易中心，交易中心不但要监督买方按时付款，也要监督卖方按时提供合同所要求的货物。在这里面，管理问题大量存在，假如管理不善，将会导致巨大的潜在风险。

（2）人员管理问题。在网上交易中，最薄弱的环节是人员管理。由于工作人员的职业道德不高，安全教育和管理松懈，因而使得通过网络犯罪的现象越来越严重，并且多数反映在内部管理人员。由于对于人员的管理不善，故导致很多机密文件被竞争对手获得。

（3）交易技术管理问题。网上交易只经历了很短的时间，没有比较完善的控制机制，使得网上交易技术管理的漏洞众多，也因此带来很大的交易问题。所以，在交易技术方面，仍然需要加强对其管理和规范。

三、引发网络贸易安全问题的原因

1. 黑客的攻击

由于网络技术发展迅速，对于网络犯罪的追踪和反击手段还不成熟，并且黑客的攻击具有杀伤力强、隐蔽性高的特点，所以对于网上交易的威胁巨大，严重制约了电子商务安全交易的发展。

黑客攻击手段可分为非破坏性攻击和破坏性攻击两类。非破坏性攻击一般是为了扰乱系统的运行，并不盗窃系统资料，通常采用拒绝服务攻击或信息炸弹；破坏性攻击是以侵入他人电脑系统、盗窃系统保密信息、破坏目标系统的数据为目的。黑客常用的攻击手段主要有以下几种：

（1）后门程序。由于程序员在设计一些功能复杂的程序时，一般采用模块化的程序设计思想，所以将整个项目分割为多个功能模块，分别进行设计、调试，这时的后门就是一个模块的秘密入口。在程序开发阶段，后门便于测试、更改和增强模块功能。在正常情况下，完成设计之后需要去掉各个模块的后门，不过有时由于疏忽或者其他原因(如将其留在程序中，便于日后访问、测试等)后门没有去掉，一些别有用心的人会利用穷举搜索法发现并利用这些后门，然后进入系统并发动攻击。

（2）信息炸弹。黑客使用一些特殊工具软件，短时间内向目标服务器发送大量超出系统负荷的信息，造成目标服务器超负荷、网络堵塞、系统崩溃的攻击手段。例如，向未打补丁的 Windows 系统发送特定组合的 UDP 数据包，会导致目标系统死机或重启；向某型号的路由器发送特定数据包致使路由器死机；向某人的电子邮件发送大量的垃圾邮件将此邮箱“撑爆”等。目前，常见的信息炸弹有邮件炸弹、逻辑炸弹等。

（3）拒绝服务。拒绝服务又叫分布式 DOS 攻击，它是使用超出被攻击目标处理能力的大量数据包消耗系统可用系统、带宽资源，最后致使网络服务瘫痪的一种攻击手段。作为攻击者，首先需要通过常规的黑客手段侵入并控制某个网站，然后在服务器上安装并启动一个可由攻击者发出的特殊指令来控制进程，攻击者把攻击对象的 IP 地址作为指令下达给进程的时候，这些进程就开始对目标主机发起攻击。这种方式可以集中大量的网络服务器带宽，对某个特定目标实施攻击，因而威力巨大，顷刻之间就可以使被攻击目标带宽资源耗尽，导致服务器瘫痪。例如，1999 年美国明尼苏达大学遭到的黑客攻击就属于这种方式。

（4）网络监听。网络监听是一种监视网络状态、数据流以及网络上传输信息的管理工具，它可以将网络接口设置为监听模式，并且可以截获网上传输的信息。也就是说，当黑客登录网络主机并取得超级用户权限后，若要登录其他主机，那么使用网络监听可以有效地截获网上的数据，这是黑客使用最多的方法。但是，网络监听只能应用于物理上连接于同一网段的主机，通常被用作获取用户口令。

2. 管理的欠缺

人员管理方面是目前电子商务安全最大的隐患，由于人员的职业道德修养不高，安全教育和管理松懈，所以一些竞争对手还利用企业招募新人的方式潜入该企业，或利用不正当的方式收买企业网络交易管理人员，窃取企业的用户识别码、密码、传递方式以及相关的机密文件资料。

在处理网络安全问题时，网络管理人员通常只把 Internet 上面的黑客放在要防范的假想敌之中，却不知道企业内部员工的疏失有时候远比网络上的黑客还要可怕。例如，员工在使用自己桌上的电脑时把电脑设成服务器，使得所有人都可以经过该网络进入该电脑，窃取机密的信息，或者对上面的信息进行修改，甚至利用该电脑为跳板进入其他的电脑系统之中为非作歹。

网络交易技术管理的漏洞带来危险的原因主要是有些系统中某些用户是没有口令的，如匿名文件传输协议的服务存在信任概念，则允许被信任用户不需要口令就可以进入系统，然后把自己升级为超级用户。

四、保证网络贸易安全的措施

1. 加强内部网络治理人员以及使用人员的安全意识

很多计算机系统常用口令来控制对系统资源的访问，这是防病毒进程中最轻易和最经济的方法之一。网络治理员和终端操作员根据自己的职责权限，选择不同的口令，对应用程序数据进行合法操作，以防止用户越权访问数据和使用网络资源。

在网络上，软件的安装和治理方式是十分关键的，它不仅关系到网络维护治理的效率和质量，而且涉及网络的安全性。好的杀毒软件能在几分钟内轻松地安装到组织里的每一个 NT 服务器上，并可下载和散布到所有的目的机器上，由网络治理员集中设置和治理，它会与操作系统及其他安全措施紧密地结合在一起，成为网络安全治理的一部分，并且自动提供最佳的网络病毒防御措施。当计算机病毒对网上资源的应用程序进行攻击时，这样的病毒存在于信息共享的网络介质上，因此就要在网关上设防，在网络前端进行杀毒。

2. 网络防火墙技术

网络防火墙是一种用来加强网络之间访问控制，防止外部网络用户以非法手段通过外部网络进入内部网络，访问内部网络资源，保护内部网络操作环境的非凡网络互联设备。它对两个或多个网络之间传输的数据包如链接方式按照一定的安全策略来实施检查，以决定网络之间的通信是否被答应，并监视网络运行状态。虽然防火墙是目前保护网络免遭黑客袭击的有效手段，但也有明显不足：无法防范通过防火墙以外的其他途径的攻击，不能防止来自内部变节者和不经心的用户们带来的威胁，也不能完全防止传送已感染病毒的软件或文件以及无法防范数据驱动型的攻击。

3. 安全加密技术

加密技术的出现为全球电子商务提供了保证，从而使基于 Internet 上的电子交易系统成为了可能，完善的对称加密和非对称加密技术仍是 21 世纪的主流。对称加密是常规的以口令为基础的技术，加密运算与解密运算使用同样的密钥。不对称加密即加密密钥不同于解密密钥，加密密钥公之于众，谁都可以用，解密密钥只有解密人自己知道。

1.5.2 网络贸易安全常识

网络安全从其本质上来讲就是网络上的信息安全，凡是涉及个人隐私或商业利益的信息在网络上传输时都需要受到机密性、完整性和真实性的保护，避免被其他人利用不正当手段侵犯利益和隐私。

拥有网络安全意识是保证网络安全的重要前提，许多网络安全事件的发生都和缺乏安全防范意识有关，特别是在网络上从事商业活动时，账户里经常有资金往来，容易被别有用心的人盯上，因此网络安全和网络防骗是首先要解决的问题。

一、交易安全

交易安全分为账户安全和支付安全，一旦账户被盗，不仅网店的正常经营会受到严重的影响，而且账户里的资金也可能被他人盗用。因此，在日常的运营管理中，账户安全是一个需要特别关注的方面，防骗防盗也是网店经营中的一个长期行为。

1. 账户安全

设置安全性较强的密码是账户安全的有效保障。例如，一些网站要求账户密码是由 6～16 个字符组成，最好是使用英文字母、数字、标点符号这 3 种元素来进行自由组合。如果英文字母还区分大小写，标点符号尽可能用特殊符号，那么这样组合出来的账户密码就更安全，如“WellDone869@%”，在实际的密码设置中还可以加入更多的变化。

密码设置的原则一是要安全，二是要容易记忆。安全性再高的密码，如果自己不记得就是矫枉过正，自找麻烦。密码设置也不是一蹴而就，最好是定期更改密码，并且做好书面记录，以免因遗忘密码造成无法登录，给工作带来不便。

2. 支付安全

以支付宝为例。支付宝给每一个账户设置了多重保护，它的密码分为登录密码和支付密码，如果仅有登录密码就只能查看账户，只有知道支付密码才能操作账户资金往来。

（1）申请支付宝数字证书可以使账户资金操作多一重保护，没有安装支付宝数字证书的电脑，即使知道登录密码和支付密码也无法查看账户及操作资金往来。

（2）在此基础上还可以开通手机动态口令，每次需要在支付宝页面输入支付密码的时候，系统会向预先设置和绑定的手机发送一个动态口令，只有输入了正确的动态口令和支付密码后，支付或者退款行为才能生效。

(3) 如果再开通了支付宝信使服务，那么今后账户发生的每一笔交易，支付宝系统都会通过短信将账户资金变化的通知发送给预先绑定的手机。

此外，目前各大金融网站都纷纷引入了硬证书。硬证书是指将电子认证服务机构为用户提供的数字证书保存在 USB Key 中。

支付盾就是支付宝公司推出的安全解决方案。支付盾(天威)是联合第三方权威机构天威诚信一起推出的安全产品，它是具有电子签名和数字认证的工具，保证了客户在网上信息传递时的保密性、唯一性、真实性和完整性。支付盾酷似一面盾牌，时刻保护着客户在支付宝上操作的资金和账户安全。支付盾有以下 3 个特点：

(1) 安全性。支付盾是一个类似于 U 盘的实体安全工具，它内置的微型智能卡处理器能阻挡各种风险，让账户始终处于安全的环境下。客户在支付宝网站处理任何资金业务时，不需要担心木马、钓鱼网站、黑客等各种安全风险，支付盾将可以保障客户在网上交易资金和支付宝账户的安全。

(2) 唯一性。支付盾是和支付宝账户对应绑定的关系，从而保障了客户支付宝资金安全。当申请使用支付盾后，如果在没有插入支付盾的情况下登录支付宝，那么只能进行查询账户操作，而不能进行其他任何对于资金变动的操作。只有插入匹配账户的支付盾才能进行操作，这样就相当于支付盾就是客户拥有的一把“钥匙”，增强客户账户的使用安全。

(3) 方便性。客户可以在任何电脑上进行操作，免除了数字证书的备份烦恼；拥有了支付盾，客户可以拥有更高的支付额度来进行资金交易了；支付盾不需要使用者掌握任何数字证书相关知识，也能轻松掌握。

二、网络防骗

经常会有人以中奖、购物的名义，使用阿里旺旺或者站内信发送钓鱼网站的网址，这些网址都有一个明显的特点，即与淘宝网的网址有非常高的相似度。例如，淘宝网的网址为 http://www.taobao.com，而那些钓鱼网站的网址往往会是 http://www.taoba0i.cn 或 http://www.taob.pvi.cn 等。

为了加强网上操作的安全性，淘宝网在阿里旺旺里增加了一个防范措施，一方面用来表示这是淘宝网内的安全链接，可以放心单击；另一方面用来表示这是淘宝不能确认其安全性的外部链接，提醒用户单击时要特别的注意和小心。

然而，现在网络骗术也在与时俱进，因此又有一类钻安全链接空子的骗子出现。由于雅虎与阿里巴巴的合作关系，阿里旺旺的安全链接识别系统会将雅虎的站内链接视为安全链接，所以骗子将钓鱼网站的网址放入雅虎个人空间里，然后将个人空间的链接发给他人，在阿里旺旺上显示是安全链接。但是，在雅虎个人空间里却没有什么安全方面的提示，进入链接就是一个仿冒淘宝的钓鱼网站，一些做生意心切的人就很容易被骗，一旦大意进入这样的钓鱼网站，输入账户密码，密码便马上被骗子获知，导致账户被盗。

现在更有甚者，发现利用雅虎空间行骗被人揭露太多，又开始改用“阿里妈妈”的网址来存放钓鱼网站，继续他们的行骗生涯。网上的骗术层出不穷，花样百出，但是识别骗子，重在预防，因此具备一定的识骗能力可以有效地减少安全隐患，避免财物这类有形资产和账户、ID 等无形资产的损失。同时，减少失误还可以一定程度的提高工作效率。防骗知识可以到淘宝社区的诚信防骗居里去学习。诚信防骗居既是大家交流防骗经验的场所，也是骗子最喜欢光顾的“学习课堂”，他们一样会进行“业务能力的提升”，所以骗术才会与时俱进。因此，人们也需要不断地学习才能够更好地保护自己，放心地在网络上进行各种商业活动。

一些常见的网上交易骗术介绍如下：

（1）注册相似的账号来行骗。例如，使用“小白兔”的 ID 购买商品并用支付宝付款，然后用相似度很高的“小白兔”这个 ID 来通知卖家已经付款，但是提出需要修改收货地址。卖家按新地址发了货，几天以后，购买商品并付款的买家“小白兔”来反馈说还没有收到货，因此要投诉卖家收款不发货，并申请退款，这时卖家才发现更改地址的通知并非是同一 ID 发来的，尽管他们看起来非常像。

（2）以大宗购物或者较高的交易金额来诱惑卖家，谎称需要找一个信得过的中介做担保，然后发送假冒的 EMS 担保交易网址，诱使淘宝店主去该钓鱼网站签订担保订单的中介协议，再根据协议里面得到的身份证号码等个人信息，进一步破解卖家的支付宝账户或者银行卡密码，盗取里面的现金。注意，淘宝网的交易是不可能去其他网站下订单的，人们遇到这样的情况一定要谨慎，下了这样的订单就等于告诉了骗子自己的账号密码。

（3）当骗子冒充顾客出价购买商品后，马上在阿里旺旺或邮箱中发来一个经 Photoshop 处理过的“买家已付款，等待卖家发货”的付款截图，或者谎称是使用银行汇款，发来经 Photoshop 处理过的汇款凭证，催促卖家赶快发货。这时，如果卖家未去核实汇款信息就发货的话，那么就会银货两亏，所以一定要证实买家确已付款才能安排发货。

（4）骗子也会利用网银的安全措施来欺骗卖家，在与卖家谈好交易以后，谎称自己没有支付宝，要求从银行直接汇款给卖家，在得到卖家的银行账户号码后，骗子马上就去银行网站登录该账号，然后故意乱输密码，直到当日错误密码达到最高次限，已无法查询账户时再通知卖家已经汇款，同时催促卖家当天发货，有时候骗子甚至会采用一些激将法，来达到促使卖家马上发货的目的。

（5）骗子冒充顾客，谎称要将他看中的商品图片发给卖家，结果发送的是带毒或者带木马的文件，以此盗取卖家电脑里的个人信息。因此，不要随便接收陌生人发来的不明文件，避免电脑被木马、病毒所侵袭。如果遇到这样的情况，就叫对方使用阿里旺旺的截图功能来说明商品款式。

三、商业机密

一分钟可以毁灭一个公司，这是一个以 1%、2%决胜负的商业时代，一个信息就可以左右企业的成败。虽然从社会和谐的角度来说，竞争对手并不是敌人，甚至还可以在某些领域进行战略合作，但是一个信息在自己手里可能是王牌，在竞争对手手里就可能是定时炸弹。

对网上店铺来说，成本、货源渠道、分销商和客户资料毫无疑问都属于企业最重要的商业机密。除此以外，在日常工作中，人们还会接触到公司各种各样、大大小小的商业秘密，这些重要的商业信息，可能在人们的大脑里、公司电脑里、一个打印稿的背面，甚至在一个垃圾筐里，随时都有泄露的可能，泄露的结果轻则使公司蒙受损失，重则毁灭公司。因此，任何一家企业都不会随便将商业机密泄露给竞争对手和外人，对员工也有保护商业机密的要求，一旦违反就会执行相应的惩罚制度来规范员工行为。所以人们不仅要有保护商业机密的意识，而且还要严格遵守职业道德和规范，做一名合格的、优秀的员工。

保证交易安全最重要的是一切按照标准流程来操作，不确定的网址链接不要轻易进入；交易状态非“买家已付款”的就绝对不能发货；顾客如果要求修改收货地址的话，则一定要使用购买商品的ID来通知，借口说阿里旺旺不能登录就提示他用站内信，务必要确定对方的真实身份；有人要求换货的话，一定要查实是否在本店有交易记录，因为有些骗子会利用商家生意好、顾客多、记不清来钻空子，假冒顾客要求换货，将自己坏掉的商品来调换店里的全新正品，或者享受店铺的免费保修服务等。

1.5.3 网络贸易安全技术与协议

一、防火墙技术

“防火墙”是一种形象的说法，其实它是一种由计算机硬件和软件的组合，使互联网与内部网之间建立起一个安全网关(Security Gateway)，从而保护内部网免受非法用户的侵入，它其实就是一个把互联网与内部网(通常指局域网或城域网)隔开的屏障。

防火墙的技术实现通常是基于所谓“包过滤”技术，而进行包过滤的标准通常就是根据安全策略制定的。在防火墙产品中，包过滤的标准一般是靠网络管理员在防火墙设备的访问控制清单中设定。访问控制一般基于的标准有包的源地址、包的目的地址、连接请求的方向(连入或连出)、数据包协议(如TCP/IP等)以及服务请求的类型(如FTP、WWW等)等。此外，防火墙还可以利用代理服务器软件实现。早期的防火墙主要起屏蔽主机和加强访问控制的作用，现在的防火墙则逐渐集成了信息安全技术中的最新研究成果，一般都具有加密、解密和压缩、解压等功能，这些技术增加了信息在互联网上的安全性。现在，防火墙技术的研究已经成为网络信息安全技术的主导研究方向。

从物理上说，防火墙就是放在两个网络之间的各种系统的集合，这些组件具有以下特性：

(1) 所有从内到外和从外到内的数据包都要经过防火墙。

(2) 只有安全策略允许的数据包才能通过防火墙。

(3) 防火墙本身应具有预防侵入的功能，防火墙主要用来保护安全网络免受来自不安全的侵入。

网络的安全性通常是以网络服务的开放性、便利性、灵活性为代价的，对防火墙的设置也不例外。防火墙的隔断作用一方面加强了内部网络的安全，另一方面却使内部网络与外部网络的信息系统交流受到阻碍，因此必须在防火墙上附加各种信息服务的代理软件来代理内部网络与外部的信息交流，这样不仅增大了网络管理开销，而且减慢了信息传递速率。针对这个问题，近期美国网屏技术公司推出了第三代防火墙，其内置的专用ASIC处理器用于提供硬件的防火墙访问策略和数据加密算法的处理，使防火墙的性能大大提高。

需要说明的是，并不是所有网络用户都需要安装防火墙。一般而言，只有对个体网络安全有特别要求，而又需要和Internet联网的企业网、公司网，才建议使用防火墙。另外，防火墙只能阻截来自外部网络的侵扰，而对于内部网络的安全还需要通过对内部网络的有效控制和管理来实现。

二、数字证书与CA认证

由于电子商务在网络中完成，互相之间不见面，所以为了保证每个人及机构都能唯一且被准确无误地识别，就需要进行身份认证。身份认证可以通过验证参与各方的数字证书来实现，而数字证书是由CA颁发的。

CA是指采用PKI(Public Key Infrastructure，公共密钥体系)公开密钥基础架构技术，专门提供网络身份认证服务，负责签发和管理数字证书，具有权威性和公正性的第三方信任机构，其作用就像现实生活中颁发证件的机构。

公共密钥体系是信息安全基础设施的一个重要组成部分，是一种利用公钥理论和技术建立的提供网络信息安全服务的基础设施。

三、加密技术

数字加密技术是网络中最基本的安全技术，主要是通过对网络中传输的信息进行数据加密来保障安全性。利用加密技术，可以将某些重要的信息和数据从一个可以理解的明文转换为复杂的、不可理解的密文形式，在线路上传送或在数据库中存储，其他用户再将密文还原为明文。以下是几种加密的算法：

(1) DES算法。它是美国国家标准化局NBS于1976年底作为官方的联邦标准颁布的。DES是一种常规密码体制的密码算法，也是一个典型的对称分组密码算法。

(2) RSA算法。它是1977年在美国麻省理工学院开发，1978年首次公布。它是一种分组加密算法，明文和密文在$0\sim n-1$(n是一个正整数)。RSA公钥密码算法是目前网络上进行保密通信和数字签名的最有效的安全算法之一。

四、数字签名技术

数字签名是密钥加密和信息摘要相结合的技术，用于保证信息的完整性和不可否认性。签名机制的特征是该签名只有通过签名者的私有信息才能产生，即一个签名者的签名只能唯一地由他自己生成。当收发双方发生争议时，第三方就能根据消息上的数字签名来裁定这条消息是否由发送方发出，从而实现不可否认服务。以下是几种签名技术：

(1) RSA签名。RSA是完整的加密系统，它支持公钥/私钥对的生成、加密以及数字签名。

(2) ElGamal签名。ElGamal是基于1984年提出的公钥密码体制和椭圆曲线加密体系，其修正形式已被美国国家标准与技术学会作为数字签名标准，它是Rabin体制的一种变形。

五、信息摘要技术

密钥加密技术只能解决信息的保密性问题，对信息的完整性则可以使用信息摘要技术来实现。信息摘要又被称为Hash算法，是一种单向加密算法，其加密结果是不能解密的。通过Hash算法，得到一个固定长度(128位)的散列值，不同的原文产生的信息摘要必不相同，相同的原文产生的信息摘要必定相同。这样，通过用接收方产生的摘要与发送方发来的摘要比较，若两者相同则表示原文在传输过程中没有被修改，否则说明原文被修改过。

六、网络贸易安全协议

要实现安全的电子商务交易，交易双方必须遵照统一的安全标准协议。当前，电子商务的安全机制正走向成熟，并逐渐形成了一些国际规范，比较有代表性的有安全套接层SSL协议和SET协议。

1. SSL 协议

SSL 协议是由 NetScape 公司研制的安全协议，SSL 使用加密的方法建立一个安全的通信通道，以使客户的信用卡号传送给商家，商家再将其转发给银行，银行验证后再通知商家付款成功。该协议已成为事实上的工业标准，微软等公司都提供基于这种简单加密模式的支付系统。

目前，SSL 协议已经成为 Internet 上保密通信的标准。现行的 Web 浏览器普遍将 HTTP(超文本传输协议)和 SSL 协议相结合，从而实现安全通信，如图 1.9 所示。

SSL 握手协议	SSL 更改密码规格协议	SSL 警报协议	HTTP
SSL 记录协议			
TCP			
IP			

图 1.9 HTTP 与 SSL 协议结合图

SSL 协议主要提供 3 方面的服务。一是用户和服务器的信息发送保证，使得用户与服务器能够确信数据被发送到正确的客户机和服务器上，客户机和服务器都有各自的识别号，由公开密钥编排。为了验证用户，SSL 协议要求在握手交换数据中做数字认证，以此来确保用户的合法性。二是加密数据以隐藏被传递的数据。SSL 协议采用的加密技术既有对称密钥，又有公开密钥。在客户机和服务器交换数据前，先交换 SSL 初始握手信息，在 SSL 握手信息中采用了各种加密技术，以保证其机密性与数据的完整性。三是维护数据的完整性。SSL 协议采用 Hash 函数机密共享的方法来提供完整的信息服务，建立客户机与服务器之间的安全通道，使所有经过 SSL 处理的业务能全部准确无误地到达目的地。

2. SET 协议

SET 协议是由 VISA 和 MasterCard 两家国际上最大的信用卡公司连同一些计算机商(包括 IBM、Microsoft 等信息巨头)共同制定并推出的安全电子交易协议。SET 协议完全是一项支付协议，只是在持卡人向商户发送支付请求、商户向支付网关发送授权或获取请求、支付网关向商户发送授权或回应、商户向持卡人发送支付回应时才起作用。它并不包括商品挑选、价格协商、支付方式选择等方面的协议。

SET 协议主要通过使用各种密码技术对交易数据及支付信息进行加密，以确保信息的保密性，并使用数字证书来验证参与交易的各方的身份，因而保护了交易各方的安全。此外，SET 还通过数字签名、双重数字签名等技术手段，不但可以为不可否认性提供重要证据，而且还保证了商家无法看到持卡人的相关信息，银行无法看到订单信息等功能，从而更好地保护各方利益。

每节一练

一、不定项选择题

1. 网络贸易中存在的安全问题有(　　)。

A. 操作问题　　B. 传输问题　　C. 信用问题　　D. 管理问题

2. 保证网络贸易安全的措施有(　　)。

A. 加强员工安全意识　　B. 使用防火墙技术

C. 采用安全加密技术　　D. 研究黑客技术

二、问答题

1. 网络贸易安全的要求有哪些?

2. 引发网络贸易安全问题的原因有哪些?

3. 有哪些技术能保证网络贸易安全?

4. 网络贸易安全协议有哪些?

模块二

国内贸易实务

GUONEI MAOYI SHIWU

本模块以阿里巴巴电子商务平台为例进行介绍。

阿里巴巴集团经营多元化的互联网业务，致力于为全球所有人创造便捷的网上交易渠道，自成立以来，发展了消费者电子商务、网上支付、B2B网上交易市场及云计算等领先业务，其目标是促进一个开放、协同、繁荣的电子商务生态系统。

阿里巴巴中国交易市场(www.alibaba.cn)创立于1999年，是阿里巴巴集团旗下业务，现为中国领先的小企业电子商务平台，促进国内贸易。阿里巴巴中国交易市场旨在原有的企业间信息发布、订单采购和大额批发市场的基础上，为从事内贸的中小企业提供更完善的电子商务服务。截至2012年6月30日，阿里巴巴中国交易市场拥有小企业业务注册用户数为5 480万，企业商铺数量为840万。阿里巴巴中文网站覆盖了40多个行业领域，分为工业品、消费品、原材料和商务服务四大行业市场。阿里巴巴网站的行业范围，基本上覆盖了各种各样的企业，包括生产型企业、贸易型企业以及服务企业。

从阿里巴巴中文站的首页可以看到其主要栏目、功能、布局以及整个阿里巴巴中文站大致的服务导航。

阿里巴巴中文网站主要的用户群有两类：一是企业用户，二是个人用户。贸易公司可以在阿里巴巴找到国内的供应商、代理商、产品；中间销售商可以在阿里巴巴网站找到货源和客户；服务型企业，如广告公司、物流公司以及各种各样的中介公司，能在阿里巴巴找到想要的客户，他们以阿里巴巴贸易市场作为载体，找到合作伙伴；个人用户主要围绕一些个体经营者，在阿里巴巴做生意；创业者、公司管理人员、公司的业务人员，一些专业人士包括学生等都可以在阿里巴巴找到他们想要的信息。

除此以外，阿里巴巴中文网站还有一个最大的商人社区，其中包括商友、商业资讯、论坛、博客以及阿里帮帮，在里面会员们可以找到最新的行业信息、进行商业交流以及商业咨询，以商会友，结交天下商友。

2.1 登录平台并注册账号

【学习目的】

（1）了解阿里巴巴中文站的基本功能。

（2）掌握阿里巴巴中文站的会员类型及注册方法。

2.1.1 阿里巴巴中文站的功能

阿里巴巴中文站的功能主要是为企业搭建一个贸易平台，包括搜索框、行业市场、城市分站以及各种辅助功能。

一、搜索框

在阿里巴巴中文站首页的搜索框上面选择“产品”、“公司”、“求购”和“资讯”并输入任一关键字，用户就能快速找到该关键字的产品供应信息、公司信息、查询商业问题的平台，小额批发信息和企业信息查询，如图 2.1 所示。

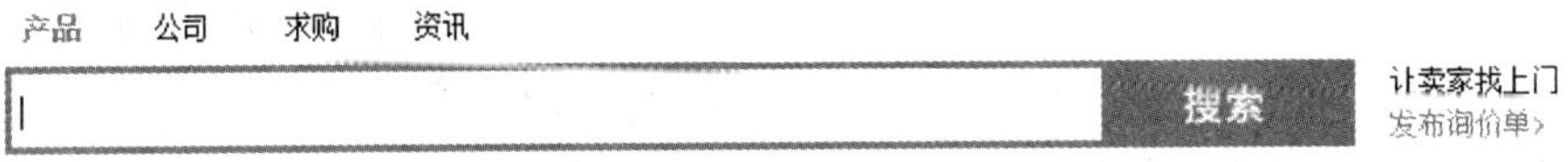

图 2.1 阿里巴巴中文站首页的搜索框

（1）产品搜索频道是满足买家购买产品的需求，买家在此频道可以查找各种产品的最新供应信息，并查看产品的详细信息和样品图片。单击搜索框右边的【搜索排行榜】按钮，可以查看阿里巴巴中文站的行业搜索排行榜，了解阿里巴巴中文站的热门搜索关键词。

（2）公司搜索频道主要展示的是公司库信息，买家可以从此频道方便地寻找各行各业的公司。此频道通过输入公司名称、产品或公司地址即可查找到相应的公司信息，还可以通过选择省份、城市、经营模式、注册年份、会员类型、信用保障和旺旺在线等进行进一步筛选。

（3）求购频道是满足买家只要在这里输入产品的名称就可以查询到自己所要找寻的批发商的需求，因此可以找到确定的批发商购买自己所要的东西。

（4）资讯频道是满足买家查询各行各业的资讯信息的需求，从而可以查找到适合自己的资讯。

二、行业分类和省市分站

在阿里巴巴中文站中，按照产品所在的不同行业，将各种产品信息放在相应的行业类目下面，以便买家能够快速根据产品所在类目找到需要购买的产品，如图 2.2 所示。

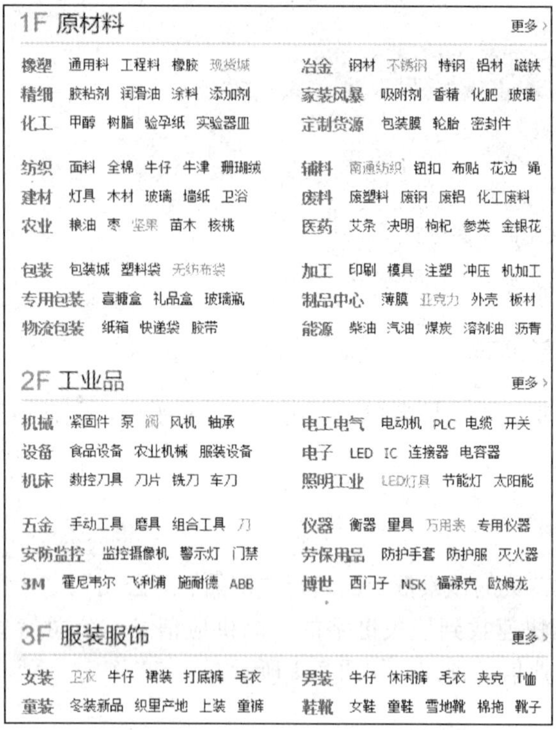

图 2.2 阿里巴巴中文站的行业市场

在阿里巴巴中文站中，按照公司所在的地区不同，又开设了一些城市分站，将该地区的一些信息全部集中在这里，让买家能够根据公司所在的地点，就近选择合适的供应商。目前，中文站下还设有新疆站、临沂站、惠州站、上海站、淄博站、青岛站、大连站、浙江站、绍兴站、嵊州站、普陀站、余杭站、诸暨站、建德站、中山站、东莞站、广州站、虎门站、江苏站、福建站、四川站、成都站、攀枝花站、青川站、宜宾站、湖南站、襄阳站和广东站 28 个区域分站，如图 2.3 所示。

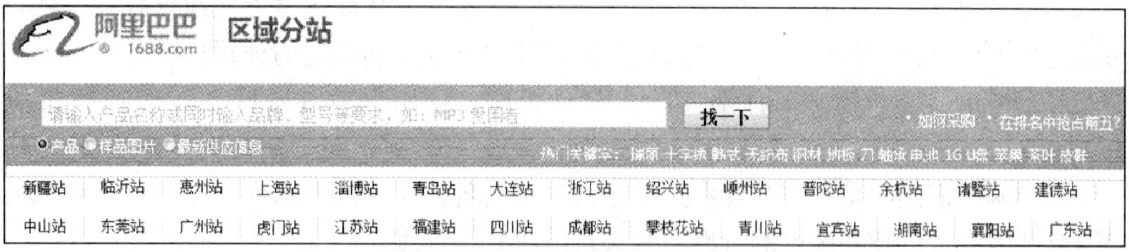

图 2.3 阿里巴巴中文站区域分站

三、资讯

阿里巴巴中文站不仅是一个发布或寻找商业信息的平台，而且是一个信息交流的平台。阿里巴巴中文站在每个环节上都体现出以人为本的理念，客户通过做生意、看行情等一系列网络贸易活动可以结交到一些朋友，借此找到良好的贸易伙伴，拓宽商业渠道，带来更多的成交机会，如图 2.4 和图 2.5 所示。

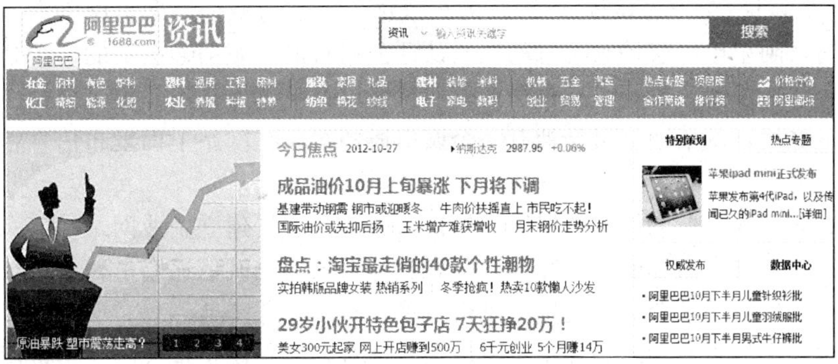

图 2.4　阿里巴巴中文站资讯频道

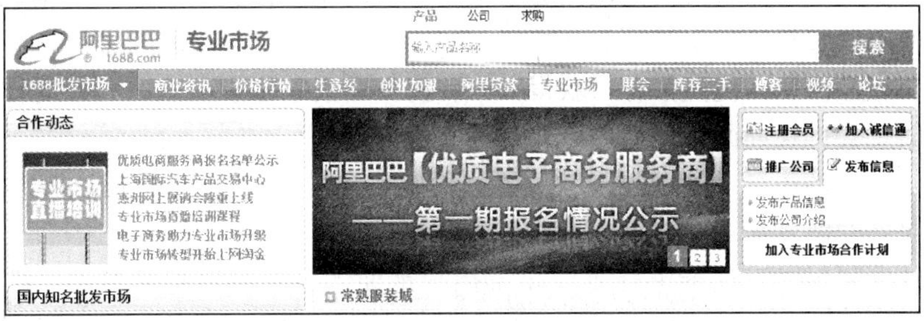

图 2.5　阿里巴巴中文站专业市场频道

2.1.2　阿里巴巴中文站的账号类型

阿里巴巴中文站是一个高速发展的商务平台。为了更有效地发布商业信息、获取反馈、提高成交率，客户需要进行注册并且通过会员验证成为会员。只有成为会员后，才可以在阿里巴巴网站发布供求信息、公司介绍，进行留言反馈等，轻松开始网上交易。

阿里巴巴中文站上会员主要分为普通会员和收费会员(即诚信通会员)。普通会员不收取任何费用，可查看网站上发布的所有供应信息及联系方式；诚信通会员是年费制，需具备合法注册、合法年检的营业执照方可申请加入，且诚信通会员享受更超值的推广服务。

一、普通会员

阿里巴巴中文站普通会员享有的权限有几个：发布产品供求信息，可以吸引买家或供应商；发布公司信息、加入公司库，可以树立公司新形象，获得更多商业机会；加入商人论坛，可以在以商会友论坛里畅所欲言和业内人士交朋友；可以使用阿里旺旺(在线交流工具)和千万商人网上实时洽谈生意。

二、诚信通会员

阿里巴巴中文站收费会员即诚信通会员享有比普通会员更多的增值服务。诚信通会员是阿里巴巴中文站于 2002 年 3 月 10 日正式推出的一项收费服务，它主要用以解决网络贸易信用问题，专为中小企业量身定制提供强大的服务，成为提高成交机会的一个创举。

注册成为诚信通会员可享有以下服务：

(1) A&V认证(第三方认证)，85%的买家优先考虑与诚信通会员做生意。企业在加入诚信通会员时，阿里巴巴会请第三方的权威认证公司对加入诚信通会员的这个公司在工商部门是不是有合法的注册、是不是有合法的营业执照以及申请人是不是得到公司的授权进行认证，通过认证之后，诚信通会员会拥有一个诚信通档案，在网站上面发布信息将会得到买家更多的信任。

(2) 拥有诚信通企业网站。阿里巴巴提供给诚信通会员建立企业网站功能，相当于建立在阿里巴巴这个繁华大市场的黄金旺铺。只要成为阿里巴巴诚信通会员，就可以拥有一个商铺，商铺将自动集成展示会员在阿里巴巴市场里发布的所有信息。

(3) 提供强大的查看功能，独享买家信息。这对客户来说是很大的一个资源，它可以通过这些求购信息，找到合作的买家。普通会员是不能查到发布这些求购信息公司的联系方式的，只能够给买家进行留言，但是诚信通会员可以在网站上面查看所有求购信息人的联系方式以及详细的一些资料。

(4) 发布商业信息，优先推荐，获得买家关注。当买家搜索信息时，在同样的条件下诚信通会员的信息会排在前面，从而可以获得更多的商机。

(5) 诚信通会员还可以使用阿里助手管理信息，这样可以非常方便地查看和管理信息，及时地反馈收到的留言或买家询盘。

除此之外，阿里巴巴还能够让企业足不出户地便能到全国各地去参展，推广企业和产品；参加采购洽谈会，与国内外世界级大买家做生意；参加会员培训会，能够交流网上贸易技巧、分享成功经验等。

2.1.3 注册阿里巴巴会员

注册为阿里巴巴会员是利用阿里巴巴平台开展网络贸易的第一步。阿里巴巴会员能够获得不断升级的专业服务，如发布供求信息、发布公司信息以及对感兴趣的供求信息询价、报价，与千万商人朋友进行交流等。下面分别介绍企业用户和个人用户的注册流程以及诚信通服务的办理。

一、企业用户注册流程

(1) 输入网址 http://www.1688.com/，进入阿里巴巴中文站首页。

(2) 单击首页左上角的【免费注册】按钮，进入企业账号注册申请页面，如图 2.6 所示。

图 2.6 阿里巴巴中文站企业账号注册页面

(3) 填写相关的信息，并单击【同意条款并注册】按钮，即可注册成功。

(4) 当注册成功后，补充账户基本信息，如图 2.7 所示。

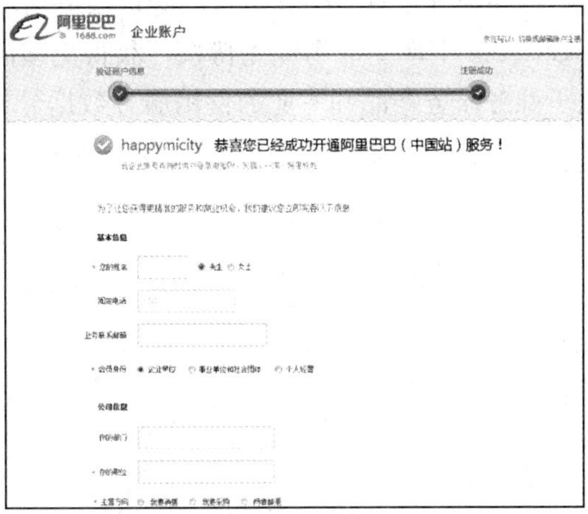

图 2.7 阿里巴巴中文站企业账户基本信息填写页面

二、个人用户注册流程

1) 方式一：普通方式注册

(1) 单击【切换成个人账户注册】按钮，进入个人账户注册页面。

(2) 填写账户信息，并单击【同意条款并注册】按钮。

(3) 验证账户信息，当单击【提交】按钮后，即可注册成功，如图 2.8 所示。

2) 方式二：短信快速注册

编辑短信“ZC”发送至“1069 0999 1688”，收到注册成功短信，获得登录名、密码即可直接使用，也可以直接用该登录名和密码登录使用阿里旺旺，如图 2.9 所示。

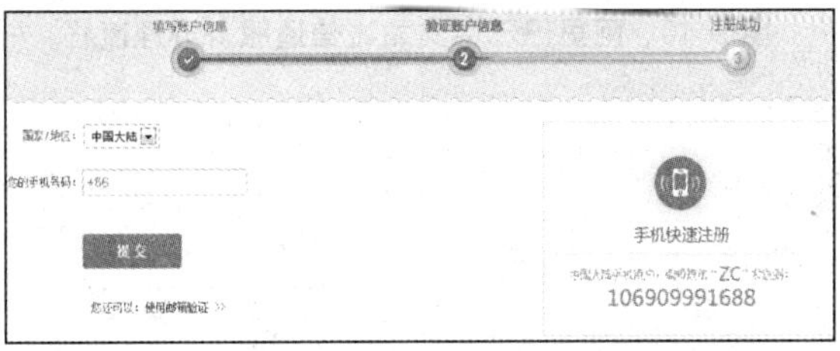

图 2.8 阿里巴巴中文站验证账户信息页面

图 2.9 阿里巴巴中文站短信快速注册页面

三、办理诚信通服务

诚信通服务是阿里巴巴旗下基于 1688. com 平台的会员服务功能。2013 年 1 月 1 日起全新升级，诚信通会员在 1688. com 中享受市场优先特权，获得更多的市场机会、更多的展示机会，同时享受强大的电子商务服务产品和专业的营销服务数据分析工具，获得搭建网上营销旗舰店的完美解决方案。办理诚信通服务的流程如图 2. 10 所示。

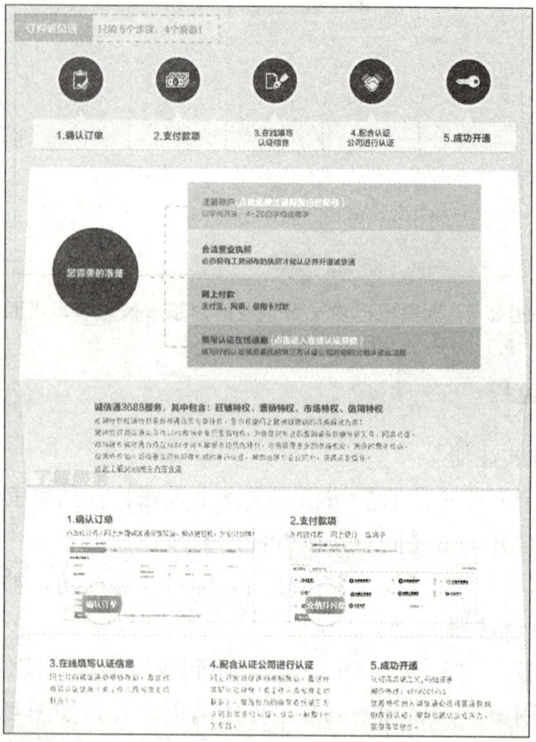

图 2. 10　阿里巴巴中文站诚信通服务办理流程

每节一练

操作题

1. 浏览阿里巴巴中文站，看看它有哪些栏目。
2. 注册一个阿里巴巴普通账号。
3. 搜索一家诚信通企业，查看其诚信通档案的具体内容。

2. 2　进行企业信息推广

【学习目的】

(1) 了解阿里巴巴中文站的信息种类。

（2）掌握在阿里巴巴中文站发布产品信息、公司信息进行网络推广的方法。
（3）掌握网上商铺的布置。
（4）掌握网络社区营销的方法。
（5）了解阿里巴巴单击推广服务。

2.2.1 企业信息的分类

一、供求信息

供求信息是会员自己发布的商品供应或求购的信息。供求信息是最广泛、最高效的推广窗口，是买卖商家关注最多的地方，它能够让买家快速地找到所需的产品或企业信息，从而提高信息的曝光率，增加成交机会。

二、产品信息

为了让客户全面了解企业的所有产品，用户需要将公司所生产或研发的产品信息发布上网。这些产品信息通常可以在企业的网上商铺中集中展示，客户进入企业网站即可浏览。

三、公司信息

发布公司信息就是将企业加入到阿里巴巴网站庞大的公司信息库中。客户也可以通过搜索公司库来查找产品，所以公司信息的发布增加了被潜在客户群找到的途径。

四、商业资讯

为了让客户及时了解行业资讯，阿里巴巴专门开辟有一个资讯频道（http://info.china.alibaba.com/），在这里客户可以查找自己感兴趣的行业相关信息和最新的价格行情。

2.2.2 供应信息的发布

在阿里巴巴中文站上，诚信通会员可直接发布供应信息，普通会员必须是通过邮箱验证或手机验证后方可发布。供应信息都有一定的时效性，在中文站上发布的信息可以选择10天、20天、3个月或6个月。

一、发布单条供应产品信息

（1）登录阿里助手，单击“发布供应产品”栏目下的【我要发布】按钮，打开如图2.11所示的页面。

图2.11 发布供应产品信息

(2) 用户选择信息发布类型。阿里巴巴中文站的信息类型包括“产品信息”、“批发信息”、“代理信息”、“加工信息”等。选择产品类目、详尽填写产品属性、交易条件等，在填写好物流运费信息及其他信息后，单击【同意协议条款，我要发布】，如图 2.12 所示。

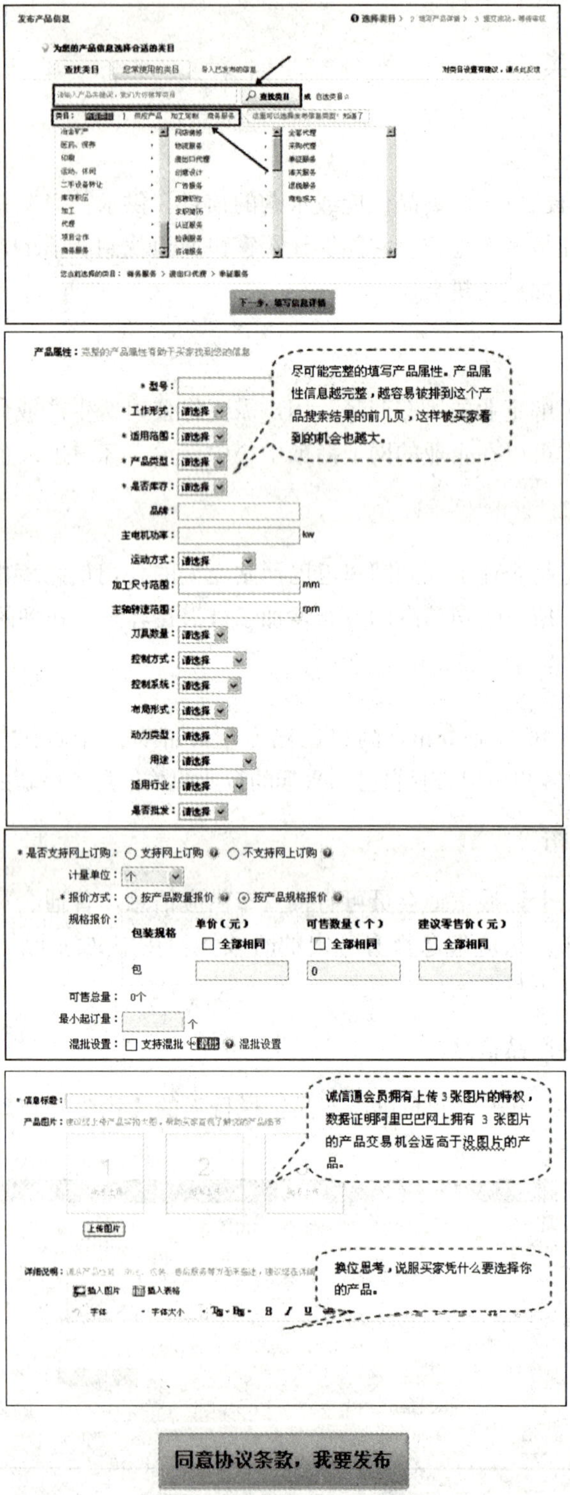

图 2.12　填写供应产品信息

二、批量发布供应产品信息

利用阿里助手提供的发布批量的发布批量信息的功能，可帮助会员减少重复发布信息的操作，节省大量的时间和精力。需要注意的是，目前的阿里助手仅对电子元器件、电工电器、机械及行业设备、精细化学品等几项类目下的产品和服务提供批量发布功能。若错选或随便放置类目，则信息在审核过程中会被删除。

（1）登录阿里助手，选择“供应产品”栏目下的“批量发布供应产品”选项，并选中要发布信息的类目，单击【下载表单】按钮，将 Excel 文档下载并保存。

（2）当根据下载的 Excel 模板填写相关信息后，再上传 Excel 批量发布表单即可批量发布供应信息，如图 2.13 所示。

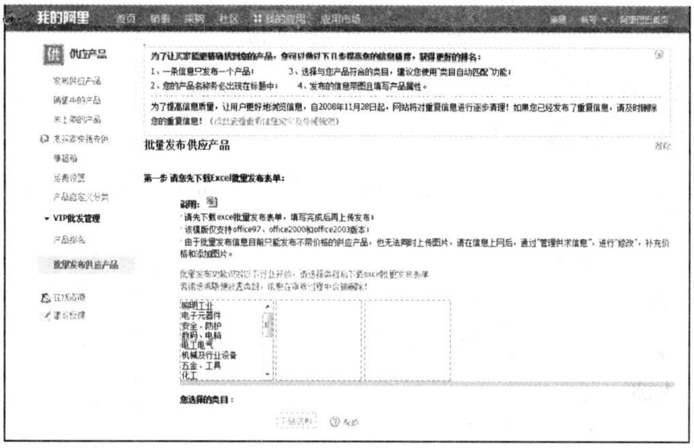

（a）第一步

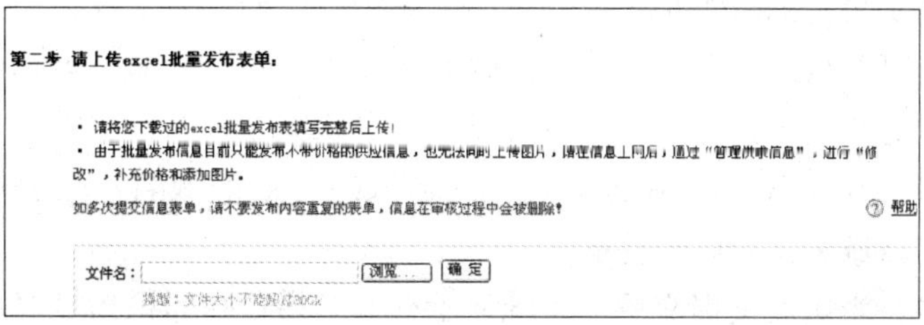

（b）第二步

图 2.13　批量发布供应产品

三、管理供应产品信息

对于企业发布的供应产品信息，阿里助手还提供了管理的功能。此时，可以通过“供应产品”栏目下的“销售中的产品”选项，查看所有信息所属的状态，并进行相关的重发、修改等操作。

2.2.3　公司信息的发布

（1）“公司名称”必须是中文，并且描述要详尽，突出公司优势，增加公司信任度，如图 2.14 所示。

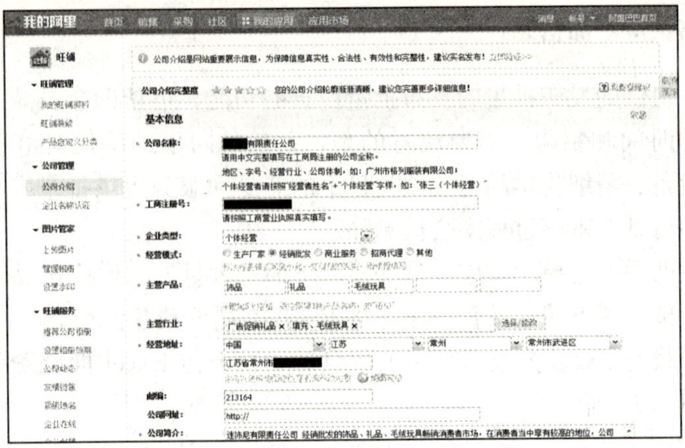

图 2.14　发布公司信息

(2) 正确选择公司“主营产品”与“主营行业”，注意选择完整的行业大类和子类，并添加为“主营行业”(最多可添加 6 个)。

(3) 详尽、真实的“公司简介”是网上交易中一个非常基础和重要的环节，要准确填写，才能赢得客户的信赖。

2.2.4　网上商铺布置

一、开通阿里旺铺

阿里巴巴中文站的旺铺是一个拥有顶级域名、具有营销功能的网上商铺，它能够树立企业形象、显示企业实力，同时也是企业开展网上营销推广的有力工具。

旺铺是阿里巴巴战略级收费产品，目前普通会员可以免费体验，诚信通会员可以免费使用，企业可自行开通旺铺。开通旺铺只需要以下 3 个步骤：

(1) 查询域名。在站长工具域名填写区中输入想注册的域名，然后单击【立即查询域名】按钮，可查询该域名是否已经注册。

(2) 申请域名。当域名被提交后，系统显示查询结果，并标识出域名的状态。若查询结果中对可申请的域名满意，则单击【立即申请域名】按钮进行域名申请；否则，重新申请。

(3) 开通旺铺。在提交申请后，阿里巴巴将用户的申请提交至中国互联网信息中心审核，审核通过后将开通可灵活设计和管理的企业网站系统。从阿里巴巴将用户申请提交到中国互联网信息中心通过审核到旺铺开通需要 48h。

二、阿里旺铺外观设计

旺铺的外观是买家看到的第一个页面，所以需要精心设计，从而给买家留下良好的印象。

(1) 主题风格。登录阿里助手，选择“网站管理”选项组中的“外观设计”选项进入外观设计主页面，然后结合企业 CI 品牌管理，根据行业或产品特点自由选择旺铺的主题风格。

(2) 风格设计。选择页面上的“风格设计”选项卡可对网站的风格进行个性化设置，包括设置主题图片、网站的招牌、导航栏目图片、背景和颜色等。

（3）网站内部设计。对网站内各栏目的标题、内容可以进行个性化设计，根据旺铺所给的各种板块内容可以自由选择。

三、旺铺橱窗布置

橱窗是指把公司的主打产品放置在网站上一个比较显眼的位置，以吸引买家的注意力，其目的是有针对性地对企业的产品做一些推广活动。用户可以给橱窗起一个比较有个性化的名字，以起到宣传推广的作用。

四、产品图片及公司相册管理

公司相册是诚信通专有服务之一，它有助于用户展示多个产品图片，相当于在用户的企业网站上建一个展示厅。公司相册的优势在于：可以长期有效；可以无限制地上传图片；直观；图片可以发给特定客户。

2.2.5 网络社区营销

一、网络社区的分类

阿里巴巴是全球最大的网上贸易市场，同时也是最活跃的商人社区。在这个网络社区里，阿里巴巴的会员们可以进行相互间的信息交流，或者进行商业咨询。通过这个平台，会员可以彼此交流，学习生意经，提升网络贸易技能。

（1）商人社区。阿里巴巴商人社区(http://club.1688.com/)是全球最大的商人互动社区，企业可以在这里快速了解最务实的商战经验、交到最热心的商界朋友、浏览咨询和话题、发表见解、结交同业高手，与专家和商人朋友交流经验、拓展企业的商业影响力。

（2）商人博客。阿里巴巴商人博客(http://blog.china.alibaba.com/)是为用户提供的商业博客平台，它聚集了广大的商业信息。

二、利用商人论坛进行营销

论坛营销是社区营销的初级阶段，企业在论坛上发布的帖子不同于直接发布的供求信息、公司信息等，但如果经常在论坛中发帖、回帖，而且帖子的质量较高，被商友们关注，积累了一定的影响力，那么就能直接达到宣传推广企业和产品的目的。

利用论坛进行营销要掌握以下几个技巧：

（1）设置好论坛签名档，包括文字签名和图片签名两部分，这样发一次帖就会附带签名档。签名档可作为论坛里“合法”宣传企业业务的强有力武器，是很好的免费广告。

（2）利用企业名牌或者产品名称作为自己的笔名，可以让别人更容易记忆，也起到宣传推广作用。

（3）多发原创帖，标题和内容要新颖、有吸引力。此外，回帖也要注意留有阅读意义的文字。

三、利用商人博客进行营销

博客营销就是利用商人博客开展网络营销。与传统博客不同，商人博客具有明确的营销目的，博客文章中或少许带有企业营销色彩。

博客文章是整个博客内容体系的核心，在博客管理后台中，单击【发表文章】按钮即可发表博文。博文撰写要注意下面几点：

（1）以产品知识、行业经验的分享为主，吸引顾客。

（2）坚持观点的客观性，避免使用官方口吻，引起客户反感。

（3）要注意与客户的沟通性，关注留言并予以回复。

2.2.6 单击推广

一、单击推广服务简介

单击推广是阿里巴巴为诚信通会员提供的按单击量付费的网络推广服务。帮助用户将信息精确地推广到有效目标客户面前，并按实际推广效果收费。

单击推广有其自身优势：

（1）免费展示，单击付费。

（2）成本可控，推广灵活。

（3）精准找到买家客户。

二、单击推广服务流程

（1）选择推广信息。用户可以选择其在阿里巴巴网站上已发布的供应信息进行推广。

（2）选择关键字竞价。在参加单击推广后，选择关键字很重要。系统会根据供应信息推荐相关的关键词供用户选择，用户也可以自行添加关键词。

（3）充值和消费服务。为了保证用户的推广效果，参加单击推广服务的诚信通会员，此服务在正式使用之前需进行充值操作。首次充值金额最低为 1000 元，续费充值金额最低为 500 元。

每节一练

操作题

1. 发布一条产品供应信息，并对已发布的信息进行重发、修改、转为过期、删除等操作。
2. 登录自己的阿里助手，并布置自己的网上商铺。
3. 进入阿里巴巴商人论坛，进行发帖和回帖。
4. 单击进入推广服务，设置单击推广服务推荐信息，并设置下线。

2.3 商机捕获和报价留言管理

【学习目的】

（1）掌握在阿里巴巴中文站捕获商机的方法。

（2）掌握在阿里巴巴中文站报价和留言管理的方法。

2.3.1 搜索商机

供应商在网上发布信息的同时，可以通过搜索买家的信息，主动联系买家，获得生意机会。一般供应商寻找买家可以通过搜索求购信息、查看商机资讯和订阅商机快递等方法来实现。

一、通过求购信息寻找买家

这是寻找买家最直接的方法，可以帮助企业缩短搜索时间。其具体的步骤是在搜索框中输入企业的主营产品的关键字，然后单击【搜索】按钮，即可搜索到所有信息标题包含该关键字的求购信息。在求购信息页面中，企业可进一步用类目、省份、地区、信息发布时间筛选求购信息，如图 2.15 所示。

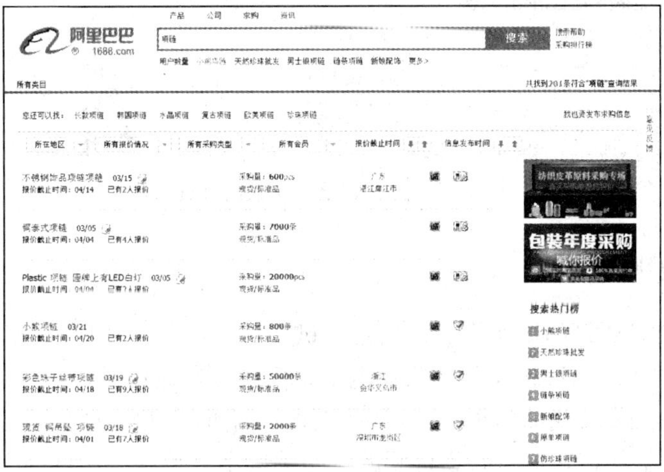

图 2.15　搜索求购信息

选中某一条求购信息可以查看其详细情况，并能通过多种方式与求购商联系，如图 2.16 所示。但是，只有诚信通会员才能查看到求购信息的详情和公司的联系方式，普通会员只能看到求购信息，却无法获得联系方式。

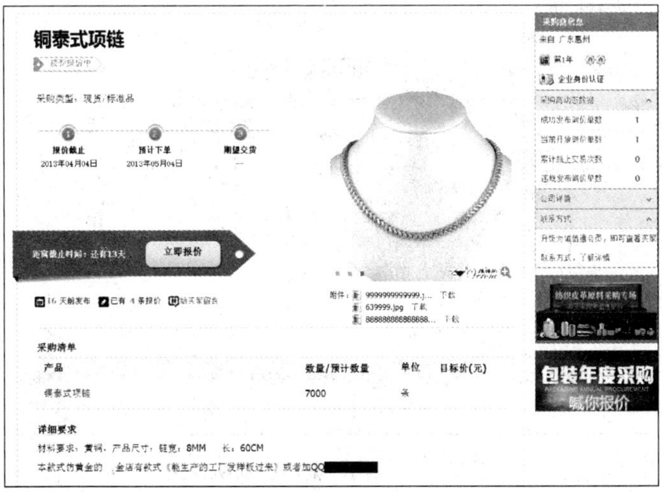

图 2.16　查看具体求购信息

二、查看商机资讯

阿里巴巴中文站每天都有大量实时更新的商业信息和商业资讯(图 2.17)，资讯频道可以帮助中小企业在浩如烟海的信息海洋中，捕捉到最有价值的商业信息，把握好商业机会。

图 2.17　阿里巴巴中文站商机资讯

三、订阅商机快递

阿里巴巴会员只要订阅了所需要的信息关键字、所属行业或所属地区，只要阿里巴巴网站出现符合需要的最新商机，就会收到电子邮件或贸易通提醒，绝不会错过有价值的商机。具体操作是先进入“我的阿里”，找到并进入“商机订阅”应用，在出现的页面左侧单击【订阅供应信息】按钮，填写希望订阅的产品关键字、类目、发布供应信息的客户地区、发布时间等条件，然后单击【预览】按钮来检验订阅条件是否准确，最后单击【确认订阅】按钮即可，如图 2.18 所示。

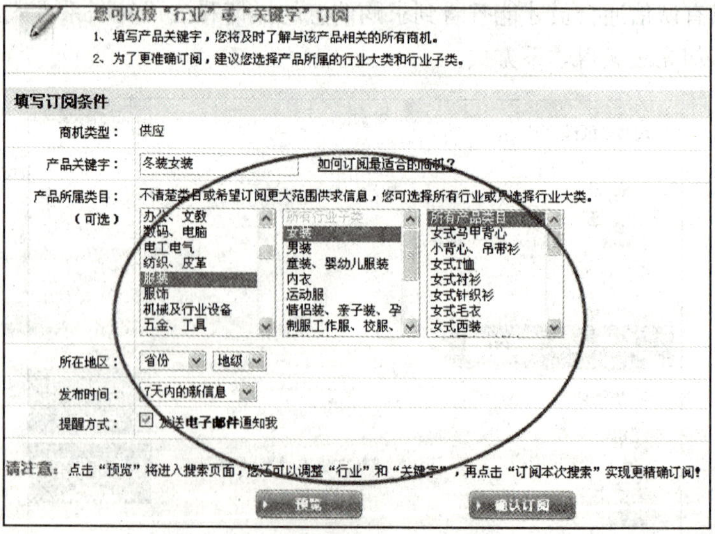

图 2.18　订阅阿里巴巴商机快递

2.3.2 报价留言管理

一、给采购商留言

作为阿里巴巴网站的供应商，可以给采购商留言报价(仅限诚信通会员)，以拓展网上交易的范围，提高网上交易的可能性。在求购信息页面中单击【立即报价】按钮，即可打开留言框给求购企业留言，如图 2.19 所示。

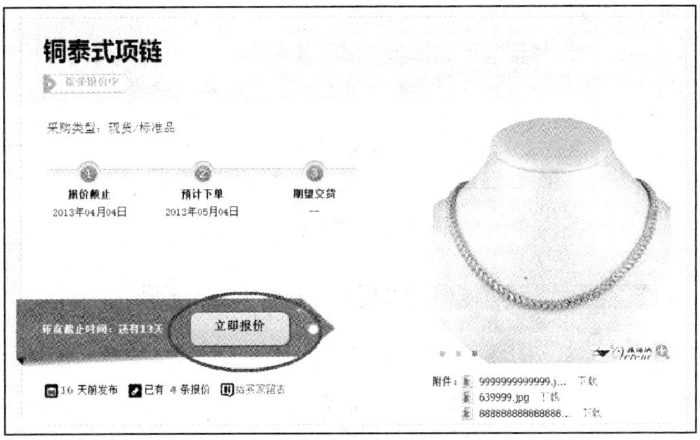

图 2.19 给采购商报价留言

二、管理留言

(1) 管理收到的留言。为了不错过商业机会，用户应经常查看客户给自己的留言，单击“留言”栏目中【我收到的留言】按钮，出现收到的留言列表，如图 2.20 所示。

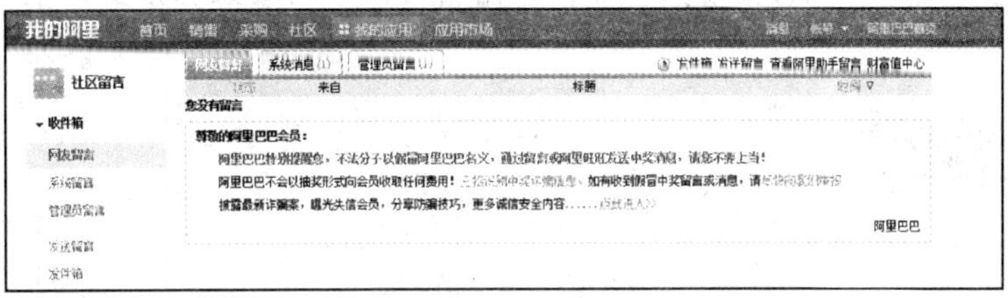

图 2.20 查看留言

(2) 管理发出的留言。单击“社区留言”栏目中的【发件箱】按钮，可查看到所有发出的留言列表。留言列表里的“时间”一栏里会显示留言的时间，通过这些时间，人们可以了解到自己发出的留言对方是否已经阅读或回复，如图 2.21 所示。

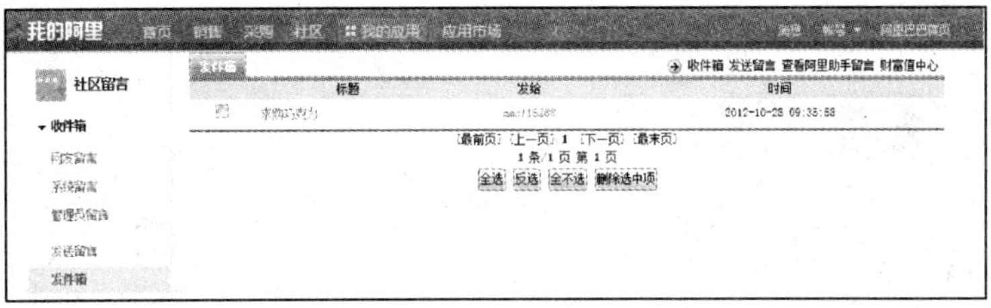

图 2.21 发出留言

(3) 管理垃圾留言。用于广告性质的留言通常被认为是垃圾留言，若企业收到类似广告的留言，则可以直接删除；也可以先转到垃圾留言箱中，再决定是否删除。垃圾留言箱中的留言可永久删除，也可以将有用的留言再转至“我收到的留言”中。

(4) 回复收到的留言。回复留言的步骤是登录“我的阿里助手”，在“留言”栏里单击【我收到的留言】按钮，出现相应的留言列表，在留言列表中找到需要回复的留言，点击留言标题，查看留言详情(图 2.22)并进行回复(图 2.23)。

图 2.22　留言详情

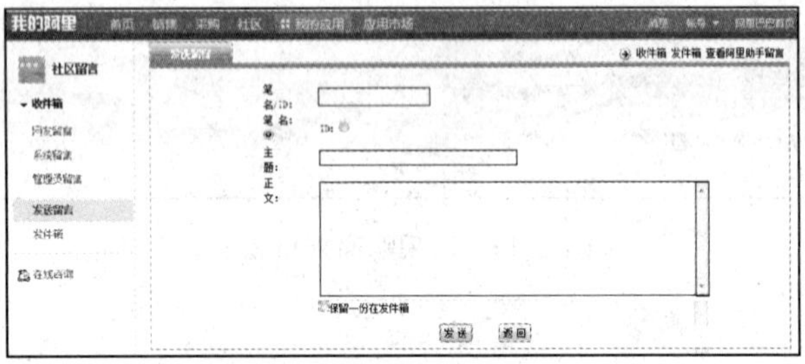

图 2.23　回复留言

(5) 留言转订单。留言转订单是指通过买家给卖家发的留言，卖家可以给买家直接发送订单，并开始进行交易的一种交易形式。使用留言转订单的卖家和接受订单的买家不需要缴纳任何费用。

每节一练

操作题

1. 搜索求购信息，并使用筛选功能查找一家企业，查看其联系方式。

2. 订阅商机快递。

3. 给采购商发送一个报价留言。

4. 删除一条留言，把一条留言转化为垃圾留言。回复一个询价留言，并将一个询价留言转化为订单。

2.4 网络采购

【学习目的】

(1) 了解阿里巴巴中文站网络采购的特点和流程。

(2) 掌握在阿里巴巴中文站搜索供应信息的方法。

(3) 掌握询价单的发布、修改和管理的方法。

(4) 掌握商品采购的流程。

2.4.1 网络采购简介

网络采购具有价格透明、效率高、竞争性强、节约成本的优点。

阿里巴巴网络采购的方式主要是自主寻找商机，即供应信息、供应商信息和采购商发布的求购信息，如图 2.24 所示。

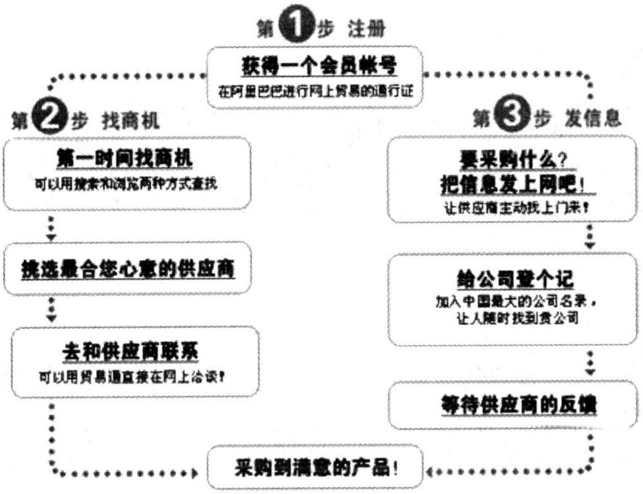

图 2.24 阿里巴巴采购方式

2.4.2 搜索供应信息

阿里巴巴中文站在为供应商提供强大服务功能的同时，也为采购商提供了方便快捷的采购服务。对于采购商而言，寻找供应信息是网络采购的重要途径。

采购商可以通过缩小搜索范围来查找符合条件的供应商，在搜索页面中，可以通过省份、城市、信息时间范围和公司经营模式等条件筛选信息，或者选择采购商感兴趣的产品参数对信息结果进行过滤筛选，以便采购商更准确的定位搜索结果。

网上采购最大的优势在于价格的透明化。当采购商查找到的信息比较多时，系统提供了对比功能，采购商可以对产品信息进行对比来选择采购的商品。

采购商每次最多可以选择 10 条供应信息进行对比，而且可以从各项条件对比筛选合适的供应商。

2.4.3 发布、修改和管理询价单

一、发布询价单

只有优质的询价单才能获得更多用户的报价。同时，为了避免部分买家重复发布询价单，目前询价单一天之内发布数量限定为 50 条，其中非实名认证用户限定为 10 条。

登录“我的阿里”，在“采购”栏目中单击【马上发布询价单】按钮，如图 2.25 所示。

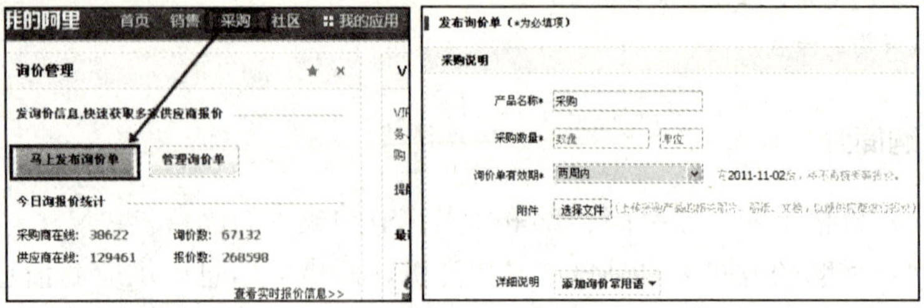

图 2.25 发布询价单

二、修改询价单

登录“我的阿里”，单击【我要采购】按钮，选择“采购管理”栏目中的“管理询价单”选项，找到用户需要修改的信息，单击该条信息后的【修改】按钮并修改信息内容，在完成后，单击【提交】按钮即可。注意，修改的信息会即时上网，请注意查看。

三、询价管理

“询价管理”是阿里巴巴中文站利用先进的数据自动分析系统最新推出的一项采购匹配服务，旨在帮助买家高效、快速达成采购；“询价管理”通过系统进行数据分析，自动筛选出优质采购需求匹配给更适合的供应商，以获得供应商的报价，最终帮助买家完成采购。

采购商通过询价管理，能够获得供应商的报价并可从中选择最合适的供应商进行授盘，最终完成采购。

2.4.4 采购商品

会员可以通过在阿里巴巴中文站搜索等方式，确认感兴趣的产品，也可以通过查看资料、网站搜索等多种方式，核实卖家的身份和信誉，并跟卖家进行详细洽谈。其具体步骤如下：

第一步，打开阿里巴巴首页，在“产品”搜索框下输入用户需要购买的产品名称，然后单击【搜索】按钮；在新打开的页面中，找到感兴趣的产品供应信息，单击页面上的【立即订购】或【加入进货单】按钮进行下单。

第二步，填写并确认订购信息(包括收货地址、购买数量、给卖家留言等)，单击【确认无误，订购!】按钮。

每节一练

操作题

1. 在自己的阿里助手中发布一条产品采购信息。

2. 搜索供应信息，并进行货比三家，确定一条合适的信息，查看供应信息细节，并进行询价。

3. 对多条感兴趣的商品信息发布批量询价。

2.5 网上支付

【学习目的】

(1) 了解网上支付的概念。
(2) 了解网上银行支付方式。
(3) 掌握利用支付宝支付的方法。

2.5.1 什么是网上支付

网上支付是指以金融电子化网络为基础，以商用电子化工具和各类交易卡为媒介，采用现代计算机技术和通信技术作为手段，通过计算机网络系统特别是Internet，以电子信息传递形式来实现资金的流通和支付。

2.5.2 利用网上银行支付

可供选择的常用支付方式有网上支付、邮局汇款、银行汇款、当面交易等。其中，各大银行的官方网址为：

中国银行 http://www.boc.cn
工商银行 http://www.icbc.com.cn
招商银行 http://www.cmbchina.com
建设银行 http://www.ccb.com
农业银行 http://www.95599.cn
浦发银行 http://www.spdb.com.cn
广发银行 http://www.cgbchina.com.cn
兴业银行 http://www.cib.com.cn
民生银行 http://www.cmbc.com.cn
交通银行 http://www.bankcomm.com

2.5.3 利用第三方支付平台(支付宝)支付

支付宝是支付宝公司针对网上交易而特别推出的安全付款服务，其运作的实质是以支付宝为信用中介，在买家确认收到商品前，由支付宝替买卖双方暂时保管货款的一种增值服务。

支付宝(图2.26)是国内领先的网上支付平台，最初作为淘宝网为了解决网络交易安全所设的一个功能，首先使用“第三方担保交易模式”，约占中国在线支付市场份额的47%。支付宝的主要功能如图2.27所示。

图 2.26 支付宝首页

图 2.27 支付宝的主要功能

2.5.4 支付宝担保交易付款流程

80%以上的买家被骗都和直接打款有关系，所以建议使用支付宝担保交易等相对比较安全的交易方式。支付宝的交易流程如图 2.28 所示。

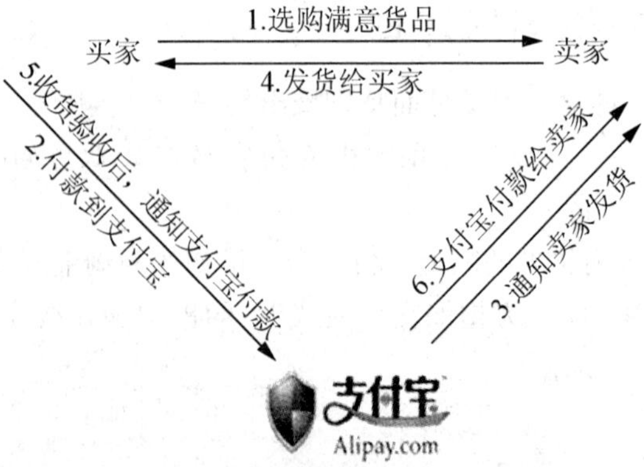

图 2.28 支付宝的交易流程

下单成功后可以进行如下操作：

(1) 根据页面提示，进入支付宝的收银台付款。

(2) 登录“我的阿里”，找到并进入“买家交易管理”应用，在单击【已买到的货品】按钮找到相应的订单后，单击后面的【付款】按钮，进入支付宝收银台付款。

当买家收到货品并验货满意后，在“我的阿里”中找到并进入“交易管理”应用，当单击【已买到的货品】按钮并找到交易状态为“等待买家确认收货”的订单后，单击后面的【确认收货】按钮，输入支付密码，确认收货，如图 2.29 所示。

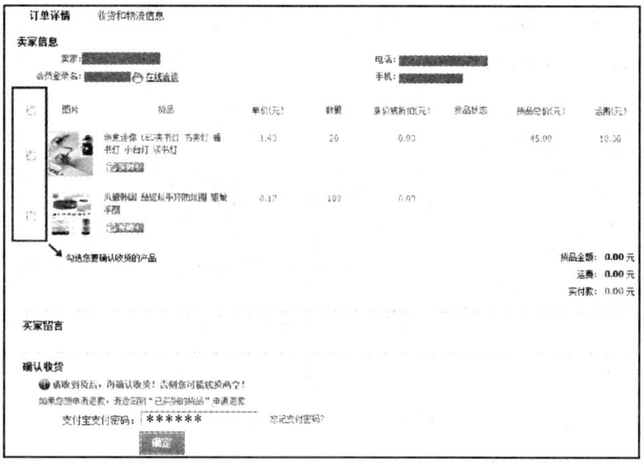

图 2.29 支付宝确认收货页面

每节一练

操作题

1. 下载并安装招商银行网上企业银行 U-BANK(演示版)，熟悉网上企业银行的主要功能模块和业务操作。参考网址 http://www.cmbchina.com/corporate/firmbank/。

2. 联系一家企业，代表该企业注册支付宝企业账户，申请实名认证和数字证书，并利用该账户完成充值、提现、收款、付款等操作。

2.6 网上洽谈

【学习目的】

(1) 了解阿里巴巴中文站即时通信工具——阿里旺旺。

(2) 掌握阿里旺旺的下载和安装方法。

(3) 了解阿里旺旺的各项功能。

(4) 掌握阿里旺旺常用功能的应用。

(5) 掌握移动旺旺的设置和使用方法。

2.6.1 阿里旺旺简介

阿里旺旺是专注于商务应用的即时通信软件，已经成为商人网上洽谈的主要方式之一。阿里旺旺特别适合于电子商务在线交易对多样化数据通信的需要，可实现中文站和贸易通信息互通。

阿里旺旺具有以下四大优势：

（1）谈生意——成功率达 67.8%。

（2）办公——降低费用 25%。

（3）找客户——600 万客户随你选。

（4）享受商务服务——零费用。

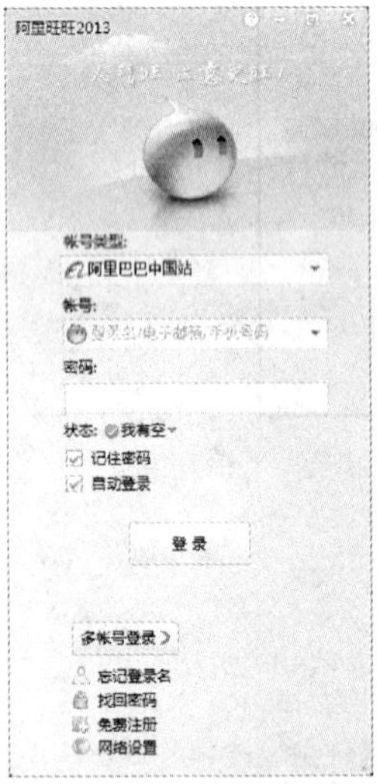

图 2.30 阿里旺旺登录界面

2.6.2 安装阿里旺旺

在阿里巴巴首页的左下方单击【安装阿里旺旺】按钮，即可进入阿里旺旺的下载页面。单击【立即下载】按钮，运行程序或者保存程序，按照提示可以进行安装（图 2.30），输入会员登录名和密码即可使用。

2.6.3 阿里旺旺的功能及其应用

一、广交朋友，在线客户管理

阿里巴巴中文站、淘宝网以及其他下属行业网站共有 1 亿多会员，买卖双方都可以通过阿里旺旺来搜索和发布商机、找客户、与客户在线洽谈，从而最终达成交易。利用阿里旺旺添加及管理商友如图 2.31 所示。

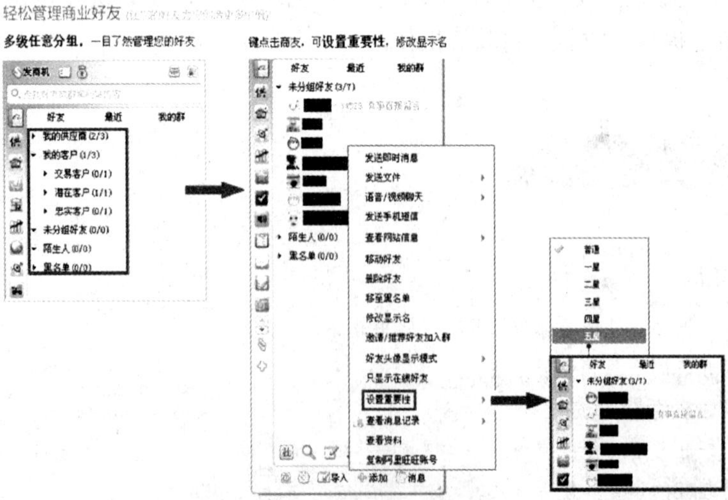

图 2.31 添加及管理商友

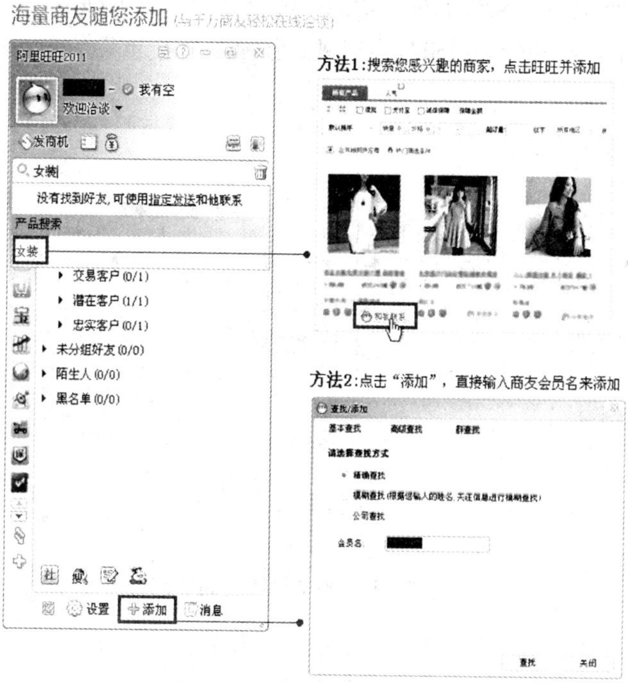

图 2.31 添加及管理商友(续)

二、买卖沟通，达成交易

阿里旺旺可以帮助客户与阿里巴巴网站的网商建立紧密的联系，实时接受客户的询价或报价消息，如图 2.32 所示。

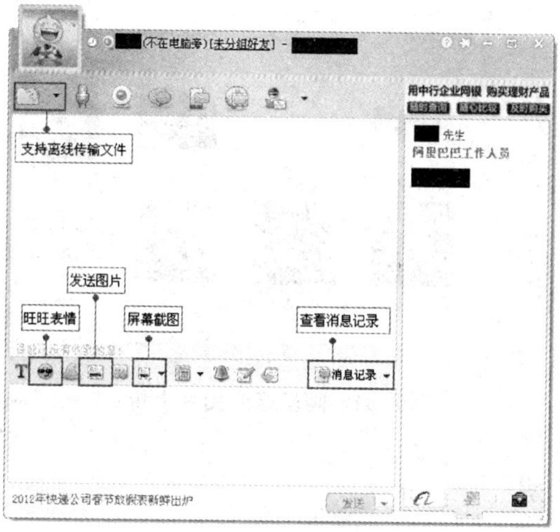

图 2.32 阿里旺旺聊天窗口

三、海量商机，随时收发

阿里旺旺的“商机助理”功能是用户管理商业信息的快捷功能。通过阿里旺旺的快速通道，用户无须登录网站，也无须单击多个页面，就可以快速发布、重发、管理和跟踪商机。

但是，一口价信息无法使用“商机助理”功能，需要登录“阿里助手”进行发布和管理。另外，“商机助理”除了发布和管理供求信息以外，还具有批量重发信息和自动处理图片功能，如图 2.33 所示。

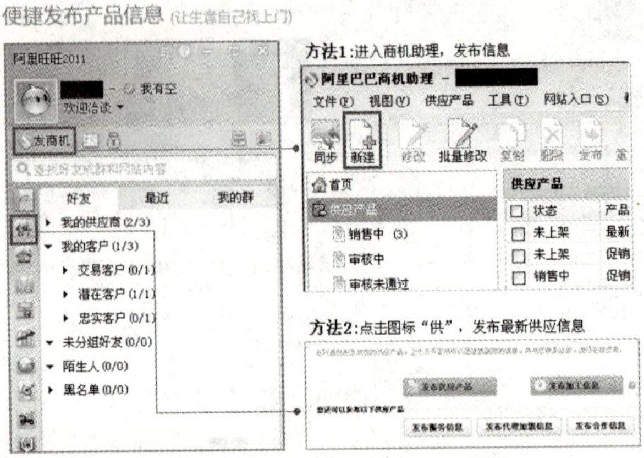

图 2.33　阿里旺旺信息发布页面

阿里旺旺发布商机具有自动处理图片功能，当用户登录“阿里助手”进行供求信息发布时，使用“图片助手”功能也可启动阿里图片助手，进行图片的处理。在阿里旺旺商机发布页面上单击【新建信息】按钮；在新建信息的页面，单击图片框下方的【上传】按钮，如图 2.34 所示。

打开阿里图片助手，选择需要修改的图片，选择“手工编辑”或“自动处理”方式并上传。一般建议选择“自动处理”方式。然后，单击【保存】按钮，完成自动处理图片过程。

图 2.34　阿里旺旺图片上传

四、交易过程及时提醒

登录阿里旺旺，可以实时掌握交易的最新进展，如图 2.35 所示。

五、快捷登录阿里巴巴

在阿里旺旺中，不用登录即可操作阿里巴巴中文站内容，其快捷登录按钮如图 2.36 所示。

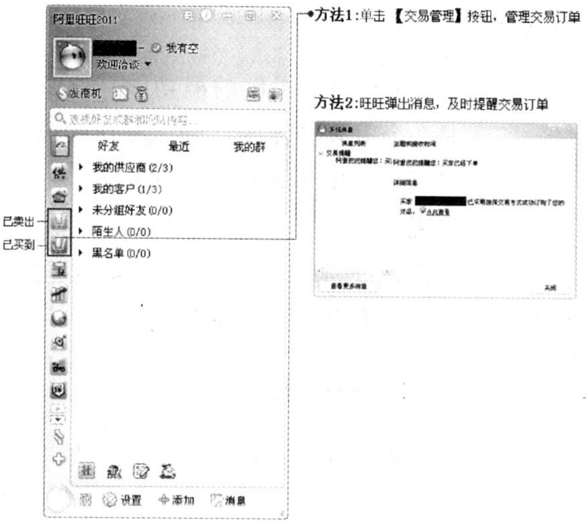

图 2.35　阿里旺旺交易管理

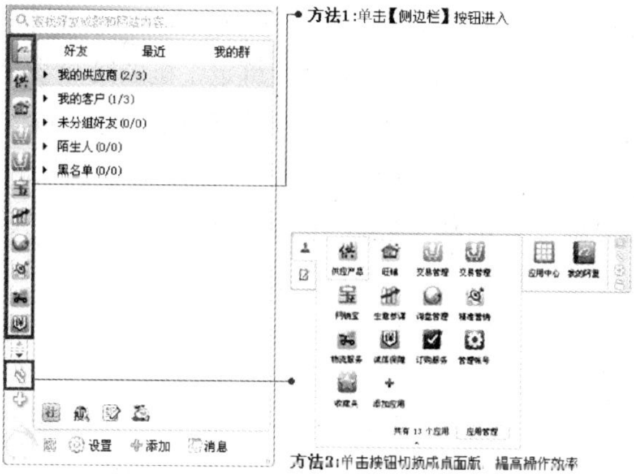

图 2.36　阿里旺旺快捷登录按钮

六、企业网站在线客服

阿里巴巴中文站的企业网站和产品信息都会显示会员的旺旺状态，在线时间越长，联系人越多，如图 2.37 所示。

图 2.37　会员的旺旺状态

七、阿里旺旺，积聚人气

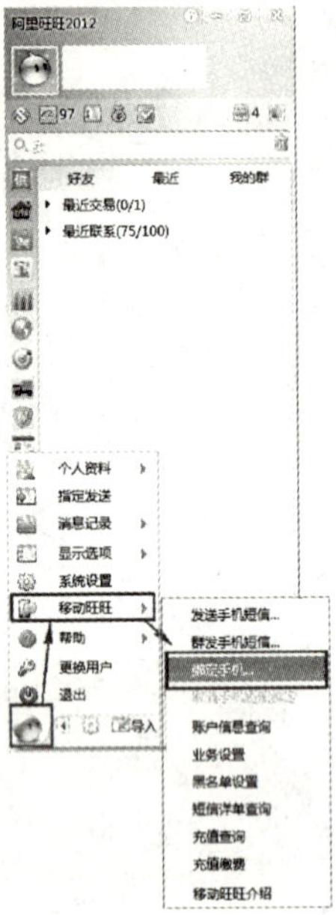

图 2.38　移动旺旺绑定手机

阿里旺旺提供的群功能，就像是朋友聚集的私人会所，是一个多人交流的空间。群众的成员大多有着相同的爱好，可以在一起讨论或者洽谈生意、交流工作经验，还可以休闲聊天。

通过阿里旺旺自己创建群或者加入别人的群，都可以达到结交商友、拓宽商圈的目的。

2.6.4　移动旺旺

移动旺旺是阿里旺旺推出的“短信服务”功能，使用移动旺旺，用户不会错过任何反馈，用手机就可直接联系商友，实现移动办公。

（1）如何绑定手机：单击阿里旺旺下方的【短信】按钮，在用户没有绑定手机的情况下，阿里旺旺会提示用户注册手机。在阿里旺旺上绑定手机的第一步是查看“用户协议”。若可以接受，则单击【确定】按钮，进入下一步(绑定手机的过程不产生任何费用)，如图 2.38 所示。

（2）如何发送手机短信：点击阿里旺旺右下方的“短信”图标，可打开发送手机短信窗口。

每节一练

操作题

1. 下载安装阿里旺旺，并添加联系人、添加联系组，对联系人进行分组和评级管理。
2. 在阿里旺旺中设置自动回复短语。
3. 使用阿里旺旺的“图片助手”对图片进行处理并上传。
4. 使用移动旺旺功能，进行手机绑定、解除手机绑定的操作。

2.7　安全防范

【学习目的】

（1）了解网络交易的风险种类。

（2）掌握识别交易风险的方法。

（3）掌握交易风险的防范措施。

（4）掌握保护账户安全的方法。

2.7.1 网络交易风险的种类

一、产品识别风险

由于网络的虚拟性，所以买方有可能索取不到真实的样品，卖方在把一件立体的实物缩小许多变成平面图片的过程中，商品本身的一些基本信息会丢失，买方不能从网站的图片和文字描述中得到产品全面、准确的资料。这会给买方带来产品识别的风险，这种风险会延伸到产品的性能、质量等诸多方面。

二、质量控制风险

电子商务中的卖方可能并不是产品的制造者，质量控制便成为风险因素之一。如果卖方选择了不当的外包方式，那么就有可能使买方承担这一风险。

三、网上支付风险

作为电子商务的一部分，支付手段也会有所变化，许多企业仍然担心安全问题而不愿使用网上支付手段，因此支付问题是电子商务的风险因素之一。

四、物权转移中的风险

电子商务需要建立远程作业方式，商品在转移过程中发生的意外情况都会影响交易的成功，此外物权转移过程中也会产生相应的风险管理问题。

五、信息传送风险

电子商务的主要业务过程是建立在互联网基础上的，许多信息要在网络中传送。网络安全或信息安全是实现进入电子社会的另一个风险因素，如果遭受电脑黑客的攻击，重要的企业信息甚至支付权限被窃取，那么其后果将是异常严重的。

2.7.2 网络交易风险的识别

一、信息内容辨别真伪

如果公司介绍太简单，求购意图不明显，地址也写得很模糊，预留的公司网站是虚假地址或者并非诚信通会员统一的格式，那么在通常情况下，这就有可能是虚假的信息。虽然，人们并不能从这些信息中完全断定对方的询盘是虚假的，但至少可以提高警惕。图 2.39 所示是可疑信息的样本。

二、查询企业信用记录

在通常情况下，阿里巴巴的会员可以将信息发布方的公司名称输入到阿里巴巴企业信用数据库，查询信息发布方的信用记录。在阿里巴巴的企业信用数据库中，可以查询到很多信用不良的企业被投诉的记录。这些记录可以帮助用户判定信息发布方的诚信程度。当然，如果用户或其他相关人员遇到欺诈行为，那么也可到阿里巴巴网站上去投诉，这样可以帮助其他的诚信会员免受欺诈。图 2.40 所示就是企业被投诉的记录。

从图 2.40 中可以看到，与供应处相关的投诉这里有 4 条，如果用户需要查询的公司就在其中，那么就应该慎重对待该企业发布的商务信息。

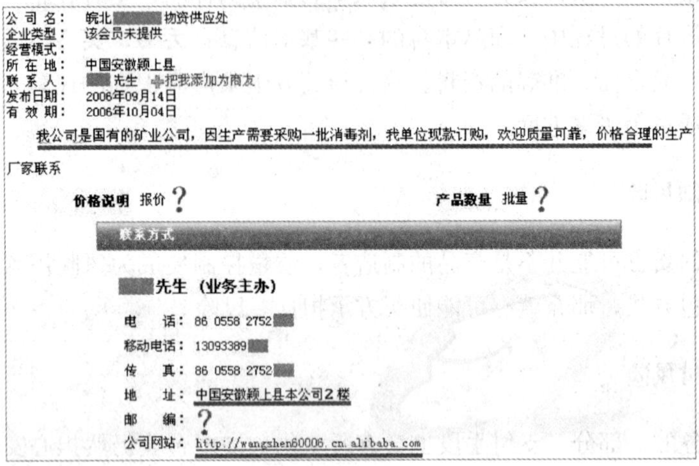

图 2.39 可疑信息的样本

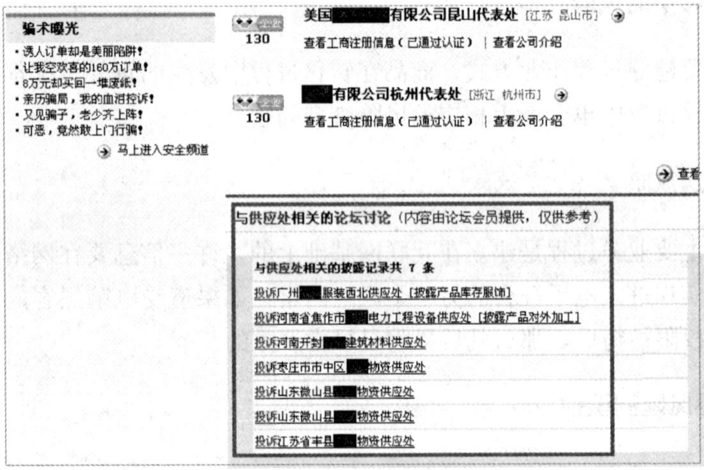

图 2.40 企业被投诉的记录

三、从论坛搜索相关信息

阿里巴巴论坛是网商们交流信息的园地，其中不少是揭露网络骗子的信息，因此用户在对某企业诚信程度不能把握的情况下，可以到阿里巴巴论坛中去搜索相关信息。只要把某个企业的名称输入到阿里巴巴论坛中进行搜索，如果发现有网商发帖子揭露该企业的不诚信行为，那么用户与该企业进行商业贸易的风险性就比较大了。图 2.41 所示是在阿里巴巴论坛中搜索到的揭露网络骗子的帖子。

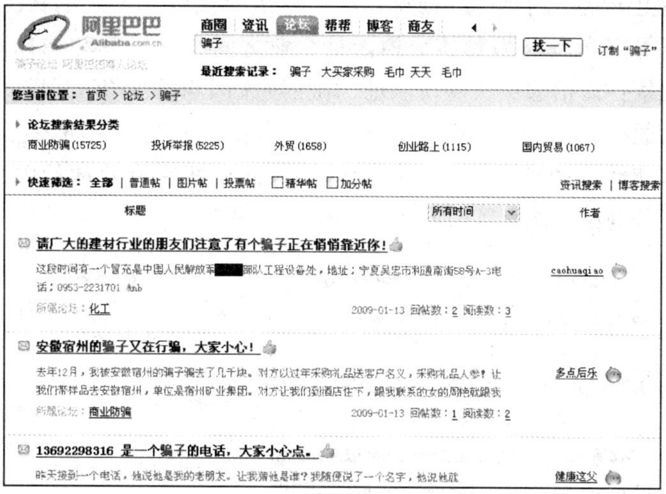

图 2.41 揭露网络骗子的帖子

四、查询诚信指数及评价

如果信息发布方是诚信通会员，那么准确了解该企业的诚信程度就比较方便了。这是因为阿里巴巴诚信通会员都是通过了第三方认证的，同时用户可以查看该企业作为诚信通会员的诚信通档案。诚信通档案记录了企业的诚信指数及其他客户的评价，可以借以综合判断与该企业进行贸易时的风险程度。图 2.42 所示是某企业的诚信通档案，从中可以查询到该企业的诚信通指数、客户评价、证书荣誉、资信参考等信息。

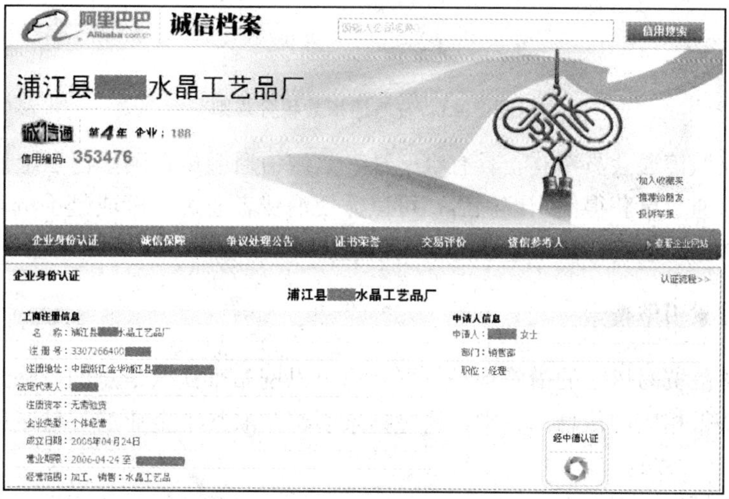

图 2.42 某企业的诚信通档案

诚信通档案是阿里巴巴为商人从事网上贸易提供的网上信用活档案，它结合传统信用认证和网络互动的特点，多角度、及时、持续、动态地展现企业在网上贸易过程中的信用情况，让诚信的企业赢得客户青睐以达成更多交易，并对不诚信的企业进行曝光。诚信通档案包括企业身份认证、客户评价、证书荣誉和资信参考（包括资信参考人和企业在阿里巴巴市场的活动记录）。

2004 年，阿里巴巴推出了“诚信通指数”，它是一套包含了诚信状况的综合评分系统，它将商人的诚信度等因素展现为具体分值，是企业之间相互了解和选择对方的重要参考依据。它包含这些元素：诚信通会员身份认证、诚信通档案年限、客户评价、证书及荣誉。诚信通指数是在诚信通档案五大组成内容的基础上的数量化展现，从而为会员提供有力的参考依据，创造更诚信和活跃的贸易氛围，从而使诚信通档案更有效地帮助诚信的商人获取商机。诚信通指数积分规则如图 2.43 所示。

可积分项	可积分的理由	积分规则
通过企业身份认证 (企业会员)	工商机关合法注册，真实存在，认证申请人获得企业授权	通过身份认证，加 10 分
通过个人身份认证 (个人会员)	经过支付宝实名认证，身份信息和银行账户信息真实存在	通过身份认证，加 5 分
诚信通档案年限 (企业会员和个人会员)	体现企业在阿里巴巴市场接受信用监督的时间长短，以及持续经营抵抗市场风险的能力	从第 2 年开始，加 20 分/年
客户评价 (企业会员和个人会员)	1、只有进行过支付宝交易的诚信通会员之间才可以进行评价，主动给对方作出公正客观的评价，也让对方为您作出好评！ 2、建议优先选择诚信通会员和您做生意，多多交流、互相评价！	好评：加 2 分/条 中评：不加分 差评：扣 2 分/条 1、只有诚信通会员之间发生了支付宝交易，才可以相互评价、积分 2、不成功的支付宝交易只能中评、差评、不评
证书及荣誉 (企业会员)	将企业线下经营所积累的信用延伸到网上！	1、“税务登记证”5分/张，5分封顶 2、经营许可类证书、产品类证书、其他证书：2分/张，10分封顶

图 2.43 诚信通指数积分规则

信用编码仅诚信通会员专有，具有唯一性，是诚信通会员在阿里巴巴上诚信通档案的数码标识；在诚信通会员获得信用编码后，可以方便消费者通过上网或是手机迅速、准确地在阿里巴巴信用数据库中查询到本企业的信用信息。

五、通过搜索引擎搜索

前面 4 项防范贸易风险的措施均是依据阿里巴巴网站来获取信息的，除此之外，也可以借助其他工具获得相应的信息。其中，通过搜索引擎获取某个企业的贸易诚信信息也不失为一个好办法。

作为世界上最大的搜索引擎——Yahoo!，已经从一个单一的搜索引擎发展到现在有电子商务、新闻信息服务、个人免费电子信箱服务等多种网络服务。2005 年，阿里巴巴公司顺利完成对中国雅虎全部资产的收购并将运用全球领先的雅虎搜索技术，打造超强的互联网搜索公司，为中国个人和企业用户提供最好的电子商务和搜索服务。因此，借助于这一著名的搜索引擎，用户可以比较方便地查找所需的资料。用户可以将某个企业的名称、地址、联系人、手机、电话、传真等信息输入到搜索引擎中，只要找到与其相关的信息就可以据此做出综合的判断。当然，在进行商业贸易的过程中，判定搜索引擎搜索到的信息是否真实可靠也是很重要的，这需要运用其他手段来完成。互联网上的信息如浩瀚大海，相互矛盾的信息也屡见不鲜，需要时时提高警惕。

六、通过工商管理部门网站查询

要了解交易对方诚信的资讯，可以通过国家权威部门的网站上查询，如通过国家工商行政管理总局网站（http://www.saic.gov.cn/）进入各地工商红盾网的网站。在红盾网中，可以查到交易对方的企业代码、法人代表、地址以及联系方式等信息，帮助用户了解对方公司的真实注册情况。

从工商行政管理部门网站上查询的资料具有很高的可靠性，用户可以根据权威部门提供的信息做出正确的判断。

七、手机归属地判断

在交易对方所提供企业联系方式中，通常有手机号码。为此，对交易对方信息的真实性，也可以通过手机归属地查询。例如，通过全国通查询网站（http://www.whatchina.com/）或者其他网站核实对方所提供信息的真实性。该网站包括电话搜索查询、手机搜索查询、身份证查询、IP搜索查询等功能，可以帮助访问者了解手机主人的注册地以及身份证登记所在地。

八、专业性测试

网络骗子的最终目的是通过网络获取非法收入，因此通常情况下其专业知识是有限的。大多数网络骗子是通过格式化的传真或求购函四处散发类似于传单的求购信息。由于网络骗子们没有真实的采购意图，往往对产品本身并不了解或了解不多，所以用户在与其进行沟通的过程中，可以运用自己对产品的知识，设定一些问题，测试对方是否了解采购的产品，进而来判断对方是否有真实的采购意图。

2.7.3 网络交易风险的防范

一、买家风险防范

在网络贸易中，除了会在网上卖公司的产品外，还会涉及购买某些产品。下面介绍网上购买产品需要注意的安全问题。

（1）2.7.2节说的8种核实对方身份的方法同样适用。

（2）买家要重点防范两类安全风险。

① 低价陷阱。作为买家总是希望在同等质量的情况下，买到的产品价格越低越好。这样的心理同样会被骗子们利用，这一类骗局被叫做低价陷阱。低价陷阱诈骗的基本特点是：产品价格非常低；虽然产品数量大，但也同意少量出售；使用私人银行账户，不愿意当面交易。

随着人们网络贸易风险防范知识的增强，骗子的行骗手段越来越狡猾。目前，在网络贸易中骗子们采用的新花样有几种：表面上支持支付宝，在买家下单后，却以各种理由推脱（如走私产品、交税等），或以不用支付宝可给更便宜价格，用利益诱惑买家上当；开始同意当面交易，再以各种理由推脱(如安全问题等)；要求买家先全额付款，通过支付宝交易，在买家打款后，通知买家货已经发出并说服买家先确认收货，再以各种理由来拖延交货时间。所有这些都需要网商们及时更新防范风险的知识，对一些新骗术加强了解，有效降低网络贸易的风险。

② 付款安全。在核实了对方身份，且对方的操作也没有低价陷阱这些特点时，自然要进入下一个环节——付款。一旦涉及货款的问题，特别需要谨慎对待，推荐使用以下 3 种较安全的付款方式。

a. 对公账户汇款。企业的对公账户是以企业身份在银行登记的账户，银行已经核实了对方企业的注册情况，因此企业的对公账户是可以选择的安全汇款方式。

b. 法人代表的私人账户。由于对公账户会涉及税收问题，所以针对这个问题，人们可以要求对方提供企业法人的私人账户。因为只有法人的私人账户，才能和这个企业直接挂钩，这也是比较可信的汇款方式。

c. 支付宝交易。如果对方不愿提供法人的私人账户，而提供一个账户，自称是公司财务的账号，那么就一定要要求使用支付宝。

(3) 牢记下列买家防骗宝典。

① 如果无法做到见面交易，那么在选择供应商时，尽可能考虑选择诚信通会员。

② 诚信通会员网站中的公司介绍、诚信通档案都是参考依据，同时也可以留心一下该会员的“会员评价”，看看其他会员对它的评价情况。

③ 在每次查看供应信息详细介绍页面时，要在登录状态下，单击【查看该企业信用记录】按钮。这样，论坛中任何会员对该企业的评价都会显示出来。

④ 查看对方的联系方式一定要仔细。通常正规商家都会留固定电话，而且如果有公司网页的话，那么可以通过查看该公司网页的情况，来判断公司的实力情况等。

⑤ 对于比市场价低出很多的产品，如数码、电脑类产品，在寄款之前一定要小心谨慎，可以先去论坛用该公司名称搜索一下网友相关的文章。

⑥ 使用支付宝可以降低交易风险，确保款货安全。

⑦ 如果不能实现货到付款，那么交易双方事先有必要对于一些细节的条款进行沟通确认，如当货物有损坏、有次品时，约定双方之间如何解决。因为无法签订书面的协议合同，所以最好保存有电话录音或者聊天记录的方式，以作为以后纠纷的证据。

⑧ 买家除了能来买东西之外，任何需求帮助都可以去诚信论坛，寻求各位网友和专业人士的帮助。此外，也可以直接电话联系客户服务人员。

⑨ 如果上当受骗了，可以去诚信论坛进行投诉，写明事情发生经过，保留和交易有关的任何证据，相关服务人员会联系对方对此事进行合理的解释。如果对方不能合理解释，则可能会被取消账号，在阿里巴巴网站上永远留下差评，并供其他会员搜索和浏览。

二、卖家风险防范

若在网络上接到了一个采购函，并用前面的方法核实后，发现没有问题，那么后面自然是进行实质性的交易。人们会发现，作为一个卖家，有一个很普遍的心理，那就是希望产品价格卖得越高越好，同时，对方给的订单越大越好，这样才能获得更多的利润。于是，这样的一个心理成为很多商人的弱点，被骗子们利用了。这类针对卖家希望卖高价、得大订单的骗局被称作大额定单骗局。在这类骗局中，骗子通常用的手法是要礼品、吃宴请。名义上协助卖方安排住宿，实际上与当地宾馆分成、要回扣等。大订单诈骗的基本特点是：陌生人突然发出的大额订单，以“××物资中心”、“××代表处”、“××进出口公司”等外贸公司名头为主，不讨价还价、不关心产品质量、不考察厂家规模，要求卖家到买家处签合同。

在网上做生意，当然每一个人都不希望遇到骗局。若接到了一个订单，用前面的几种方式进行核实，发现对方身份也没有问题，对方的操作也没有大额订单骗局的特点，那么交易自然要进入下一个环节，那就是收款发货。收款自然是每一个卖家最开心的事，但是在这里也有潜在的风险，需要特别注意。

卖家防骗注意事项如下：

（1）对即将发生和已经有业务关系的企业或公司的情况要进行深刻了解，而且时刻注意它经营情况的变化，主要是指企业或公司资金状况的变化。

（2）对公司注册资金过大和过小的公司和企业，尤其要注意。

（3）对“急于要货的单”也要特别注意。

（4）尽可能采用现款现货的方式，原则上不允许“赊销”；尽可能选用支付宝交易，确保货、款安全。

（5）尽量不和某些“职业骗子的集散地”的地区的单位和人做任何生意，风险较高。

（6）为防止银行支票和汇票的风险，建议采用款到账才给货的方式。

（7）为防止假期资金风险，企业可以采用早放假、晚收假、多放假的方法，以避开因为银行票据交换而可能出现的问题，因为“非诚信分子”完全可以利用假期中银行结算速度慢和时间差来骗取不正当收入。

（8）和业务合作单位的负责人或老板成为真正的朋友。

（9）了解对方法人代表的实际情况，因为这是企业在法律上的责任人。某些不诚信的公司和企业聘请公司外的无业人员等充当公司的法人代表，一旦东窗事发，即刻溜之大吉，剩下所谓的“法人代表”来承担他根本没有办法承担的责任。

2.7.4 网络交易账户安全

阿里巴巴各网站的用户无论是中国供应商会员、诚信通会员、支付宝会员或者阿里旺旺的用户，都有用户专属的账户和密码。因此，设置符合规则的密码是成功地进行网络交易的基本条件，也是防范网络贸易风险的第一道关。目前，各大网站密码被盗的现象时有发生，作为阿里巴巴中文站的会员，只有提高账户密码的可靠性才能保证网络贸易的正常进行。

对于阿里巴巴中文站而言，密码被盗会有两种危害：一种情况是诚信通会员密码被盗，会导致网络骗子利用诚信通会员的账号，假借诚信通会员的名义行骗，使公司名誉受损；另一种是支付宝和网上银行密码被盗，导致的直接结果是钱款的损失。

2006 年 5 月，阿里巴巴经过调查发现阿里巴巴诚信通会员中有 1 万人左右设置的密码过于简单。部分诚信通用户为了容易记住密码，将密码设置成了手机号码、电话号码、传真号码等诸如此类的常用号码，而这些号码在阿里巴巴诚信通会员资料中可以很容易地取得。

针对此类不安全的行为，阿里巴巴连续发布了三期密码安全项目，提醒用户将过于简单的密码修改为安全密码。阿里巴巴要求诚信通会员按以下规则管理密码：

（1）密码长度应该在 8～20 位。

（2）密码使用不同符号组合，如字母加数字。

（3）切不可将密码设置成与公开的信息一致。

（4）定期更改密码。

（5）企业内掌握密码的人数应尽量少。

（6）不同的账户设置不同的密码，以免多个账户同时被盗。

（7）不可将企业重要资料告诉他人，以免他人据此要求阿里巴巴系统管理员更改密码。这里所说的重要资料，是指企业营业执照复印件、税务登记证等。

除了严格遵守密码管理规范之外，养成良好的网络使用习惯也是防范网络贸易风险的措施之一。例如，不要打开来历不明的邮件、邮件附件和网络链接；尽量不要在网吧里登录阿里巴巴诚信通账户或者支付宝账户；在输入密码时尽量使用“复制＋粘贴”的方式，以防止记键木马；在使用贸易通和客户沟通时，一定要注意陌生人发过来的链接，如果对方发过来一个文件，那么可以使用各类杀毒软件先行检测，确定是否是病毒后再决定是否打开。

利用木马病毒盗取他人密码是网络黑客常用的手段。之前贸易通中曾经流行这样一种病毒，部分会员会收到有关产品的询盘信息，当会员怀着期望的心情接收求购订单并打开后，木马程序便进入会员的计算机中。因此，安装正版杀毒软件与防火墙，经常查杀木马程序也是防止密码被盗的好方法。

利用虚假网站(俗称网络钓鱼)盗取用户密码也是网络诈骗者经常使用的手段之一，他们设计并制作出与著名网站外表极相似的网站，并利用网站域名极小的差别来欺骗用户。当网站访问者将自己的账号与密码输入时，就轻而易举地取得相应信息，然后再到真实的网站上行骗或者盗取钱财。下面是两例冒用真实网站的外表进行欺骗的网站页面(图 2.44 和图 2.45)。

图 2.44　虚假的淘宝网站

图 2.45 虚假的支付宝网站

每节一练

操作题

1. 搜索一家诚信通企业，查看其诚信通档案的具体内容，并研究诚信通指数的具体构成。

2. 浏览诚信论坛，学习网络防骗技巧。

模块三

国际贸易实务

GUOJI MAOYI SHIWU

国际贸易(International Trade)是指不同国家(地区)之间的商品和劳务的交换活动。国际贸易是商品和劳务的国际转移，也叫世界贸易(World Trade)。

(1) 国际贸易由进口贸易(Import Trade)和出口贸易(Export Trade)两部分组成，故有时也称为进出口贸易。

(2) 国际贸易有其自身的特点。

① 国际贸易是一项具有涉外性质的商务活动——由于国际贸易具有这一特点，故在对外交往中，不仅要考虑经济利益，还应配合外交活动，认真贯彻对外方针政策，切实按国际规范行事，恪守“重合同，守信用”的原则，对外树立良好的形象。

② 国际贸易情况比较复杂——在国际贸易中，交易双方处在不同的国家和地区，各国的政治制度、法律体系不同，文化背景互有差异，价值观念也往往有别，在洽商交易和履约过程中还涉及各自不同的政策措施、法律规定、贸易惯例和习惯做法，情况千差万别，错综复杂。

③ 国际贸易易受国际局势变化的影响——国际贸易易受国际政治、经济形势和各国政策及其他客观条件变化的影响，尤其在当前国际局势动荡不定、国际金融市场变化莫测及市场价格瞬息万变的情况下，国际贸易的不稳定性更加明显。

④ 国际贸易的风险较大——在国际贸易中，交易双方的成交量通常都比较大，而且交易的商品往往需要通过长途运输。在远距离的运输过程中，可能会遇到各种自然灾害、意外事故和各种其他外来风险，更不排除因距离遥远而难以辨别的各类诈骗行为。加之国际市场情况复杂，千变万化，从而更加大了国际贸易的风险程度。

⑤ 国际贸易线长面广——在国际贸易中，交易双方相距遥远，交易过程中间环节多，涉及面很广，除了双方当事人外，还涉及各种中间商、代理商以及为国际货物买卖服务的商检、仓储、运输、保险、金融、海关、车站、港口等部门，若一个部门、一个环节出了问题，那么就会影响整笔交易的正常进行。

⑥ 国际贸易的市场竞争异常激烈——在国际贸易中，一直存在着争夺市场的激烈竞争，有时甚至达到白热化的程度。竞争的形式虽表现为商品竞争、技术竞争和市场竞争，但归根结底，竞争的实质还是人才竞争。因此，必须增强竞争意识，提高外贸人员的整体素质和竞争能力，只有这样才能在国际市场中立于不败之地。

从事国际商务活动的要求高、难度大，加之国际市场广阔、从业机构人员复杂，容易产生争议和欺诈活动，频繁发生纠纷案件，稍有不慎，即可能受骗上当，甚至蒙受严重的经济损失。这就要求国际经贸从业人员，不仅必须掌握国际贸易的基本原理、基本知识和基本技能与方法，而且还应具备开拓创新的能力、驾驭市场的能力和善于应战与随机应变的能力。

国际贸易实务又称为进出口贸易实务，是指国际商品交换或买卖的作业活动，包括进口和出口。交换的商品包括货物和服务两类，近年来又将技术贸易从服务类中分离出来。本模块讨论的内容为国际货物交换实务。

3.1 国际贸易和国际贸易实务

【学习目的】

（1）掌握国际贸易的种类和方式。

（2）掌握国际贸易实务的概念。

3.1.1 国际贸易的种类

一、国际货物贸易

国际货物贸易（International Goods Trade）也称为有形（商品）贸易（Tangible Goods Trade），其用于交换的商品主要是以实物形态表现的各种实物性商品。

有形贸易的进出口必须办理海关手续，能够在海关统计中反映出来，这是贸易国家国际收支经常项目的重要内容。

二、国际服务贸易

国际服务贸易（International Service Trade）是指跨越国界进行服务交易的商业活动。服务的出口是指一国向另一国提供服务并获得外汇收入的过程。服务的进口是指购买他人的服务并支付外汇的过程。服务是无形商品，所以国际服务贸易是国家间无形商品的交换活动。

世界贸易组织（WTO）对服务贸易的定义包括四种形式：

（1）过境交付，如国际长途。

（2）境外消费，如旅游业。

（3）商业存在，如银行业。

（4）自然人流动，如商业咨询。

三、国际技术贸易

国际技术贸易（International Technology Trade）是指不同国家的企业、经济组织或个人之间，按一般商业条件转让技术使用权的贸易行为，是国际贸易的重要组成部分。

国际技术转让包括非商业性的技术转让和商业性的技术转让。前者为无偿技术转让；后者为有偿技术转让，指政府机构或企业间以盈利为目的进行的技术转让，主要通过经济合作途径和贸易途径两种方式进行。

国际技术贸易的形式有许可贸易、技术咨询、工程承包、合作生产、技术服务与协助等。

3.1.2 国际贸易的方式

贸易方式是指国际贸易中采用的各种办法。随着国际贸易的发展，贸易方式也日趋多样化，除采用逐笔售定的方式外，还有包销、代理、寄售、拍卖、招标与投标。在第二次世界大战后，由于大多数发展中国家对外支付能力明显下降，因此保护主义重新抬头，易货、补偿贸易、来料加工、来件装配等新型方式的应用也日益普遍。下面介绍几种我国习惯采用的方式。

一、经销贸易

经销(Distribution)是指本国出口企业(即供货商)与国外进口商(即经销商)达成书面协议，由经销商承担在约定的经销期限和地域购销指定商品的一种贸易方式。按经销商权限不同，它可分为一般经销和独家经销。

一般经销又称定销，即出口商可在同一时间、同一地区内寻找几家经销商来经销同类商品，经销商也不享有独家专营权。

独家经销(Sole Distribution)在我国通常被称为包销(Exclusive Sales)，是指出口商通过签订协议给国外销售商在一定时期、一定地区经营某一种或某一类商品的专营权利。这种专营权是指专卖权和专买权。

在经销的条件下，经销商和出口商的关系是一种买卖关系。出口商根据经销协议供货，而经销人则根据经销协议购货，在经营中自担风险、自负盈亏。它与单边逐笔销售不同的是，双方当事人除签订买卖合同外，还要事先签订经销协议，确定双方当事人的权利与义务，使买卖双方确立一种较为稳固的购销关系。

二、代理贸易

代理(Agency)又称销售代理，指货主或出口商(委托人)在一定地区和期限内，将指定商品交由国外客户(代理商)代销的一种贸易方式。代理分为总代理、独家代理和佣金代理。

总代理(General Agency)是在指定地区委托人的全权代表。他除了有权代表委托人进行签订买卖合同、处理货物等商务活动外，也可进行一些非商业性的活动。同时，他有权指派分代理，并可分享分代理的佣金。

独家代理(Sole Agency)是在指定地区内，由其单独代表委托人行为的代理人。委托人在该指定地区内，不得委托其他第二个代理人。通常，除非协议另有约定，一般也可允许委托人直接向指定的代理地区的买主进行交易。但是，凡委托人直接与指定代理地区的买主达成交易的，仍然向独家代理计付佣金。

佣金代理(Commission Agency)又称一般代理，是指在同一代理地区、时间及期限内，同时有几个代理人代表委托人行为的代理人。委托人可以直接与该地区的实际买主成交，而无须给佣金代理支付佣金。

代理同包销的性质不同。包销商同出口商之间的关系是买卖关系，在包销方式下，由包销商自筹资金、自担风险和自负盈亏；而销售代理商同出口商之间的关系，因为不是买卖关系，所以销售代理商不垫资金、不担风险和不负盈亏，他只获取佣金。

三、寄售贸易

寄售是指委托人(货主)先将货物运往寄售地，委托国外一个代销人(受托人)，按照寄售协议规定的条件，由代销人代替货主进行销售，在货物出售后，由代销人向货主结算货款的一种贸易做法。

寄售业务是按寄售人和代销人签订的寄售协议进行的。寄售协议与买卖合同有别，寄售协议中的双方当事人不是买卖关系，而是委托和受托的关系。

四、展卖贸易

展卖(Fairs and Sales)是利用展览会和博览会的形式出售商品，将展览与销售结合起来的贸易方式。

展卖方式灵活，可由货主自己举行，也可由货主委托他人举办。在国际贸易中，展卖可在国外举行，也可在国内举行。中国出口商品交易会又称广交会，每年春秋两季在广州举办，是中国目前历史最长、层次最高、规模最大、商品种类最全、到会客商最多、成交效果最好的综合性国际贸易盛会。在国外举行的展卖业务按其买卖方式可分为两种：一种是通过签约的方式将货物卖给国外客户，由客户在国外举办展览会或博览会，货款在展卖后结算；另一种是由货主与国外客户合作，在展卖时货物所有权仍属货主，并由货主决定价格，当货物出售后，国外客户收取一定的佣金或手续费作为补偿，在展卖结束后，未售出的货物折价处理或转为寄售。

展卖方式按形式分又可分为国际博览会和国际展览会。国际博览会是一种以国家组织形式在同一地点定期由有关国家或地区的厂商举行的商品交易的贸易方式。当代的国际展览会是不定期举行的，通常展示各国在产品、科技方面所取得的新成就。

随着国际贸易关系和技术的日益发展，通过博览会和展览会进行的展卖方式在国际市场上的地位日益重要。它为买卖双方了解市场、建立商品和技术联系提供了有利条件，成为各国商人签订贸易合同的重要场所。

五、招、投标

招标、投标常用在国际政府机构、国有企业或公用事业单位采购物资、器材或设备的交易中，而更多地用于国际承包工程。

招标(Invitation to Tender)是指招标人(买方)在规定时间、地点、发出招标公告或招标单，提出准备买进商品的品种、数量和有关买卖条件，邀请投标人(卖方)投标的行为。

投标(Submission of Tender)是指投标人(卖方)应招标人(买方)的邀请，根据招标公告或招标单的规定条件，在规定投标的时间内向招标人递盘的行为。

招标与投标业务是一种竞卖方式，一般来说，卖方竞争对于买方是有利的，使其对于供货来源可有较多的比较和选择。在竞争激烈的情况下，买方还可以较为优惠的价格购进所需物资。这也是招标、投标方式在大宗物资的采购中广泛运用的原因之一。

六、拍卖

拍卖(Auction)是一种具有悠久历史的交易方式，在今天的国际贸易中仍被采用。通过拍卖成交的商品通常是品质难以标准化、或按传统习惯以拍卖出售的商品，如裘皮、茶叶、烟草、羊毛、木材、水果以及古玩和艺术品等，也有破产倒闭企业的设备资产及罚没财产。

根据出价方法不同，拍卖可分为以下几种：

(1) 增价拍卖又称“买方叫价拍卖”、“淘汰式拍卖”。拍卖时，由拍卖人宣布预定的最低价格，然后由竞买者相继叫价，竞相加价，直到拍卖人认为无人再出更高的价格时，则用击槌动作表示竞买结束，将这批商品卖给最后出价最高的人。在拍卖人击槌前，竞买者可以撤销出价。

（2）减价拍卖又称“卖方叫价拍卖”、“荷兰式拍卖”。这种方法先由拍卖人喊出最高价格，然后逐渐减低叫价，直到有某一竞买者认为已经低到可以接受的价格，表示买进为止。

（3）密封递价拍卖又称“招标式拍卖”。当采用这种方法时，先由拍卖人公布每批商品的具体情况和拍卖条件等，然后由各买方在规定时间内将自己的出价密封递交拍卖人，以供拍卖人进行审查比较，决定将该货物卖给哪一个竞买者。

七、补偿贸易

补偿贸易(Compensation Trade)是指在信贷基础上进口设备，然后以回销产品或劳务所得价款，分期偿还进口设备的价款及利息。补偿贸易的种类有以下几种：

（1）直接产品补偿。这是补偿贸易最基本的做法，但是这种做法有一定的局限性。

（2）其他产品补偿。用回购其他产品来代替。

（3）劳务补偿。当我方按对方要求加工生产后，从应收的工缴费中分期扣还所欠款项。

补偿贸易对设备进口方的作用在于：其一，通过这种方式来利用国外资金；其二，通过补偿贸易，可以引进先进的技术和设备，发展和提高本国的生产能力，加快企业的技术改造，使产品不断更新及多样化，增强出口产品的竞争力；其三，通过对方回购，还可在扩大出口的同时，得到一个较稳定的销售市场和销售渠道。

对于设备供应方来说，进行补偿贸易，有利于突破进口方支付能力不足，扩大出口，在当前市场竞争日益激烈的条件下，通过承诺回购义务加强自己的竞争地位，争取贸易伙伴。

八、加工贸易

加工贸易是指国内企业从境外保税(即经海关批准并同时办理相关手续，准予暂时免交进口环节关税、增值税及相关许可证件)进口全部或部分原辅材料、零部件、元器件、配套件、包装物料等，经加工或装配后，将成品或半成品复出口的交易形式。该项业务主要包括来料加工和进料加工两种贸易方式。此外，20 世纪 90 年代后期我国企业在海外开展的境外加工贸易方式，也被视为加工贸易的新形式。

加工贸易一般分为以下 4 种：

（1）来料加工(Processing with Customer's Materials)是指由外商免费提供全部或部分原材料、辅料、零部件、元器件、配套件、包装料件等，由加工方按对方要求进行加工装配，成品交对方销售，加工方只收取工缴费的交易形式。来料加工贸易是一种委托加工的方式，属于劳务贸易的一种形式，它是以商品为载体的劳动力出口。

（2）进料加工(Processing with Imported Materials)是指加工方用外汇购买进口的原材料、辅料、零部件、元器件、配套件、包装物料等，经加工成成品或半成品后再外销出口的交易形式。

（3）境外加工贸易是指我国企业以现有设备及成熟技术投资为主，在境外以加工装配业务的形式，带动和扩大国内设备、技术、原材料、零配件出口的一种国际经贸合作方式。

（4）装配业务是指由一方提供装配所需设备、技术和有关元件、零件，由另一方装配为成品后交货。

3.1.3 国际贸易实务的一般程序

一、出口贸易的一般程序

（1）交易前的准备。该阶段内容主要包括：对国外市场进行调查研究，选择适销的目标市场和客户；制定出口商品经营方案和价格方案；落实货源并做好备货工作；开展多种形式的广告宣传和促销活动等。

（2）商订合同。它是通过函电联系或当面洽谈等方式，同国外客户磋商交易，当一方的发盘为另一方接受后，交易即告达成，合同就算订立。

（3）履行合同。在出口贸易中，履行合同所涉及的内容往往会因交货方式的不同而不同。例如，按CIF条款和信用证付款方式达成的交易，履行出口合同主要包括以下内容：备货；落实信用证，做好催证、审证、改证工作；按时、按质、按量交付约定的货物；及时租船订舱，安排运输、保险；办理出口报关手续；缮制、备妥有关单据；及时向银行交单结汇，收取货款等。

二、进口贸易的一般程序

（1）交易前的准备。主要包括：对国外市场进行调查研究，选择适当的采购市场和供货对象；制订进口商品经营方案或价格方案等。

（2）商订合同。与商订出口合同的程序与做法基本相同。

（3）履行合同。进口贸易履行合同也因受交易方式的限制而要求不同。例如，当按FOB条件和信用证付款方式成交时，主要包括的内容有向银行申请开立信用证、及时派船到对方口岸接运货物、办理货运保险、审核单据、付款赎单、办理进口报关手续、验收货物等。

每节一练

一、不定项选择题

1. 实物商品的进出口被称为(　　)。

A. 有形贸易　　B. 无形贸易　　C. 直接贸易　　D. 间接贸易

2. 不属于国际货物买卖特点的是(　　)。

A. 一种涉外经济活动　　B. 交易数额较大

C. 交易过程复杂　　D. 符合法律规范

3. 国际贸易是世界各国各地区之间进行的(　　)的交换活动。

A. 货物　　B. 知识产权　　C. 服务　　D. 技术

二、判断题

1. 与香港、澳门地区之间的商务贸易不属于国际贸易的范畴。（　　）

2. 国际货物贸易也称为有形商品贸易。（　　）

3. 独家代理就是独家经销，俗称包销。（　　）

4. 来料加工贸易属于有形贸易。（　　）

三、问答题

1. 什么是国际贸易？什么是国际贸易实务？

2. 国际贸易的特点有哪些？

四、操作题

浏览中华人民共和国商务部网站(网址 http://www.mofcom.gov.cn)，查询世界各地区的经贸动态。

3.2 国际贸易术语

【学习目的】

(1) 了解有关贸易术语的国际贸易惯例。

(2) 掌握FOB、CFR和CIF这3种主要贸易术语的基本内容，特别是买卖双方责任、风险和费用的划分。

(3) 能在实际业务中正确灵活地使用常用贸易术语。

3.2.1 什么是国际贸易术语

一、贸易术语的概念

贸易术语(Trade Terms)又称贸易条件、价格术语，是进出口商品价格的一个重要组成部分。它是用一个简短的概念(如“Free On Board”)或3个字母的缩写(如“FOB”)来说明交货地点、商品的价格构成和买卖双方有关费用、风险和责任的划分，是确定卖方交货和买方接货应尽义务的专门用语。

贸易术语是国际贸易发展到一定历史阶段的产物。它的产生、发展同国际贸易的特点和国际运输、保险及通信事业的发展密切相关。国际贸易的买卖双方分处两国，相距遥远，在卖方交货和买方接货的过程中，涉及许多问题，例如：何时何地办理货物的交接；由谁租船、订舱和支付运费；由谁办理货运保险；由谁承担货运途中可能出现的各种风险；由谁办理进出口清关等业务手续。

买卖双方在交易磋商和订立合同时，对上述问题必须明确规定，如果每笔交易都要求双方对有关手续、费用和风险逐项洽商，则将耗费大量的时间和费用，从而影响交易的达成。为此，在国际贸易的长期实践中，逐渐形成了各种不同的贸易术语。通过使用贸易术语，明确了买卖双方在手续、费用和风险方面的责任划分，促进交易的达成。

在国际贸易中采用某种专门的贸易术语，主要是为了确定交货条件，即说明买卖双方在交接货物方面彼此承担责任、费用和风险的划分。其中，“责任”是指因交货地点不同而产生的租船订舱、装卸货物、投保、办理进出口手续等有关事宜；“费用”是指因货物的移动而产生的运费、保险费、装卸费、仓储费等；“风险”是指可能遭遇到的自然灾害、意外事故和各种外来风险。

同时，贸易术语也用来表示成交商品的价格构成因素，特别是货物价格中所包含的从属费用。不同的贸易术语表明买卖双方各自承担不同的责任、费用和风险，而责任、费用和风险的大小直接影响成交商品的价格。一般来说，凡使用出口国国内交货的各种贸易术语，如工厂交货(XWE)和装运港船边交货(FAS)等术语，卖方承担的责任、费用和风险都比较小，商品价格构成中有关的费用因素少；凡使用进口国交货的各种贸易术语，如目的地交货(DAP)和完税后交货(DDP)等术语，卖方承担的责任、费用和风险则加大，这些因素直接反映到成交商品的价格上。

由此可见，贸易术语具有两重性，即一方面表示交货条件，另一方面表示成交商品价格构成。

二、贸易术语的作用

贸易术语可以解决责任、费用和风险由谁负担的问题，使买卖双方在交易中减少争议和纠纷。

(1) 利于明确责任，规范、简化手续。每种贸易术语都有其特定的含义，在交易磋商时，买卖双方只要商订按何种术语成交，就明确了双方在交接货物方面所应承担的责任、费用和风险，如此便简化了交易手续，缩短了洽商交易的时间，从而有利于买卖双方迅速达成交易和订立合同。

(2) 有利于买卖双方进行比价和加强成本核算。由于贸易术语能够表明商品价格构成，因此在买卖双方确定成交价格时，必然要考虑采用的术语中包含哪些从属费用，如运费、保险费、装卸费、关税等。

(3) 有利于避免或减少及妥善解决贸易争端。当买卖双方商订合同时，如果某些合同条款规定不够明确，致使履约过程中产生的争议不能依据合同的规定解决，那么在此情况下，可以援引有关贸易术语的一般解释来处理。

三、有关贸易术语的国际贸易惯例

国际贸易惯例是指在长期的国际贸易实践中逐渐形成的一些习惯做法及统一解释，是由有权威的国际贸易组织、商会和团体以文件的形式公布于众，得到各国贸易界普遍公认并使用的贸易规则。国际贸易惯例虽然不是法律，但一经采用，则对当事人有法律约束力。

目前，国际上有较大影响的关于贸易术语的贸易惯例有 3 个：一是国际法协会制定的《1932 年华沙-牛津规则》；二是美国一些商业团体制定的《1941 年美国对外贸易定义修订本》，在美洲国家采用较多，与这些国家进行贸易时应注意该惯例的解释；三是国际商会制定的《2010 年国际贸易术语解释通则》。

1.《1932 年华沙-牛津规则》

《1932 年华沙-牛津规则》(*Warsaw-Oxford Rules*，1932)是国际法协会专门为解释 CIF 合同而制定的。19 世纪中叶，CIF 贸易术语开始在国际贸易中被广泛采用，但由于各国对其解释不一，因而影响到 CIF 买卖合同的顺利履行。为了对 CIF 合同双方的权利和义务做出统一的规定和解释，国际法协会于 1928 年在波兰华沙制定了 CIF 买卖合同的统一规则，共 22 条，称之为《1928 年华沙规则》。此后，在 1930 年纽约会议、1931 年巴黎会议和 1932 年牛津会议上，又相继将此规则修订为21条，称之为《1932年华沙-牛津规则》，沿用至今。该规则对CIF合同的性质、特点及买卖双方所承担的风险、责任、费用的划分以及所有权转移的方式等问题都作了具体的规定和说明。

2.《1941年美国对外贸易定义修订本》

《1941年美国对外贸易定义修订本》(*Revised American Foreign Trade Definition*, 1941)是由美国几个商业团体制定并经美国全国对外贸易会议修改的贸易术语定义。《美国对外贸易定义》中所解释的贸易术语共有6种，分别如下。

(1) Ex(Point of Origin)(原产地交货)。

(2) FOB(Free on Board)(在运输工具上交货)。

(3) FAS(Free Along Side)(在运输工具旁边交货)。

(4) C&F(Cost and Freight)(成本加运费)。

(5) CIF(Cost, Insurance and Freight)(成本加保险费、运费)。

(6) Ex Dock(Named Port of Importation)(目的港码头交货)。

《美国对外贸易定义》主要在北美国家采用。由于它对贸易术语的解释，特别是对第2种和第3种术语的解释与国际商会《国际贸易术语解释通则》有明显的差异，所以在同北美国家进行交易时应加以注意。

3.《国际贸易术语解释通则》

《国际贸易术语解释通则》(*International Rules for the Interpretation of Trade Terms*, Incoterms)是国际商会为统一各种贸易术语的不同解释于1936年制定的。随后，为适应国际贸易实践发展的需要，国际商会先后对其进行过多次修订和补充。为使贸易术语更进一步适应世界上无关税区的发展、交易中使用电子信息的增多以及运输方式的变化，国际商会再次对《国际贸易术语解释通则》进行修订，并于1999年7月公布《2000年国际贸易术语解通则》(简称《Incoterms 2000》或《2000年通则》)，于2000年1月1日起生效。《2000年通则》共包括4组(E组、F组、C组和D组)、13个贸易术语。

(1) E组：EXW工厂交货。

(2) F组：FCA货交承运人，FAS船边交货，FOB船上交货。

(3) C组：CFR成本加运费，CIF成本、保险费加运费，CPT运费付至，CIP运费和保险费付至。

(4) D组：DAF边境交货，DES目的港船上交货，DEQ目的港码头交货，DDU未完税交货，DDP完税后交货。

2010年9月27日，国际商会正式推出《2010国际贸易术语解释通则》(《Incoterms 2010》)，以取代已经在国际货物贸易领域使用了近十年的Incoterms 2000，新版本于2011年1月1日正式生效。《Incoterms 2010》的修改考虑了全球范围内免税区的扩展、商业交往中电子通信运用的增多、货物运输中安保问题关注度的提高以及运输实践中的许多变化。《2010国际贸易术语解释通则》更新并加强了“交货规则”——规则的总数从13降到11，并为每一规则提供了更为简洁和清晰的解释。它删去了《Incoterms 2000》D组术语中的DDU、DAF、DES、DEQ，只保留了DDP，同时新增加了两种D组贸易术语，即DAT与

DAP 以取代被删去的术语。

在《Incoterms 2010》中，将贸易术语划分为适用于各种运输的 CIP、CPT、DAP、DAT、DDP、EXW、FCA 和只适用于海运和内水运输的 CFR、CIF、FAS、FOB，并将术语的适用范围扩大到国内贸易中，赋予电子单据与书面单据同样的效力，增加对出口国安检的义务分配，要求双方明确交货位置，将承运人定义为缔约承运人，这些都在很大程度上反映了国际货物贸易的实践要求，并进一步与《联合国国际货物销售合同公约》及《鹿特丹规则》衔接。

第一类：适用于任何运输方式。

CIP—Carriage and Insurance Paid	运费/保险费付至目的地
CPT—Carriage Paid To	运费付至目的地
DAP—Delivered At Place	目的地交货
DAT—Delivered At Terminal	目的地或目的港的集散站交货
DDP—Delivered Duty Paid	完税后交货
EXW—Ex Works	工厂交货
FCA—Free Carrier	货交承运人

第二类：适用于海运和内河运输。

CFR—Cost and Freight	成本加运费
CIF—Cost，Insurance and Freight	成本保险费加运费
FAS—Free Alongside Ship	装运港船边交货
FOB—Free On Board	装运港船上交货

在《通则》中，所有术语下当事人的义务均用 10 个项目列出，卖方在每一项目(A1、A2、…、A10)中的地位“对应”了买方在同一项目(B1、B2、…、B10)中相应的地位，以利于彼此对照检查，便于双方当事人对《通则》的使用。

3.2.2 常用贸易术语

在所有国际贸易术语中，装运港交货的 3 种贸易术语即 FOB、CFR、CIF 和货交承运人的 3 种贸易术语即 FCA、CPT、CIP 是最常用的。图 3.1 为贸易术语交货地点和费用分担示意图。

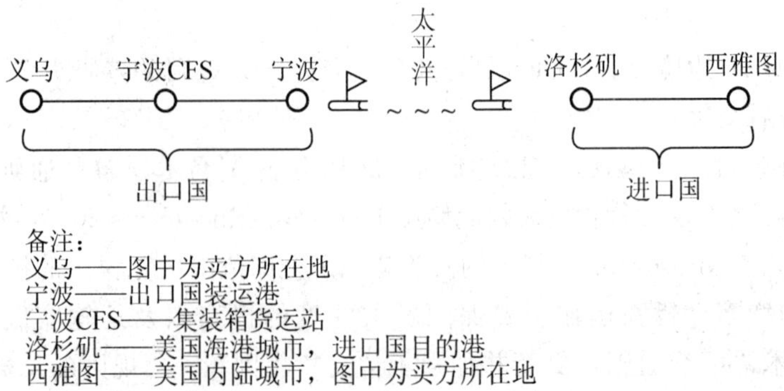

图 3.1 贸易术语交货地点和费用分担示意图

一、装运港交货的3种贸易术语

1. FOB

FOB即Free On Board(... named port of shipment)——船上交货(……指定装运港),是指当货物在指定的装运港装上买方指定的船只,卖方即完成交货义务。这意味着买方必须从该点起承担货物灭失或损坏的一切风险、责任和费用。FOB术语要求卖方办理货物出口清关手续。该术语仅适用于海运或内河运输。FOB交货地点和费用分担示意图如图3.2所示。

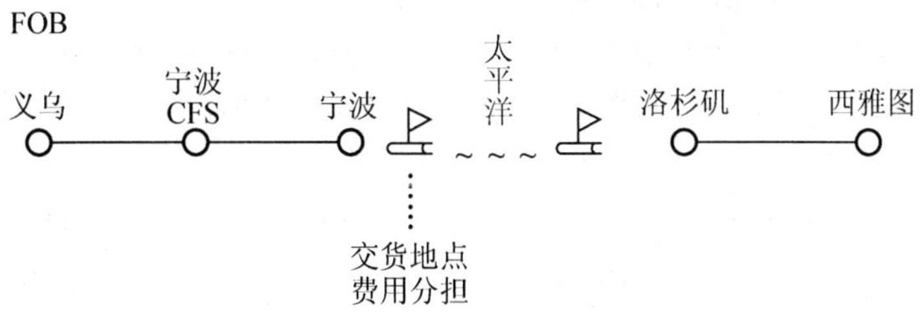

图3.2 FOB交货地点和费用分担示意图

(1) 买卖双方基本义务的划分(表3-1)。

表3-1 买卖双方基本义务的划分

分类	卖 方	买 方
常规责任	负责在合同规定的时间和指定的装运港将货物装上买方指定的船只,并给予买方充分的通知	收取货物,支付货款
	办理货物出口所需的海关手续,取得出口许可证或其他核准书	办理货物进口所需的海关手续,取得进口许可证或其他核准书
	提供交货凭证、运输单据或有同等作用的电子信息	接受与合同相符的单据
共同责任	承担货物在装运港装船之前的各种费用和风险	承担货物在装运港装船之后的各种费用和风险
主要责任		负责租船订舱,支付运费,给予卖方关于船名、装船地点和要求交货时间的充分通知
		办理保险,支付保险费

(2) 使用FOB术语应注意的问题。按《通则》的规定,在FOB条件下,买方负责租船订舱,并将船名、船期通知卖方。在具体业务中,卖方也可以接受买方的委托代为租船订舱或投保,但纯属代办,如果卖方不能完成买方的委托,则买方不得因此向卖方提出任何异议或借以撤销合同。

买方负责租船订舱,卖方负责装货,就涉及船货衔接问题。一般情况下,如果船只按时到达,而卖方货物未备齐,则卖方应承担由此造成的空舱费和滞期费;若未经卖方同意,船只提前到达,则卖方不负担空舱费等。

【案例分析】

我国某公司以FOB条件出口一批冻鸡。在合同签订后接到买方来电，称租船较为困难委托我方代为租船，有关费用由买方负担。为了方便合同的履行，我方接受了对方的要求。但至装运期我方在规定装运港无法租到合适的船，且买方又不同意改变装运港。因此，到装运期满时货仍未装船，买方因销售季节即将结束便来函以我方未按期租船履行交货义务为由撤销合同。我方应如何处理？

（资料来源：杨森林．国际经贸应试习题大全．上海：立信会计出版社，2001.）

分析：我方应拒绝买方撤销合同的无理要求。按FOB条件成交的合同，按常规由买方租船订舱。卖方可以接受买方的委托代为租船订舱，但卖方不承担租不到船的责任。就本案例来讲，因卖方代为租船没有租到，买方又不同意改变装运港，因此卖方不承担因未租到船而延误装运的责任，买方不能因此要求撤销合同。

同时，卖方在交货后应给予买方充分的通知，以便买方办理保险，否则由此造成的损失由卖方负责。

此外，在《1941年美国对外贸易定义修订本》中，对FOB有不同的解释：美国、加拿大和一些拉美国家较多采用《修订本》的解释，该定义将FOB分为6种类型，其中仅第五种“指定装运港船上交货”（FOB vessel）与《2010年通则》中对FOB的解释基本相似，然而两者在费用负担等方面仍有很大不同，主要表现在两方面，具体见表3-2。

表3-2　FOB vessel与FOB的区别

FOB vessel(... named port of shipment)	FOB(... named port of shipment)
买方付费，卖方协助买方取得出口所需证件	卖方办理货物出口所需证件和手续
买方负担出口税额和其他税捐及费用	卖方负担一切出口税捐及费用

在同美国、加拿大和拉美国家商人订立FOB合同时，需注明双方采用《国际贸易术语解释通则》的规则。例如，我方从美商处购进棉花一批，合同价格规定为每公吨1450美元FOB New York，我方受载货轮驶抵纽约港之后，通知对方装货，但对方要求我方负担从纽约城内仓库至装上船的一切费用。自此，我方才顿悟美国关于FOB术语另有规定。

2. CFR

CFR即Cost and Freight(... named port of destination)——成本加运费(……指定目的港)。当货物在指定的装运港装上船时卖方即完成交货，卖方必须支付将货物运至指定的目的地的运费和有关费用。但是，交货后货物灭失或损坏的风险以及由于各种事件而造成的任何额外费用却由卖方转移到买方。这里所指的成本相当于FOB价，故CFR术语的基本含义是在FOB的基础上加上装运港至目的港的通常运费。该术语仅适用于海运或内河运输。图3.3为CFR交货地点和费用分担示意图。

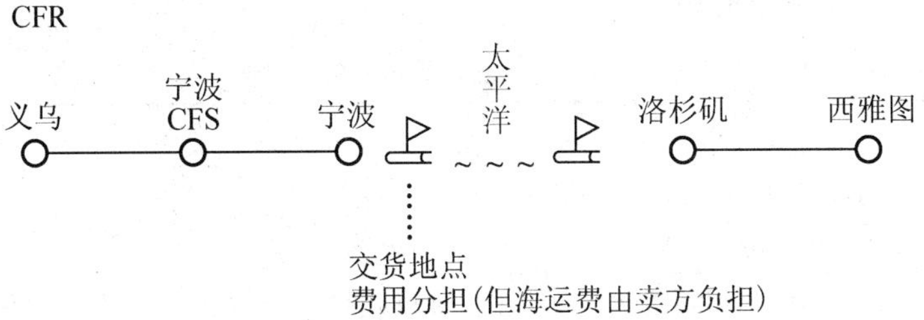

图 3.3 CFR 交货地点和费用分担示意图

(1) 买卖双方基本义务的划分(表 3-3)。

表 3-3 买卖双方基本义务的划分

分类	卖　方	买　方
常规责任	负责在合同规定的时间和指定的装运港将货物装上船，并给予买方充分的通知	收取货物，支付货款
	办理货物出口所需的海关手续，取得出口许可证或其他核准书	办理货物进口所需的海关手续，取得进口许可证或其他核准书
	提供交货凭证、运输单据或有同等作用的电子信息	接受与合同相符的单据
共同责任	承担货物在装运港装船之前的各种费用和风险	承担货物在装运港装船之后的各种费用和风险
主要责任	负责租船订舱，支付运费	办理保险，支付保险费

(2) 使用 CFR 术语应注意的问题。在 CFR 条件下，根据国际贸易惯例的解释和有些国家的法律规定，卖方在货物装船后必须及时向买方发出装船通知，以便买方及时办理保险手续，防止漏保。对此，买卖双方往往还要在合同中做出明确规定。如果卖方不及时发出装船通知，致使买方未能投保，那么卖方要承担货物在运输途中的风险和责任。也就是说，如果货物在运输途中遭到损坏或灭失，由于卖方未发出装船通知使买方漏保，那么卖方就不能以风险在装船时转移为由免除责任。

3. CIF

CIF 即 Cost，Insurance and Freight(... named port of destination)——成本加保险费、运费(……指定目的港)，是指卖方将货物装上船即完成交付，风险或损失在货物装上船时转移至买方。卖方必须订立将货物运至指定目的港的运输合同并支付相关费用和运费。此外，卖方还要为买方因货物在运输中损坏或灭失而办理保险并支付保险费用。CIF 交货地点和费用分担示意图如图 3.4 所示。

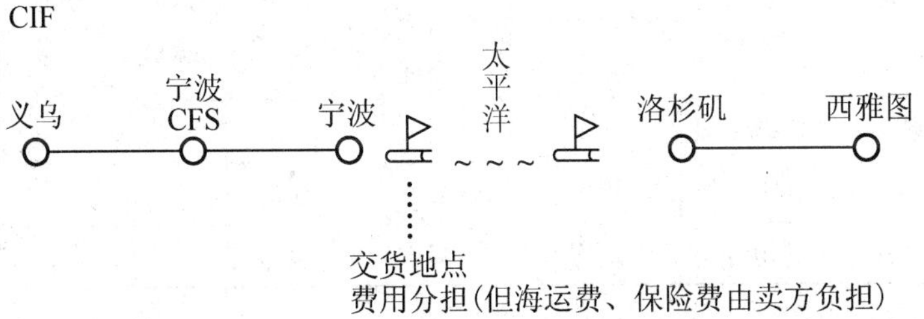

图 3.4 CIF 交货地点和费用分担示意图

(1) 买卖双方基本义务的划分(表 3-4)。

表 3-4 买卖双方基本义务的划分

分类	卖　方	买　方
常规责任	负责在合同规定的时间和指定的装运港将货物装上船，并给予买方充分的通知	收取货物，支付货款
	办理货物出口所需的海关手续，取得出口许可证或其他核准书	办理货物进口所需的海关手续，取得进口许可证或其他核准书
	提供交货凭证、运输单据或有同等作用的电子信息	接受与合同相符的单据
共同责任	承担货物在装运港装船之前的各种费用和风险	承担货物在装运港装船之后的各种费用和风险
主要责任	负责租船订舱，支付运费，办理保险，支付保险费	

(2) 使用 CIF 术语应注意的问题。

① 保险险别。在 CIF 条件下，保险手续应由卖方负责办理，但对应投保的具体险别，各国的惯例解释不一。因此，买卖双方应根据商品的特点和需要，在合同中具体订明保险险别。

② 租船订舱。依照对 CIF 贸易术语的一般解释，卖方应按通常的条件及惯驶的航线，租用通常类型的船舶。因此，除非买卖双方另有约定，否则对于买方提出的关于限制载运要求，卖方均有权拒绝接受。但在外贸实践中，为发展出口业务，考虑到某些国家的规定，如果买方有要求，那么在卖方能够办到而又不增加额外费用的情况下，卖方也可考虑接受。

③ 象征性交货。CIF 是一个典型的象征性交货术语。象征性交货(Symbolic Delivery)是针对实际交货(Physical Delivery)而言的。前者指卖方只要按期在约定地点完成装运，并向买方提交合同规定的包括物权凭证在内的有关单证，就算完成了交货义务，无须保证到货；后者则指卖方要在规定的时间和地点，将符合合同规定的货物提交给买方或其指定人，而不能以交单代替交货。本节涉及的 6 个常用贸易术语均属于象征性交货术语，下节所述的 5 种术语属于实际交货术语。

4. 装运港船上交货 3 个贸易术语的比较

FOB、CFR 和 CIF 是国际贸易中最常用的 3 种术语。就买卖双方的义务而言，它们有很多相同之处，不同的地方在于租船订舱、支付运费和办理保险、支付保险费这几方面的责任。它们的异同点归纳见表 3-5。

表 3-5 FOB、CFR、CIF 异同点一览表

贸易术语	主要共同点					主要区别				
	运输方式	交货地点	风险划分	装货交单出口清关责任	受单付款进口清关责任	运输责任	保险责任	价格构成	术语后接港口	费用与风险转移点
FOB	水运	装运港	货物装船	卖方	买方	买方	买方	C	装运港	一致
CFR	水运	装运港	货物装船	卖方	买方	卖方	买方	C+I	目的港	分离
CIF	水运	装运港	货物装船	卖方	买方	卖方	卖方	C+I+F	目的港	分离

按照FOB、CFR和CIF术语成交的合同都属于属装运合同。所谓装运合同(Shipment Contract)，是与到达合同(Arrival Contract)相对而言的。按F组和C组贸易术语成交的合同，都是装运合同。在装运合同下，卖方只负责在约定时间和地点，将货物交给承运人或装上运输工具即完成交货，并不保证货物按时运抵目的地。

注意：在《Incoterms 2000》中FOB、CFR和CIF这3类术语在说明卖方义务与责任时，都规定卖方需承担货物在装运港越过船舷之前的风险，而买方承担越过船舷之后的风险。然而，这次《Incoterms 2010》取消了"船舷"这个概念，只强调买卖双方的风险以货物在装运港被装上船时为界进行划分，不再规定"船舷"这样一个难以说明的风险临界点。

尽管国际商会修订了新的《Incoterms 2010》并推行实施，但由于其在现阶段国际外贸业务中并未得到各国商家的广泛运用，因而实际业务中还存在着应用《Incoterms 2000》中的各类贸易术语的情况。所以，在从事国际外贸业务时，在签订合同中就应明确作出规定到底采用《Incoterms 2000》或是《Incoterms 2010》，这样做有助于避免对贸易术语的不同解释而引起的争执。

二、货交承运人的3种贸易术语

FCA、CPT和CIP是使用率仅次于FOB、CFR和CIF的3种贸易术语，它们都是货交承运人。

1. FCA

FCA即Free Carrier(... named place)——货交承运人(……指定地点)，是指卖方只要将货物在指定的地点交给买方指定的承运人，并办理了出口清关手续，即完成交货。FCA交货地点和费用分担示意图如图3.5所示。

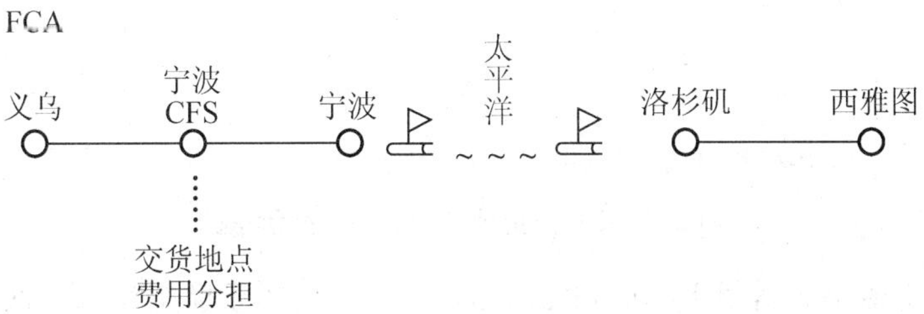

图3.5 FCA交货地点和费用分担示意图

该术语可用于各种运输方式，包括多式联运。"承运人"指任何人在运输合同中，承诺通过铁路、公路、空运、海运、内河运输或上述运输的联合方式履行运输或由他人履行运输。

若买方指定承运人以外的人领取货物，则当卖方将货物交给此人时，即视为已履行了交货义务。

2. CPT

CPT即Carriage Paid To(... named place of destination)——运费付至(……指定地点)，

是指卖方向其指定的承运人交货，但卖方还必须支付将货物运至目的地的运费，并办理出口清关手续，即完成交货。买方承担交货之后的一切风险和其他费用。CPT 交货地点和费用分担示意图如图 3.6 所示。

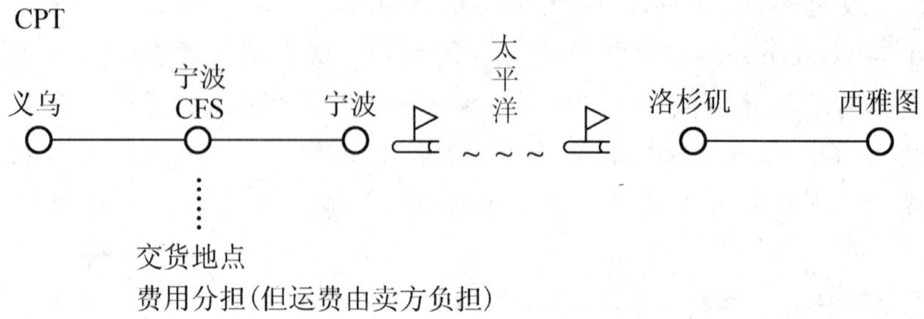

图 3.6　CPT 交货地点和费用分担示意图

3. CIP

CIP 即 Carriage Insurance Paid to(... named place of destination)——运费和保险费付至(……指定目的地)，指卖方除了必须承担在 CPT 术语下同样的义务外，还必须负责办理货物运输保险，并支付保险费至指定目的地。

与 CIF 相似，CIP 术语也只要求卖方投保最低限度的保险险别。如果买方需要更高保险险别，则需要与卖方明确地达成协议，或者自行做出额外的保险安排。CIP 交货地点和费用分担示意图如图 3.7 所示。

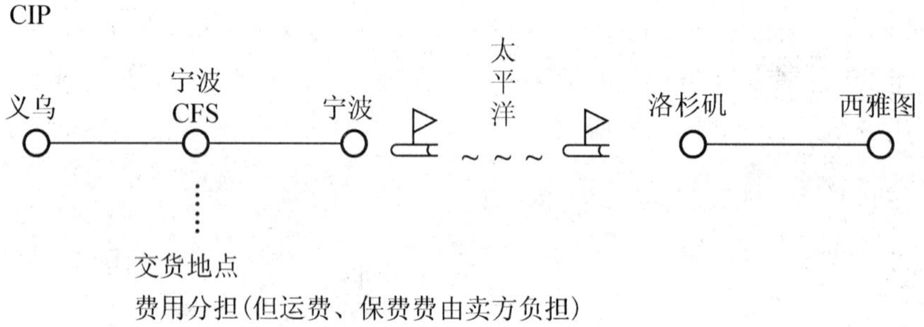

图 3.7　CIP 交货地点和费用分担示意图

这 3 种贸易术语不仅适用于海运和内河运输，而且适用于航空运输、铁路运输、公路运输及多式联运；买卖双方的交货地点是出口国某一指定地点；风险划分以货交承运人为界；进出口手续类似于 FOB、CFR 和 CIF。

三、FCA、CPT、CIP 与 FOB、CFR、CIF 的比较

FCA、CPT、CIP 这 3 种术语分别从 FOB、CFR、CIF 这 3 种传统术语发展起来的，其责任划分的基本原则是相同的，但又有区别，具体见表 3－6。

表 3-6 各种贸易术语比较

贸易术语	适用运输方式	交货地点	风险划分	运输单据	装卸费用负担	交货交单出口清关	受单付款进口清关	运输责任	保险责任	价格构成
FOB	水上运输	装运港	装运港船上	海运提单	因变形不同而不同	卖方	买方	买方	买方	C
CFR								卖方	买方	C+F
CIF								卖方	卖方	C+I+F
FCA	各种运输	出口国内指定地点	货交承运人控制为界	某种运输单据或多式联运单据	因交货地点不同而不同	卖方	买方	买方	买方	C
CPT								卖方	买方	C+F
CIP								卖方	卖方	C+I+F

3.2.3 其他贸易术语

除了前面介绍的6种主要贸易术语外，在《2000年通则》和《2010年通则》中还有其他贸易术语，这些术语虽不常用，但在某些情况下，还是可以满足买方或卖方的特定要求的。因此，应当了解并灵活选用。

、EXW

EXW即Ex Works(... named place)——工厂交货(……指定地点)，指卖方在其商品的产地或储存地将货物交由买方处置，即完成了交货义务。买方则负责自行将货物装运，并承担其间的全部风险、责任和费用，包括货物出入境的手续和费用。EXW是卖方承担责任最少的贸易术语。EXW交货地点和费用分担示意图如图3.8所示。

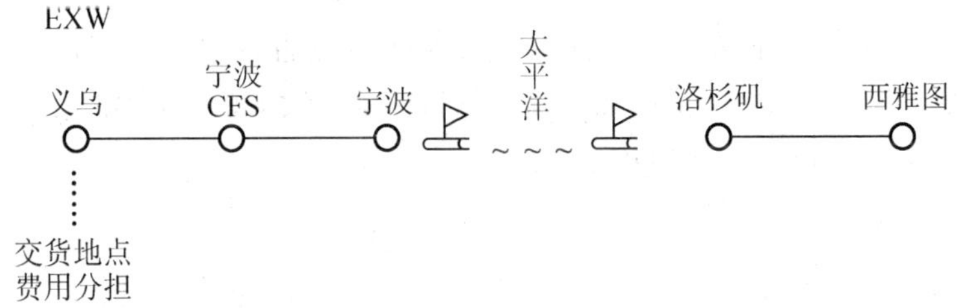

图 3.8 EXW交货地点和费用分担示意图

二、FAS

FAS即Free Alongside Ship(... named port of shipment)——船边交货(……指定装运港)，指卖方负责将货物交至装运港买方指定的船边。若买方所派船只不能靠岸，则卖方应负责用驳船把货物运至船边，卖方在船边完成交货义务，风险责任同时转移。由买方负责装船手续和费用，由卖方办理出口报关手续，卖方的交单义务，与FOB相同。FAS交货地点和费用分担示意图如图3.9所示。

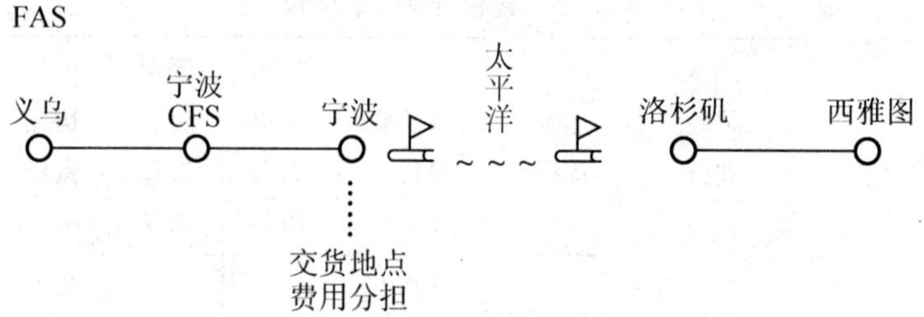

图 3.9　FAS 交货地点和费用分担示意图

三、DAF

DAF 即 Delivered At Frontier(... named place)——边境交货(……指定地点)，是指当卖方在边境的指定的地点和具体交货点，在毗邻国家海关边界前，将仍处于交货的运输工具上尚未卸下的货物交给买方处置，办妥货物出口清关手续但尚未办理进口清关手续时即完成交货。“边境”一词可用于任何边境，包括出口国边境。DAF 交货地点和费用分担示意图如图 3.10 所示。

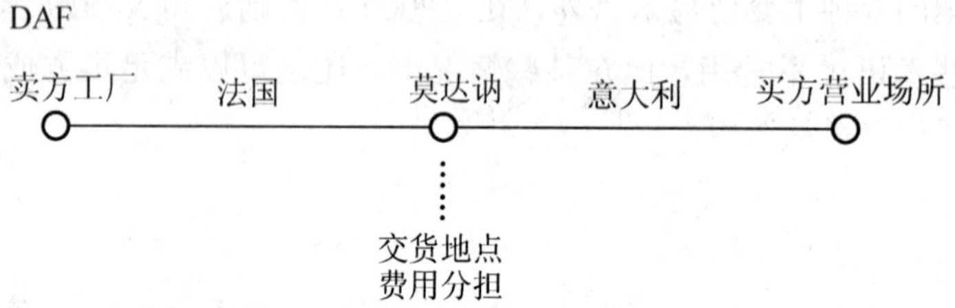

图 3.10　DAF 交货地点和费用分担示意图

四、DES

DES 即 Delivered Ex Ship(... named port of destination)——目的港船上交货(……指定目的港)，是指在指定的目的港，货物在船上交给买方处置，但不办理货物进口清关手续，卖方即完成交货。卖方必须承担货物运至指定的目的港卸货前的一切风险和费用。DES 交货地点和费用分担示意图如图 3.11 所示。

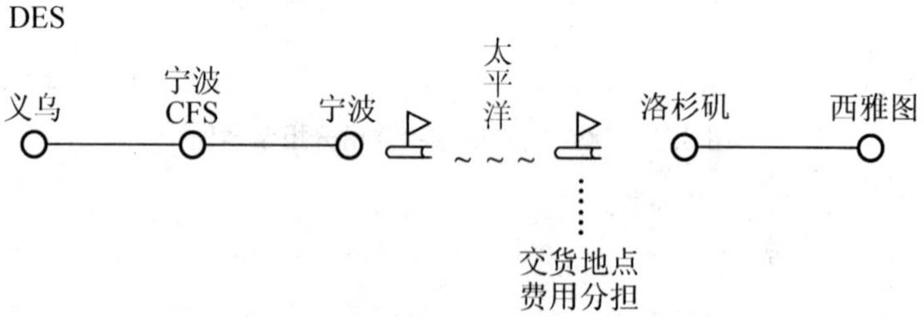

图 3.11　DES 交货地点和费用分担示意图

五、DEQ

DEQ 即 Delivered Ex Quay(Duty Paid)(... named port of destination)——目的港码头交货(……指定目的港)，是指卖方在指定的目的港码头将货物交给买方处置，不办理进口清关手续即完成交货。卖方应承担将货物运至指定的目的港并卸至码头的一切风险和费用。DEQ 术语要求买方办理进口清关手续并在进口时支付一切办理海关手续的费用、关税、税款和其他费用。DEQ 交货地点和费用分担示意图如图 3.12 所示。

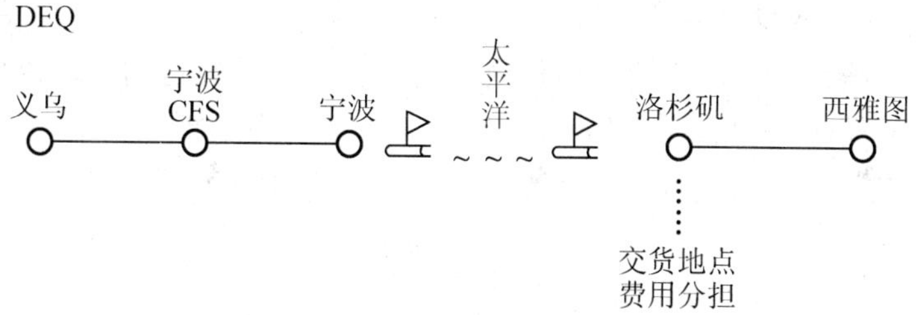

图 3.12 DEQ 交货地点和费用分担示意图

六、DDU

DDU 即 Delivered Duty Unpaid(... named place of destination)——未完税交货(……指定目的地)，是指卖方在指定的目的地将货物交给买方处置，不办理进口手续，也不从交货的运输工具上将货物卸下，即完成交货。卖方应承担将货物运至指定的目的地的一切风险和费用，不包括在需要办理海关手续时在目的地国进口应交纳的任何“税费”(包括办理海关手续的责任和风险以及交纳手续费、关税、税款和其他费用)。DDU 交货地点和费用分担示意图如图 3.13 所示。

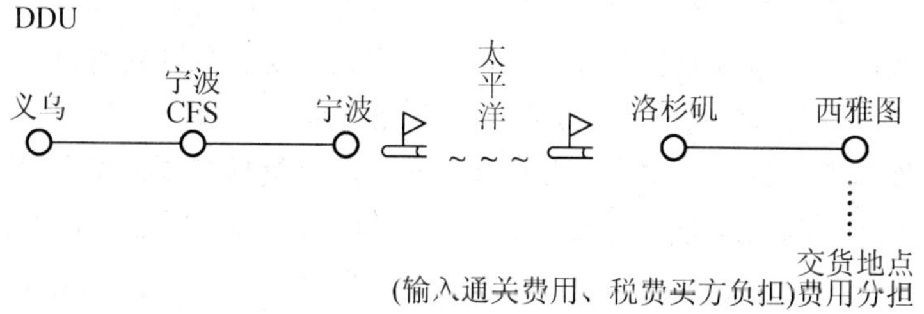

图 3.13 DDU 交货地点和费用分担示意图

七、DDP

DDP 即 Delivered Duty Paid(... named place of destination)——完税后交货(……指定目的地)，是指卖方将货物运至进口国的指定地点，交由买方处置。卖方应承担交货前的一切风险、责任和费用，其中包括货物进口报关的手续、费用和风险以及支付进口关税和其他税费。DDP 是卖方责任最大的贸易术语。DDP 交货地点和费用分担示意图如图 3.14 所示。

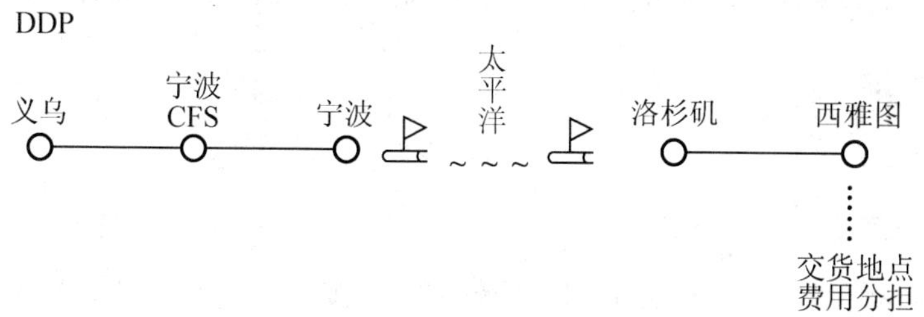

图 3.14 DDP 交货地点和费用分担示意图

八、DAT

DAT即Delivered At Terminal(... named terminal at port or place of destination)运输终端交货(注明指定目的港或目的地运输终端)。DAT为《Incoterms 2010》的新增术语，在DAT项下，卖方在合同约定的日期或期限内将货物运到合同规定的港口或目的地约定运输终端(Terminal At port or place of Destination)，并将货物从抵达的载货运输工具上卸下(Once Unload)，交给买方处置时即完成交货。

九、DAP

DAP即Delivered At Place(... named place of destination)目的地交货(注明指定目的地)。DAP也是《Incoterms 2010》的新增术语，与《2000年通则》的DDU相当，在DAP项下，卖方需在合同约定的日期或期限内，将货物运到合同规定的约定地点，并将货物置于买方的控制之下，在卸货之前即完成交货，风险和费用也在此划分。

3.2.4 国际贸易术语的选用

不同的贸易术语表明买卖双方承担不同的义务。采用何种贸易术语，既关系到双方的利益，也关系到能否顺利履约，所以在洽谈交易时，双方应恰当地选择贸易术语。目前，在国际贸易中，较多地使用象征性交货的术语，即以装运港或装运地交货的方式成交。我国外贸企业在进出口业务中，对贸易术语的选用主要考虑下列因素：

(1) 有利于我国远洋运输业和保险业的发展，增收减支。我国在进口贸易中，大多使用FOB或FCA术语；在出口贸易中，则争取按CIF条件成交。

(2) 有利于发展双方的合作关系。有些国家规定进口贸易必须在本国投保，有些买方为了谋求保险费的优惠，与保险公司订有预保合同，则我方可同意按CFR方式出口。在大宗商品出口时，国外买方为谋求以较低运价租船，我方也可按FOB或FCA方式与之成交。

(3) 与运输方式相适应。FOB、CFR、CIF只适合于海洋运输和内河运输，在航空运输和铁路运输情况下，自应采取FCA、CPT、CIP术语。但是，采用海洋运输，在以集装箱方式运输时，出口商在货交承运人后即失去了对货物的控制，因而作为出口方，应尽量采用FCA、CPT、CIP方式成交。此类贸易术语还有利于出口方提早转移风险，提前出具运输单据，早日收汇，加快资金周转。

(4) 重视规避风险。当我方进口大宗货物需以租船方式装运时，原则上应采用FOB方式，由我方自行租船、投保，以避免卖方与船方勾结，利用租船提单，骗取货款。

贸易术语又是合同诸多贸易条件中的一个方面，它的选用必须和其他贸易条件相适应。

每节一练

一、不定项选择题

1.《2000年国际贸易术语解释通则》按英文字母排列，将国际贸易术语分成(　　)组。

A. 4　　B. 5　　C. 6　　D. 3

2. 在《Incoterms 2010》中，卖方承担义务最小的术语是(　　)。

A. FAS　　B. FOB　　C. DAF　　D. EXW

3. 在《Incoterms 2010》中，卖方承担义务最大的术语是(　　)。

A. CIF　　B. CIP　　C. DDP　　D. DAT

4. 根据《Incoterms 2010》的解释，进口方负责办理出口清关手续的贸易术语是(　　)。

A. FAS　　B. EXW　　C. FCA　　D. DDP

5. 根据《Incoterms 2010》的解释，出口方负责办理进口清关手续的贸易术语是(　　)。

A. FAS　　B. EXW　　C. FCA　　D. DDP

6. 按照交货方式的不同，贸易术语可分为(　　)交货和实际交货。

A. 象征性交货　　B. 凭样品交货　　C. 装运港交货　　D. 目的地交货

7. FOB、CFR、CIF 这 3 种贸易术语的共同点在于(　　)。

A. 交货地点相同　　B. 适用的运输方式相同

C. 风险划分的分界点相同　　D. 交货性质相同

E. 费用分担相同

8. FCA、CIP、CPT 贸易术语与 FOB、CIF、CFR 两组术语的区别是(　　)。

A. 适用的运输方式不同　　B. 交货地点不同

C. 风险转移分界点不同　　D. 提交的单据的种类不同

E. 交货性质不同

9. 在《Incoterms 2010》中，属于实际交货性质的贸易术语是(　　)。

A. EXW　　B. CFR　　C. DDP

D. CIF　　E. FOB

10. 在《Incoterms 2010》中，可适用于多种运输方式的贸易术语是(　　)。

A. FCA　　B. CPT　　C. CIP　　D. DDP

二、判断题

1. EXW 术语是买方承担责任、费用和风险最小的术语。(　　)

2. 根据《2010 通则》的规定，以 C 组术语成交签订的合同都属于装运合同。(　　)

3. 我方按 FOB 伦敦从英国购买一批机器产品，即交货地点为伦敦。(　　)

4. 当采用 FOB 条件时，通常由买方负责租船订舱，也有由卖方代办租船订舱的情况，按一般惯例，只要卖方已尽最大努力，因客观原因而租不到船或订不到舱位，买方就不得为此向卖方提出索赔或撤销合同。(　　)

5. 在出口贸易中，要尽量选择我方责任、费用和风险较少的贸易术语。(　　)

三、案例分析题

1. 我某出口公司按 CIF 条件向欧洲某国进口商出口一批草编制品，向中国人民保险公司投保了一切险，并规定信用证方式支付。我出口公司在规定的期限、指定的我国某港口装船完毕，船公司签发了提单，然后去中国银行议付款项。第二天，出口公司接到客户来电，称：装货的海轮在海上失火，草编制品全部烧毁，客户要求我公司出面向中国人民保险公司提出索赔，否则要求我公司退回全部货款。问：该批交易按 CIF 伦敦条件成交，对客户的要求我公司该如何处理？为什么？

2. 某口岸出口公司按 CIF Avonmouth 向英商出售一批核桃仁，由于该商品季节性较强，双方在合同中规定：买方必须于 9 月底前将信用证开到，卖方保证运货船只不得迟于 12 月 2 日驶抵目的港；如货轮迟于 12 月 2 日抵达目的港，则买方有权取消合同；如货款已收，则卖方需将货款退还买方。问：这一合同的性质是否还属于 CIF 合同？

3. 我方以 CFR 贸易术语与外商成交一批消毒碗柜的出口合同，合同中规定装运时间为 4 月 15 日以前。我方备妥货物，并于 4 月 8 日装船完毕，由于遇星期日休息，我方业务员未及时向买方发出装运通知，导致买方未能及时办理投保手续，而货物在 4 月 8 日晚因发生了火灾被烧毁。问：货物损失责任由谁承担？为什么？

3.3 有关商品的约定

【学习目的】

(1) 了解商品的含义及品名条款的内容。

(2) 了解对进出口商品品质要求的意义，并掌握商品品质的表示方法以及品质条款的内容。

(3) 了解约定商品数量的意义和计量单位的规定，并掌握商品数量的常用计算方法及数量条款的内容。

(4) 了解运输包装和销售包装的要求，明白商品包装的重要性，并掌握运输包装和销售包装的分类、标志，中性包装和定牌的实践做法以及包装条款的内容。

3.3.1 商品的名称

一、品名的概念

商品的名称简称“品名(Name of Commodity)”，是指能使某种商品区别于其他商品的称呼或概念。商品的命名方式各有不同，好的商品名称能够高度概括地体现出该商品的自然属性、用途以及主要性能特征。为商品命名有以下方法：

(1) 以商品的用途命名。例如洗发水、运动鞋、机床、电视机、笔记本等。

(2) 以生产商品所使用的主要原材料命名。通过突出生产商品所使用的主要原材料来反映出商品的品质，如羊毛衫、玻璃杯、羽绒服、鸭绒被、毛料西装、塑料桶等。

(3) 以商品的成分命名。以商品的成分命名可使消费者了解商品的有效内涵，如橡木家具、核桃糖、钻石手表、金银花露等。

(4) 以商品的制作工艺命名。其目的是突出商品的独特性，提高产品的威望和信誉，如五粮液、手工西装、手绣内衣、手工编织毛衣、精制油等。

(5) 以褒义词命名。例如，止咳糖浆、青春宝胶囊、减肥美体茶、太阳神、黄金搭档等。

(6) 以人物或产地命名。例如，孔府家酒、李宁牌运动服、湘绣、镇江陈醋、龙井茶叶、吴王酒等。

在国际贸易中，看货成交，一手交钱、一手接货的情况极少。一般是凭借双方对打算买卖的商品作必要的描述，来确定交易的标的。同时，按照有关的法律和惯例，对交易的物品的描述是构成商品说明(Description of Goods)的一个主要组成部分，是买卖双方交接货物的一项基本依据，关系到买卖双方的权利和义务。卖方交付货物如有不符合约定的品名或说明，则买方有权提出损害赔偿要求，甚至拒收货物或撤销合同。因此，列明合同标的物的具体名称具有重要的法律和实践意义。

在国际贸易合同中，商品的名称应该明确、具体、适合商品特点。当采用外文名称时，要做到译音准确，与原名称意思保持一致，避免含糊不清或过于笼统空泛，诸如使用“食品(Food)”、“服装(Garment)”、“机器(Machine)”等。此外，在对外贸易中，外文名称要贴切，符合实际词语内涵，品名尽量不要使用汉语拼音。

二、如何规定品名

(1) 必须明确、具体，必须能确切反映交易标的物的特点，避免空泛、笼统的规定，以利于合同的履行。

(2) 针对商品实际做出实事求是的规定。合同条款中规定的品名，必须是卖方能够提供的商品，凡做不到或不必要的描述性词句，都不应列入，以免给履行合同带来不利影响。

(3) 尽可能使用国际上通用的名称。对于有些商品的名称，各地叫法不同，为了避免误解，应尽可能使用国际上通行的称呼。若使用地方性名称，那么交易双方应事先就其含义取得共识，对于某些新商品的定名及其译名，应力求准确、易懂，并符合国际上的习惯称呼。

【案例分析】

韩国KM公司向我BR土畜产公司订购大蒜650t，双方当事人几经磋商最终达成了交易。但是，在缮制合同时，由于山东胶东半岛地区是大蒜的主要产区，通常我国公司都以此为大蒜货源基地，所以BR公司就按惯例在合同品名条款打上了“山东大蒜”。可是，在临近履行合同时，大蒜产地由于自然灾害导致歉收，货源紧张。BR公司紧急从其他省份征购，最终按时交货。但是KM公司来电称：所交货物与合同规定不符，要求BR公司做出选择，要么提供山东大蒜，要么降价，否则将撤销合同并提出贸易赔偿。

分析：本案例是由于商品品名条款所引发的争议。

三、合同中的品名条款

国际货物买卖合同中的品名条款一般比较简单，通常都是在“商品名称”或“品名”的标题下，列明缔约双方同意买卖的商品名称。有时，为省略起见，也可以不加标题，只在合同开头部分列入双方同意买入卖出某种商品的文字。

就一般商品而言，在只列明双方意欲买卖的商品名称时，由于一种商品有许多不同的品种、型号、等级，所以为明确起见，可以把有关品种或品质、产地概括性地描述进去。在这种情况下，它就是品名条款和品质条款的合并，如“Name of Commodity：Northeast Soybean(品名：东北大豆)”、“Name of Commodity：Plush Toy Bear(品名：毛绒玩具熊)”、“Name of Commodity：Bright Brand Infant Milk Powder(品名：光明牌婴幼儿奶粉)”等。

3.3.2 商品的品质

一、品质的概念

商品的品质是外观形态和内在质量的综合。商品的外观形态是通过人们的感觉器官直接获得的商品的外形特征，如商品的大小、结构、造型、款式、色泽、宽窄、轻重、软硬、粗糙度以及味觉、嗅觉等。商品的内在质量则是指商品的物理性能、化学成分、生物特征、技术指标和要求等，一般需借助各种仪器、设备分析测试才能获得。例如纺织品的断裂强度、伸展率，化工商品的熔点、沸点，机械类产品的精密度、强度，肉禽类商品的各种菌类含量等。

合同中的品质条款是构成商品说明的重要组成部分，是买卖双方交接货物的依据。《联合国国际货物销售合同公约》规定，如卖方交货不符约定的品质条件，则买方有权要求损害赔偿，也可要求修理或交付替代货物，甚至拒收货物和撤销合同。

二、品质的表示方法

在国际贸易中，由于交易的商品种类繁多，特点各异，故表示品质的方法也不相同。

1. 以实物表示商品品质

以实物表示商品品质又包括凭成交商品的实际品质(Actual Quality)和凭样品(Sample)两种表示方法，其中前者为看货买卖，后者为凭样品买卖。

(1) 看货买卖。通常是先由买方在卖方所在地验看货物，当达成交易后，卖方即应按验看过的商品交付货物，只要卖方交付的是验看过的商品，买方就不得对品质提出任何异议。

在国际贸易中，由于交易双方远隔两地，故交易洽谈多靠函电方式进行，买方到卖方所在地验看货物存在诸多不便。即使卖方有现货在手，买方也有代理人代为验看货物，也无法逐件查验，所以采用看货成交的贸易是极其有限的。这种做法，多用于寄售、拍卖和展卖业务中。

(2) 凭样品买卖。样品通常是指从一批商品中抽出来的或由生产、使用部门设计、加工出来的，足以反映和代表整批商品品质的少量实物。凡以样品表示商品品质并以此作为交货依据的，称为凭样品买卖。按样品提供者的不同，其可分为两种：凭卖方样品买卖和凭买方样品买卖。

凭卖方样品买卖(Seller's Sample)：由卖方提供的样品被称为“卖方样品”。凡凭卖方样品作为交货的品质依据者，称为“凭卖方样品买卖”。当凭卖方样品买卖时，样品品质必须具有充分的代表性，并将样品提供给买方。在将样品即原样，或称标准样品送交买方的同时，应保留与送交样品质量完全一致的另一样品，即留样，以备将来组织生产、交货或处理质量纠纷时做核对之用。卖方应在原样和留存的复样上编制相同的号码，注明样品提交日期，以便于日后联系、洽谈交易。留存的复样应妥善保管，以保证样品质量的稳定。

凭买方样品买卖(Buyer's Sample)：买方为了使其订购的商品符合自身要求，有时提供样品交由卖方依样承制，如卖方同意接买方提供的样品成交，称为“凭买方样品买卖”。日后，卖方所交整批货的品质，必须与买方样品相符。在我国也称其为“来样成交”或“来样制作”。在实际业务中，为避免日后履约困难，卖方可以根据买方的来样仿制或选择质量相近的自产品的样品提交买方，即提交“回样”或称“对等样品”请其确认，而并不直接以买方样品成交。买方一旦确认以“回样”或“对等样品”作为双方交易的质量依据，就等于把

"凭买方样品买卖"转变成了"凭卖方样品买卖"。凡以买方样品作为交接货物的质量依据，一般还应在合同中明确规定，如果发生由买方来样引起的工业产权等第三者权利问题，则与卖方无关，概由买方负责。

此外，买卖双方为了发展贸易关系和增进彼此对对方商品的了解，往往采用互相寄送样品的做法。这种以介绍商品为目的而寄出的样品，最好标明"仅供参考(For Reference Only)"字样，以免与标准样品混淆。在寄送"参考样品"的情况下，如买卖合同中未订明交货品质以该项样品为准，而是约定了其他方法来表示品质，那么就不是凭样品买卖，这种样品对交易双方均无约束力。

当采用凭样品买卖时，应当注意下列事项：

① 凡凭样品买卖，卖方交货品质必须与样品完全一致。在凭样品成交条件下，买方应有合理的机会对卖方交付的货物与样品进行比较，卖方所交货物，不应存在在合理检查时不易发现的有导致不符合销售的瑕疵。买方对与样品不符的货物，可以拒收或提出赔偿要求。因此，卖方应对交货品质有把握时采用此法，而且应严格按样品标准交货。

② 以样品表示品质的方法，履约过程中易产生品质方面的争议，只能酌情采用。当能用科学的指标表示商品质量时，就不宜采用此法。如在造型上有特殊要求或具有色、香、味等方面特征的商品以及其他难以用科学的指标表示质量的商品，则采用凭样品买卖。

③ 当采用凭样品成交而对品质无绝对把握时，应在合同条款中相应做出灵活的规定，如可在买卖合同中特别订明"品质与样品大致相同"或"品质与样品近似"。此外，也可在买卖合同中预先订明："若交货品质稍次于样品，则买方仍需受领货物，但价格应由双方协商相应减低。"当然，此项条款只限于品质稍有不符的场合。

2. 凭说明约定商品品质

在国际货物买卖中，大多数商品采用文字说明来明确其质量，用文字说明表示商品质量的办法称为"凭文字说明买卖(Sale by Description)"。

(1) 凭规格买卖(Sale by Specifications)。商品的规格是指用以反映商品质量的若干主要指标，如成分、含量、纯度、性能等。用商品的规格来确定商品质量的方法称为"凭规格买卖"。这种表示质量的办法简单方便、准确具体，在国际贸易中使用最为广泛。

(2) 凭等级买卖(Sale by Grade)。商品的等级指同一类商品，按其质地的差异，或尺寸、形状、成分、效能等的不同，用文字、数字或符号所作的分类，如优等、中等、低等；大号、中号、小号等。

对于同一类商品，不同的等级规格不同，当买卖双方对交易商品等级理解一致时，只需在合同中明确等级即可；若双方不熟悉的等级内容，则最好明确每一等级的具体规格。

(3) 凭标准买卖(Sale by Standard)。标准是指商品规格的标准化。商品的标准一般由标准化组织、政府机关、行业团体、商品交易所等规定并公布。世界各国都有自己的标准，另外，还有国际标准，如国际标准化组织ISO标准、国际电工委员会(IE)等制定的标准。我国有国家标准、专业标准、地方标准和企业标准。我国在外贸实践中，除使用国际标准和某些外国的标准外，也有使用我国国家标准的。由于商品的标准不断地被修改或变动，所以在合同中援引标准时，应注明采用标准的版本名称及其年份。

在国际贸易中，当买卖一些质量容易变化的农产品以及品质构成条件复杂的某些工业制成品时，买卖双方常以同业公会、交易所、检验局等选定的标准物来表示商品的质量。以标准物表示交易商品质量的方法主要有以下两种：

①“良好平均品质(Fair Average Quality，FAQ)”，指由同业公会或检验机构从一定时期或季节、某地装船的各批货物中分别抽取少量实物加以混合拌制，以此实物所显示的平均质量水平，作为该季节同类商品质量的比较标准。在我国，当在某些农副产品的交易中使用FAQ表示品质时，习惯上称其为“大路货”，一般以我国产区当年生产该项农副产品的平均品质为依据而确定。采用这种方法，除在合同中注明F. A. Q. 字样和年份外，一般还订明该商品的主要规格指标。

②“上好可销品质(Good Merchantable Quality，GMQ)”，指卖方交货品质只需保证为上好的适合于销售的品质即可。如果卖方所交货物无该类货物通常的使用目的，无市场交易可能，则由卖方承担责任。显然，这种标准更为笼统，一般只适用于木材或冷冻鱼类等货品。

(4) 凭牌名或商标买卖(Sale by Brand or Trade Mark)。商品的牌名是指厂商或销售商所生产或销售商品的牌号，简称“品牌”；商标则是牌号的图案化，是特定商品的标志。使用牌名与商标的主要目的是使之区别于其他同类商品，以利销售，如梅林牌辣酱油。

(5) 凭产地名称或地理标志买卖。有些地区的产品，尤其是一些传统农副产品，具有独特的加工工艺，在国际上享有盛誉，如以一个国家为标志的“法国香水”、“德国啤酒”，以某一地方为标志的“四川榨菜”、“绍兴花雕酒”等。这些标志不仅标注了特定商品的产地，更重要的是在无形中对这些商品的特殊质量和品位提供了一定的保障。地理标志已被正式列入知识产权保护范畴。

(6) 凭说明书和图样买卖(Sale by Description and Illustration)。在国际货物买卖中，有些机器、电器、仪表等技术密集型产品，由于其结构复杂，制作工艺不同，无法用样品或简单的几项指标来反映其质量全貌。对此，买卖双方除了要规定其名称、商标牌号、型号等以外，通常还必须采用说明书来介绍该产品的构造、原材料、产品形状、性能、使用方法等，有时还附以图样、图片、设计图纸、性能分析表等来完整说明其具有的质量特征。

在实际业务中，用文字说明规定商品质量的办法，常常与凭样品表示质量的方法结合使用。这时，卖方既要承担交货质量符合文字说明的规定，又要承担与样品质量完全一致的责任。

另外，有些商品既无法用文字概括其质量，也没有样品可以作为质量依据，如珠宝、首饰、字画等。对这类商品，买卖双方只能看货洽商，达成交易，人们称为“看货成交”。

三、合同中的品质条款

品种不同，表示品质的方法不一。品质条款内容的繁简，应视商品特性而定。

1. 对某些商品可规定一定的品质机动幅度

为了避免因交货品质与买卖合同稍有不符而造成违约，以保证合同的顺利履行，可以在合同品质条款中做出某些变通规定。

(1) 交货品质与样品大体相等或其他类似条款。在凭样品买卖的情况下，交易双方容易在交货品质与样品是否一致的问题上产生争议，为了避免争议和便于履行合同，卖方可要求在品质条款中加订“交货品质与样品大体相等”之类的条文。

(2) 品质公差(Quality Tolerance)。品质公差是指国际上公认的产品品质的误差。在工业制成品生产过程中，产品的质量指标出现一定的误差有时是难以避免的(如手表每天出现误差若干秒，应算行走正常)。对于这种公认的误差，即使合同没有规定，只要卖方交货品质在公差范围内，也不能视作违约。但为了明确起见，还是应在合同品质条款中订明一定幅度的公差，如尺码或重量允许有“±3%～5%的合理公差”。凡在品质公差范围内的货物，买方均不得拒收或要求调整价格。

(3) 品质机动幅度。某些初级产品(如农副产品)的质量不甚稳定，在规定其品质指标的同时，可另订一定的品质机动幅度，即允许卖方所交货物的品质指标在一定幅度内有灵活性。关于品质机动幅度，有下列两种做法：

① 规定一定的范围。对品质指标允许有一定的差异范围。例如，漂布，密度35/36英寸，卖方交付的漂布，只要在此范围内，均算合格。

② 规定一定的极限。对所交货物的品质规格，规定上下极限。卖方交货只要没有超出上述极限，买方就无权拒收。例如，中国花生仁，水分13%(Max)，不完善粒5%(Max)，含油量44%(Min)。

为体现按质论价，在使用品质机动幅度时，也可根据交货品质情况调整价格，即所谓的“品质增减价条款”。采用品质增减价条款，一般应选用对价格有重要影响而又允许有一定机动幅度的主要质量指标，而对于次要的质量指标或不允许有机动幅度的重要指标则不适用。

2. 正确运用各种表示品质的方法

采用何种表示品质的方法，应视商品特性而定。一般地说，凡能用科学的指标说明其质量的商品，均适于凭规格、等级或标准买卖；有些难以规格化和标准化的商品，如工艺品，则适于凭样品买卖；某些质量好并具有一定特色的名优产品，适于凭商标或牌号买卖；某些性能复杂的机器、电器和仪表，则适于凭说明书和图样买卖；凡具有地方风味和特色的产品，均可凭产地名称买卖。

凡能用一种方法表示品质的，一般就不宜用两种或两种以上的方法来表示。如果同时采用既凭样品，又凭规格买卖，则要求交货品质既要与样品一致，又要符合约定的规格，有时难以全面达到，给履行合同带来困难。

【案例分析】

我某公司向德国出口一批农产品，合同规定其所含水分最高为15%，杂质不超过3%，在成交前我方曾向买方寄过样品，订约后我方又电告对方成交货物与样品相似。当货到德国后，买方在验货后提出货物的质量比样品差的检验证明，并据此提出索赔6 000英镑。

分析：本案例是由于商品品质问题所引发的争议。

3. 品质条件要有科学性和合理性

(1) 要从产销实际出发，防止品质条件偏高或偏低。此时，既要考虑国外市场的实际需要，又要考虑国内生产部门供货的可能性。

(2) 要合理规定影响品质的各项重要指标。在品质条款中，应有选择地规定各项质量指标。凡影响品质的重要指标，均不能出现遗漏，而且应将其订好；对于次要指标，可以少订；对于一些与品质无关紧要的条件，不宜订入，以免条款过于烦琐。

（3）要注意各质量指标之间的内在联系和相互关系。各项质量指标是从各个不同的角度来说明品质的，它们有内在的联系，在确定品质条件时，要通盘考虑，注意它们之间的一致性，以免由于某一质量指标规定不科学和不合理而影响其他质量指标，造成不应有的经济损失。

（4）品质条件应明确、具体。此时，不宜采用诸如“大约”、“左右”、“合理误差”之类的笼统含糊字眼，以免在交货品质问题上引起争议。但是，也不宜把品质条件订得过死，给履行交货义务带来困难。一般地说，对一些矿产品、农副产品和轻工业品的品质规格的规定，要有一定的灵活性，以利于合同的履行。

3.3.3 商品的数量

一、约定商品数量的意义

商品的数量是国际货物买卖合同中不可缺少的主要条件之一。按照某些国家的法律规定，卖方交货数量必须与合同规定相符，否则买方有权提出索赔，甚至拒收货物。

由于交易双方约定的数量是交接货物的依据，所以正确掌握成交数量和订好合同中的数量条件具有十分重要的意义。买卖合同中的成交数量的确定，不仅关系到进出口任务的完成，而且还涉及对外政策和经营意图的贯彻。正确掌握成交数量，对促进交易的达成和争取有利的价格，也具有一定的作用。

二、计量单位和计量方法

在国际贸易中，由于商品的种类、特性和各国度量衡制度的不同，所以计量单位和计量方法也多种多样。

1. 计量单位

（1）按品种确定计量单位。不同商品，需要采用不同的计量单位。

① 按重量(Weight)计算。按重量计量是当今国际贸易中广为使用的一种，如许多农副产品、矿产品和工业制成品，都按重量计量。按重计量的单位有公吨(Metric Ton)、长吨(Long Ton)、短吨(Short Ton)、公斤(Kilogram)、克(Gram)、盎司(Ounce)等。对黄金、白银等贵重商品，通常采用克或盎司来计量；钻石之类的商品，则采用克拉作为计量单位。

② 按数量(Number)计算。大多数工业制成品，尤其是日用消费品、轻工业品、机械产品以及一部分土特产品，均习惯于按数量进行买卖，其所使用的计量单位有件(Piece)、双(Pair)、套(Set)、打(Dozen)、卷(Roll)、令(Ream)、箩(Gross)以及袋(Bag)和包(Bale)等。

③ 按长度(Length)计算。在金属绳索、丝绸、布匹等类商品的交易中，通常采用米(Meter)、英尺(Foot)、码(Yard)等长度单位来计量。

④ 按面积(Area)计算。在玻璃板、地毯、皮革等商品的交易中，一般习惯于以面积作为计量单位，常见的有平方米(Square Meter)、平方尺(Square Foot)、平方码(Square Yard)等。

⑤ 按体积(Volume)计算。按体积成交的商品有限，仅用于木材、天然气和化学气体等。

属于这方面的计量单位，有立方米(Cubic Meter)、立方尺(Cubic Foot)、立方码(Cubic Yard)等。

⑥ 按容积(Capacity)计算。各类谷物和流体货物往往按容积计量。其中，美国以蒲式耳(Bushel)作为各种谷物的计量单位，但每蒲式耳所代表的重量，则因谷物不同而有差异。例如，每蒲式耳亚麻籽为56磅，燕麦为32磅，大豆和小麦为60磅。公升、加仑(Gallon)则用于酒类、油类商品。

(2) 因各国度量衡制度不同而导致计量单位上的差异，由于世界各国的度量衡制度不同，以致造成同一计量单位所表示的数量不一。

在国际贸易中，通常采用公制(The Metric System)、英制(The British System)、美制(The U. S. System)和国际标准计量组织在公制基础上颁布的国际单位制(The International System of Units，SI)。《中华人民共和国计量法》规定："国家采用国际单位制，国际单位制计量单位和国家选定的其他计量单位为国家法定计量单位。"目前，除个别特殊领域外，一般不许再使用非法定计量单位。

上述不同的度量衡制度导致同一计量单位所表示的数量有差异。例如，就表示重量的吨而言，实行公制的国家一般采用公吨，每公吨为1000kg；实行英制的国家一般采用长吨，每长吨为1016kg；实行美制的国家一般采用短吨，每短吨为907kg。此外，有些国家对某些商品还规定有自己习惯使用的或法定的计量单位。以棉花为例，许多国家都习惯于以包(Bale)为计量单位，但每包的含量各国解释不一。例如美国棉花规定每包净重为480磅，巴西棉花每包净重为396.8磅，埃及棉花每包为730磅。又如，糖类商品，有些国家习惯采用袋装，古巴每袋糖重规定为133kg，巴西每袋糖重规定为60kg等。由此可见，了解不同度量衡制度下各计量单位的含量及其计算方法是十分重要的。现在，已有越来越多的国家采用国际单位制。

2. 计算重量的方法

(1) 毛重(Gross Weight)是指商品本身的重量加包装物的重量，这种计重办法一般适用于低值商品。

(2) 净重(Net Weight)是指商品本身的重量，即除去包装物后的商品实际重量。净重是国际贸易中最常见的计重办法。不过，有些价值较低的农产品或其他商品有时也采用"以毛作净"的办法计重。例如，蚕豆100公吨，单层麻袋包装以毛作净。所谓"以毛作净"，实际上就是以毛重当做净重计价。

在采用净重计算时，对于如何计算包装重量，国际上有下列几种做法：

① 按实际皮重计算。实际皮重即指包装的实际重量，它是指对包装逐件衡量后所得的总和。

② 按平均皮重计算。如果包装比较划一，重量相差不大，那么就可以从整批货物中抽出一定的件数，称出其皮重，然后求出其平均重，再乘以总件数，即可求得整批货物的皮重。

③ 按习惯皮重计算。一些商品，由于其所使用的包装材料和规格已比较定型，皮重已为市场所公认。因此，在计算其皮重时，就无须对包装逐件过秤，按习惯上公认的皮重乘以总件数即可。

④ 按约定皮重(Computed Tare)计算。它是指以买卖双方事先约定的包装重量作为计算的基础。

国际上有多种计算皮重的方法，双方当事人应事先约定并列入合同，以免事后引起争议。

(3) 公量(Conditioned Weight)，有些商品，如棉花、羊毛、生丝等有较强的吸湿性，其所含的水分受客观环境的影响较大，故其重量很不稳定。为了准确计算这类商品的重量，国际上通常采用按公量计算的办法，即以商品的干净重(指烘干商品水分后的重量)加上国际公定回潮率与干净重的乘积所得出的重量，即公量。其计算公式为

$$\text{公量}=\text{商品干净重}\times(1+\text{公定回潮率})$$

$$\text{公量}=\text{商品净重}\times\frac{1+\text{公定回潮率}}{1+\text{实际回潮率}}$$

例如，出口10公吨羊毛，公定回潮率为11%，就可以取10kg的羊毛，用科学的方法去掉水分，干净重为8kg，则该批货物的实际回潮率为2÷ 8=25%，于是该批羊毛的公量=10×(1+11%)÷(1+25%)=8.889(公吨)。

(4) 理论重量。对于一些按固定规格生产和买卖的商品，只要其重量一致，每件重量大体是相同的，所以一般可以从其件数推算出总量。例如，假设某出口公司与客户成交薄型钢板1万张，每张重100kg，尺寸均为(5×4)m^2。根据上述描述，可以推出该批钢板的理论重量为100×10 000=1 000 000(kg)。

(5) 法定重量和实物净重。按照一些国家海关法的规定，在征收从量税时，商品的重量是以法定重量计算的。所谓法定重量，是指商品重量加上直接接触商品的包装物料，如销售包装等的重量。除去这部分重量所表示出来的纯商品的重量被称为实物净重。

三、数量条款的规定

买卖合同中的数量条款主要包括成交商品的数量和计量单位。按重量成交的商品，还需订明计算重量的方法。数量条款的内容及其繁简，应视商品的特性而定。

1. 正确掌握成交数量

在洽商交易时，应正确掌握进出口商品成交的数量，防止心中无数，盲目成交。

(1) 国外市场的供求状况。对我国出口商品的主销市场和常年稳定供货的地区与客商，应经常保持一定的成交量，防止因成交量过少，或供应不及时，而导致国外竞争者乘虚而入。

(2) 国内货源供应情况。在有生产能力和货源充沛的情况下，可适当扩大成交量；反之，如货源紧张，则不宜盲目成交。

(3) 国际市场的价格动态。当价格看跌时，如有货源，应争取多成交，快抛售；当价格看涨时，不宜急于大量成交，应争取在有利的时机抛售。

(4) 国外客户的资信状况和经营能力。对小客户的成交数量不能过大，对大客户的成交数量过小，势必缺少吸引力。

2. 数量条款应当明确具体

为了便于履行合同和避免引起争议，进出口合同中的数量条款应当明确具体。例如，在规定成交商品数量时，应一并规定该商品的计量单位。对按重量计算的商品，还应规定计算重量的具体方法，如“中国大米1000公吨，麻袋装，以毛作净”。某些商品，如需要规定数量机动幅度，则数量机动幅度多少、由谁来掌握这一机动幅度以及溢短装部分如何作价都应在条款中具体订明。

此外，在进出口合同中，一般不宜采用“大约”、“近似”、“左右(About，Circa)”等带伸缩性的字眼来说明。根据《跟单信用证统一惯例》规定，这个约数可解释为交货数量有不超过10%的增减幅度。鉴于国际上对约数有不同解释，为了明确责任和便于履行合同，对某些难以准确地按约定数量交货的商品，特别是大宗商品，可在买卖合同中具体规定数量机动幅度。

3. 合理规定数量机动幅度

在粮食、矿砂、化肥和食糖等大宗商品的交易中，由于商品特性、货源变化、船舱容量、装载技术和包装等因素的影响，所以要求准确地按约定数量交货，有时存在一定困难。为了使交货数量具有一定范围内的灵活性和便于履行合同，买卖双方可在合同中合理规定数量机动幅度。只要卖方交货数量在约定的增减幅度范围内，就算按合同规定数量交货，买方就不得以交货数量不符为由而拒收货物或提出索赔。为了订好数量机动幅度条款，即数量增减条款或溢短装条款，需要注意下列几点：

(1) 数量机动幅度的大小要适当。数量机动幅度的大小，通常都以百分比表示，如3%或5%不等。究竟百分比多大合适，应视商品特性、行业或贸易习惯和运输方式等因素而定。

(2) 机动幅度选择权的规定要合理。一般来说，它是履行交货的一方，也就是卖方选择。但是，如果涉及海洋运输，交货量的多少与承载货物的船只的舱容关系非常密切，那么在租用船只时，就得跟船方商定。所以，在这种情况下，交货机动幅度一般是由负责安排船只的一方(如FOB的买方)选择，或是干脆由船长根据舱容和装载情况作出选择。总之，机动幅度的选择权可以根据不同情况，可由买方行使，也可由卖方行使，或船方行使。因此，为了明确起见，最好是在合同中做出明确合理的规定。

(3) 溢短装数量的计价方法要公平合理。目前，对机动幅度范围内超出或低于合同数量的多装或少装部分，一般是按合同价格结算，这是比较常见的做法。为了防止有权选择多装或少装的一方当事人利用行市的变化，有意多装或少装以获取额外的好处，也可在合同中规定，多装或少装的部分不按合同价格计价，而按装船时或货到时的市价计算，以体现公平合理的原则。如果双方对装船时或货到时的市价不能达成协议，则可交由仲裁解决。

3.3.4 商品的包装

一、包装的重要性

商品包装是商品生产的继续，凡需要包装的商品，只有通过包装，才算完成生产过程。此时，商品才能进入流通领域和消费领域，才能实现商品的使用价值和价值。有些商品甚至根本离不开包装，它同包装成为不可分割的统一体。例如，照相胶卷必须用黑纸加以包装，才能保持其效用；流体商品和流汁食品，必须盛入容器内才能进入流通领域和消费市场。

经过适当包装的商品，不仅便于运输、装卸、搬运、储存、保管、清点、陈列和携带，而且不易丢失或被盗，为各方面提供了便利。

在当前国际市场竞争十分激烈的情况下，许多国家都把改进包装作为加强对外竞销的重要手段之一。

鉴于包装如此重要，所以生产企业和销售部门应共同搞好包装工作，使包装符合科学、经济、牢固、美观、适销的要求。

根据包装在流通过程中所起作用的不同，可分为运输包装(即外包装)和销售包装(即内包装)两种类型。前者的主要作用在于保护商品和防止出现货损货差；后者除起保护商品的作用外，还有促销的功能。

二、运输包装

1. 对运输包装的要求

国际贸易中的商品，一般都需要通过长途运输，为了保证长途运输中的货物不受外界影响和安全到达，就需要有科学合理的运输包装。一般地说，国际贸易商品的运输包装比国内贸易商品的运输包装的要求更高。

(1) 必须适应商品的特性。每种商品都有自己的特性，例如水泥怕潮湿、玻璃制品容易破碎、流体货物容易渗漏和流失等，这就要求运输包装相应具有防潮、防震和防漏等良好的性能。

(2) 必须适应各种不同运输方式的要求。例如，海运包装要求牢固，并具有防止挤压和碰撞的功能；铁路运输包装，要求具有不怕震动的功能；航空运输包装，要求轻便而且不宜过大。

(3) 必须考虑有关国家的法律规定和客户的要求。例如，有些国家禁止使用柳藤、稻草之类的材料做包装用料，因为这些国家怕因此将病虫害带进去；有些国家对包装标志和每件包装的重量，有特殊的规定和要求。此外，如果客户就运输包装提出某些特定的要求，则也应根据需要和可能予以考虑。

(4) 要便于各环节有关人员进行操作。包装的设计要合理，包装规格和每件包装的重量与体积要适当，包装方法要科学，包装上的各种标示要符合要求，这就需要根据不同商品实现运输包装标准化。

(5) 要在保证包装牢固的前提下节省费用。当选用包装材料、进行包装设计和打包时，在保证包装牢固的前提下，应注意节约。例如，选用量轻、价廉而又结实的包装材料，有利于降低包装成本和节省运费；包装设计合理，可以避免用料过多或浪费包装容量；包装方法科学，也有利于节省运费，因为轻泡货物按体积收取运费，包装紧密、体积小可以少付运费。此外，还要考虑进口国家的关税税则。对输往按从量税征税的国家的出口包装，就不宜采用自重大的包装；对输往按从价税征税的国家的出口包装，就不宜采用价格昂贵的包装，以免遭受损失。

2. 运输包装的分类

(1) 按包装方式不同，可分为单件运输包装和集合运输包装。前者是指货物在运输过程中作为一个计件单位的包装；后者是指将若干单件运输包装组合成一件大包装，以利更有效地保护商品、提高装卸效率和节省运输费用。在国际贸易中，常见的集合运输包装有集装包和集装袋。虽然集装箱和托盘是运载工具的组成部分，但由于它们也起着保护商品的作用，故有人把它们也当做运输包装看待。

（2）按包装造型不同，可分为箱、袋、包、桶和捆等不同形状的包装。

（3）按包装材料不同，可分为纸制包装，金属包装，木制包装，塑料包装，麻制品包装，竹、柳、草制品包装，玻璃制品包装和陶瓷包装等。

（4）按包装质地来分，有软性包装、半硬性包装和硬性包装。究竟采用其中哪一种，需视商品特性而定。

（5）按包装程度不同，可分为全部包装(Full Packed)和局部包装(Part Packed)两种。

在国际贸易中，买卖双方究竟采用何种运输包装，应根据商品特性、形状、贸易习惯、货物运输路线的自然条件、运输方式和各种费用开支大小等因素，在洽商交易时谈妥，并在合同中具体订明。

3. 运输包装的标志

为了便于装卸、运输、仓储、检验和交接工作的顺利进行，防止发生错发错运和损坏货物与伤害人身的事故，以保证货物安全、迅速、准确地运交收货人，就需要在运输包装上书写、压印、刷制各种有关的标志，以此识别和提醒人们操作时注意，运输包装上的标志按其用途可分为运输标志、指示性标志、警告性标志、其他标志等。箱装货物储运标志位置示意图如图 3.15 所示。

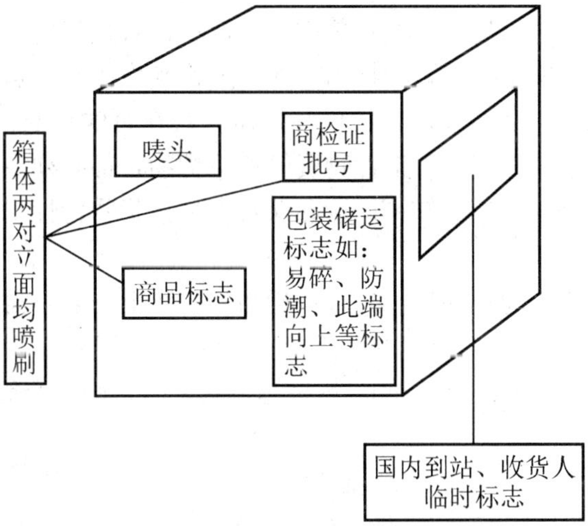

注：标志位置如重心点、起吊标志刷写在特定位置上

图 3.15 箱装货物储运标志位置示意图

（1）运输标志。它又称唛头(Shipping Mark)，通常由一个简单的几何图形和一些字母、数字及简单的文字组成，其作用在于在商品装卸、运输、保管过程中，便于识别货物，防止错发、错运。运输标志一般由以下四部分组成。

① 收货人或买方名称缩写。

② 参考号码。

③ 目的地的名称或代号。

④ 件号或件数。

例如：

ABC. Co.

94LAO602

NEW YORK

CTN/NOS. 1—1500

运输标志中的参考号码常用合同号、信用证号、发票号码等。目的地表明货物最终运抵地点，通常为港口。若需转运则标明转运地点，如 London Via Hongkong，这里 London 是卸货港，而 Hongkong 则是转运港。

运输标志中的件号主要说明整批货与本件货物的关系。假如该批货只有一种规格，则货物的件号可以是一个，如 C/NOS. 1-100。但是，如果一批货物有 100 箱，且每一箱的包装细数和品种规格均不相同，则可采用顺序件号的方法，即在货物包装上用 C/NOS. 1-100、C/NOS. 2-100、C/NOS. 3-100……来表示，以便理货清查短损。C/NOS. 3-100 中的 C 表示 Carton 纸箱，3-100 中的 100 表示该批货物共计 100 件，3 则表示本件是 100 件中的第三件。在业务往来函电中，有时会见到这样的写法"C/NO. 1-UP"，这表明包装件数待定，装运时按实际情况确定。

此外，有的运输标志还包括原产地、合同号、许可证号和体积与重量等内容。运输标志的内容繁简不一，由买卖双方根据商品特点和具体要求商定。

（2）指示性标志。它是提示人们在装卸、运输和保管过程中需要注意的事项，一般都是以简单、醒目的图形和文字在包装上标出，故有人称其为注意标志。

（3）警告性标志。它又称危险货物包装标志。凡在运输包装内装有爆炸品、易燃物品、有毒物品、腐蚀物品、氧化剂和放射性物资等危险货物，都必须在运输包装上标打用于各种危险品的标志，以示警告，使装卸、运输和保管人员按货物特性采取相应的防护措施，以保护物资和人身的安全。

（4）其他标志。除上述包装标志外，在货物的包装上一般还需刷制每件货物的品名、货号、装箱数量及配比、毛重(Gross Weight)、净重(Net Weight)、包装容器的体积(Measurement)和货物的产地(Made in China)等标志，其中磅、码、产地标志必须刷制。

例如：

Safety Boots	安全靴
Art No. JL608TS	货号：JL608TS
QTY. 12PRS	数量：12 双
G. W. 27KGS	毛重：27 千克
N. W. 21. 6KGS	净重：21. 6 千克
MST. 50cm×35cm×78cm	体积：50 厘米×35 厘米×78 厘米
Made in China	中国制造

运输包装上的各类标志，都必须按有关规定标打在运输包装上的明显部位，标志的颜色要符合有关规定的要求，防止退色、脱落，使人一目了然，容易辨认。

此外，联合国政府间海事协商组织也规定了一套《国际海运危险品标志》，这套规定在国际上已被许多国家采用，有的国家在进口危险品时，要求在运输包装上标打该组织规定的危险品标志，否则不准靠岸卸货。因此，在我国出口危险货物的运输包装上，要标打我国和国际海运所规定的两套危险品标志。

三、销售包装

1. 对销售包装的要求

销售包装又称内包装，它是直接接触商品并随商品进入零售网点和消费者直接见面的包装。这类包装除必须具有保护商品的功能外，更应具有促销的功能。因此，对销售包装的造型结构、装潢画面和文字说明等方面，都有较高的要求。不断改进销售包装的设计，改善包装用料，更新包装式样，美化装潢画面，搞好文字说明，提高销售包装的质量，是加强对外竞销能力的一个重要方面。

为了使销售包装适应国际市场的需要，在设计和制作销售包装时，应便于陈列展售，便于识别商品，便于携带和使用，并且要有艺术吸引力。

2. 销售包装的分类

（1）挂式包装。凡带有吊钩、吊带、挂孔等装置的包装，均被称为挂式包装，这类包装便于悬挂。

（2）堆叠式包装。凡堆叠稳定性强的包装(如罐、盒等)均被称为堆叠式包装，其优点是便于摆设和陈列。

（3）携带式包装。在包装上附有提手装置者为携带式包装，这类包装携带方便，颇受顾客欢迎。

（4）易开包装。对要求封口严密的销售包装，标有特定的开启部位，易于打开封口，其优点是使用便利，如易拉罐等。

（5）喷雾包装。流体商品的销售包装本身，有的带有自动喷出流体的装置，它如同喷雾器一样，使用相当便利。

（6）配套包装。对某些需要搭配成交的商品，往往采用配套包装，即将不同品种、不同规格的商品配套装入同一包装。

（7）礼品包装。对某些送礼的商品，为了包装外表美观和显示礼品的名贵，往往采用专作送礼用的包装。

（8）复用包装。这种包装除了用作包装出售的商品外，还可用作存放其他商品或供人们观赏，它具备多种用途。

3. 销售包装的标示和说明

在销售包装上，一般都附有装潢画面和文字说明，有的还印有条形码的标志，在设计和制作销售包装时，应一并做好这几个方面的工作。

（1）包装的装潢画面，销售包装的装潢画面要求美观大方，富有艺术上的吸引力，并突出商品特点，其图案和色彩应适应有关国家的民族习惯和爱好。例如，日本认为荷花图形不吉祥，意大利喜欢绿色，埃及禁忌蓝色等。在设计装潢画面时，应投其所好，以利扩大出口。

（2）文字说明。在销售包装上应有必要的文字说明，如商标、牌名、品名、产地、数量、规格、成分、用途和使用方法等。文字说明要同装潢画面紧密结合，互相衬托，彼此补充，以达到宣传和促销的目的。使用的文字必须简明扼要，并让销售市场顾客能看懂，必要时也可以中外文同时并用。

在销售包装上使用文字说明或制作标签时，还应注意有关国家的标签管理条例的规定。例如，日本政府规定，凡销往该国的药品，除必须说明成分和服用方法外，还要说明其功能，否则就不准进口。美国进口药品，也有类似的规定。又如，有些国家进口罐头等食品，必须注明制造日期和食用有效期，否则也不准进口。此外，有些国家甚至对文字说明所使用的语种也有具体规定。例如，加拿大政府规定，销往该国的商品必须同时使用英、法两种文字说明。

(3) 条形码。商品包装上的条形码是由一组带有数字的黑白及粗细间隔不等的平行条纹所组成的，它是利用光电扫描阅读设备为计算机输入数据的特殊的代码语言。如果商品包装上没有条形码，那么即使是名优商品，也不能进入超级市场，而只能当做低档商品进入廉价商店。

四、中性包装和定牌

采用中性包装(Neutral Packing)和定牌生产是国际贸易中常有的习惯做法。

1. 中性包装

中性包装是指既不标明生产国别、地名和厂商名称，也不标明商标或牌号的包装。也就是说，在出口商品包装的内外，都没有原产地和出口厂商的标记。中性包装包括无牌中性包装和定牌中性包装两种。前者是指包装上既无生产地名和厂商名称，又无商标、牌号；后者是指包装上仅有买方指定的商标或牌号，但无生产地名和出口厂商的名称。

采用中性包装是为了打破某些进口国家与地区的关税和非关税壁垒以及适应交易的特殊需要(如转口销售等)，它是出口国家厂商加强对外竞销和扩大出口的一种手段。为了把生意做活，对国际贸易中的这种习惯做法也可酌情采用。

2. 定牌

定牌是指卖方按买方要求在其出售的商品或包装上标明买方指定的商标或牌号，这种做法叫做定牌生产。

当前，世界许多国家的超级市场、大百货公司和专业商店，对其经营出售的商品，都要在商品上或包装上标有本商店使用的商标或牌号，以扩大本店知名度和显示该商品的身价。许多国家的出口厂商，为了利用买方的经营能力及其商业信誉和牌名声誉，以提高商品售价和扩大销路，也愿意接受定牌生产。

五、包装条款的规定

包装条款一般包括包装材料、包装方式、包装规格、包装标志和包装费用的负担等内容。为了订好包装条款，以利合同的履行，在商订包装条款时，需要注意下列事项：

(1) 要考虑商品特点和不同运输方式的要求。

(2) 对包装的规定要明确具体。

当约定包装时，应明确具体，不宜笼统规定。例如，一般不宜采用“海运包装(Seaworthy Packing)”和“习惯包装(Customary Packing)”之类的术语，因为此类术语含义模糊，无统一解释，容易引起争议。

(3) 明确包装费由何方负担。

① 由卖方供应包装，包装连同商品一块交付买方。

② 由卖主供应包装，但在交货后，卖方将原包装收回。关于原包装返回给卖方的运费由何方负担，应做具体规定。

③ 买方供应包装或包装物料，当采用此种做法时，应明确规定买方提供包装或包装物料的时间以及由于包装或包装物料未能及时提供而影响发运时买卖双方所负的责任。

关于包装费用，一般包括在货价之内，不另计收。但是，也有不计在货价之内，而规定由买方另外支付。究竟由何方负担，应在包装条款中订明。

【案例分析】

某年我出口公司出口到加拿大一批货物，计值人民币 128 万元。合同规定用塑料袋包装，每件要使用英、法两种文字的唛头。但是，我某公司实际交货改用其他包装代替，并仍使用只有英文的唛头，国外商人为了适应当地市场的销售要求，不得不雇人重新更换包装和唛头，后向我方提出索赔。我方应如何回应?

分析：我出口公司应承认错误，答应对方索赔要求。在此案例中，我出口公司的错误有两个：一是擅自更换包装材料；二是未按合同规定使用唛头，由于加拿大部分地区原是法国殖民地，为此销售产品除英文外还要求加注法文。加拿大当局对有些商品已在其制定的法令中加以规定。本例中买卖双方已订明用英、法两种文字唛头，更应照办。总之，为了顺利出口，必须了解和适应不同国家规定的特殊要求，否则会造成索赔、退货等经济损失，并带来其他不良的影响。

每节一练

一、不定项选择题

1. “大路货”是指(　　)。

A. 适于商销　　B. 上好可销品质　　C. 质量劣等　　D. 良好平均品质

2. 某美国客商到我国一家玩具厂参观，之后对该厂的部分产品很感兴趣，于是立即签订购买合同，批量购买他所见到的那部分产品，决定按实物样品作为合同中交收货物的品质要求。这种表示品质的方法是(　　)。

A. 看货购买　　B. 凭卖方样品　　C. 凭买方样品　　D. 凭对等样品

3. 在品质条款的规定上，对某些比较难掌握其品质的工业制成品或农副产品，人们多在合同中规定(　　)。

A. 溢短装条款　　B. 增减价条款

C. 品质公差或品质机动幅度　　D. 商品的净重

4. 表示品质方法的分类可归纳为(　　)。

A. 凭样品表示商品的品质　　B. 凭实物表示商品的品质

C. 凭说明表示商品的品质　　D. 凭商标表示商品的品质

5. (　　)可以采取“以毛作净”的方式计算。

A. 裘皮　　B. 矿石　　C. 珠宝　　D. 蚕豆

6. 进口羊毛计算重量的方法，一般采用(　　)。

A. 理论重量　　B. 公量　　C. 毛重　　D. 以毛作净

7. 按合同中的数量卖方在交货时可溢交或短交百分之几，这种规定叫(　　)。

A. 数量增减价条款　　B. 品质机动幅度条款

C. 溢短装条款　　D. 品质公差条款

8. 目前，国际贸易中通常使用的度量衡制度有(　　)。

A. 公制　　B. 英制　　C. 国际单位制　　D. 美制

9. 定牌中性包装是指(　　)。

A. 在商品本身及其包装上使用买方指定的商标/牌号，但不表明产地

B. 在商品本身及其包装上使用买方指定的商标/牌号，也表明产地

C. 在商品本身及其包装上不使用买方指定的商标/牌号，也不表明产地

D. 在商品本身及其包装上不使用买方指定的商标/牌号，但表明产地

10. 为了便于运输和装卸，节约人力物力，国际标准化组织规定简化了运输标志，将其内容减少到以下几项(　　)。

A. 收货人代号　　B. 参考代号　　C. 目的地名称　　D. 件数号码

二、判断题

1. 某外商来电要我某公司提供大豆，按含油量18%、含水分14%、不完全粒7%、杂质1%的规格订立合同，对此在一般情况下，我方可以接受。(　　)

2. 在出口贸易中，表达品质的方法多种多样，为了明确责任，最好采用既凭样品又凭规格买卖的方法。(　　)

3. 溢短装条款是指在装运数量上可增减一定幅度，该幅度既可由卖方决定，也可由买方决定。(　　)

4. 定牌中性包装和定牌实质上是同一概念。(　　)

5. 包装由卖方决定，买方不得要求使用特殊包装。(　　)

三、案例分析题

1. 国内某公司向英国出口一批大豆，合同规定水分最高为14%，杂质不超过2.5%，在成交前我方曾向买方寄过样品，订约后我方又电告买方成交货物与样品相似，当货物运到英国后，买方提出货物与样品不符，并出示相应的检验证书证明货物的质量比样品低7%，并以此要求我方赔偿15 000英镑的损失。问：在此情况下我方是否可以以该项交易并非凭样品买卖而不予理赔?

2. 某公司向中东出口电风扇1000台，信用证规定不允许分批装运。但是，在装船时，发现有40台严重损坏，临时更换又来不及。为保证质量起见，发货人员认为根据《跟单信用证统一惯例》的规定，即使合同未规定溢短装条款，数量上仍允许5%的增减，故决定少交40台风扇，即少交4%。问：此举妥当吗?

3. 某外商欲购我方“菊花”牌电钻，但要求改用“鲨鱼”牌商标，并在包装上不得注明“Made in China”字样。问：我方是否可以接受？应注意什么问题?

3.4 国际贸易商品的价格

【学习目的】

(1) 把握进出口商品价格条款的构成。

(2) 掌握衡量出口企业经济效益的指标及计算方法。

(3) 灵活应用佣金和折扣及价格换算方法。

(4) 掌握如何对外报价。

3.4.1 如何确定价格

在国际货物买卖中，如何确定进出口商品价格和规定合同中的价格条款是交易双方最为关心的一个重要问题。在实际业务中，正确掌握进出口商品价格，合理采用各种作价办法，选用有利的计价货币，适当运用与价格有关的佣金和折扣，并订好合同中的价格条款，对体现对外政策、完成进出口任务和提高外贸经济效益都具有十分重要的意义。

一、商品价格的掌握

1. 正确贯彻作价原则

在国际贸易中，价格的掌握是一项十分复杂的工作，做好此项工作必须正确贯彻我国进出口商品的作价原则，即在贯彻平等互利的原则下，要做到以下几点：

(1) 按照国际市场价格水平作价。国际市场价格是以商品的国际价值为基础，并在国际市场竞争中形成的，它是交易双方都能接受的价格，是确定进出口商品价格的客观依据。

(2) 要结合国别、地区政策作价。为了使外贸配合外交及我国对外经济与政治关系的发展，在参照国际市场价格水平的同时，也可适当考虑国别、地区政策。

(3) 要结合购销意图，进出口商品价格在国际市场价格水平的基础上，可根据购销意图来确定，即可略高或略低于国际市场价格。

2. 注意国际市场价格动态

国际市场价格因受供求关系的影响而上下波动，有时甚至瞬息万变，因此在确定成交价格时，必须注意市场供求关系的变化和国际市场价格涨落的趋势。当市场供不应求时，国际市场价格就会呈上涨趋势；当市场供过于求时，国际市场价格就会呈下跌趋势。切实了解国际市场的供求状况，对国际市场价格的走势做出正确判断，从而合理确定进出口商品的成交价格，该涨则涨，该降则降，避免价格掌握上的盲目性。

3. 考虑影响价格的各种具体因素

(1) 要考虑商品的质量和档次。在国际市场上，一般都贯彻按质论价的原则，即好货好价、次货次价。此时，品质的优劣、档次的高低、包装装潢的好坏、式样的新旧、商标和品牌的知名度都会影响商品的价格。

(2) 要考虑运输距离。国际货物买卖，一般都要通过长途运输。运输距离的远近影响运费和保险费的开支，从而影响商品的价格。因此，在确定商品价格时，必须核算运输成本，做好比价工作，以体现地区差价。

(3) 要考虑交货地点和交货条件。在国际贸易中，由于交货地点和交货条件不同，买卖双方承担的责任、费用的风险有别，因此在确定进出口商品价格时，必须考虑这些因素。例如，同一运输距离内成交的同一商品，按 CIF 成交同按 Ex Ship 条件成交的价格应当不同。

(4) 要考虑季节性需求的变化。在国际市场上，某些节令性商品，如赶在节令前到货，则可抢行应市，即能卖上好价。过了节令的商品，其售价往往很低，甚至以低于成本的“跳楼价”出售。因此，应充分利用季节性需求的变化，切实掌握好季节性差价，争取按对我方有利的价格成交。

(5) 要考虑成交数量。按国际贸易的习惯做法，成交量的大小影响价格。当成交量大时，在价格上应给予适当优惠，或者采用数量折扣的办法；反之，当成交量过少，甚至低于起订量时，也可以适当提高出售价格。那种不论成交量多少都采取同一个价格成交的做法是不当的，人们应当掌握好数量方面的差价。

(6) 要考虑支付条件和汇率变动的风险。支付条件是否有利和汇率变动风险的大小都会影响商品的价格。例如，同一商品在其他交易条件相同的情况下，采取预付货款和凭信用证付款方式，其价格应当有所区别。同时，在确定商品价格时，一般应争取采用对自身有利的货币成交，如采用不利的货币成交，则应当把汇率变动的风险考虑到货价中去，即适当提高出售价格或压低购买价格。

此外，交货期的远近、市场销售习惯和消费者的爱好与否等因素对确定价格也有不同程度的影响，必须在调查研究的基础上通盘考虑，权衡得失，然后确定适当的价格。

二、商品的作价方法

国际贸易中的商品种类成千上万，行情变化各自不一。有的商品行情变化剧烈，从双方签约到履约，价格往往波动较大；而有的商品行情稳定，从订约到履约这段期限，商品价格少有变化。针对商品行情变化的不同特点，采用不同的作价方法，也是外贸人员必备的技能。

1. 固定价格

固定价格是指买卖双方明确约定成交价格，履约时按此价格结算货款。这是我国进出口贸易中最常见的作价方法，也是国际上常用的方法。采用固定价格，买卖双方在协商一致的基础上明确规定货物的价格，一般是货物的单价(如每公吨 300 美元 CIF 纽约)。

这种定价即双方履约时必须遵守的价格，即使在订约后市价发生重大变化，任何一方也不得擅自变更原定价格，有的合同甚至对此做出明确规定(如在合同成立后，不得提高或调整价格)。

2. 非固定价格

非固定价格即业务上所说的“活价”，具体分为以下 3 种：

(1) 具体价格待定：有两种做法，一是规定定价时间和定价方法(如装运月份前 50 天，参照当地及国际市场价格，确定正式价格)；二是只规定作价时间(如双方在 2013 年 12 月 4 日确定价格)。

（2）暂定价格：订立一个初步价格，作为开证和初步付款的依据，当双方确定最后价格后再进行清算，多退少补。

（3）部分固定价格，部分非固定价格：近期交货的采取固定价；远期交货的采取非固定价，在交货前一定期限内由双方另行商定。这种方法主要用于分期分批交货或者外商长期包销的商品。

相对于固定价格来说，非固定价格是先订约后作价，双方均不承担市价变动的风险，这给合同的履行带来了较大的不稳定性。

3. 价格调整条款

价格调整条款(Price Adjustment Clause)又称价格修正条款，是按照原料价格和工资的变动来计算合同的最后价格，最后价格与初步价格之间的差额不超过约定的范围(如5%)，初步价格可不做调整。例如，“如果卖方与其他客户的成交价高于或低于合同价格的5%，对本合同未执行的数量，双方可协商调整价格”。此种做法旨在把价格变动的风险固定在一定范围之内，联合国欧洲经济委员会已将此项条款订入一些标准合同，且应用范围已从机械设备交易扩展到一些初级产品交易。

三、计价货币的选择

计价货币是指合同中规定用来计算价格的货币。根据国际贸易的特点，用来计价的货币可以是出口国家货币，也可以是进口国家货币或双方同意的第三国货币，还可以是某一种记账单位，由买卖双方协商确定。

1. 尽量使用可自由兑换货币

在进出口业务中，通常选用可自由兑换货币进行计价和支付。使用可自由兑换货币，有利于调拨和运用，还有助于在必要时转移汇价风险。进出口交易中常用的计价货币见表3-7所示。

表3-7 进出口交易中常用的计价货币

货币名称	货币符号	简写	货币名称	货币符号	简写
英镑	£	GBP	美元	US$	USD
港元	HK$	HKD	瑞士法郎	SF	CHF
德国马克	DM	DEM	法国法郎	FF	FRF
日元	J¥	JPY	欧元	∈	EURO

2. 出口争取使用“硬币”，进口争取使用“软币”

币值比较稳定且趋势上浮的货币，俗称为“硬币”；汇价比较疲软且趋势下浮的货币即“软币”。从理论上说，对于出口交易，采用硬币计价比较有利，而进口合同却用软币计价比较合算。但在实际业务中，以什么货币作为计价货币，还应视双方的交易习惯、经营意图以及价格而定。如果为达成交易而不得不采取对我方不利的货币，则可用下述两种办法补救：一是根据该种货币今后可能的变动幅度，相应调整对外报价；二是在可能条件下，争取订立保值条款，以避免计价货币汇率变动的风险。

如果合同中的价格是用一种双方当事人约定的货币(如美元)来表示的，没有规定用其他货币支付，则合同中规定的货币既是计价货币，又是支付货币(Money of Payment)。如果在计价货币之外还规定了其他货币(如英镑)支付，则英镑就是支付货币。

3.4.2 出口经济效益及价格核算

一、出口企业经济效益的核算

在价格掌握上，要注意加强成本核算，以提高经济效益，防止出现不计成本、不计盈亏和单纯追求成交量的偏向。尤其在出口方面，强调加强成本核算，掌握出口总成本、出口销售外汇净收入和人民币净收入的数据，比计算和比较各种商品出口的盈亏情况更有现实意义。出口总成本是指出口商品的进货成本加上出口前的一切费用和税金。出口销售外汇净收入是指出口商品按FOB价出售所得的外汇净收入。出口销售人民币净收入是指出口商品的FOB价按当时的外汇牌价折成人民币的数额。

1. 出口商品盈亏率

出口商品盈亏率是指出口商品盈亏额与出口总成本的比率。出口盈亏额是指出口销售人民币净收入与出口总成本的差额，前者大于后者为盈利，反之为亏损。其计算公式为

出口商品盈亏率=(出口销售人民币净收入－出口总成本)/出口总成本×100%

例如，某公司以每公吨1000美元CIF价格出口商品，已知该笔业务每公吨需要支付国际运输费用100美元，保险费率为0.1%，国内商品采购价格为5000元人民币，其他商品管理费为500元，试计算该笔业务的出口盈亏率(汇率为1∶7.25)。

解： 出口成本=5000+500=5500(元)

出口净收入(FOB)=CIF－F－I=CIF－F－110%×CIF×0.1%

=1000－100－1.1×1000×0.001=898.9(美元)

出口人民币净收入=898.9×7.25=6517.03(元)

出口盈亏率=(6517.03－5500)÷5500×100%=18.49%

2. 出口商品换汇成本

出口商品换汇成本指出口商品获得每一单位外汇所耗费的人民币成本，即出口净收入1美元所耗费的人民币数字额。它是以某种商品的出口总成本与出口所得的外汇净收入之比，得出用多少人民币换回1美元。出口商品换汇成本如高于银行的外汇牌价，则出口为亏损；反之，则说明出口盈利。其计算公式为

出口商品换汇成本=出口总成本(人民币)÷出口销售外汇净收入(美元)

例如，某公司以每公吨1000美元CIF价格出口商品，已知该笔业务每公吨需要支付国际运输费用100美元，保险费率为0.1%，国内商品采购价格为5000元人民币，其他商品管理费为500元，试计算该笔业务的出口换汇率。

解： 出口成本=5000+500=5500(元)

出口净收入(FOB)=CIF－F－I=CIF－F－110%×CIF×0.1%

=1000－100－1.1×1000×0.001=898.9(美元)

换汇成本=5500÷898.9=6.12(人民币元/美元)

3. 出口创汇率

出口创汇率又叫外汇增值率，是指加工后成品出口的外汇净收入与原料外汇成本的比率。如果原料为国产，则其外汇成本可按原料的 FOB 出口价计算；如果原料是进口的，则按该原料的 CIF 价计算。其计算公式为

出口创汇率＝(成品出口外汇净收入－原料外汇成本)/原料外汇成本×100％

例如，某公司进口原材料 FOB1000 元，经过加工后出口 CIF1700 元。假设进口和出口的运费均为 50 元，进口和出口的保险费率均为 0.1％，试求外汇增值率。

解： 原料外汇成本(CIF)＝FOB＋F＋I＝FOB＋F＋CIF×110％×0.1％

＝1000＋50＋CIF×0.0011＝1051(元)

原料外汇净收入(FOB)＝CIF－F－I＝CIF－F－110％×CIF×0.1％

＝1700－50－1.1×1700×0.001＝1648.1(元)

外汇增值率＝(1648.1－1051)÷1051×100％＝56.8％

二、佣金和折扣的核算

在价格条款中，有时会涉及佣金和折扣。在价格条款中所规定的价格，可分为包含有佣金或折扣的价格和不包含这类因素的净价。包含有佣金的价格在业务中通常被称为“含佣价”；包含有折扣的价格在业务中通常被称为“含折扣价”。

1. 佣金

(1) 佣金的含义。在国际贸易中，有些交易是通过中间代理商进行的。中间商介绍生意或代买代卖向其支付一定的酬金，此项酬金叫佣金。若在合同价格条款中明确规定佣金的百分比，则叫做明佣。不标明佣金的百分比，甚至连佣金字样也不标示出来，有关佣金的问题，由双方当事人另行约定，这种暗中约定佣金的做法叫做暗佣。佣金直接关系到商品的价格，货价中是否包括佣金和佣金比例的大小都会影响商品的价格。显然，含佣价比净价要高。正确运用佣金，有利于调动中间商的积极性和扩大交易。

(2) 佣金的规定方法。

① 在商品价格中包括佣金时，通常应以文字来说明。例如，每公吨 200 美元旧金山，包括 2％佣金。

② 通过在贸易术语上加注佣金的缩写英文字母“C”和佣金的百分比来表示。例如，每公吨 200 美元 CIFC2％旧金山。

③ 商品价格中所包含的佣金除用百分比表示外，也可以用绝对数来表示。例如，每公吨付佣金 25 美元。

中间商为了从买卖双方获取“双头佣金”或为了逃税，有时要求在合同中不规定佣金，而另按双方暗中达成的协议支付。佣金的规定应合理，其比率一般掌握在 1％～5％，不宜偏高。

(3) 佣金的计算。在国际贸易中，计算佣金的方法不一，有的按成交金额约定的百分比计算，也有的按成交商品的数量来计算，即按每一单位数量收取若干佣金计算。其计算公式为

佣金额＝单位货物佣金额×成交商品数量

在我国进出口业务中，计算方法也不一致，按成交金额和成交商品的数量计算的都有。在按成交金额计算时，有的以发票总金额作为计算佣金的基数，有的则以 FOB 总值为基数来计算佣金。如果按 CIF 成交，而以 FOB 值为基数计算佣金，则应从 CIF 价中减去运费和保险费，求出 FOB 值，然后以 FOB 值乘以佣金率，即得出佣金额。

关于计算佣金的公式为

单位货物佣金额＝含佣价×佣金率

净价＝含佣价－单位货物佣金额

上述公式也可写成

净价＝含佣价×(1－佣金率)

含佣价＝净价 /(1－佣金率)

例如，我方对某一产品报价为 10 000 美元，对方要求 3%的佣金，此时我方应改报含佣价多少?

解：为了保证在交易中实收 10 000 美元，要将净价换算为含佣价后计算佣金。

含佣价＝净价＋佣金额＝净价＋含佣价×佣金率

含佣价＝净价/(1－佣金率)＝10 000 美元/(1－3%)＝10 309.28 美元

应付佣金额＝含佣价×佣金率＝10 309.28 美元×3%＝309.28 美元

(4) 佣金的支付。佣金的支付一般有两种做法：一种是由中间代理商直接从货价中扣除佣金；另一种是在委托人收清货款后，再按事先约定的期限和佣金比率，另行付给中间代理商。在支付佣金时，应防止错付、漏付和重付等事故发生。

2. 折扣

(1) 折扣的含义。折扣是指卖方按原价给予买方一定百分比的减让，即在价格上给予适当的优惠。在国际贸易中使用的折扣名目很多，除一般折扣外，还有为扩大销售而使用的数量折扣、为实现某种特殊目的而给予的特别折扣以及年终回扣等。凡在价格条款中明确规定折扣率的，均叫做“明扣”。折扣直接关系到商品的价格，货价中是否包括折扣和折扣率的大小都会影响商品价格，折扣率越高，价格越低。

(2) 折扣的规定方法。在国际贸易中，折扣通常在规定价格条款时，用文字明确表示出来。

① 折扣一般以比例方式表示。例如，CIF 伦敦每公吨 200 美元，折扣 3%。此例也可以这样表示：CIF 伦敦每公吨 200 美元，减 3%折扣。

② 折扣也可以用绝对数来表示。例如，每公吨折扣 6 美元。

在实际业务中，也有用 CIFD 或 CIFR 来表示 CIF 价格中包含的折扣。这里的 D 和 R 是 Discount 和 Rebate 的缩写。鉴于贸易术语中加注的 D 或 R 含义不清，可能引起误解，故最好不使用此缩写语。

(3) 折扣的计算与支付方法。折扣通常是以成交额或发票金额为基数计算出来的。其计算公式为

单位货物折扣额＝原价(含折扣价)×折扣率

卖方实际净收入＝原价－单位货物折扣额

例如，每公吨 1000 美元 CIF 香港，折扣 2%，那么卖方实际净收入是多少?

解： 单位货物折扣额＝1000×2％＝20(美元)

卖方实际净收入＝1000－20＝980(美元)

折扣一般是在买方支付货款时预先予以扣除。另外，也有的折扣金额不直接从货价中扣除，而按暗中达成的协议另行支付给买方，这种做法通常在给暗扣或回扣时采用。

三、出口价格的核算

1. 货物的价格构成

(1) 成本(Cost)。出口货物的成本主要是指采购成本。它是贸易商向供货商采购商品的价格，也称进货成本。它在价格中所占比重最大，是价格的主要组成部分。

(2) 费用(Expenses/Charges)。出口货物价格中的费用主要是指商品流通费。其比重不大，但内容繁多，是价格核算中较为复杂的因素。业务中常见的费用有包装费、仓储费、国内运输费、认证费、港区港杂费、商检费、捐税、垫款利息、业务费用、银行费用、出口运费、保险费和佣金。

(3) 利润(Expected Profit)。利润是出口商的预期收入，是经营好坏的主要指标。

2. 出口货物的价格核算

(1) 成本核算。对出口商而言，成本即进货成本，是贸易商向供货商购买货物的支出。但是，该项支出含有增值税。为了降低出口商品成本，增强产品竞争力，我国也实行出口退税制度，采取对出口商品中的增值税全额退还或按一定比例退还的做法，即将含税成本中的税收部分按照出口退税比例予以扣除，得出实际成本。

例如，某公司出口陶瓷茶杯，每套进货成本人民币 90 元(包括 17％的增值税)，退税率为 8％，则怎样核算实际成本?

解： 实际成本＝进货成本－退税金额

退税金额＝不含税进货成本×退税率＝进货成本 /(1＋增值税率)×退税率

＝90 /(1＋17％)×8％＝6.15(元)

实际成本＝90－6.15＝83.85(元)

所以，陶瓷茶杯的实际成本为每套 83.85 元。

(2) 运费核算。我国出口货物绝大多数通过海洋运输，除了大宗初级产品采用租船运输外，多数采用班轮运输。采用班轮运输，根据是否装入集装箱可以分为件杂货与集装箱货。

① 件杂货运费。

件杂货运费＝基本费用＋附加运费

其中，附加运费一般以基本运费的一定比率计收。

② 集装箱货运费。对于拼箱而成的集装箱货，运费包括件杂货基本费率和附加费；而对于整箱集装箱货，运费是包箱费率与附加费之和。

运费在班轮运价表中可以查到，常见的计费标准为 W/M，表示重量或体积，船公司选择数值较大的作为计收标准。

(3) 保险费核算。当采用 CIF 或 CIP 术语时，出口方要进行保险费核算。其计算公式为

保险费＝保险金额×保险费率

保险金额＝CIF(CIP)价×(1＋投保加成率)

投保加成率一般是 10%，保险金额以 CIF(CIP)货价或发票金额为基础计算。

(4) 利润核算。利润是商人的预期收入，它可以某一固定数额作为一批商品的利润，也可以用一定的比率来计算利润额。当采用利润率核算利润时，一般是以某一成本或某一销售价格为基数。

例如，某公司实际成本为人民币 180 元，利润率为 15%，计算价格和利润额。

解：以实际成本为依据：销售价格＝实际成本＋利润额

＝实际成本＋实际成本×利润率

＝180＋180×15%＝207(元)

利润＝实际成本×利润率＝180×15%＝27(元)

以销售价格为依据：销售价格＝实际成本＋利润额

＝实际成本＋销售价格×利润率

等式两边移项得

销售价格－销售价格×利润率＝实际成本

销售价格×(1－利润率)＝实际成本

销售价格＝实际成本/(1－利润率)

＝180/(1 －15%)＝211.77(元)

利润＝销售价格×利润率＝211.77×15%＝31.77(元)

可见，计算利润的依据不同，销售价格和利润额也不一样。

3. 3 种贸易术语的对外报价核算

(1) FOB、CFR 和 CIF 这 3 种价格的基本构成。

① FOB：成本＋国内费用＋预期利润。

② CFR：成本＋国内费用＋预期利润＋出口运费。

③ CIF：成本＋国内费用＋预期利润＋出口运费＋出口保险费。

(2) FOB、CFR、CIF 这 3 种贸易术语之间的价格换算关系。

① CFR＝FOB＋F(运费)

② CIF＝FOB＋I(保险费)＋F(运费)

例如，某公司出口货物一批，对外报价为每公吨 2000 美元 CIF New York。该种货物每公吨出口运费为 150 美元，投保一切险费率为 1%，那么该货物的 FOB 价格是多少？

解：CIF＝FOB＋F＋I

2000＝FOB＋150＋2000×(1＋10%)×1%

2000＝FOB＋150＋22

所以，FOB＝2000－150－22＝1828(美元)

3.4.3 合同中的价格条款

一、价格条款的内容

合同中的价格条款一般包括商品的单价和总值两项基本内容。此外，它还包括确定单价的作价方法和与单价有关的佣金与折扣的运用等内容。商品的单价一般由 4 个部分组成，即计量单位、单位价格金额、计价货币和贸易术语，如“每公吨 200 美元 CIF 伦敦”。总值也称总价，是指单价同成交商品数量的乘积，即一笔交易的货款总金额。

例如，判断下列出口单价的写法是否正确。

（1）USD3. 68 CIFC HONGKONG.

（2）300 英镑每箱 CFR USA.

（3）USD Per Ton FOB London.

（4）Fr98. 50 Per Doz FOBD2%.

（5）DM28. 85 CIFC2% Shanghai.

二、价格条款示例

（1）HKD5. 00 per dozen net CIF HongKong. 每打 5 港元 CIF 香港净价。

（2）USD21 per set FOB Shanghai including your commission 5% on FOB basis. 每套 21 美元 FOB 上海，在 FOB 基础上包含你方 5%佣金。

（3）USD30. 00/mt FOB Dalian including 5% commission. The commission shall be payable only after seller has received the full amount of all payment due to seller. 每公吨 30 美元含 5%佣金 FOB 大连，佣金以收付全部货款为条件。

（4）Seller reserves the right to adjust the contracted price，if prior to delivery，there is any variation in the cost of labor or raw material or component parts. 如果在交货前劳动力原材料成本或其组成部分发生任何变化，则卖方有权调整合同价格。

（5）Exchange risks，if any，for buyer’s account. 如有任何汇率风险，则由买方承担。

三、规定价格条款的注意事项

（1）合理确定商品的单价，防止作价偏高或偏低。

（2）根据经济意图和实际情况，在权衡利弊的基础上选用适当的贸易术语，并在合同中准确完整地表示，不能省略港口名称。

（3）力求选择有利的计价货币，防止汇率变动的风险。如果采用不利的计价货币时，则应加订保值条款。

（4）灵活运用各种不同的作价办法，以避免价格变动的风险。

（5）参照国际贸易的习惯做法，注意佣金和折扣的合理运用。

（6）如交货品质和数量约有一定的机动幅度，则对机动部分的作价应一并规定。

（7）如包装材料和包装费另行计价，则对其计价办法也应一并规定。

（8）对单价中牵涉的计量单位、计价货币、装卸地名称，必须书写正确、清楚，以利于合同的履行。

每节一练

一、不定项选择题

1. 一般情况下，在以 FOB 贸易术语成交的合同中，货物的价格构成是(　　)。

A. 货物成本 B. 货物成本＋运费
C. 货物成本＋保险费 D. 货物成本＋运费＋保险费

2. 下列表示商品单价的方法正确的是(　　)。
A. 每公吨 600 美元 CIF 大阪 B. 每公吨 CIF600 美元
C. 每公吨 CIF 大阪 600 D. 每公吨 CIF 大阪含 3%佣金 600 美元净价

3. 在我国从德国进口商品过程中，使用的货币最好是(　　)。
A. 汇率保持持续攀升趋势的货币，即硬货币
B. 汇率保持持续下跌趋势的货币，即软货币
C. 双方未同意采用的第三国货币
D. 不可自由兑换的货币

4. 某商品单价为“每件 25 美元 CIF 净价纽约”指的是(　　)。
A. 该价格中不包括佣金 B. 该价格中不包括佣金或折扣
C. 该价格中不包括运费 D. 该价格中不包括保险费

5. 在合同对外洽商过程中，如果报出的净价为 1000 美元，可是对方要求 3%的佣金，那么为了保证实收 1000 美元，所报的含佣价应是(　　)。
A. 1030 美元 B. 1000 美元 C. 1030.93 美元 D. 1100 美元

6. 某单位出口一批货物，成交条件为 CFR，总价为 1000 港元，其中含运费 5%，销售佣金 300 港元。那么，该批货物的 FOB 总价应为(　　)。
A. 1000 港元 B. 650 港元 C. 1250 港元 D. 665 港元

7. 某公司出口报价为每公吨 2000 美元 CIF 香港，折扣 2%，卖方实际净收入为(　　)。
A. 40 美元 B. 1600 美元 C. 1800 美元 D. 1960 美元

8. 某公司进口矿砂 5000 公吨，合同约定每公吨折扣 0.5 欧元，折扣额共计(　　)。
A. 25 欧元 B. 250 欧元 C. 2500 欧元 D. 25 000 欧元

9. 以 FOB/CIF 价格成交，外汇净收入为(　　)。
A. 成交价/成交价
B. 成交价减国外运费、保险费等劳务费用/成交价
C. 成交价/成交价减国外运费、保险费等劳务费用
D. 成交价减国外运费、保险费等劳务费用/成交价减国外运费、保险费等劳务费用

10. 当出口换汇成本高于当时的外汇牌价时，说明该次出口(　　)。
A. 亏损 B. 盈利 C. 不亏不盈 D. 不能确定

二、判断题

1. 以 FOB 价格成交，成交价格即为外汇净收入。(　　)
2. 出口盈亏率越大，说明该项出口越盈利。(　　)
3. 价格调整条款主要用于类似生产加工周期较长的机械设备等商品的合同。(　　)
4. CIF 价格构成中的保险费是以 FOB 价格为基础计算的。(　　)
5. 进口原料的成本按 FOB 价格计算即可。(　　)

三、计算题

1. 我国出口合同规定，每公吨 430 美元 CIF 纽约包括佣金 3%，现外商要求我方增加佣

金两个百分点，为维持净收入不变，我方应报价多少？

2. 我方向西欧某客商推销某商品，发盘价格为每公吨1150英镑CFR西欧某港口，对方复电要求改按FOB中国口岸定价，并给予2%佣金。查自中国口岸至西欧某港口的运费为每公吨170英镑，我方如要保持外汇收入不变，则改按买方要求报价，应为何价？

3. 我国出口合同规定，每公吨1000美元CIF纽约，现外商要求改报CFR纽约，佣金率为5%，为维持净收入不变，我方应报价多少？（保险费率为1%，加成率为10%）

3.5 国际货物运输

【学习目的】

（1）了解国际贸易中运输的方式、运费的计算、运输单据的种类。

（2）掌握装运条款的内容和规定。

（3）掌握海运提单的性质、内容和种类。

3.5.1 海上货物运输

在国际贸易中，常用的运输方式主要有海洋运输、铁路运输、航空运输、多式联运、公路运输、大陆桥运输等，它们各有特点，买卖双方在交易磋商时要针对不同的航程和产品特点，选择适合的运输方式。在诸多运输方式中，海洋运输是我国最重要的国际货物运输方式。

一、海洋运输的特点

海洋约占地球总面积的71%，国际贸易中2/3以上的货物要通过海上运输。因此，海洋运输(Ocean Transportation)是国际贸易中主要的运输方式，其特点有：

（1）运力强。它利用天然航道四通八达，不受道路限制，遇到特殊情况还可改道航行。

（2）运量大。海上货轮小的能载几千吨，大的载货几万吨，一般杂货船可载1～2万吨。集装箱船第五代可载重6～7万吨，巨型的油轮可装50万吨以上。其载重量远远大于铁路运输车辆，如一艘万吨级货轮载重量相当于250～300个车皮的载重量。

（3）运费低。由于海运运量大，分摊于每货运吨的运输成本就少，因此运价相对低廉，约为铁路运费的1/5、公路运费的1/10、航空运费的1/30。

（4）速度慢。由于船体大，水的阻力高，所以速度慢。

（5）风险大。它易受自然条件的影响，如遇到暴风、巨浪、冰冻、雷击、迷雾等容易出事故。每年全世界遇险船只约为300艘。

二、海洋运输的方式

1. 班轮运输

班轮运输(Liner Transport)又称定期船运输，简称班轮(Liner)，是指船舶在固定航线上和固定的港口之间按事先公布的船期表和运费率往返航行，从事客货运输业务的一种运输方式。

（1）班轮运输的特点：

①“四固定”，即固定航线、停靠港口、船期和运费费率。

②“管装管卸”。承运人负责配载装卸，承、托双方不计装卸时间及滞期费或速遣费。

③ 各类货物都可接受。其包括冷冻、易腐、液体、危险品之类的货物，在码头仓库交接货物，方便货主。

④ 承、托双方的权利、义务和责任豁免以班轮提单上所载条款为依据。

（2）班轮运费。班轮运费(Liner Freight)是班轮公司为运输货物而向货主收取的费用，包括基本运费和附加费用两部分。

基本运费的计收标准有以下几种：

① 按重量吨(Weight Ton)计收。其在运价表上用“W”表示。若按货物毛重(公吨)计算，则吨以下取小数三位。它适用于价值不高、体积小、重量大的货物。

② 按尺码吨(Measurement Ton)计收。其在运价表上用“M”表示。若按货物体积(立方米)计算，则立方米以下取三位小数。它适用于价值不高、重量轻、体积大的货物。重量吨和尺码吨统称为运费吨或计费吨(Freight Ton，FT)。

③ 按价格计收。俗称从价运费。其在运价表上用“Ad. Val”或“A. V.”表示。以货物价值作为运费计收标准，一般按 FOB 价收 0.×%～5%的运费。它适用于黄金、白银、精密仪器、手工艺品等贵重商品。

④ 按重量吨或尺码吨计收。其在运价表上用 W/M 表示。这是常见的一种计收标准，由船公司选择其中数值较高的一种计收。

⑤ 按重量吨或尺码吨或从价运费计收。其在运价表上用 W/M or A. V. 表示。由船公司从 3 种计收标准中选择收费最高的一种计收。

⑥ 按重量吨或尺码吨中收费较高的作为标准再另行加收一定百分比从价运费。其在运价表上用 W/M plus A. V. 表示。

⑦ 按货物的件数(Per Unit /Per Head)计收。例如，卡车按辆，活牲畜按头计收。

⑧ 按议价(Open Rate)计收。临时商定运价，如粮食、矿石、煤炭等大宗货物。

⑨ 按起码运费(Mini Rate)计收。不足 1 运费吨(1 重量吨或 1 尺码吨)的货物均按一级货收取运费，称之为起码运费。

常见的附加费用有超重附加费、超长附加费、转船附加费、燃油附加费、直航附加费、港口附加费、港口拥挤费、选卸附加费、绕航附加费和货币贬值附加费。

（3）班轮运费的计算。

① 先根据商品的英文名称在货物分级表(表 3－8)中查出该商品所属等级及其计费标准。货物分级表是班轮运价表(Liner's Freight Tariff)的组成部分，它有“货名”、“计算标准”和“等级”3 个项目。

② 根据商品的等级和计费标准，在航线费率中查出这一商品的基本费率，如表 3－8 中棉布及棉织品到东非港口的费率为 443.00 港元。表 3－9 为中国—东非航线等级费率表。

表 3-8 货物分级表

货　　名	计算标准	等　　级
农业机械(包括拖拉机)	W/M	9
棉布及棉织品	M	10
小五金及工具	W/M	10
玩具	M	20

注：如棉布及棉织品的货物等级为 10 级，计算标准为 M。

表 3-9 中国—东非航线等级费率表(港币：元)

等级(Class)	费率(Rates)	等级(Class)	费率(Rates)
1	243	2	254
3	264	4	280
5	299	6	314
7	341	8	367
9	404	10	443
11	477	20	1120.00
Ad Val	290		

注：基本港口包括路易港(毛里求斯)、达累斯萨拉姆(坦桑尼亚)、蒙巴萨(肯尼亚)等。

③ 查出该商品本身所经航线和港口的有关附加费率。

④ 商品的基本费率和附加费率之和即为该商品每一运费吨的单位运价。以该商品的计费重量和体积乘以单位运价即得总运费金额。

2. 租船运输

租船运输(Shipping by Chartering)又称不定期船运输，是指租船人向船东租赁船舶用于运输货物的业务。船舶的营运是根据船舶所有人与需要船舶运输的货主双方事先签订的租船合同来安排的。

(1) 租船运输的特点。

① 无固定航线、港口、船期、运价、租金及装卸费用，这些需要船货双方根据货物情况及船运市场供求关系商定。

② 适合运输大宗低价货物，如粮食、矿砂、煤炭、化肥、水泥等。

(2) 租船方式。

① 定程租船(Voyage Charter)。它又称程租船或航次租船，是指船舶按照航程租赁，船方按照租船合同规定的条件(船名、受载日期、装卸时间等)按时到港装货，运往卸货港，完成整个航程的运输。定程租船又分单程、来回航次和连续航次租船等。

② 定期租船(Time Charter)。它又称期租船，即租船人在规定的期限内取得船舶的使用权，并负责安排调度和经营管理，船方负责船员的工资、给养和船舶航行与维修。租期为几个月到若干年不等。

③ 光船租船(Bare Boat Charter)。它是租船的一种，不同的是船东不提供船员。此方式多半是在船东想卖船而买方又无力一次支付价款情况下使用。

此外，还有一种租船方式叫航次期租(Time Charter on Trip Basis，TCT)。它是以完成一个航次运输为目的，按完成航次所花的时间和约定的租金率计算租金的方式。

3.5.2 其他运输方式

一、铁路运输

铁路运输(Rail Transport)是一种仅次于海洋运输的主要货运方式，它运量较大、速度较快、不受气候条件的影响、货运手续简单，发货人可就近办理托运和提货手续。我国对外贸易运输中有国际铁路货物联运和国内铁路运输两种。

国际铁路货物联运是指在两个或两个以上国家之间进行铁路货物运输时使用一份统一的国际联运票据，而当由一国铁路向另一国铁路移交货物时，无须发、收货人参加，铁路当局对全程运输负连带责任。

二、航空运输

航空运输(Air Transport)是一种现代化的运输方式，它具有速度快、货运质量高、不受地面条件限制的特点，适用于运送急需物资、鲜活商品、精密仪器等，如羊绒、丝绸、电脑、菌苗等。其不足是运量小、运费高。

航空运输方式主要有以下几种：

1. 班机运输(Scheduled Air-line)

班机指在固定航线上飞行的航班，它有固定的始发站、途经站和目的站。一般航空公司都使用客货混合型飞机。

2. 包机运输(Chartered Carrier)

包机是指包租整架飞机或由几个发货人(或航空货运代理)联合包租一架飞机来运送货物。因此又分为整包机和部分包机两种形式。前者适合运送大批量的货物；后者适用于多个发货人，但货物到达站又是同一地点的货物运输。

3. 集中托运(Consolidation)

由空运货代公司将若干个发货人的货物集中起来组成一整批货，由其向航空公司托运到同一到站，货到国外后由到站地的空运代理办理收货、报关并分拨给各个实际收货人。此种方式运费低，业务中较多采用。

4. 航空快递业务(Air Express)

它是由专门经营这项业务的公司与航空公司合作，设专人用最快的速度在货主、机场、用户之间进行传递。它适用于急需的药品、贵重物品、货样及单证等传送，被称为“桌到桌运输”。

三、集装箱运输

1. 集装箱运输的特点

集装箱运输(Container Transport)是以集装箱作为运输单位进行货物运输的一种现代化的运输方式。它可以从发货人仓库运到收货人仓库，实现门到门的运输，适用于海洋运输、铁路运输及国际多式联运。集装箱具有坚固、密封和反复使用的优越性，放在船上等于货舱，放在火车上等于车皮，放在卡车上等于货车。因此，它具有装卸效率高、减少货损货差、提高货运质量、降低货运成本、简化手续、可进行连续运输的优点。

2. 集装箱的主要规格及其外部标志

国际标准化组织制定的集装箱标准规格共有 13 种，最常见的有 20 英尺和 40 英尺两种，笨重货宜装 20 英尺货柜，轻货宜装 40 英尺货柜。

集装箱外部标志主要有箱主的名称、箱子的尺寸、箱子的编号、经检验合格的徽记等。中国远洋运输公司的集装箱外部标志如图 3.16 所示。

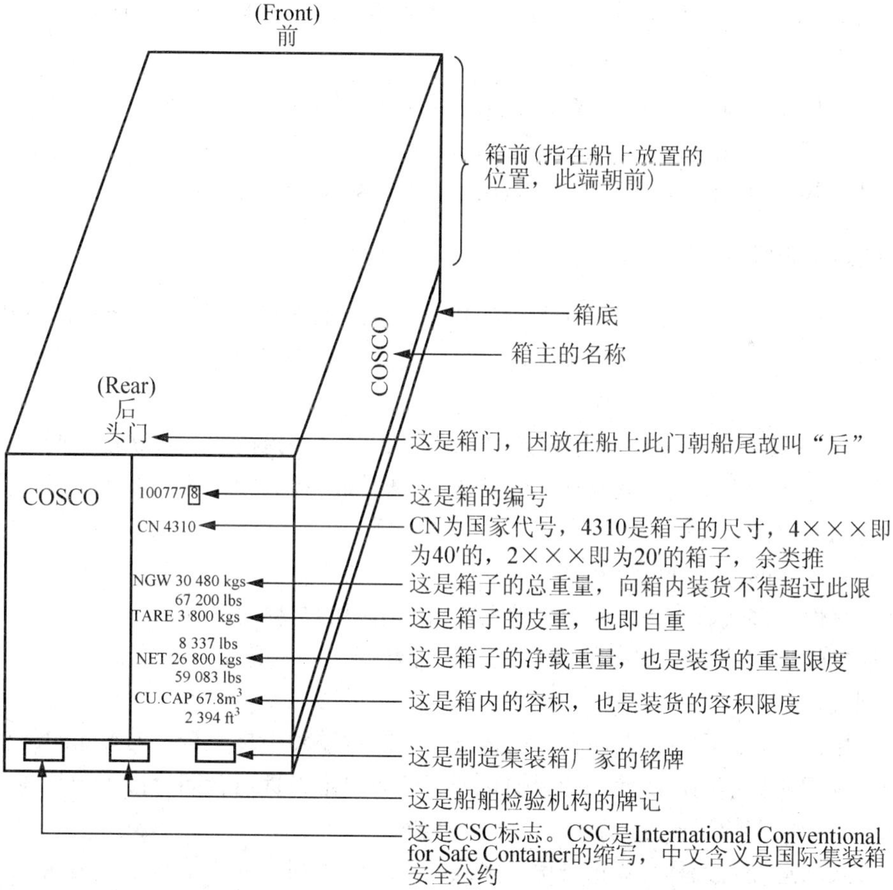

图 3.16　中国远洋运输公司的集装箱外部标志示意图

3. 集装箱运输机构

(1) 集装箱堆场。堆场(Container Yard，CY)是专门用来保管和堆放集装箱(重箱和空箱)的场所，是整箱货(Full Container Load，FCL)办理交接的地方，一般设在港口的装卸区内。堆场签发场站收据(Dock Receipt，D/R)，办理集装箱的装卸并编制集装箱的装船配载计划，签发设备交接单和收、发空箱，办理货柜存储、保管、维修、清扫、熏蒸和出租。

(2) 集装箱货运站。集装箱货运站(Container Freight Station，CFS)又叫中转站或拼装货站，是拼箱货(Less Container Load，LCL)办理交接的地方，一般设在港口、车站附近，或内陆城市交通方便的场所。对于不足一箱的货物，由货主或货代将货物送到货运站，由货运站组合进行拼装(Consolidation)。办理重箱运往堆场、拼箱、保管、报关、铅封、签发"场站收据"等。

4. 装箱、交接方式

(1) 装箱方式。

① 整箱货：在海关的监督下，货方负责在货主仓库或集装箱货场装拆箱的货物。

② 拼箱货：由承运人负责在集装箱货运站装拆箱的任何数量的货物。

当成交拼箱货时，尽量不要接受指定船公司，以免在托运时无法满足客户要求。

(2) 交接方式。

① FCL—FCL(整箱交，整箱收)，适用于 CY—CY，Door—Door，CY—Door，Door—CY。

② FCL—LCL(整箱交，拆箱收)，适用于 CY—CFS，Door—CFS。

③ LCL—FCL(拼箱交，整箱收)，适用于 CFS—CY CFS—Door。

④ LCL—LCL(拼箱交，拆箱收)，适用于 CFS—CFS(很少使用)。

四、国际多式联运

国际多式联运(International Combined Transport，ICT)是在集装箱运输的基础上产生和发展起来的一种综合性的连贯运输方式，它一般是以集装箱为媒介，把海、陆、空各种单一运输方式有机地结合起来，组成一种国际性的连贯运输。

《联合国国际多式联运公约》中规定："国际多式联运是指按照多式联运合同，以至少两种不同的运输方式，由多式联运经营人将货物从一国境内接管货物的地点运至另一国境内指定交付货物的地点。"

国际多式联运的特点有以下几个：

(1) 全程性。多式联运是由联运经营人完成和组织的全程运输。

(2) 简单性。多式联运实行一次托运、一份合同、一张单证、一次保险、一次结算费用、一票到底。

(3) 通用性。多式联运涉及两种以上运输方式的运输和衔接配合，与按单一运输方式的货运法规来办理业务不同，所使用的运输单证、商务规定、货运合同、协议、法律、规章等必须适用于两种以上的运输方式。

(4) 多式联运经营人具有双重身份。多式联运经营人在完成或组织全程运输过程中，首先要以本人身份与托运人订立联运合同，在该合同中他是承运人。

开展国际多式联运是实现"门到门"运输的有效途径，它简化了手续，减少了中间环节，加速了货运速度，降低了运输成本，提高了货运质量。货物的交接地点，可以做到门到门、门到港站、港站到港站、港站到门等。

五、大陆桥运输

大陆桥运输(Land Bridge Transport)是指利用横贯大陆的铁路(公路)运输系统，作为中间桥梁，把大陆两端的海洋连接起来的集装箱连贯运输方式。简单地说，就是两边是海运，中间是陆运，大陆把海洋连接起来，形成海陆联运，而大陆起到了“桥”的作用，所以称为“陆桥”。海陆联运中的大陆运输部分就被称为“大陆桥运输”。通常大陆桥运输也是一种国际联合运输，其目的在于缩短运输距离，减少运输时间和节约运输总费用支出。

目前，世界上主要的大陆桥运输线有横贯北美大陆的“美国大陆桥”(现已萎缩)，连接太平洋和大西洋两岸“加拿大大陆桥”，横贯前苏联、中东、欧洲的“西伯利亚大陆桥”(又称第一条欧亚大陆桥)，横贯中国大陆、欧洲的第二条欧亚大陆桥等。

六、公路运输

公路运输(Road Transport)是一种现代化运输方式，也是车站、港口和机场集散进出口货物的重要手段。它具有机动灵活、速度快、方便等特点，是港口、车站、机场集散进出口货物的重要手段，尤其在目前“门到门”的运输业务中，发挥着不可替代的作用。但是，其载货量有限，运输成本高、易造成货损事故。公路运输适于同周边国家的货物输送，也适于我国内地同港、澳地区的部分货物运输。

七、内河运输

内河运输(Inland Water Transport)是水上运输的重要组成部分，它是连接内陆腹地与沿海地区的纽带，在运输和集散进出口货物中起着重要的作用。它具有投资少、运量大、成本低的特点。我国长江、珠江等一些港口已对外开放，同一些邻国还有国际河流相通，这为我国外贸物资通过河流运输和集散提供了有利条件。

八、管道运输

管道运输(Pipeline Transport)是一种特殊的运输方式，它是货物在管道内借助高压气泵和压力输往目的地的一种运输方式，主要适用于运送液体、气体货物，如石油、天然气等。它具有固定投资大、建成后成本低的特点。欧美国家以及俄罗斯、中东、北非地区在原油的输送上，管道运输发挥了积极的作用。我国起步较晚，目前很多油田如大庆油田、胜利油田、大港油田等有管道直通海港。

九、邮政运输

邮政运输(Parcel Post Transport)是一种简便的运输方式，手续简便、费用不高。它包括普通邮包和航空邮包两种，适于量轻体小的货物。托运人按照邮局规章办理托运，付清定额邮资，取得邮政包裹收据(Parcel Post Receipt)，交货手续即告完成。当邮件到达目的地后，收件人可凭邮局到件通知提取。邮政运输是通过邮局来运送货物的一种方式，对包裹的重量、体积有一定限制，所以适用于小件货物的运送。该运输方式具有国际多式联运和“门到门”的性质。

3.5.3 合同中的运输条款

一、装运时间条款

（1）要明确规定具体装运时间，即在合同中订明某年某月装运或某年跨月装运或某年某季度装运。

① 规定某月装船使用最广。例如，2013 年 4 月装运，Shipment during April，2013。

② 规定跨越装运。例如，2013 年 2/3 月装运，Shipment during Feb. /Mar.，2013。

③ 规定在某月月底或某日前装运，即在合同中规定一个最迟装运的期限。

a. 2013 年 9 月底或以前装运(Shipment at or before the end of September，2013)。

b. 不晚于 2013 年 7 月底装船(Shipment not later than the end of July，2013)。

c. 2013 年 5 月 15 日或以前装船(Shipment on or before May 15th. 2013)。

（2）规定在收到信用证后若干天或若干月装运。这种规定方法主要适用以下情况：

① 按买方要求的花色、品种和规格或为专一地区或某商品号生产商品，或一旦买方拒绝履约难以转售的商品，为防止经济上的损失，可采用这种方式。

② 在一些外汇管制很严的国家和地区或实行进出口许可证和进出口配额制的国家，为促成交易，也可以采用这种方法。

③ 针对某些信用差的用户。

但是，当按照此种装运期规定时，必须同时规定有关信用证的开立期限或开出日期等。具体示例如下：

a. 收到信用证后 30 天内装运，买方必须最迟于 3 月 1 日前将有关信用证开抵卖方。

b. 4 月 30 日前装运，卖方信用证在 3 月 1 日前到达买方。

（3）收到信汇、电汇或票汇后若干天装运。

（4）笼统规定近期装运。这种规定方式不规定具体期限，只是用“立即装运”、“近期装运”等用语。

在制定装运时间还应注意以下几个问题：

① 船货衔接。一方面要考虑船位、船期、航线等运输能力问题，另一方面要考虑货源，以免造成有货无船或有船无货的情况。

② 对装运期限要明确，对“立即装运”、“近期装运”用语要慎重。

二、装运港和目的港条款

（1）在一般情况下，国际货物买卖合同中装运港(地)和目的港(地)分别只规定一个。例如，“装运港：青岛(Port of Shipment：Qingdao)”，“目的港：纽约(Port of Destination：New York)”等。

（2）有时按实际业务需求，也可分别规定两个或两个以上的装运港(地)和目的港(地)，由买方在装运期开始前通知卖方，凭以安排装运。例如，“装运港：广州・汕头”，“目的港：大阪・横滨”。

（3）在磋商时，若没有明确规定一个或几个装卸港，则可笼统规定某一航区为装运港。

例如，“装运港：英国港口”，“目的港：欧洲主要口岸”。

规定国外装运港和目的港应注意的问题如下：

① 对国外的目的港和装运港的规定应明确具体。如果买方需要在几个港口中任选一个港口，则选择的目的区必须是同一个航区。

② 不能接受内陆城市为装运港或目的港。

③ 必须注意装卸港的具体条件。

④ 注意外国港有无重名问题。

规定国内装运港和目的港应注意的问题如下：

① 采取就近原则。装运港尽量就近在货源地，卸货港口尽量就近在用货部门。

② 考虑港口设施。

三、分批装运和转运条款

分批装运(Partial Shipment)又称为分期装运(Shipment by Installment)，是指一个合同项下的货物先后分若干期或若干批装运。在国际贸易中，若有的交易因为数量较大，或是由于备货、运输条件、市场需要或资金的限制，而有必要采用分批分期交货，则可在进出口合同中规定分批装运条款。如为减少提货手续、节省费用，在进口业务中要求国外出口人一次装运货物的，则应在进口合同中规定不准分批装运(Partial Shipment：Not Allowed)条款。

按照《跟单信用统一惯例》的规定：若不明确规定不准分批装运，则视为允许分批装运；运输单据表明货物是使用同一运输工具并经同一路线运输的，即使运输单据注明装运日期或装运地不同，只要目的地相同也不算分批装运；如信用证规定在指定的时间内分批装运，若其中任一批未按约定的时间装运，则该批和以后各批失效。

规定允许分批装运的方法主要有两种：一为只原则规定允许分批装运，对于分批的时间、批次和数量均不作规定，如“Partial Shipments Are Allowed/Not Allowed”、“Partial Shipments Are Permitted/Not Permitted”、“Partial Shipments Are Prohibited”；二是在规定分批装运条款时具体列明分批的期限和数量，如“3～6 月分 4 批每月平均装运”。其中，前者对卖方比较主动，可根据客观条件和业务需要灵活掌握；后者对卖方的约束较大，按《跟单信用证统一惯例》(国际商会第 600 号出版物)第 41 条规定，“如信用证规定在指定的时期内分期支款及/或装运，而任何一期未按期支款及/或装运，除非信用证另有规定，信用证对该期及以后各期均告失效”。所以，在出口业务中接受此项条款要慎重考虑货源和运输条件的可能性。

【案例分析】

某公司向国外出口大豆 1 000 公吨，国外来证规定：不允许分批装运，装运期不晚于 10 月 30 日。10 月 15 日、10 月 17 日，卖方分别在大连、青岛各装 500 公吨大豆于同一航次的同一船只上，提单上注明了不同的装货港、不同的装船日期及相同的目的港。卖方是否违反了信用证的规定?

分析：卖方没有违反信用证的规定，因为《UCP 600》规定，同一船只、同一航次中多次装运的货物，即使提单表示不同的装船日期及不同的装货港口，也不作为分批装运。在本案例中，虽然卖方分别在大连、青岛各装500公吨大豆，并且提单上注明了不同的装货港、不同的转船日期，但是货物是装在同一航次的同一船只上，因此不属于分批装运。

转运（Transshipment）是指货物从装运港（地）到目的港（地）的运输过程中，从一运输工具卸下，再装上同一运输方式的另一运输工具；或在不同运输方式情况下，从一种方式的运输工具卸下，再装上另一种方式的运输工具的行为。除非信用证条款禁止转运，否则银行将接受表明货物被转运的单据。

转运的规定方法比较简单，通常只规定允许或不允许。例如，“Transhipment Allowed/Not Allowed”、“Transhipment Permitted/Not Permitted”、“Transhipment Is Prohibited”。

四、装运通知条款

装运通知（Shipping Advice）是在采用租船运送大宗进出口货物的情况下，在合同中加以约定的条款。规定这个条款的目的在于明确买卖双方的责任，促使买卖双方互相配合，共同做好船货的衔接工作。此时，可在以下两种情况下进行：

（1）在FOB条件下，卖方应在规定的装运期前30～45天向买方发出货物备妥通知，以便买方派船接货。当买方接到通知后，也应将船名、抵港受载日期告知卖方，以便装货。

（2）在货物装船后，卖方在约定时间，将合约号、品名、件数、重量、金额、船名、装船的日期等电告买方，以便买方做好报关接货的准备。特别是当按CFR或CPT条件成交时，在卖方交货后，更应及时向买方发出装运通知。这一条款的规定可以明确双方责任，相互配合，做好船货衔接及融洽双方业务关系。

五、装卸时间、装卸率、滞期和速遣条款

此项条款原本在定程租船合同中规定，其目的在于约束租船人及时完成装卸任务。但是，在实际业务中，负责装卸货物的不一定是租船人，可能是买卖合同的另一方，如FOB合同的租船人是买方，而装货是卖方；反之，CIF合同的租船人是卖方，而卸货的则是买方。因此，负责租船的一方为了敦促对方及时完成装卸任务，就必须在买卖合同中规定装卸时间、装卸率和滞期、速遣条款。

1. 装卸时间（Lay Time）

它是指允许完成装卸任务所约定的时间。一般以天数或小时来表示。常见方法有如下几种。

（1）天（Days）或连续日（Running Days）。它指从午夜零时到次日午夜零时，不管天气如何，有一天算一天，没有任何扣除。当以“天”表示装卸时间时，从装货开始到卸货结束，整个经过的天数就是总的装货或卸货时间（不管实际装卸业时间）。它适合装运矿石、石油等使用油管、传送带装卸的货物，对租船人不利。

（2）累计 24 小时工作日（Working Days of 24 Hours）。累计 24 小时作为一个工作日，如某港口每天作业为 8h，则作业 3 个工作日才能算租约合同中的一个工作日。这对租船人有利，对船方不利。

（3）连续 24 小时晴天工作日（Weather Working Days of 24 Consecutive Hours）。它指在好天气情况下，连续作业 24 小时算一个工作日，因坏天气不能作业的时间扣除。这种方法适用于昼夜作业的港口，我国一般采用这种办法。当采用此规定办法时，还要规定星期天和节假日是否计算在内。

除此之外，有时还按“港口习惯速度尽快装卸”办理，这种方法容易产生纠纷，尽量少用。

2. 装卸率(Load/Discharge Rate)

它是指每日装卸货物的数量。一般按照港口的正常装卸速度，不能过高也不能过低。过高，完不成装卸任务，要承担滞期费的损失；过低，虽然能提前完成任务，得到船方的速遣费，但船方会因装卸率低、船舶在港时间长而增加运费，也使租船人得不偿失。

3. 滞期费和速遣费

滞期费（Demurrage）是指在规定的装卸期限内，租船人未完成装卸作业，给船方造成经济损失，租船人对超过的时间向船方支付一定的罚金。

速遣费（Dispatch Moncy）是指在规定的装卸期限内，租船人提前完成装卸作业，使船方节省了在港开支，船方向租船人支付一定的奖金。

按惯例，速遣费一般为滞期费的一半。滞期、速遣费用通常约定为每天若干金额，不足一天者，按比例计算。

3.5.4 主要运输单据

一、海运提单（Bill of Lading，B/L）

1. 提单的性质和作用

提单是承运人或其代理人在收到货物后签发给托运人的一种证件，它体现了承运人与托运人之间的相互关系。

提单的性质和作用，主要表现在下列 4 个方面：

（1）承运人或其代理人出具的货物收据。

（2）代表货物所有权的凭证。

（3）承运人和托运人双方订立的运输契约的证明。

（4）结汇单据。

2. 提单的内容

海运提单包括班轮提单和租船合同项下的提单两种。这两种提单的格式不同，其内容也有很大差别。前者除提单正面列有托运人和承运人分别填写的有关货物与运费等记载事项外，背面还印有涉及承运人与货方之间的权利、义务与责任豁免的条款；后者仅在提单正面列有简单的记载事项，并表明“所有其他条款、条件和例外事项按某年某月某日租船合同办理”，而提单背面则无印就的条款。

3. 提单的分类

（1）按签发提单时货物是否装船来分类，可分为已装船提单(Shipped or on Board B/L)和备运提单(Received for Shipment B/L)。

① 已装船提单是指货物装船后，由承运人签发给托运人的提单。提单上必须载明装货船名和装船日期。已装船提单在国际贸易中被广泛使用。

② 备运提单是指承运人在收到托运货物等待装船期间，向托运人签发的提单。这种提单没有肯定的装货日期，往往不注明装运船舶的名称，因而买方和银行一般不接受备运提单。

（2）按提单有无不良批注分类，可分为清洁提单(Clean B/L)和不清洁提单(Unclean or Foul B/L)。

① 清洁提单是指货物交运时外表状况良好，承运人未加有关货损或包装不良或其他有碍结汇批注的提单。清洁提单是国际贸易中广泛采用的提单。

② 不清洁提单是指承运人加注货物外表状况不良或存有缺陷等批注的提单，如“包装不固”、“破包”、“X件损坏”等。

（3）按提单收货人抬头分类，可分为记名提单(Straight B/L)、不记名提单(Bearer B/L)和指示提单(Order B/L)。

① 记名提单是指在收货人栏内，具体填明收货人名称的提单。它只能由提单上所指定的收货人提货，不能转让，又称为“不可转让提单”。记名提单一般只用于运输贵重物品或有特殊用途的货物。

② 不记名提单又称“空白提单”，是指收货人一栏内不填写收货人名称而留空的提单。提单持有人可不作任何背书转让或提取货物。由于这种提单风险大，故国际贸易中很少使用。

③ 指示提单是指在收货人栏内只填写凭指示或凭某人指示字样的一种提单。这种提单可以背书转让，又称“可转让提单”。背书的方式有两种：一种是空白背书，仅由背书人(提单转让人)在提单的背面签字盖章；另一种是记名背书，即转让人除签字盖章外，还需列明受让人(被背书人)的名称。在国际贸易中，指示提单被普遍使用。我国在出口业务中大多使用凭指示空白背书的提单，习惯上称为“空白抬头”、“空白背书”提单。

此外，按运输方式分类，提单可分为直达提单(Direct B/L)、转船提单(Transshipment B/L)和联运提单(Through B/L)；按签发日期分类，提单可以分为预借提单(Advanced B/L)、倒签提单(Anti-dated B/L)和过期提单(Stale B/L)。

4. 海运提单样本

BILL OF LADING

<table>
<tr><td colspan="2">1) SHIPPER 托运人</td><td rowspan="6">10) B/L NO.

C O S C O
中国远洋运输(集团)总公司

CHINA OCEAN SHIPPING
(GROUP)CO. ORIGINAL

COMBINED TRANPORT
BILL OF LADING</td></tr>
<tr><td colspan="2">2) CONSIGNEE 收货人</td></tr>
<tr><td colspan="2">3) NOTIFY PARTY 通知人</td></tr>
<tr><td>4) PLACE OF RECEIPT 收货地</td><td>5) OCEAN VESSEL 船名</td></tr>
<tr><td>6) VOYAGE NO. 航次</td><td>7) PORT OF LOADING 装运港</td></tr>
<tr><td>8) PORT OF DISCHARGE 卸货港</td><td>9) PLACE OF DELIVERY 目的港</td></tr>
</table>

<table>
<tr><td colspan="6">11) MARKS 唛头　12) NOS. &KINDS OF PKGS 包装与件数　13) DESCRIPTION OF GOODS 商品名称
14) G. W. (kg)毛重和体积　15) MEAS(m^3)</td></tr>
<tr><td colspan="6"></td></tr>
<tr><td colspan="6">16) TOTAL NUMBER OF CONTAINERS OR PACKAGES(IN WORDS)总件数</td></tr>
<tr><td>FREIGHT & CHARGES
运费支付</td><td>REVENUE TONS
计费吨数</td><td>RATE
价格</td><td>PER</td><td>PREPAID
预付</td><td>COLLECT
到付</td></tr>
<tr><td>PREPAID AT 预付</td><td colspan="2">PAYABLE AT 应付</td><td colspan="3">(7) PLACE AND DATE OF ISSUE
签发地点与日期</td></tr>
<tr><td>TOTAL PREPAID
总额预付</td><td colspan="2">(8) NUMBER OF ORIGINAL B(S)L
正本提单份数</td><td colspan="3"></td></tr>
<tr><td colspan="3">LOADING ON BOARD THE VESSEL

19) DATE</td><td colspan="3">20) BY</td></tr>
</table>

二、其他主要运输单据

1. 铁路运输单据

铁路运单(Railway Bill B/L)是铁路承运人收到货物后所签发的铁路运输单据。我国对外贸易铁路运输按营运方式分为国际铁路联运和国内铁路运输两种方式。其中，前者使用国际货协铁路运单，后者使用承运货物收据。

(1) 国际货协运单(International Cargo Agreement Transportation)。国际货协运单使用正副本方式。运单正本随同货物从始发站到终点站交给收货人，作为铁路向收货人交付货物的凭证。运单副本在发货站加盖承运期戳记，成为货物已被承运的证明，发货人凭之向银行要求结汇。国际货协运单不能转让。

(2) 承运货物收据(Cargo Receipt)。承运货物收据是对港澳铁路运输中使用的一种结汇单据。该收据包括大陆段和港段两段运输，是代办运输的外运公司向出口人签发的货物收据，也是承运人与托运人之间的运输契约，同时还是出口人办理结汇手续的凭证。

2. 航空运单

航空运单(Air Way Bill，AWB)是航空公司收到货物后出具的货物收据和运输凭证。航空运单与海运提单性质不同，它只能表示承运人已收到货物，起到货物收据的作用，却不是物权凭证。当货到目的地后，收货人不是凭航空货运单提货而是凭航空公司发出的“到货通知”提取货物。所以，航空运单不能背书转让，也不能作为有价证券流通。

3. 多式联运单据

多式联运单据(Multimodal Transportation Documents)是指多式联运经营人在收到货物后签发给托运人的单据。按照国际商会《联合运输单证统一规则》的规定，多式联运经营人负责货物的全程运输。

每节一练

一、不定项选择题

1. 船公司一般按货物的(　　)重量计收运费。

A. 净重　　B. 毛重　　C. 法定重量　　D. 理论重量

2. 在进出口业务中，能够作为物权凭证的运输单据有(　　)。

A. 铁路运单　　B. 海运提单　　C. 航空运单　　D. 邮包收据

3. 签发国际多式联运提单的承运人的责任是(　　)。

A. 只对第一程运输负责　　B. 必须对全程运输负责

C. 对运输不负责　　D. 只对最后一程运输负责

4. 按《UCP 600》解释，若信用证条款中未明确规定是否“允许分批装运”、“允许转运”，则应视为(　　)。

A. 可允许分批装运，但不允许转运　　B. 可允许分批装运和转运

C. 可允许转运，但不允许分批装运　　D. 不允许分批装运和转运

5. 海运提单日期应理解为(　　)。

A. 货物开始装船的日期　　B. 货物装船过程中任何一天

C. 货物装船完毕的日期　　D. 签订运输合同的日期

6. 我方出口孟加拉一批货物，以CFR价格条件成交，该货于8月15日开始装船，8月18日装毕，8月20日起航，9月6日抵达目的港，9月8日客户提货，我交货日期是(　　)

A. 8月15日　　　B. 8月18日　　　C. 8月20日

D. 9月6日　　　E. 9月8日

7. 班轮运输的特点是(　　)。

A. 定线、定港、定期和相对稳定的运费费率

B. 由船方负责对货物的装卸，运费中包括装卸费，不规定滞期、速遣条款

C. 承运货物的品种、数量较为灵活

D. 双方权利、义务、责任豁免以船公司签发的提单的有关规定为依据

8. 按提单对货物表面状况有无不良批注，可分为(　　)。

A. 清洁提单　　　B. 不清洁提单　　　C. 记名提单　　　D. 不记名提单

9. 海运提单的性质与作用主要是(　　)。

A. 海运单据的唯一表现形式

B. 承运人或其代理人出具的货物收据

C. 代表货物所有权的凭证

D. 承运人与托运人之间订立的运输契约的证明

10. 国际货物买卖中比较常见的装运港和目的港的规定方法有(　　)。

A. 笼统地规定装运港和目的港

B. 一般情况下，只规定一个装运港和一个目的地

C. 大宗商品可规定两个装运港和目的港

D. 在双方洽商暂无法确定装运港和目的港时，可采用选择港方式

二、判断题

1. 重量吨和尺码吨统称为运费吨。　(　　)

2. 一重量吨就是一公吨，一尺码吨就是一立方米。　(　　)

3. 如合同中规定装运条款为“2003年7/8月份装运”，那么我出口公司必须将货物于7月、8月两个月内，每月各装一批。　(　　)

4. 清洁提单是指不载有任何批注的提单。　(　　)

5. 凡装在同一航次、同一条船上的货物，即使装运时间和装运地点不同，也不作为分批装运。　(　　)

三、计算题

1. 我国出口到某国商品100箱，每箱毛重40kg，体积为40cm×30cm×20cm，其运费计算标准为W10级，基本费率为80美元，另收燃油附加费15%，计算该批运费。

2. 我公司向澳大利亚出口商品1000箱，经香港中转，用纸箱包装，每箱毛重50kg，体积为0.06m^3，运费计算标准W/M10级，基本运费为400元人民币，加燃油附加费29%，绕航附加费18%，则应付多少人民币运费?(100港元=80元人民币)

3. 某商品每箱毛重30kg，体积0.05m^3，共出口40箱。原报价每箱30美元FOB上海。现客户要求改报CFR××港。经查该商品计费标准为W/M，每运费吨费率为200美元，港口附加费10%。我方现应如何报价?

四、案例分析题

1. 有份CIF合同，出售矿砂5000公吨，合同的装运条款规定："CIF Hamburg，1989年2月由一船或数船装运。"卖方于2月15日装运了3100公吨，余数又在3月1日装上另一艘轮船。当卖方凭单据向买方要求付款时，买方以第二批货物延期装运为由，拒绝接受全部单据，并拒付全部货款。问：买方可否拒绝接受全部单据，并拒付全部货款？

2. 有一份合同，出售中国丝苗大米10 000吨。合同规定："自2月开始，每月装船，1000吨，分10批交货。"卖方从2月开始交货，但当交至第五批大米时，大米品质有霉变，不适合人类食用，因而买方以此为理由，主张以后各批交货均应撤销。在上述情况下，买方能否主张这种权利？为什么？

3. 有一份出售成套设备的合同，合同规定分5批交货。但在第三批交货时，买方发现交货的品质有严重缺陷，根本达不到合同所规定的技术标准。因此，买方主张全部合同无效。在上述情况下，买方能否主张这种权利？为什么？

3.6 国际货物运输保险

【学习目的】

(1) 了解货运保险的基本知识。

(2) 掌握保险公司的承保范围、承包险别。

(3) 学会办理货运保险业务及订立合同中的保险条款。

(4) 掌握保险单的缮制。

3.6.1 什么是国际海运保险

在海运货物保险中，保险人的承保范围包括可保障的风险、可补偿的损失和可为保险公司承担的费用3个方面。国际保险市场对上述风险和损失都有特定的解释。

一、风险

风险是造成损失的原因。由于商船在海运中风险很大，海运事故频繁，所以海上货物运输保险是各类险种中发展最早的。

1. 一般海上风险

一般海上风险(Marine Risks)又称海难(Perils of the Sea)，是指船舶或货物在海上运输过程中所遇到的自然灾害和意外事故。

(1) 自然灾害(Natural Calamities)是指由于自然界的变异引起破坏力量所造成的现象，如恶劣气候、雷电、地震、海啸、火山爆发、洪水等。

(2) 意外事故(Fortuitous Accidents)是指船舶搁浅、触礁、沉没、互撞或与其他固体物如流冰、码头碰撞，以及失踪、失火、爆炸等意外原因造成的事故或其他类似事故。

2. 外来风险

外来风险(Extraneous Risks)一般指由于外来原因引起的风险，即除了海上风险以外的、来自于保险标的物外部的、对保险标的物产生损害的风险。外来风险包括一般外来风险和特殊外来风险。一般外来风险是指由于一般外来原因所造成的风险，主要包括偷窃、渗漏、短量、碰损、钩损、生锈、雨淋、受热受潮等。特殊外来风险是指由于军事、政治、国家政策法令和行政措施等以及其他特殊外来原因，如战争、罢工、交货不到、被拒绝进口或没收等。

海上货物运输保险中的风险分类如图 3.17 所示。

- 风险
  - 海上风险
    - 自然灾害
    - 意外事故
  - 外来风险
    - 般外来风险
    - 特殊外来风险

图 3.17 海上货物运输保险中的风险分类

二、损失

海上损失(Marine Losses)简称海损，是指被保险货物在海运过程中，由于海上风险所造成的船或货物的损坏或灭失。

根据国际保险市场的一般解释，凡与海陆连接的陆运过程中所发生的损坏或灭失，也属于海损范围。就货物损失的程度而言，海损可分为全部损失和部分损失；就货物损失的性质而言，海损又可分为共同海损和单独海损。

1. 全部损失

全部损失(Total Losses)简称全损，是指运输中的整批货物或不可分割的一批货物的全部损失，有实际全损(Actual Total Losses)和推定全损(Constructive Total Losses)两种。其中，前者是指货物全部灭失、或完全变质、或不可能归还被保险人而言的损失；后者是指虽未达到完全灭失的状态，但是要避免实际全损所需的费用超过其货物价值。具体分析见表 3-10。

表 3-10 实际全损和推定全损的鉴别

全部损失	**实际全损**	货物完全灭失，如船遇难后沉没，货物同时沉入海底
		货物失去原有用途和价值，如茶叶经过海水浸泡后不能饮用
		货物的所有权被剥夺，如船只被海盗抢劫走，货物被敌方扣押
		船舶失踪达到一定期限仍无音讯
	推定全损	货物在海上运输途中遭遇承保风险后，虽未达到完全灭失的状态，但是进行施救、整理和恢复原状所需的费用，或者再加上续运至目的地的费用总和估计要超过货物在目的地的完好状态的价值

对于推定全损，被保险人可以要求保险人按部分损失赔偿，也可要求按全损赔偿。如果要求按全损赔付，则被保险人必须向保险人发出委付通知。所谓委付(Abandonment)，是指被保险人表示愿意将保险标的物的全部权利和义务转移给保险人，并要求保险人按全损赔偿的行为。委付必须经保险人同意接受后才能生效。

2. 部分损失

部分损失(Partial Losses)是指被保险货物损失没有达到全部损失的程度。凡不属于实际全损和推定全损的损失均为部分损失，其又可分为共同海损与单独海损。

(1) 共同海损。共同海损(General Average，G. A.)是指载货船舶在海运途中遇到危及船、货的共同危险，船方为了维护船舶和货物的共同安全或使航程得以继续完成，有意地并且合理地做出的某些特殊牺牲或支出的特殊费用。

共同海损的成立应具备以下条件：

① 船方在采取措施时，必须确有危及船、货共同安全的危险存在，不能主观臆测可能有危险发生而采取措施。

② 船方所采取的措施必须是有意的、合理的。

③ 所做出的牺牲或支出的费用必须是非常性质的。非常性质是指这种牺牲或费用不是通常业务中所必然会遇到或支出的。

④ 构成共同海损的牺牲和费用支出必须是有效的。

共同海损牺牲和费用应该由船舶、货物和运费三方共同按最后获救的价值的比例分摊，这种分摊叫做共同海损分摊。

(2) 单独海损。单独海损(Particular Average，P. A.)是指船舶在运行过程中发生的，仅仅涉及船或货单方面利益的损失。单独海损由风险直接导致。单独海损的特点如下：它不是人为有意造成的部分损失；它是保险标的物本身的损失；单独海损由受损失的被保险人单独承担，但其可根据损失情况从保险人那里获得赔偿。根据英国海商法，当货物发生单独海损时，保险人应赔金额的计算，等于受损价值与完好价值之比乘以保险金。

共同海损与单独海损的联系表现在以下两方面：

① 从性质上看，两者都属部分损失。

② 共同海损往往由单独海损引起。

共同海损与单独海损的区别表现在以下 4 个方面：

① 造成海损的原因不同。单独海损是由所承保的风险直接导致的船、货的损失，而共同海损是为解除或减轻风险，人为地有意识地采取合理措施造成的损失。

② 损失的承担者不同。单独海损的损失由受损者自己承担，而共同海损的损失则由受益各方根据获救利益的大小按比例分摊。

③ 损失的内容不同。单独海损仅指损失本身，而共同海损则包括损失及由此产生的费用。

④ 涉及的利益方不一样。单独海损只涉及损失方个人的利益，而共同海损是为船货各方的共同利益所受的损失。

对于海上运输保险承保的海上损失分类概括如图 3.18 所示。

- 损失
  - 全部损失
    - 实际全损
    - 推定全损
  - 部分损失
    - 共同海损
    - 单独海损

图 3.18 海上运输保险承保的海上损失分类

【案例分析】

某货轮从天津新港驶往新加坡，在航行途中船舶货舱起火，大火蔓延到机舱，船长为了船货的共同安全，决定采取紧急措施，往舱中灌水灭火。火虽被扑灭，但由于主机受损，无法继续航行。于是船长决定雇佣拖轮将货船拖回新港修理。检修后重新驶往新加坡。事后调查，这次事件造成的损失如下：①1500 箱货物被火烧毁；②800 箱货物由于灌水灭火受损；③主机和部分甲板被烧坏；④拖船费用；⑤额外增加的燃料和船长、船员工资。以上损失中哪些属于共同海损？哪些属于单独海损？

分析：①和③项是因火灾而造成的直接损失，属于单独海损，货主和船方各自负责自己的损失；②、④和⑤项是因维护船、货共同安全，进行灌水灭火而造成的损失和产生的费用，属于共同海损，费用由各方按比例分摊。

三、费用

海上费用(Expenses & Charges)是指由于海上风险而造成的费用上的损失。保险人承担的费用是指当保险标的发生风险事故后，为减少货物的实际损失而支出的合理费用，包括施救费用和救助费用。

施救费用(Sue and Labor Expenses)是指当被保险标的遭受保险责任范围内的灾害事故时，由投保人或其代理人、雇佣人和保险单的受让人等采取措施，抢救保险标的，以防止扩大损失，由于实施此种抢救行为所支出的合理费用。

救助费用(Salvage Charges)是指在被保险标的遭遇保险责任范围以内的灾害事故时，由保险人或投保人以外的第三者采取有效的救助措施而向其支付的报酬。对于此种救助行为，按照国际法的规定，获救方应向救助方支付相应的报酬，所支付的该项费用被称为救助费用，属于保险赔付范围。

3.6.2 海运保险的险别

一、我国海运保险条款

中国人民保险公司制订的《中国保险条款》(China Insurance Clauses，CIC)，将海运货物保险险别，分为基本险(Basic Insurance Coverage)和附加险(Additional Insurance Coverage)两类。

基本险也称主险，可以单独投保；而附加险不能独立投保，只有在投保某一种基本险的基础上才能加保附加险。

1. 我国海运货物保险的基本险别

(1) 平安险(Free from Particular Average，F. P. A.)。平安险是我国保险业的习惯叫法，英文原意是“单独海损不赔”。平安险承诺以下 8 项责任：

① 被保险货物在运输途中由于恶劣气候、雷电、海啸、地震等自然灾害而造成整批货物的全部损失或推定全损。

② 由于运输工具造成搁浅、触礁、沉没、互撞与流冰或其他物体碰撞以及失火、爆炸意外事故造成货物的全部或部分损失。

③ 在运输工具已经发生搁浅、触礁、沉没、焚毁意外事故的情况下，货物在此前后又在海上遭受恶劣气候，雷电、海啸等自然灾害而造成的部分损失。

④ 在装卸或转运时，由于一件或数件整件货物落海而造成的全部或部分损失。

⑤ 被保险人对遭受承担责任范围内危险的货物采取抢救，防止或减少货物措施而支付的合理费用，但以不超过该批被救货物的保险金额为限。

⑥ 当运输工具遭遇海难后，在避难港由于卸货所引起的损失，和在中途港、避难港，由于卸货、存仓以及运送货物所产生的特别费用。

⑦ 共同海损的牺牲，分摊和救助费用。

⑧ 运输契约订有“船舶互撞”条款，根据该条款规定由货方偿还船方的损失。

(2) 水渍险(With Paticular Average，W. P. A.)或(With Average，W. A.)。水渍险也是我国保险业的习惯叫法，英文原意是“负责单独海损”。水渍险承保的责任范围如下：

① 平安保险承担的全部责任。

② 被保险货物由于恶劣气候、雷电、海啸、地震、洪水自然灾害所造成的部分损失。

因此，水渍险的责任范围比平安险大，保险费率也高。

(3) 一切险(All Risks)。一切险的承保范围如下：

① 水渍险承保的全部责任。

② 被保险货物在运输途中，由于一般外来风险所致的全部或部分损失。

一切险的责任范围比水渍险大，保险费率也比水渍险高。一切险的承保责任范围是各种基本险中最广泛的一种，因而比较适宜于价值较高、可能遭受损失因素较多的货物投保。特殊外来原因所造成的损失不包括在内，需要时必须另行加保。

3 种基本险别的责任范围大小顺序为：一切险＞水渍险＞平安险。投保人可根据货物的特点、运输路线等情况选择投保 3 种险别中的任一种。

(4) 基本险的责任起讫和除外责任。根据保险条款规定，上述基本险承保责任的起讫，采用国际保险业通用的“仓至仓条款”(Warehouse to Warehouse，W/W Clause)。该条款规定，保险人的保险责任自被保险货物运离保险单所载明的起运地仓库或储存处所开始运输时生效，直到该项货物到达保险单所载明目的地收货人的最后仓库或储存处所或被保险人用作分配、分派或非正常运输的其他储存处为止。如未抵达上述目的地，则在货物于最后卸载港全部卸离海轮后 60 天为止。在上述 60 天内如再需转运，则开始转运时保险责任终止。海运保险条款规定，基本险的索赔时效自被保险货物在最后卸载港全部卸离海轮后起算，最多不超过两年。

上述基本险还规定了下列除外责任(Exclusions)：

① 被保险人的故意行为或过失所造成的损失。

② 属于发货人责任引起的损失。

③ 在保险责任开始前，被保险货物已存在的品质不良或数量短差所造成的损失。

④ 被保险货物的自然损耗、本质缺陷、特性以及市价跌落、运输延迟所造成的损失和费用。

⑤ 属于海洋运输货物战争险条款和货物运输罢工险条款规定的责任范围和除外责任。

2. 我国海运货物保险的附加险

附加险是基本险的扩大和补充，承保由外来风险所造成的损失，可分成一般附加险和特殊附加险，分别对应于一般外来风险和特殊外来风险。

(1) 一般附加险。一般附加险包括偷窃提货不着险、淡水雨淋险、渗漏险、短量险、钩损险、破碎碰损险、锈损险、混杂沾污险、串味险、包装破裂险、受潮受热险 11 种。这 11 种附加险只能在投保平安险和水渍险的基础上加保一种或数种险别，但若投保“一切险”，因上述险别均包含在内，故无须加保。

(2) 特殊附加险。特殊附加险主要有战争险、罢工险、舱面险、拒收险、交货不到险、黄曲霉素险、进口关税险以及出口货物到香港(包括九龙在内)或澳门地区的存仓火险责任扩展条款 8 种。

附加险不能单独投保、可在投保一种基本险的基础上，根据货运需要加保其中的一种或若干种。在投保了一切险后，因一切险中已包括了所有一般附加险的责任范围，所以只需在特殊附加险中选择加保。已投保战争险后另加保罢工险不另收费，一般同时投保。

(3) 附加险的责任起讫与除外责任。战争险的责任起讫与基本险所采用的“仓至仓条款”不同，而是以“水上危险”为限，是指保险人的承保责任自货物装上保险单所载明的启运港的海轮或驳船开始，到卸离保险单所载明的目的港的海轮或驳船为止。如果货物不卸离海轮或驳船，则从海轮到达目的港当日午夜起算满 15 日为止，当再装上续运海轮时，保险责任才继续有效。

附加险的索赔时效与基本险相同，即自被保险货物在最后卸载港全部卸离海轮后起算，最多不超过两年。

保险公司在战争险项对下列原因造成的损失不负责赔偿：由于敌对行为使用原子弹或热核制造的武器导致被保险货物的损失和费用；由于执政者、当权者或其他武装集团的扣押、拘留引起的承保运程的丧失或挫折所致的损失。

罢工险的损失必须都是直接损失，对间接损失不负责赔偿。例如，由于罢工而引起的动力或燃料匮乏，使冷藏机停止工作造成冷藏货物化冻变质的损失，保险公司不负赔偿责任。

其他附加险的除外责任与基本险大致相同。

风险、损失和险别的关系见表 3 - 11。

表 3-11　风险、损失和险别的关系

风险和险别		损　失	全部损失		部分损失		其他损失	
			实际全损	推定全损	共同海损	单独海损	一般其他损失	特别特殊损失
风险	海上风险	自然灾害	√	√	√	√		
		意外事故	√	√	√	√		
	外来风险	一般外来风险					√	
		特别特殊外来风险						√
险别	基本险	平安险	√	√	√	*		
		水渍险	√	√	√	√		
		一切险	√	√	√	√	√	
	附加险	一般附加险					√	
		特别特殊附加险						√

二、伦敦保险协会海运货物保险条款

现行英国伦敦《协会货物条款》是 1982 年 1 月 1 日的修订本，与我国现行保险条款相比，其形式和内容都有所不同。

1. 协会货物条款(A)[ICC(A)]

ICC(A)可以独立投保，其责任范围较广，采取“一切风险减除外责任”的方式。ICC(A)大体相当于中国人民保险公司所规定的一切险，其责任范围最广。除外责任包括：①一般除外责任，如因包装原因造成损失、由船方原因造成损失、使用原子或热核武器所造成的损失；②不适航、不适货除外责任，如被保险人在装船时已知船舶不适航、不适货；③战争除外责任；④罢工除外责任。

2. 协会货物条款(B)[ICC(B)]

ICC(B)可以独立投保，其责任范围采用“列明风险”的方法，包括：①火灾、爆炸；②船舶货驳船触礁、搁浅、沉没或者倾覆；③陆上运输工具倾覆或出轨；④船舶、驳船或运输工具同水以外的任何外界物体碰撞；⑤在避难港卸货；⑥地震、火山爆发、雷电；⑦共同海损牺牲；⑧抛货；⑨浪击落海；⑩海水、湖水或河水进入船舶、驳船、运输工具、集装箱、大型海运箱或储存处所；⑪货物在装卸时落海或跌落造成整件的全损。ICC(B)大体相当于中国人民保险公司所规定的水渍险，它比 ICC(A)责任范围小。ICC(B)的除外责任，除对“海盗行为”和恶意损害的责任不负责外，其余均与 ICC(A)的除外责任相同。

3. 协会货物条款(C)[ICC(C)]

ICC(C)的承保风险比 ICC(A)和 ICC(B)要小得多，它只承保“重大以外事故”，而不承保“自然灾害及非重大意外事故”。ICC(C)可以独立投保，其责任范围也采用“列明风险”的方式，包括：①火灾、爆炸；②船舶或驳船触礁、搁浅、沉没或倾覆；③陆上运输工具倾覆或出轨；④船舶、驳船或运输工具同除水以外的任何外界物体碰撞；⑤在避难港卸货；

⑥共同海损牺牲；⑦抛货。ICC(C)的除外责任与ICC(B)完全相同。

4. 协会货物战争险条款

战争险主要承保由于下列原因造成的标的物的损失：①战争、内战、革命、叛乱、造反或由此引起的内乱，或交战国或针对交战国的任何敌对行为；②捕获、拘留、扣留、禁止或扣押以及这些行为的后果或这方面的企图；③遗弃的水雷、鱼雷、炸弹或其他遗弃的战争武器。战争险的除外责任与ICC(A)的“一般除外责任”及“不适航、不适货除外责任”大致相同。

5. 协会货物罢工险条款

罢工险主要承保标的物的下列损失：①罢工者、被迫停工工人或参与工潮、暴动或民变人员造成的损失或费用；②罢工、被迫停工或工潮、暴动或民变造成的损失或费用；③任何恐怖主义者或任何人出于政治目的采取的行动所造成的损失或费用。

上述5种主要险别可作为独立的险别进行投保，此外还有一种附加险别，即恶意损害险。

6. 恶意损害险条款

恶意损害险承保除被保险人以外的其他人(如船长、船员)的故意破坏行为所造成的被保险货物的灭失或损坏，但出于政治动机的人的行为除外。它在ICC(A)中列为承保责任，在ICC(B)和ICC(C)中均列为除外责任。因此，在投保ICC(B)和ICC(C)时，如需取得这种风险的保障，则应另行加保恶意损害险。

英国伦敦保险协会海运货物保险条款对保险期限的规定，同我国海运货物保险条款对期限的规定大体相同，也是“仓至仓”，但其规定比我国有关条款的规定更为详细，在此不再赘述。

3.6.3 其他运输方式的保险

在国际贸易中，货物运输除了主要采用海洋运输方式之外，还有陆上运输、航空运输、邮政包裹运输以及由海运、陆运、空运等两种或两种以上运输方式衔接起来所组成的多式联运方式。随着国际贸易的发展，陆上、航空、邮政运输的保险在整个保险业务中的重要性也日益显著。

一、陆上运输货物保险条款

中国人民保险公司修订的《陆上运输货物保险条款》规定：陆上货物的运输险分为陆运险和陆运一切险两种基本险。

1. 陆运险和陆运一切险

(1) 陆运险(Overland Transportation Risks)。陆运险的承保责任范围是指保险公司负责赔偿被保险货物在运输途中遭受暴风、雷电、洪水、地震等自然灾害，或由于运输工具遭受碰撞、倾覆、出轨，或在驳运过程中因驳运工具遭受搁浅、触礁、沉没、碰撞，或由于遭受隧道坍塌、崖崩或失火、爆炸等意外事故所造成的全部或部分损失。由此可见，陆运的保险责任范围与海洋运输保险条款中的“水渍险”相似。

（2）陆运一切险（Overland Transportation All Risks）。陆运一切险的承保责任范围除上述陆运险的责任外，还包括运输途中，由外来原因造成的短少、偷窃、渗漏、碰损、破碎、钩损、雨淋、生锈、受潮、受热、发霉、串味、沾污等全部或部分损失，这与海洋运输货物保险条款中的“一切险”相似。

注意：以上陆运险和陆运一切险的责任范围均适用于火车和汽车运输。

（3）陆上货物运输保险的除外责任。陆运险、陆运一切险的除外责任与海洋运输货物险的除外责任相同。

（4）陆上货物运输保险责任起讫。陆上货物运输保险也采用“仓至仓”条款原则，即保险责任从被保险货物远离保险单所载明的起运地发货人的仓库或储存处所开始，包括正常陆运和有关水上驳运在内，直到该货物送至保险单所载明的目的地收货人仓库或储存处所，或者被保险人用作分配、分派或非正常运输的其他储存处所为止。如果没有送抵保险单所载明的目的地收货人仓库或储存处所，则以到达最后卸载车站之后 60 天为限。如在中途转车，那么不论货物在当地卸车与否，保险责任从火车到达中途站的当日午夜起满 10 天为止。如果被保险货物在 10 天内继续装车续运，则保险责任继续生效。

2. 陆上运输冷藏货物险

陆上运输冷藏货物险是陆上货物险中的一种专门险。其主要责任范围如下：保险公司除负责陆运险所列举的各项损失外，还负责被保险货物在运输途中由于冷藏机器或降温设备的损坏或者车厢内储存冰块的溶化所造成的解冻溶化以至腐败的损失。但是，对由于战争、罢工或运输延迟而造成的被保险冷藏货物的腐败或损失以及被保险货物开始时因未保持良好状态，包括整理加工和包扎不妥、冷冻上的不合规定及骨头变质所引起的货物腐败和损失则不负责任，至于一般的除外责任条款，也适用本险别。

陆上运输冷藏货物的责任自被保险货物远离保险单所载明起送地点的冷藏仓库装入运送工具开始运输时生效。其包括正常陆运和与其有关的水上驳运在内，直至该项货物到达保险单所载明的目的地收货人仓库为止。最长保险责任以被保险货物到达目的地车站后 10 天为限。中国人民保险公司的该项条款还规定：装货的任何运输工具，都必须有相应的冷藏设备或隔离温度的设备；或供应和储存足够的冰块使车厢内始终保持适当的温度，保证被保险冷藏货物不致因溶化而腐败，直至目的地收货人仓库为止。

3. 陆上运输货物战争险（火车）

陆上运输货物战争险（Overland Transportation Cargo War Risks-by Train）是陆上运输货物险的特殊附加险，在投保陆运险和陆运一切险的基础上可加保。陆上运输货物战争险承保直接由于战争、类似战争行为以及武装冲突所造成的损失。保险人的具体责任同海运战争险基本类似，陆上运输货物战争险（火车）保险责任自被保险货物装上保险单所载明的起运地发货人的火车时开始，到卸离保险单所载目的地的火车为止。如果被保险货物不卸离火车，则本保险责任最长期限以火车到达目的地的当日午夜起 48 小时为止。如在中途转车，则不论货物在当地卸车与否，保险责任从火车到达中途站的当日午夜起满 10 天为止。如果被保险货物在 10 天内重新装车续运，则本保险责任恢复生效。但是，如运输契约在保险单所载明目的地以外的地点终止，则该地即视为本保险单所载目的地，仍照前述规定终止责任。

此外，陆运货物运输罢工险也是一种陆运附加险，其保险手续的办理也与海运货物罢工险相同，即在加保战争险的同时加保罢工险，不另收费。若仅要求加保罢工险，则按战争险费率收费。

二、航空货物运输保险

中国人民保险公司修订的《航空运输保险条款》规定：航空运输货物保险分为航空运输险和航空运输一切险两种基本险别。

1. 航空运输险和航空运输一切险

（1）航空运输险(Air Transportation Risks)。航空运输险的承保责任范围与海洋运输保险条款中的“水渍险”相似。其包括被保险货物在运输途中遭受雷电、火灾、爆炸或由于飞机遭受恶劣气候或其他危难事故而被抛弃，或由于飞机遭遇碰撞、倾覆、坠落或失踪等自然灾害和意外事故所造成的全部或部分损失。

（2）航空运输一切险(Air Transportation All Risks)。航空运输一切险的承保责任范围与海洋运输货物保险条款中的“一切险”相似，除上述航空运输险的各项责任外，还包括被保险货物由于一般外来原因所造成的全部或部分损失。

（3）航空货物运输保险的除外责任。航空运输险、航空运输一切险的除外责任与海洋运输货物保险条款基本险的除外责任基本相同。

（4）航空货物运输保险责任起讫。航空货物运输保险责任起讫期限也采用“仓至仓”条款原则。不同的是，如果货物运达保险单所载明的目的地而未送抵保险单所载明的目的地收货人仓库或储存处所，则以到达最后卸载地卸离飞机之后 30 天保险责任即告终止。如在上述 30 天内，被保险货物需转送非保险单所载明的目的地，那么保险责任以该项货物开始转送时终止。

2. 航空运输货物战争险

在投保航空运输险时可加保战争险等附加险别。航空运输货物战争险(Air Transportation Cargo War Risks)与海洋货物运输战争险的有关规定基本相同。值得注意的是，如果被保险货物不卸离飞机，那么本保险责任起讫期限则以载货飞机到达目的地的当日午夜起算满 15 天为止。

此外，航空货物运输险还可以加保罢工险，其保险手续的办理也与海运货物罢工险相同，即在加保战争险的同时，加保罢工险，不另收费。若仅要求加保罢工险，则按战争险费率收费。其责任范围与海洋运输罢工险相同。

三、邮政包裹运输保险条款

中国人民保险公司修订的《邮包险条款》规定：邮政包裹运输保险分为邮包险和邮包一切险两种基本险。

1. 邮包险和邮包一切险

（1）邮包险(Parcel Post Risks)。邮包险的承保责任范围是被保险货物在运输途中由于恶劣气候、雷电、海啸、洪水、自然灾害，或由于运输工具遭受搁浅、触礁、碰撞、沉没、倾覆、出轨、坠落、失踪，或由于失火、爆炸等意外事故所造成的全部或部分损失；另外，其还负责被保险人对遭受保险责任范围内的货物采取抢救、防止或减少货损的措施而支付的合理费用，但以不超过该批被抢救货物的保险金额为限。

(2) 邮包一切险(Parcel Post All Risks)。邮包一切险的承保责任范围除上述邮包险的各项责任外，还负责被保险的邮包在运输途中由于外来原因所致的全部或部分损失。

(3) 邮政包裹运输险的除外责任。邮包险、邮包一切险的除外责任与海洋运输货物险条款中基本险的除外责任相同。

(4) 陆上货物运输保险责任起讫期限。邮包险的责任起讫期限是自被保险邮包离开保险单所载明的起运地点寄件人的处所运往邮局时开始生效，直至被保险邮包运达保险单所载明的目的地邮局，自邮局签发到货通知书当日午夜起算，满15天终止。但是，在此期限内，若邮包一经递交至收件人的处所，则保险责任即行终止。

2. 邮包运输货物战争险

邮包战争险(Parcel Post War Risks)是邮包险的一种附加险。保险公司的责任范围与上述陆运、空运保险条款的战争险基本相同，但保险责任起讫有所区别，它的保险责任是在被保险的邮包经邮政机构收讫后，自储存处所开始运送时生效，直至该项邮包运达保险单所载明的目的地邮政机构送交收件人为止。

此外，在附加险方面，除战争险外，海洋运输货物保险中的一般附加险和特殊附加险险别和条款均可适用于陆、空、邮运输货物保险。

3.6.4 国际货物运输保险投保事项

一、明确保险利益

按照国际保险业的惯例，保险公司只对有保险利益的人承担赔偿责任。保险利益(Insurance Interest)又被称为可保权益，是指投保人对保险标的具有法律上承认的利益。就货物运输保险而言，反映在运输货物上的利益主要是货物本身的价值，也包括与此相关的运费、保险费、关税、预期利润等。

在国际货物运输保险业务中，保险公司并不是对所有的保险合同都承担“仓至仓”责任的。例如，按FOB或CFR术语成交，由于货物的风险是在装运港越过船舷后才由卖方转移给买方，也就是说货物越过船舷后买方才对该货物具有可保利益，所以保险公司在此承担的责任不是“仓至仓”，而是“船至仓”。

二、选择保险险别

在国际货物运输保险业务中，买卖双方可根据货物本身的特点和运输途中的风险情况对保险险别加以选择。

按《2010年国际贸易术语解释通则》的规定，卖方有办理保险义务的只有两个贸易术语——CIF和CIP。按CIF或CIP术语成交，货物在运输途中的风险由买方承担，但由于货价的构成中包含了货运保险费，所以办理货运保险手续、支付保险费是卖方的义务。买卖双方约定的险别通常为平安险、水渍险、一切险3种基本险别中的一种，还可在此基础上加保一种或若干种附加险。在买卖双方未约定投保险别的情况下，按惯例卖方可投保保险公司承保责任范围最小的险别。在CIF或CIP术语的货价构成中，一般不包括战争险等特殊附加险的费用。因此，如果买方要求加保战争险等附加险时，则其费用应由买方负担。

除上述险种外，中国人民保险公司还承办两种独立的险别：

（1）卖方利益险(Contingency Insurance Clause—Cover Seller's Interest Only)是指在FOB(FCA)或CFR(CPT)条件下，采用了非信用证结算方式，万一货物在运输途中受损，买方又拒不付款赎单，若卖方事先投保了这一险别，可由保险公司赔偿卖方的损失。

（2）出口信用保险(Export Credit Insurance)是由国家专营的保险公司或国家指定的金融机构开办的一种信用保险，属于政策性保险，是国家鼓励出口的一项措施。其承保的是进口商的信用风险和进口国的政治风险。出口信用保险通常用于采用属于商业信用支付方式的情况，主要以短期业务为主。

三、核算保险金额和保险费

保险金额(Insured Amount)也称为投保金额，是指被保险人向保险公司投保的金额，也是保险公司承担的最高赔偿金额，还是计算保险费的基础。保险金额一般应由买卖双方经过协商确定。按CIF或CIP术语成交，买卖双方应该在合同中约定保险金额，如未约定，按惯例保险金额通常按CIF或CIP总值加成10%计算。加成的10%是作为买方的经营管理费用和预期利润。保险金额的计算公式为

保险金额＝CIF(或CIP)总值×110%

保险费是保险公司经营业务的基本收入，是保险合同生效的前提条件。保险费的计算公式为

保险费＝保险金额×保险费率

保险费率是按照不同货物、不同目的地、不同运输工具和保险险别，由保险公司根据货物损失率和赔付率，并在此基础上，参照国际保险费水平、结合我国情况制定的。

例如，某外贸企业按CIF条件出口一批货物，CIF总值为5000美元，按发票金额加成10%投保一切险、战争险，则应付保险费为多少？（一切险费率为0.3%，战争险费率为0.04%）

解： 保险金额＝CIF总值×110%＝5000×110%＝5500(美元)

保险费＝保险金额×保险费率＝5500×(0.3%＋0.04%)＝18.7(美元)

所以，应付保险费18.7美元。

四、了解保险单证

保险公司出具保险单是以投保单内容为依据，投保单各保险公司事先已印制好，样本如图3.19所示。

保险单证既是保险公司对被保险人的承保证明，也是保险公司和被保险人之间的保险契约，它具体规定了保险公司和被保险人的权利和义务。在被保险货物遭受损失时，保险单证是被保险人索赔的依据，也是保险公司理赔的主要依据。在国际贸易中，保险单证是可以转让的。

中保财产保险有限公司上海市分公司

The People's Insurance (Property) Company of China, Ltd. Shanghai Branch

进出口货物运输保险投保单

Application From form I/E Marine Cargo Insurance

被保险人 SHANGHAI IMPORT & EXPORT CORPORATION
Assured's Name

发票号码（出口用）或合同号码（进口用） Invoice No. or Contract No.	包装数量 Quantity	保险货物项目 Description of Goods	保险金额 Amount Insured
AS PER INVOIE NO. TX0522	66 CARTONS	CHINESE GREEN TEA	USD36080.00

装载运输工具 PUDONG 航次、航班或车号 V.503 开航日期 JUN.10.2006
Per Conveyance Voy. No. Slg. Date

自 SHANGHAI 至 OSAKA 转运地 ______ 赔款地 OSAKA
From To W/Tat Claim Payable at

承保险别：FOR 110% OF THE INVOICE VALUE COVERING ALL RISKS AS PER PICC DATE 1/1/1981
Condition & / or
Special Coverage

投保人签章及公司名称、电话、地址：
Applicant's Signature and Co.'s Name, Add. And
Tel. No.
1321 ZHONGSHAN ROAD SHANGHAI 上海进出口贸易公司
021-65788877

备注：
Remarks

投保日期：2006.06.04
Date

保险公司填写： 报单号： 费率： 核保人：

图 3.19 保险单证样本(一)

1. 保险单(Insurance Policy)

又称“大保单”，是投保人与保险公司之间订立的正式的保险合同。它除了在正面载明证明双方当事人建立保险关系的文字、被保险货物的情况、承保险别、理赔地点以及保险公司关于所保货物如遇险可凭本保险单及有关证件给付赔款的声明等内容外，在背面还对保险人和被保险人的权利和义务做了规定。其样本如图 3.20 所示。

2. 保险凭证(Insurance Certificate)

俗称“小保单”，是一种简化了的保险合同，它与正式的保险单具有同样的效力。保险凭证只有正面的内容，无背面条款，但其一般标明按照正式保险单上所载保险条款办理。

3. 联合凭证(Combined Certificate)

又可称为“联合发票”，是一种将发票和保险单相结合的、比保险凭证更为简化的保险单证。保险公司将承保的险别、保险金额以及保险编号加注在投保人的发票上，并加盖印戳，其他项目均在发票上列明为准。这种单证只有我国采用，并且仅适用于对港、澳地区的出口业务。

海 洋 货 物 运 输 保 险 单

MARINE CARGO TRANSPORTATION INSURANCE POLICY

被保险人

Insured: SHANGHAI IMPORT & EXPORT CORPORATION

中保财产保险有限公司（以下简称本公司）根据被保险人的要求，及其所缴付约定的保险费，按照本保险单承担的险别和背面所载条款与下列特别条款承保下列货物运输保险，特签发本保险单。

This policy of Insurance witnesses that The People's Insurance (Property) Company of China, Ltd. (hereinafter called "The Company"), at the request of the Insured and consideration of the premium paid by the Insures, undertakes to insure the under-mentioned goods in transportation subject to the condition of this Policy as per the Clauses printed overleaf and other special clauses attached hereon.

ORIGINAL

保险货物项目 Descriptions of Goods	包装 单位 数量 Parking Unit Quantity	保险金额 Amount Insured
CHINESE GREEN TEA	660 CARTONS	USD36080.00

承保险别 FOR 110% OF THE INVOICE VALUE COVERING 货物标记 AS PER INVOICE NO. X0522

Condition ALL RISKS AS PER PICC DATE 1/1/1981 Marks of Goods

总 保 险 金 额：

Total Amount Insured: SAY US DOLLARS THRITY SIX THOUSAND EIGHTY ONLY

保费 As arranged 运输工具 开航日期：

Premium Per conveyance S. S PUDONG V.503 Slg. On or abt JUN,10,2006

起运港 目的港

From SHANGHAI To OSAKA

所保货物，如发生本保险单项下可能引起索赔的损失或损坏，应立即通知本公司下述代理人查勘。如有索赔，应向本公司提交保险单正本（本保险单共有 2 份正本）及有关文件。如一份正本已用于索赔，其余正本则自动失效。

In the event of loss or damage which may result in a claim under this Policy, immediate notice must be given to the Company's Agent as mentioned hereunder. Claims, if any, one of the Original Policy which has been issued in TWO Original (s) together with the relevant documents shall be surrendered to the Company, If one of the Original Policy has been accomplished, the others to be void.

THE PEOPLE'S INSURANCE (PROPERTY) COMPANY OF CHINA, LTD. OSAKA BRANCH

98 LSKL MACH OSAKA JAPAN

TEL：028-543657

中保财产保险有限公司

THE PEOPLE'S INSURANCE (PROPERTY) COMPANY OF CHINA, LTD.

赔款偿付地点

Claim payable at OSAKA

日期 在

Date JUN,05,2006 at SHANGHAI General Menager：凡玲

地址：

Address:

The People's Insurance (Property) Company of China,

图 3.20 保险单证样本(二)

4. 预约保险单(Open Policy)

又称为"开口保险单"，它是被保险人和保险人之间订立的总合同。订立这种合同的目的是简化保险手续，又可使货物一经装运即可取得保障。合同中规定承保货物的范围、险别、费率、责任、赔款处理等条款，凡属合同约定的运输货物，在合同有效期内自动承保。

五、了解合同中的保险条款

在国际货物买卖合同中，货运保险条款是一个重要的内容，如何订立应取决于买卖双方在合同中所采用的贸易术语。

以 FOB、CFR 或 FCA、CPT 术语成交，合同中的保险条款可订为："保险由买方办理

(Insurance is to be covered by the Buyer)”。

以CIF或CIP术语成交，条款内容要明确由卖方办理保险，包括保险险别是什么、保险金额是多少、受何种保险条款的约束以及保险条款的生效日期等。例如，合同中的保险条款可定为：

“保险由卖方按发票金额的××%投保××险、××险，以中国人民保险公司1981年1月1日海洋货物运输保险条款为准”。

“由卖方按发票金额的110%投保一切险和战争险，按1981年1月1日中国人民保险公司海洋货物运输保险条款负责”。

六、进行保险索赔

如果被保险的货物在保险责任有效期内发生属于保险责任范围内的损失，则被保险人可向保险公司提出索赔。

1. 分清责任

被保险人在发现被保险的货物遭受损失后，首先应分清责任，并向有关责任方提出索赔。例如，被保险人或其代理人在提货时发现货物包装有明显的受损痕迹，或整件短少或散舱货物已经残损，除向保险公司报损外，还应立即向承运人、海关、港务当局等索取货损货差证明，及时向有关责任方提出索赔，并保留追偿的权利，必要时还要申请延长索赔时效。

2. 及时通知保险公司

当被保险人获悉被保险货物已遭受损失，并确定属于保险公司的承保责任范围时，应立即通知保险公司，以便保险公司在接到损失通知后采取相应的措施。

3. 采取合理的施救措施

在被保险货物受损后，被保险人应对受损的货物采取相应的施救、整理措施，以防止损失的扩大，由此而产生的施救费用由保险公司负责赔偿，但以不超过该批被救货物的保险金额为限。

4. 备妥索赔的依据

被保险人在办理保险索赔时，一定要备妥索赔的依据，否则会使索赔的过程复杂化。在索赔时，通常需提交的单证包括：①保险单或保险凭证正本；②运输单据；③发票；④装箱单、重量单；⑤第三责任方请求赔偿的函电或其他凭证；⑥检验报告；⑦海事报告摘录；⑧货损、货差证明；⑨索赔清单。

保险公司的赔偿方式有两种：不论损失程度和计免赔率。

对有些在运输途中容易发生破碎或短少的瓷器、玻璃制品、矿砂等，保险公司在赔偿时一般有计免赔率的规定，免赔率分为绝对免赔率和相对免赔率。绝对免赔率(Deductibles)是指保险公司只负责赔偿超过免赔率的部分损失；相对免赔率(Franchise)是指若损失超过规定的免赔率，则全部损失都赔，如未超过则不赔。有时投保人要求取消这种免赔率，即不论损失程度多少都赔，保险公司也可接受，不过要加收保险费。一般加收的标准是免赔率每降低1%，费率则增加0.5%。

每节一练

一、不定项选择题

1. 我某公司出口稻谷一批，因保险事故被海水浸泡多时而丧失其原有用途，货到目的港后只能低价出售，这种损失属于(　　)。

A. 单独损失　　B. 共同损失　　C. 实际全损　　D. 推定全损

2. 某批出口货物投保了水渍险，在运输过程中由于雨淋致使货物遭受部分损失，这样的损失保险公司将(　　)。

A. 负责赔偿整批货物

B. 负责赔偿被雨淋湿的部分

C. 不给予赔偿

D. 在被保险人同意的情况下，保险公司负责赔偿被雨淋湿的部分

3. 有一批出口服装，在海上运输途中，因船体触礁导致服装严重受浸，如果将这批服装漂洗后再运至原定目的港所花费的费用已超过服装的保险价值，这批服装应属于(　　)。

A. 共同海损　　B. 实际全损　　C. 推定全损　　D. 单独海损

4. CIF 合同的货物在装船后因火灾被焚，应由(　　)。

A. 卖方承担损失　　B. 卖方负责请求保险公司赔偿

C. 买方负责请求保险公司赔偿　　D. 承担运费的一方赔偿

5. 按国际保险市场惯例，投保金额通常在 CIF 总值的基础上(　　)。

A. 加一成　　B. 加二成　　C. 加三成　　D. 加四成

6. 根据我国“海洋货物运输保险条款”规定，“一切险”包括(　　)。

A. 平安险加 11 种一般附加险　　B. 一切险加 11 种一般附加险

C. 水渍险加 11 种一般附加险　　D. 11 种一般附加险加特殊附加险

7. 出口茶叶，为防止运输途中串味，在办理保险时，应投保(　　)。

A. 串味险　　B. 平安险加串味险　　C. 水渍险加串味险　　D. 一切险

8. 土畜产公司出口肠衣一批，为防止在运输途中因容器损坏而引起渗漏损失，保险时应投保(　　)。

A. 渗漏险　　B. 一切险　　C. 一切险加渗漏险　　D. 水渍险加渗漏险

9. 我国海上货物保险的基本险种包括(　　)。

A. 平安险　　B. 战争险　　C. 水渍险　　D. 一切险

10. 运输工具在运输途中发生了搁浅、触礁、沉没等意外事故，不论意外发生之前或之后货物在海上遭遇恶劣气候、雷电、海啸等自然灾害造成被保险货物的部分损失，属于以下(　　)的承包范围。

A. 平安险　　B. 水渍险　　C. 一切险　　D. 附加险

二、判断题

1. 海上保险业务的意外事故仅局限于发生在海上的意外事故。　　(　　)

2. 当托运出口玻璃制品时，被保险人在投保一切险后，还应加保破碎险。 （ ）

3. 我方进口货物一批，投保一切险，货物在海运途中部分被火焚。经查，一切险中11种附加险并无火险，对此损失保险公司不承担责任。 （ ）

4. 在国际贸易中，向保险公司投保一切险，在运输途中由于任何外来原因造成的一切货损，均可向保险公司索赔。 （ ）

5. 水渍险的责任范围是除平安险责任范围以内的全部责任外，还包括由于暴风、巨浪等自然灾害引起的部分损失。 （ ）

三、计算题

1. 深圳某公司对某商出口茶叶200箱(每箱净重30kg)，价格条款C.I.F. 伦敦每箱50英镑，向中国人民保险公司投保F.P.A. 平安险，以C.I.F. 价格加成10%作为投保金额，保险费率为0.6%。则保险金额及保险费为多少?

2. 某商品对伦敦的出口价格为每件32英镑CFR伦敦，如果客户要求报CIF价格，并按发票的120%投保水渍险和战争险(水渍险费率为0.3%，战争险费率为0.05%)，则应报价多少?

四、案例分析题

某载货船只载着甲货主的3000箱棉织品、乙货主的50公吨小麦、丙货主的200公吨大理石驶往美国纽约。货轮起航的第二天不幸遭遇触礁事故，导致船底出现裂缝，海水入侵严重，使甲货主的250箱棉织品和乙货主的5公吨小麦被海水浸湿。因裂口太大，船长为解除船、货的共同危险，使船舶浮起并及时修理，下令将丙货主的50公吨大理石抛入海中，船舶修复后继续航行。货轮继续航行的第三天又遭遇恶劣气候，使甲货主另外50箱货物被海水浸湿，事后调查，这次航行造成的损失包括：①船底裂缝；②被海水浸湿的甲货主的250箱棉织品和乙货主的5公吨小麦；③被抛入海中的丙货主的50公吨大理石；④被海水浸湿的甲货主另外50箱货物。从上述情况和各项损失的性质来看，哪些属单独海损，哪些属共同海损?

3.7 国际交易的收付

【学习目的】

(1) 了解各种国际交易支付工具的内容和作用。

(2) 掌握各种国际货款支付方式，合理选用支付方式并知晓其具体的运作程序。

(3) 学会审核各种结汇单证，并熟练运用和填制合同支付条款。

3.7.1 支付工具

在国际贸易中，进出口货款如何支付是一个复杂的问题，也是买卖双方密切关心的重要问题之一。国际贸易是国与国之间的商品交换，货物从出口国到进口国需要有一定的运转过程和交接手续，存在着一定的风险；买卖双方又分处两地，很难与国内零售贸易那样，严格地做到交货和付款同时进行。其次，因为双方国家在法律体制、金融管理、货币制度、外汇管制方面，存在着这样或那样的差别。再次，货款的结算，除买卖双方之外，往往还需要有银行或其他金融机构介入，关系复杂。为了保证交易的顺利进行和货款的安全收付，买卖双方有必要事先就货款支付的时间、地点，付款的途径与方法以及用于支付的货币等一系列与支付有关的问题，做出具体安排。由于这些问题直接关系到买卖双方的切身利益，其中任何一个方面的变化都可能给双方当事人带来不同的经济后果，因此在磋商过程中，买卖双方当然要力争订立对自己有利的条件，以确保自身的经济利益。

在国际贸易中，主要的支付工具是货币和票据。其中，前者用于计价、结算和支付，后者用于结算和支付。现代国际贸易以现金结算货款是极个别的，而且仅限于少量的货款，通过信用工具的票据结算则是主要的。其中，以汇票使用最多，本票、支票次之。

一、汇票

作为国际结算中的一个主要组成成分，国际贸易货款的支付一般都是利用汇票这种支付凭据，通过银行进行的。我国在对外贸易中也大量地使用汇票作为支付工具。

1. 汇票的含义

汇票(Bill of Exchange，Draft)是一种债权证书，它是由一个人向另一个人签发的无条件的书面支付命令。它要求对方立即或者在一定时间之内，对某人或其指定的人或持票人支付一定的金额。汇票样本如图 3.21 所示。

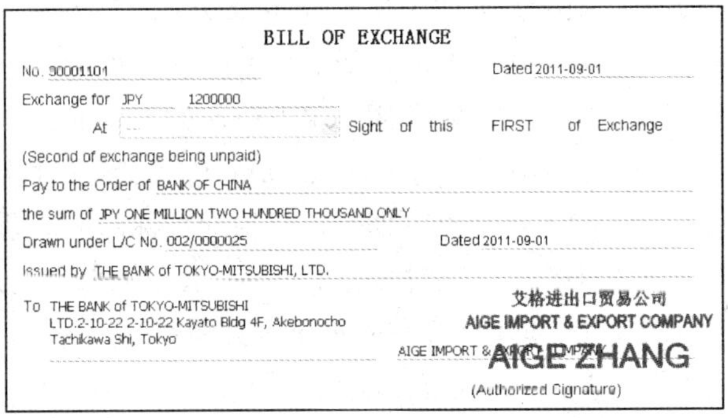
BILL OF EXCHANGE

No. 90001101　　Dated 2011-09-01

Exchange for JPY 1200000

At --- Sight of this FIRST of Exchange

(Second of exchange being unpaid)

Pay to the Order of BANK OF CHINA

the sum of JPY ONE MILLION TWO HUNDRED THOUSAND ONLY

Drawn under L/C No. 002/0000025　　Dated 2011-09-01

Issued by THE BANK of TOKYO-MITSUBISHI, LTD.

To THE BANK of TOKYO-MITSUBISHI
LTD.2-10-22 2-10-22 Kayato Bldg 4F, Akebonocho
Tachikawa Shi, Tokyo

艾格进出口贸易公司
AIGE IMPORT & EXPORT COMPANY
AIGE ZHANG
(Authorized Cignature)

图 3.21　汇票样本

2. 汇票的基本内容

(1) 汇票的当事人。

① 出票人(Drawer)。开出汇票的人，在进出口业务中，通常就是出口人。

② 受票人(Drawee)。汇票的付款人(Payer)，在进出口业务中，通常就是进口人或其指定的银行。

③ 受款人(Payee)。受领汇票所规定的金额的人，在进出口业务中，通常就是出口人或其指定的人。在资本主义国家，由于汇票可以自由转让，因此汇票的受款人也可能是与原来的进出口交易毫无关系的第三者。

(2) 金额和货币。汇票必须明确具体地规定受票人应付的金额，并注明使用的货币。在国际贸易中，原则上汇票的金额应在合同或信用证金额的范围内，如无特殊规定，则其具体金额和货币一般必须与发票金额和货币一致，否则受票人有权拒付。

(3) 付款时间。汇票还需规定明确的付款时间，如“见票即付”、“见票后 30 天付款”

等。根据有关国家法律的规定，付款日期不肯定的汇票不是汇票。例如，在汇票上规定“见票后”或者“船只到达××时”付款，都是无效的。

(4) 出票和付款地点。汇票一般应注明开票和付款地点。一般分别以汇票上所列的出票人和受票人的所在地表示。根据有关国家法律的解释，受票人对未注明付款地的汇票可提出付款地点。

(5) 出票人签字。

3. 汇票的种类

(1) 银行汇票(Banker's Bill)和商业汇票(Commercial Draft)。由银行开立的汇票即为银行汇票，它一般是银行应汇款人的要求，开立以银行为付款人的汇票，这种汇票一般由汇款人直接寄交收款人，凭票向银行取款。在国际贸易中，凡由出口商签发，向进口商或银行收取货款或其他款项的汇票，都属商业汇票。

(2) 光票(Clean Bill)和跟单汇票(Documentary Draft)。汇票按流转时是否附有提单、发票、保险单等货运单据，可分为光票和跟单汇票两种。光票是指不附货运单据的汇票，即只凭汇票付款，不附交任何单据。跟单汇票是指附有货运单据的汇票，出票人必须提交约定的货运单据才能取得货款，而受款人必须在付清货款或提供一定保证后，才能取得货运单据，提取货物。由此可见，跟单汇票是体现了货款和单据对流的原则，出票人如没有提供单据或所提供的单据不合规定，则受票人即无付款责任；反之，受票人如不付款或拒绝接受汇票，则得不到货物所有权凭证——提单及其他货运单据。这对买卖双方来说，都提供了一定的安全保障。所以，在国际贸易中，大量使用跟单汇票作为支付工具。

(3) 即期汇票(Sight Draft)和远期汇票(Time Draft)。汇票按付款时间的不同，分为即期汇票和远期汇票两种。凡汇票上规定见票即行付款的均被称即期汇票。凡汇票上规定付款人在将来一个可确定的日期付款的，均被称远期汇票。远期汇票的付款日期有 3 种规定方法：①规定付款人见票后(After Sight)若干天付款，如见票后 30 天，60 天，120 天付款；②在出票后(After Date)若干天付款；③在提单签发日期后(After Bill of Lading)若干天付款。在实际业务中，一张汇票往往同时具备几方面的特性。例如，国际贸易中最常用的汇票既可以是商业汇票，又可以是即期汇票和跟单汇票。

4. 汇票的使用

(1) 汇票使用的一般程序。在国际贸易实际业务中，使用汇票支付货款一般需经过出票、提示、付款等程序。如果是远期汇票，则受票人在到期付款之前，还必须办理承兑手续。

出票(Issue)是指出口人根据合同签发汇票并交给受款人的行为。汇票是一种无条件支付命令书，体现着一定的债权和债务关系。因此，它们的开立需要有一定的合法前提，从国际贸易的角度来看，这个前提就是双方当事人订立的合同及其履行。

提示(Presentation)是持票人将汇票提交付款人要求付款或承兑的行为。付款人看到汇票叫做见票(Sight)。如果持票人提示的是即期汇票，那么付款人应立即付款；如果是远期汇票，那么付款人必须在汇票上写上承兑(Accepted)字样，俟汇票到期时付款。

承兑(Acceptance)是远期汇票到期之前办理的一道手续。因为按照有关国家的解释，远期汇票只有经过付款人承兑，付款人才承担到期付款的义务。

（2）汇票的转让。在国际金融市场上，汇票既是一种支付凭据，又是一种流通工具。除少数在汇票上书明“仅付××公司”（Pay ×× Co. only），或“付 ×× 公司，不得转让”(Pay ×× Co. not transferable)等所谓限制性抬头的汇票外，有关国家的汇票都可以通过议付或贴现，辗转转让。汇票在转让时，除了来人抬头(Bearer)即以持票人作为收款人的汇票，只需交付汇款而无须办理其他手续外，其他汇票的转让都需要通过背书(Endorsement)交付。背书就是由原来的持票人在汇票的背面签上自己的名字，表示该汇票已转让出去。汇票经转让后，受让人还可以通过背书方式，再次转让。所以，一张汇票在资本主义市场，可以有许多背书人，而对于某一个受让人来说，凡是在他以前背书的人，都是他的前手，在他后面的人都是他的后手，前手对后手负有担保汇票必然会被承兑或付款的责任。

（3）汇票的拒付和追索。汇票的转让是以转让人向被转让人保证付款人将承担汇票的付款义务作为前提的。但是，在资本主义国家，汇票遭到付款人拒付的现象仍是时有发生。拒付(Dishonour)包括拒绝付款和拒绝承兑的两个方面。当汇票被拒付时，持票人有权向出票人及所有“前手”背书人进行追索(Recourse)。汇票的背书人为了避免承担这种责任，也可以在背书时注明“不受追索(Without Recourse)”。

二、本票

本票(Promissory Note)是出票人对受款人承诺无条件支付一定金额的票据。

本票有由工商企业签发的商业本票和由银行签发的银行本票两种。商业本票有即期与远期之分。银行本票都是即期的。国际贸易结算中使用的本票大多是银行本票。银行本票样本和商业本票样本分别如图 3. 22 和图 3. 23 所示。

Promissory Note for USD1,000.00 Boston, 4, June,2012

On demand we promise to pay to
the order of bearer
the sum of ONE THOUSAND US DOLLARS

Payable at Boston For First National Bank of Boston

图 3. 22 银行本票样本

USD100,000.00 Haverty Furniture Companies Atlanta 6, Oct., 2012

AT SEVENTY DAYS AFTER DATE WE PROMISE TO PAY TO
THE ORDER OF BEARER
THE SUM OF ONE HUNDRED THOUSAND US DOLLARS
PAYABLE AT FULTON NATIONAL BANK, MAIN OFFICE, ATLANTA, GEORGIA
VALUE RECEIVED

HAVERTY FURNITURE CO.

Authorized Signature(s)

图 3. 23 商业本票样本

本票的当事人只有两个：出票人和受款人。本票的付款人就是出票人本人。因此，远期本票不需承兑。

本票与汇票的区别：

(1) 当事人。汇票有 3 个当事人，即出票人、付款人、收款人；本票只有两个当事人，即出票人和收款人。

(2) 份数。汇票可开成一式多份(银行汇票除外)；本票只能一式一份，不能多开。

(3) 承兑。远期汇票需经付款人承兑；本票的出票人就是付款人，无须承兑。

(4) 付款责任。在汇票承兑前出票人负主要责任，在承兑后由承兑人负主要责任；而本票的出票人始终承担第一性的付款责任。

三、支票

支票(Cheque/Check)是存款户对银行签发的、委托银行对受款人在见票时无条件支付一定金额的票据。出票人在签发支票时应在付款银行存有不低于票面金额的存款。

支票只有即期，没有远期。对于用于远期支付的支票，可将出票日期按需要往后填。支票如在左上角划上两道平行线的，则称为划线支票。这种支票的受款人只能通过往来银行代为收款入账。未经划线的支票，受款人可径自凭以向付款银行提取现款。支票样本如图 3.24 所示。

Check No.26-37-846　　　　　　New York, 16, Dec., 2012

Pay to the order of Toyota Company the sum of five thousand US dollars
USD5,000.00

To Bank of New York　　　　　　For BBB Corp., New York
New York

Authorized Signature(s)

图 3.24　支票样本

使用支票要注意以下 3 点：一是支票金额不得超过其存款金额。二是支票到手并不意味着货款到手，有时也有突发事件：客户被当局冻结了银行账户，支票被付款银行拒付退回；买方向出票银行称支票丢失，银行也会停止付款。三是支票付款即使到账也不能算资金收妥，因为支票付款后一般都有 7～10 天的退单期，退单期内出票人要求退回支票款均有效。

支票与汇票、本票的区别：

(1) 当事人。支票和汇票有 3 个，本票有两个。

(2) 性质。支票和汇票属于委托支付证券，本票属于自付证券。

(3) 到期日。支票为见票即付，汇票和本票除此之外，还有定日付款、出票后或见票后定期付款等。

(4) 承兑。汇票需承兑，本票无须承兑，支票均为即期，无须承兑。

(5) 出票人与付款人的关系。汇票的出票人与付款人之间无资金关系；本票的出票人与付款人是同一个人；支票的出票人与付款人之间有资金关系，即出票人在付款人处有存款。

注意：在国际贸易中，本票和支票的使用远没有汇票那么多，但在一些小额的和偶尔的贸易往来中也会用到，特别是一些服务贸易中，本票和支票非常好用。

3.7.2 支付方式

在国际货款的结算中，较常见的结算方式有汇付、托收和信用证 3 种，其中汇付和托收方式属于商业信用，信用证方式属于银行信用。

根据资金的流向是否与支付工具的传递方向一致，可以将支付方式分为顺汇和逆汇两种。顺汇又称汇付，指由债务人(即付款人)主动将款项交给银行购买外汇，委托银行付款给国外债权人(即收款人)的一种汇兑方式，因其汇票与资金流动方向相同，所以称为顺汇；逆汇又称出票，是指由债权人(即收款人)以汇票方式委托银行通过国外分行或代理行向债务人(即付款人)收取款项的一种汇兑方式，因其汇票与资金流动方向相反，所以称为逆汇。在国际贸易中，最常见的托收和信用证结算方式就是逆汇。

一、汇付

汇付(Remittance)泛指付款人主动通过银行或其他途径将款项汇交收款人。对外贸易的货款如采用汇付，那么一般是由买方按合同约定的条件(收到单据或货物)和时间，将货款通过银行，汇交给卖方。买方在汇款时可以采用以下 3 种不同的方式：

(1) 信汇(Mail Transfer，M/T)。信汇是由买方将款项交给进口地银行，由银行开具付款委托书，通过邮递寄交卖方所在地银行，委托其向卖方付款。

(2) 电汇(Telegraphic Transfer，T/T)。电汇是进口地银行应买方申请，直接用电讯方式通知出口地银行向卖方付款。这种方法较之信汇快捷，对卖方来说，可以提早收到货款，但是买方却要因此负担较高的费用。

(3) 票汇(Demand Draft，D/D)。票汇是由买方向进口地银行购买银行汇票自行邮寄给卖方，由卖方或其指定的人持汇票向出口地有关银行取款。

图 3.25 为信汇和电汇业务流程，图 3.26 为票汇业务流程。

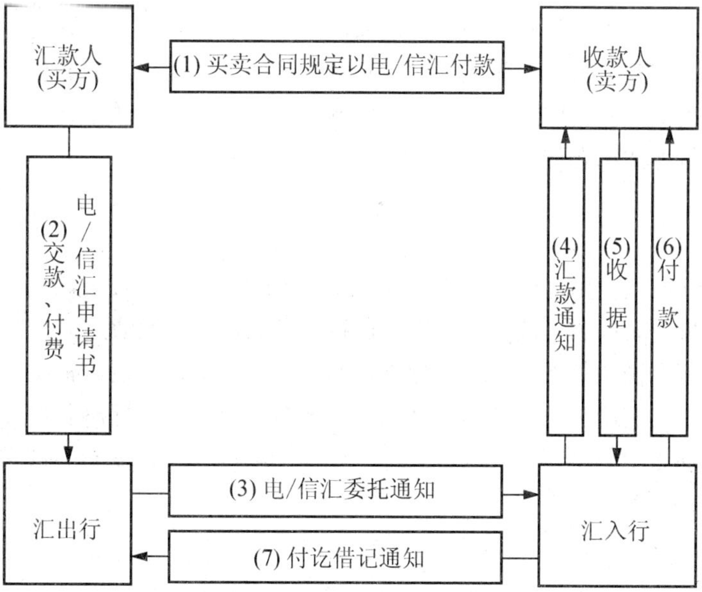

图 3.25 电汇和信汇业务流程

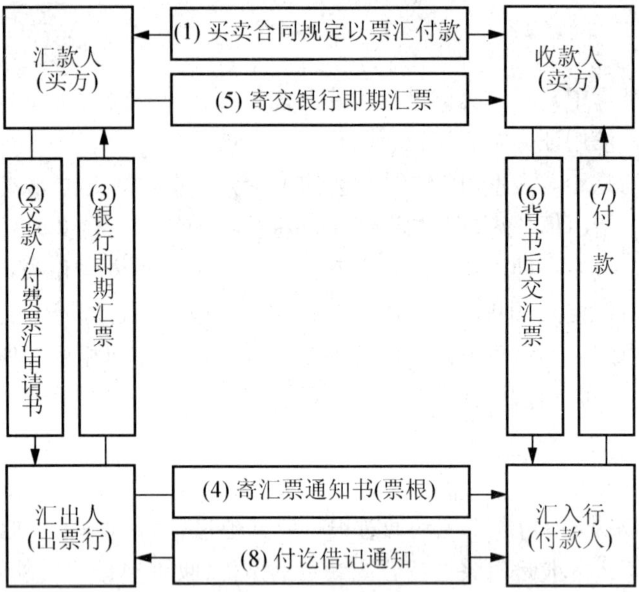

图 3.26　票汇业务流程

从上述的做法不难看出，汇付是一种最简便的支付方式，它对买卖双方的影响，可因具体采用的办法不同而有很大的差别。

从我国的出口实践看，在采用汇付时，较多是使用所谓“先出后结”的办法，即卖方在没有收到货款以前，先交出单据或货物，然后由买方主动付款。以汇付方式结算的合同，货款能否按时顺利收回，归根到底，只能凭借买方的信用，故汇付属于商业信用。如果买方拒不履约或拖延履行付款义务，那么卖方就要发生货款落空的严重损失或晚收款的利息损失。因此，除非买方的信誉可靠，否则卖方一般不轻易采用这种方式收取货款。

但是，由于这种汇付方式对于买方有较大的好处，一般来说可以先取得代表货物的装运单据或货物本身，然后付款。它有利于资金周转，可以节省采用其他方式(如信用证)所要支出的费用。因此，在对方资信可靠或与我方有特殊或比较密切关系的条件下，采用这种汇付方式时有利于扩大出口。在国际贸易中，汇付方式除了用于小额款项费用、佣金支付外，更多的是与其他支付方式结合使用，如预付定金等。

二、托收

托收(Collection)是指由卖方发货后根据发票金额开立汇票，委托银行或其他途径向买方收款。在国际贸易中，托收一般是通过银行进行，因此这里所说的是银行托收。

银行托收的基本做法如下：卖方在货物装船并取得装运单据后，根据发票金额主动开立汇票，连同装运单据交给银行(托收行，Collection Bank)，由银行根据卖方填写的委托申请书规定的条件，通过其国外代理行(Foreign Agent Bank)(或往来行、代收行)向买方收取货款。

1. 托收的种类

托收可根据汇票是否附有货运单据，分为光票托收和跟单托收两种。光票托收一般使用在合同尾数、佣金、样品费等款项的收取，不是主要方式。国际贸易的货款托收一般是跟单托收。托收的业务流程如图 3.27 所示。

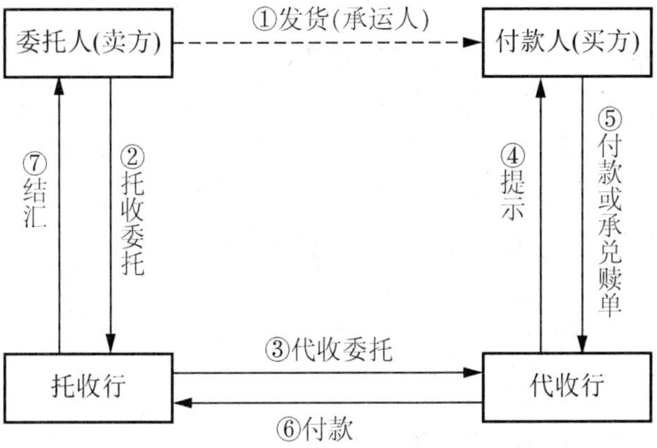

图 3.27 托收的业务流程

托收方式根据代收行向进口方交单条件的不同，可分为以下两种：

(1) 付款交单(Documents Against Payment，D/P)。指委托人(卖方，Principal)在托收时指示托收行，只有在买方付清货款时才交出单据。在这种方式下，买方只有按照规定付款，才能取得装运单据，转售或领取货物。

付款交单还可分为即期付款交单和远期付款交单两种：

① 即期付款交单(D/P at Sight)是指由卖方开具即期汇票，银行向买方提示，买方见票后即需付款，并在付清货款时领取单据。

② 远期付款交单(D/P After Sight)是指卖方开具的是远期汇票，通过代收行向买方提示，由买方承兑，待汇票到期时付款赎单。

由上述说明可知，不论是即期付款交单或是远期付款交单，进口人都只有在付清货款后，才能取得单据，提取或转售货物。在远期付款交单的条件下，如果付款日期和实际到货日期基本一致，则仍不失为对买方的一种资金融通，他可以不必在到货之前，就提前付款而积压资金。但是，如果付款日期晚于到货日期，则买方在没有付清货款以前，仍然无法取得货物。在这种情况下，买方为了抓住有利行市，不失时机地转售货物，可以采取两种做法：一是提前付款赎单，在这种情况下，买方一般可因提前付款而享受一定的现金折扣，即扣除提前付款日至原定付款日之间的利息；另一种做法，也是更常见的做法，就是凭信托收据(Trust Receipt)向银行借单，于汇票到期时才付清货款，即所谓远期付款交单凭信托收据借单(D/P·T/R)。

(2) 承兑交单(Documents Against Acceptance，D/A)。指卖方交单是以买方承兑汇票作为条件，买方承兑汇票即可从代收行取得单据，提取货物，待汇票到期时方履行付款。由于只有远期汇票才需承兑，所以承兑交单只适用于远期汇票的托收。

此外，在目前西方国家的托收业务中，不使用汇票，单凭发票和装运单据收款的做法已日渐增多，这是一种值得注意的动向。

2. 托收的性质及风险

从上述各种托收的做法不难看出，在进行一笔托收业务时，至少要有 4 个关系人，即委托人(卖方)、托收行(出口地银行)、代收行(进口地银行)和付款人(买方)。委托人和托收银行的关系是委托代理关系。托收行和代收行之间的关系同样也是委托代理关系。付款人与代收行之间不存在任何合同关系。付款人(通常为买方)向代收银行付款，并不是基于他与银行之间存在任何合同关系，而是出于他与出口人所签订的买卖合同。因此，如果付款人拒付，则代收行不能直接追偿，也不能以代收银行身份的名义对付款人提起诉讼，只能把拒付的情况通知委托人，由委托人根据买卖合同，直接与付款人办理交涉。

以上各方当事人的关系说明，虽然托收是通过银行办理，但是银行只是作为卖方的受托人行事。因此，它并没有承担付款的责任，不过问单据的真伪，如无特殊约定，则也不对已到达目的地的货物负提取和看管的责任。由此可见，托收这种支付方式仍然是建立在商业信用基础上的。毋庸讳言，托收方式是有一定风险的，为了保证收汇的安全，使对外贸易企业能按时收回货款，在使用托收这种方式出口时，仍需注意下列问题：

(1) 必须注意了解进口商的资信情况，成交金额不宜超过其经营能力和信用程度。

(2) 必须根据各种商品的具体情况考虑，托收一般比较适用于市场价格相对平稳，品质比较稳定，交易金额不太大的商品。

(3) 必须注意了解进口国家的外汇管制规定，防止货到目的地后不准进口或收不到外汇而造成损失。

(4) 必须了解有关国家的银行对托收的规定和习惯做法。国际上处理托收业务的主要根据是 1979 年 1 月 1 日生效的《托收统一规则》(国际商会第 522 号出版物，简称《URC 522》)。但是，某些地区、某些国家的银行仍有一些特殊的规定和做法。例如，拉丁美洲许多国家的银行对于托收的汇票，不论是付款交单或承兑交单，一律在货到后才提示付款或承兑；中东一些国家的银行，也有类似规定，这些都值得注意。

(5) 必须加强核算，在使用远期托收时，应当根据国际上的习惯做法，规定适当的利息、或适当提高出口价格，以弥补晚收汇的利息损失。

(6) 在使用托收收款时，应该掌握按 CIF 条件签订合同，由我方办理保险，以免货物途中发生损失或灭失，对方漏保，使我方遭到损失。

三、信用证

1. 信用证的含义和内容

信用证(Letter of Credit，L/C)是进口方银行(开证行)开立的，授权出口人(受益人)按规定条款在装货后提交汇票(有的不用汇票)及有关单据，并由该行承担付款责任的一种信用凭证。信用证是当前国际贸易中的一种主要支付方式。

信用证基本内容如下：

(1) 开证行(Opening Bank)、受益人、通知行(Advising Bank)名称、地址。有的信用证还指定议付行或付款行(Paying Bank)。这些项目说明了信用证的关系人。

(2) 信用证的种类和号码。

(3) 信用证的最高金额和所使用的货币。

(4) 汇票和单据条款。对于目前的信用证，如受益人需凭汇票收款，则规定所应开立的是什么汇票、即期或远期、汇票的金额及付款人等。如信用证未列汇票条款，则出口人可以不开汇票。

单据条款一般包括对单据种类、份数的要求，这是信用证最重要的内容。在有关国家普遍实行“单证严格符合原则”，受益人提交的单据必须与信用证规定完全一致，如有不符，那么即便是非实质性的，银行也有权拒付。

（5）对货物的说明，如品质、规格、重量、包装、单价、唛头等的要求。

（6）对运输的要求，包括装船期限、装运港、目的港、运输方式、是否允许分批装运和转船等。装船期限是指卖方应履行装船责任的最后日期，一般是以提单日期为准。如提单日期晚于信用证规定的装船期限，则开证行有权拒付。

（7）信用证议付有效期及到期地点。信用证议付的有效期是指银行承担付款责任的时限。卖方交单的时间如超过规定的有效期，则开证行可以以信用证过期为由解除其付款责任。信用证的有效期一般要晚于装运期限半个月左右，以便卖方在装船后有足够的时间领取、缮制单据及办理结汇手续。

（8）开证行对受益人保证付款的责任文句。这是确定开证行付款责任的依据，也是信用证支付方式的主要特点。

（9）特殊条款。这可根据每一笔具体交易的需要而做出不同规定。

2. 信用证支付货款的程序(图 3.28)

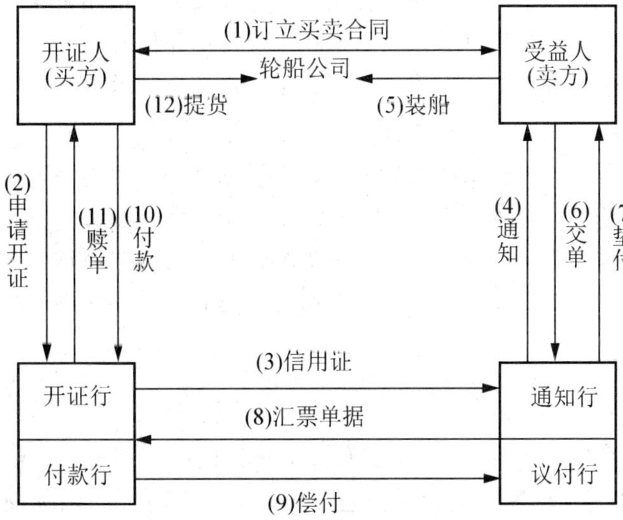

图 3.28 信用证的业务流程

在采用信用证支付货款时，一般需经过以下几个程序：

（1）买卖双方经过磋商，约定以信用证方式进行结算。

（2）进口方向开证行递交开证申请书，约定信用证内容，并支付押金或提供保证人。

（3）在开证行接受开证申请书后，根据申请开立信用证，正本寄给通知行，指示其转递或通知出口方。

（4）由通知行转递信用证或通知出口方信用证已到。通知行在开证行要求或授权下对信用证加以保兑。

（5）出口方认真核对信用证是否与合同相符，如果不符，则可要求进口商通过开证行进行修改；待信用证无误后，出口商根据信用证备货、装运、开立汇票并缮制各类单据，船运公司将装船的提单交予出口商。

（6）出口商将单据和信用证在信用证有效期内交予通知行。

（7）通知行审查单据符合信用证条款后接受单据并付款，若单证不符则可以拒付。

（8）通知行将单据寄送开证行，向其索偿。

（9）当开证行收到单据后，应核对单据是否符合信用证，如正确无误，则即应偿付通知行代垫款项，同时通知开证申请人备款赎单。

（10）进口方付款赎单，如发现不符，则可拒付款项并退单。若进口人发现单证不符，则也可拒绝赎单。

（11）开证行将单据交予进口商。

（12）进口商凭单据提货。

从上述信用证的内容和做法可以看出，信用证是一种银行信用。这是它同汇付和托收的根本区别，在信用证的条件下，银行根据买方的申请书，通过信用证上的保证条款向卖方提出付款保证。这样，银行就不再像托收那样，只是接受卖方的委托代收跟单汇票，而对能否收到货款概不负责。在信用证业务中，银行处于首先付款人的地位，只要卖方提交的单据符合信用证的条件，银行就不得无理拒付。因此，只有在银行倒闭或丧失支付能力时，出口人才可以转向进口人要求偿付货款，这就清楚地说明，原来由商人承担付款责任的商业信用已由银行承担付款责任的银行信用所代替。但是，由于进口人在信用证条件下还要负付款的最后责任，所以更明确地说，信用证是用银行信用来保证商业信用。

由于银行信用一般比商业信用可靠，因此在采用信用证付款的条件下，一般出口人只要在装运前收到信用证，收到货款就有了保证。这就在很大程度上解除了卖方在托收条件下对能否收到货款所存的疑虑，从而对扩大贸易额、发展新客户、新地区的贸易提供了可能。但是，银行信用也不是绝对可靠的，在经济危机和金融货币危机的袭击下，资本主义国家的银行还是会有倒闭的可能。即使在平时，银行凭借各种借口，拒不履行付款义务的现象也不能一概排除，因此在采用信用证付款时还需注意调查了解开证行的资信情况。

3. 信用证方式的特点

为减少对信用证各当事人的权利、责任以及所使用的条款和术语等因解释或认识不同而引起的争端，国际商会于 1930 年开始制定有关信用证的统一惯例，此后几经修改，现行的是《UCP 600》，并为各个国家的银行所普遍采用，成为最重要的国际惯例之一。从这个惯例以及上述信用证的结算程序可以看出，信用证是开证行以自己的信用做出的确定承诺。

在以信用证方式结算货款时，具有以下 3 个特点：

（1）开证银行负第一性付款责任。但是这种责任是以受益人或其指定人提交的单据严格符合信用证规定为条件的。这就是信用证业务中的“严格符合原则”。

（2）信用证是自足文件。虽然信用证是根据买卖合同开立的，但其性质是独立于买卖合同以外的文件。开证行和受益人只根据信用证行事。

（3）信用证业务是纯粹的单据业务。有关各方所处理的是单据，而不是有关的货物。

综上所述，只要受益人或其指定人提交了表面上完全符合信用证规定的单据，开证行就要负责付款。如果买方赎单后发现货物不符合同，则只能由买方自己对卖方进行交涉或索赔。相反，若卖方发运的货物与买卖合同完全相符，但单据与信用证规定不一致，则开证行也有权拒付。对此，应特别注意。

4. 信用证的种类

目前，在国际贸易中使用的信用证一般都是凭跟单汇票或只凭装运单据付款的跟单信用证(Documentary L/C)。跟单信用证还可根据其性质、期限、流通方式等不同特点，分为不同种类，常见的有如下几种。

(1) 可撤销信用证(Revocable L/C)和不可撤销信用证(Irrevocable L/C)。所谓“不可撤销”，是指信用证一经开出，在有效期内，未经受益人及有关当事人的同意，开证行不得片面撤销信用证或修改信用证的内容。只要受益人提供的单证符合信用证规定，开证行就必须履行付款的义务。这种信用证对受益人收款比较有保障，在国际贸易中使用最为广泛。相反，“可撤销”是指开证行可以不经过受益人同意也不必事先通知受益人，在议付行议付前，有权随时撤销信用证或修改信用证的内容。这种信用证对受益人收款没有多大保障，在国际贸易中极少采用。按照国际贸易惯例的解释，凡是信用证上未注明“可撤销”字样的均视为不可撤销的信用证。对此，人们必须注意。在出口业务中，一般不宜接受可撤销的信用证。

(2) 保兑信用证(Confirmed L/C)与不保兑的信用证(Unconfirmed L/C)。保兑是指一家银行开出的信用证由另一家银行加以保证兑付。经过保兑的信用证叫作保兑信用证，没有经过保兑的信用证叫做不保兑信用证。信用证经过另一家银行保兑后，就有两家银行对受益人负责，一家是开证行，一家是保兑行(Confirming Bank)，而且首先是由保兑行对受益人负责。保兑信用证对出口人安全收汇是有利的，但进口人却要因此多负担一笔保兑费。

(3) 根据银行信用证项下汇票的付款期限，信用证还可分为即期信用证和远期信用证两种：即期信用证(Sight L/C)是指银行保证见到受益人开立的即期汇票和合格的装运单据，即付货款的信用证；远期信用证(Usance L/C)是指银行保证在受益人提交装运单据后的一定期限内付款的信用证。此外，在国际贸易中，人们还可以看到一种名为远期，但对出口人来说，实际上是即期付款的所谓假远期信用证(Usance L/C Payable at Sight)。

(4) 可转让与可分割的信用证(Transferrable and Divisible L/C)。可转让的信用证是指受益人有权指示通知行或议付行，把开具汇票的权利一次转让给另一个人使用。其中，受让人(Transferee)称为第二受益人。信用证只能转让一次，既可以在受益人本国转让，也可以转让给另一国家的第二受益人。信用证经转让后，即由第二受益人办理交货，但原证的受益人作为卖方，仍需对买卖合同的执行承担责任。可分割的信用证是指受益人可将开具汇票的权利转给两个或两个以上的人使用。在我国，有些出口交易是由总公司或主管口岸统一对外成交，分口岸交货。为了便于各口岸在交货后及时办理结汇，也往往要求国外开立可转让、可分割的信用证。

(5) 带有电报索汇条款的信用证(Credit with T/T Reimbursement Clause)。这是指开证行允许议付行在议付以后用电报通知开证行，说明各种单证与信用证要求相符，开证行在接到上述电报后，有义务立即将货物用电汇拨交议付行的信用证。由于电报比邮寄迅速，所以附带电报索汇条款。对出口人来说，可以尽快收回货款，有利于资金的周转；但对进口人来说，则需要提前付出资金，对其不利，所以往往要求相应地压低货价，以弥补利息损失。

(6) 循环信用证(Revolving L/C)。循环信用证是指信用证在被受益人全部或部分利用后，其金额能够重新恢复至原金额再度被利用，直到达到规定次数或累积的总金额时为止。循环信用证适用于一些定期分批均衡供应、分批结汇的长年供货合同。在对港澳的供应商品合同中，有不少是使用自动循环信用证付款。使用这种信用证，对卖方来说，不但可以减少逐批催证、审证的手续，而且可以得到收回全部货款的确实保证，节省开证费用，从而充分利用银行的开证额度。

以上是在国际贸易中常用的几种主要的信用证，还有不少常见的和用途各异的信用证。同时，一种信用证同时还有别的名称，如海外华侨将信用证称为信用票、押汇凭信等，这些需要在实践中加以熟悉和掌握。

5. 银行保证书和备用信用证

银行保证书(Banker's Letter of Guarantee，L/G)是由银行开立的与信用证近似的担保凭证，也属于银行信用。保证书不仅用于进口，还可用于其他场合，其形式、内容和条款也多种多样，且银行承担的责任可以是第一性的，也可以是第二性的。

备用信用证(Stand by Letter of Credit)又称保证信用证，与一般信用证的区别在于一般的信用证用于履行买卖合同，若合同规定以信用证方式付款，则信用证是必要的结算凭证；而备用证是作为违约时补偿之用的，如履约正常，则可不被使用，因此称它为“备用”信用证。

四、其他支付方式

在我国，进出口货款的结算，除一般通过上述几种支付方式进行外，也在成套设备和大型机械产品的贸易方面，采用一些国际市场的习惯做法支付货款。目前，应用较多的有分期付款和延期付款两种。

1. 分期付款(Pay by Instalments)

分期付款大多应用在一些成套设备、大型交通工具，如轮船、飞机等成本较高、加工周期长，一般是专为客户订货加工的产品贸易。其基本内容是由买方根据产品的工程进度、按约定的生产阶段，分若干期付清货款，故又称按工程进度付款(Progressive Payment)。

在采用分期付款进行交易时，买方一般是在合同签订后，订购产品投产前，先交付一部分货款作为订金(一般是5%～10%)。在买方付出订金前，卖方应提出已领得该项产品的出口许可证的证明以及银行开具的保函(Letter of Guarantee)，保证卖方如不能履约，则由银行保证退还订金及利息。

至于其余货款如何分期支付，则由买卖双方根据商品生产的特点协商确定。有的商品，例如轮船，在生产过程中，买方还要凭卖方提供的完成某一生产阶段的证明，如安装龙骨、完成船体证明等分几次付部分货款。有的商品，如机器设备，则在生产完毕装船付运后，付大部分货款，其余部分则分别在到货验收、安装、试车、投产和质量保证期满时分期偿付。总之，在分期付款的条件下，最后一批货款一般都是在交货或卖方承担的质量保证期终了时付清，货物的所有权也在付清最后一笔货款时转移给买方。

2. 延期付款(Deferred Payment)

延期付款大多应用于一些成套设备和大宗商品的贸易。其基本做法是在签订合同之后，买方也要预付一小部分货款作为订金，有的合同甚至规定买方要根据加工以及装船安装、试车的进程，分期付部分货款。这两点在具体做法上，与分期付款基本相同；但大部分货款则是在交货后若干年内分期摊付。例如，有的合同规定，货款的70%在最后装船日期后5年内分10期平均偿付，延期付款部分的利息按年利率×%计算，由买方承担。

根据我国进出口业务实践，货款的延期支付部分可采用银行远期信用证和银行保函两种方式进行。

五、各种支付方式的运用

支付方式是一种竞争手段，根据策略的原则，在具体运用时，必须符合政策的要求，服从总的销售意图，根据不同的国家(地区)、不同对象、不同商品的情况，灵活掌握，以求达到既有利于对外贸易发展的需要，又能保证货物和资金的安全和加速资金周转，从而使我国的对外贸易更好地为国家建设服务。

一般说来，在出口贸易中，使用银行信用证比使用托收方式对我安全收汇较有保障，而采取即期付款又比远期付款有利。因此，在不影响扩大出口、卖得好价的前提下，争取使用即期信用证是比较安全、稳妥的。但是，针对当前国际市场竞争空前激烈的情况，为了扩大出口商品的销路、尽快尽多地创造外汇，还必须善于利用国际贸易上各种支付方式，使之扩大我国的对外贸易服务。这就要求在做好调查研究，摸清对方市场习惯采用的支付方式、外汇管制情况、竞争对手采用的支付条款和商人资信的基础上，结合我国商品的供应情况和经营意图，在保证收汇安全的前提下，根据需要灵活应用远期信用证、即期付款交单、远期付款交单或是一半信用证、一半托收等目前国际上普遍采用的方式收取货款；必要时，也可采用承兑交单。

这对于推销一些新、小商品或滞销商品，扩大对第三世界，特别是一些外汇比较短缺地区的贸易进入新市场尤为必要。在机器设备的出口方面，为了打开市场，改变我国出口商品的结构，扩大影响，在有可靠银行保证条件下，可以进一步扩大分期付款和延期付款的使用范围。

在进口方面，为了节约我国自有外汇资金，充分调动国外资金为我方所用，加快我国建设步伐，除了坚持使用即期信用证付款外，还可以争取多做一些托收、远期信用证和延期付款的贸易。对于与我国有支付协定的国家，仍应按协定规定的方式支付。

在实践中，有时为了促成交易，在双方未能就某一支付方式达成协议时，也可以采用两种或多种方式结合使用的方式，常用的有以下几种：

(1) 信用证与汇付相结合。这种方法是指部分货款用信用证支付，余数用汇付方式结算。例如，对于矿砂等初级产品的交易，双方约定：信用证规定凭装运单据先付发票金额的若干成，余数待货到目的地后，根据检验的结果，按实际品质或重量计算出确切的金额，再用汇付方式支付。

(2) 信用证与托收相结合。这种方法是指部分货款用信用证支付，余数用托收方式结算。一般做法是，信用证规定出口人开立两张汇票，属于信用证部分的货款凭光票付款，而全套单据附在托收部分汇票项下，按即期或远期付款交单方式托收。但是，信用证上必须订明“在发票金额全部付清后才可交单”的条款，以策安全。

(3) 汇付、托收、信用证三者相结合。在成套设备、大型机械产品和交通工具的交易中，因为成交金额较大，产品生产周期较长，一般采取按工程进度和交货进度分若干期付清货款，即分期付款和延期付款的方法，它们一般采用汇付、托收和信用证相结合的方式。

3.7.3 合同中的支付条款

1. 汇付支付条款

(1) 票汇条款。例如，“买方应不迟于2月1日将100%的货款用票汇预付并抵达卖方。”

(2) 电汇条款。例如，“买方应于4月20日前将30%货款电汇至卖方，其余货款收到正本提单传真后5日内支付。”

2. 托收支付条款

在买卖双方约定通过托收支付货款时，合同的支付条款必须订明托收的种类、付款期限、交单方式和买方承兑汇票的责任以及买卖双方的其他权利和义务。

(1) 付款交单(D/P)条款。

① 即期付款交单。例如，“买方应凭卖方开具的即期跟单汇票于见票时立即付款，付款后交单。”

② 远期付款交单。例如，“买方对卖方开具的见票后××天付款的跟单汇票，于提示时应即予承兑，并应于汇票到期日即予付款，付款后交单。”

(2) 承兑交单(D/A)条款。例如，“买方对卖方开具的见票后××天付款的跟单汇票，于见票时应即予承兑，并应于汇票到期日即予付款，承兑汇票后交割。”

3. 合同中的信用证条款

下面以我国对外出口业务中常用的支付条款为例，简单介绍信用证支付条款的主要内容。

(1) 即期信用证条款。例如，“买方应于××年×月×日前(或接到卖方通知×天内或签约后×天内)通过××银行开出以卖方为受益人的(由××银行保兑的)不可撤销的(可转让可分割的)全部发票金额的即期信用证，信用证有效期延至装运日期后15天在中国到期。”

如果要求电汇，则可在上列条款内加列“信用证应列明在收到议付电报通知后即以电汇偿付。”

(2) 远期信用证条款。例如，“买方应于××年××月×日前(或接到卖方通知后×天内或签约后×天内)通过××银行开立以卖方为受益人的不可撤销的(可转让的)见票××天(或装船后×天)付款的银行承兑信用证。信用证议付有效期延至上述装运期后15天在中国到期。”

(3) 循环信用证条款。“买方应于××日前开到装运口岸以卖方为受益人的不可撤销的、即期循环信用证。该信用证于议付后第二天自动恢复至原金额，直至装运口岸完成本合同所规定的总值或数量为止，在未完成总值或总数量之前，买方不得任意中止循环信用证，该信用证议付有效期至××日在装运口岸到期。”

此外，合同中还应就卖方应该提交的结汇单据的种类和份数做出明确规定。

每节一练

一、不定项选择题

1. 属于顺汇方法的支付方式是(　　)。

A. 汇付　　B. 托收　　C. 信用证　　D. 银行保函

2. 使用D/P、D/A和L/C这3种结算方式，对于卖方而言，风险由大到小依次为（　　）。

A. D/A、D/P和L/C　　B. L/C、D/P和D/A

C. D/P、D/A和L/C　　D. D/A、L/C和D/P

3. 属于银行信用的国际贸易支付方式是（　　）。

A. 汇付　　B. 托收　　C. 信用证　　D. 票汇

4. 信用证的第一付款人是（　　）。

A. 进口商　　B. 开证行　　C. 出口商　　D. 通知行

5. 出票人是银行，受票人也是银行的汇票是（　　）。

A. 商业汇票　　B. 银行汇票　　C. 光票　　D. 跟单汇票

6. 支票是以银行为付款人的（　　）。

A. 即期汇票　　B. 远期汇票　　C. 即期本票　　D. 远期本票

7. D/P at sight 指的是（　　）。

A. 远期付款交单　　B. 即期付款交单　　C. 跟单托收　　D. 承兑交单

8. 下列几种结算方式中，对卖方而言风险最大的是（　　）。

A. 票汇　　B. 承兑交单　　C. 即期付款交单　　D. 远期付款交单

9. 在国际贸易货款的收付中，使用的票据主要有（　　）。

A. 汇票　　B. 本票　　C. 支票　　D. 发票

10. 信用证支付方式的特点是（　　）。

A. 信用证是一种商业信用　　B. 信用证是一种银行信用

C. 信用证是一种单据的买卖　　D. 信用证是一种自足的文件

二、判断题

1. 对于卖方而言，D/A 60天要比D/P 60天风险要大。（　　）

2. 信用证是一种银行开立的无条件的付款承诺的书面文件。（　　）

3. 托收是商业信用，所使用汇票是商业汇票；信用证是银行信用，所使用汇票是银行汇票。（　　）

4. 在票汇情况下，买方购买银行汇票径寄卖方，因采用的是银行汇票，故这种付款方式属于银行信用。（　　）

5. 在承兑交单情况下，在由代收行对汇票进行承兑后，向进口商交单。（　　）

三、案例分析题

1. 我某丝绸进出口公司向中东某国出口丝绸制品一批，合同规定：出口数量为2100箱，价格为2500美元/箱CIF中东某港，5～7月分3批装运，即期不可撤销信用证付款，买方应在装运月份开始前30天将信用证开抵卖方，其中汇票条款载有“汇票付款人为开证行/开证申请人”字样。我方在收到信用证后未留意该条款，即组织生产并装运，待制作好结汇单据到付款银行结汇时，付款银行以开证申请人不同意付款为由拒绝付款。问：付款银行的做法有无道理？为什么？我方的失误在哪里？

2. 我某出口公司对美成交女上衣600件。合同规定绿色和红色面料的上衣按3∶7搭配，即绿色的180件，红色的420件。然后，我方收到的信用证上又改为红色的30%，绿色的

70%。但是，该出口公司仍按合同规定的花色比率装船出口，遭银行拒付。问：银行为什么拒付？在收到信用证后，我方应该如何处理才是正确的？

3.8 商品检验、索赔、不可抗力和仲裁

【学习目的】

(1) 了解商品检验、索赔、不可抗力和仲裁的基本知识。

(2) 掌握商品检验时间和地点、仲裁的特点和仲裁协议的作用。

(3) 在实际业务中能很好地对争议进行预防和处理。

3.8.1 商品检验

一、商品检验的重要性

进出口商品检验(Commodity Inspection)是指在国际货物买卖过程中，对卖方所交付的货物或拟予交付合同规定的货物进行品质、数量和包装等方面的检验。商检的目的在于，确定进出口商品是否与合同中的规定一致，并在发现不符或发生货损货差时分清责任，避免争议，以便向有关责任方提出索赔。由此可见，对于促进商品买卖业务的顺利进行，商品检验及合同中的检验条款是不可缺少的。

二、商品检验条款的主要内容

1. 检验时间与地点

(1) 在出口国工厂检验。由出口国工厂的检验人员会同买方验收人员于货物在工厂发货前进行检验，卖方承担货物离厂前的责任。

(2) 装船前或装船时在装运港检验。出口货物在装运港装船前，以双方约定的商检机构验货后出具的品质、重量(数量)和包装等检验证明，作为决定商品品质和重量的最后依据，这叫做离岸品质和离岸重量(Shipping Quality and Shipping Weight)。

(3) 目的港卸货后检验。在货到目的港卸船后，由双方约定的目的港商检机构验货并出具品质、重量(数量)检验证明作为最后依据，这叫做到岸品质、到岸重量(Landed Quality and Landed Weight)。

(4) 出口国装运港检验，进口国目的港复验。出口国装运港商检机构验货后出具的检验证明作为卖方向银行议付货款的单据之一，而不作为最后依据；货到目的港后由双方约定的检验机构在规定的时间内复验，如发现货物的品质、重量(数量)与合同规定不符而责任属于卖方，则买方可根据检验机构出具的复验证明，向卖方提出异议，并作为索赔的依据。这种检验办法对买卖双方都有好处，且比较公平合理，因而在国际贸易中应用很广泛。

2. 检验机构

(1) 官方机构。由国家设立的检验机构，如我国的中华人民共和国进出口商品检验局、

美国粮谷检验署(FGES)、美国食物药品管理局(FDA)、法国国家实验室检测中心、日本通商产业检查所等。

(2) 非官方机构。由私人或同业公会、协会等开设的检验机构(如公证人、公证行)，如瑞士日内瓦通用鉴定公司(S. G. S)、美国担保人实验室(UL)、英国劳合氏公证行(LS)、加拿大标准协会(CAS)等。

(3) 生产制造厂商。

(4) 用货单位或买方。

3. 检验证书

进出口商品经商检机构检验、鉴定后出具的证明文件被称为检验证书(Inspection Certificate)。在交易中，经买卖双方同意，也可由出口商品的生产单位或进口商品的使用单位出具证明，该项证明也起到检验证书的作用。常见的检验证书有以下几种：

(1) 品质检验证书。运用各种检测手段，对进出口商品的质量、规格、等级进行检验后出具的书面证明。

(2) 重量检验书。根据不同的计重方式证明进出口商品的重量。

(3) 数量检验证书。根据不同计量单位证明商品的数量。

(4) 兽医检验证书。证明动物产品在出口前经过兽医检验，在符合检疫要求后出具此证书。

(5) 卫生检验证书。出口食用动物产品，经检验后使用此种证明书。

(6) 消毒检验证书。在证明出口动物产品经过消毒时使用此种证书。

(7) 产地检验证书。在证明出口产品的产地时使用此种证书。

(8) 价值检验证书。在需要证明产品的价值时使用此种证书。

在国际商品买卖业务中，卖方究竟提供何种证书，要根据成交商品的种类、性质、有关法律和贸易习惯以及政府的涉外经济贸易政策而定。因此，为了明确要求、分清责任，在检验条款中应订明所需证书的类别。

上述各种检验证书是针对不同商品的不同检验项目而出具的，它们所起的作用基本相同，具体如下：

(1) 作为证明卖方所交货物的品质、重(数)量、包装以及卫生条件等是否符合合同规定的依据。

(2) 作为买方对品质、重(数)量、包装等条件提出异议、拒收货物、要求理赔、解决争议的凭证。

(3) 作为卖方银行付货款的一种单据。如果检验证书中所列检验结果与合同或信用证中的规定不符，则银行有权拒绝议付货款。

(4) 作为通关验放的有效证件。凡法律、法规规定实施强制性检验的进出口商品均由商检机构予以检验出证，作为经营进出口业务的检验申请人据以向海关报关验放的有效法律证件。

3.8.2 索赔

国际间的商品买卖业务环节多、涉及面广、履约时间长，在商品生产、采购、运输、资金移动等任何环节上出现差错，都可能给合同履行带来影响；加之国际市场变幻莫测，时常发生对当事人不利的变化，致使合同得不到履行或被撕毁，导致另一方当事人遭受损害，从而产生争议，引发索赔和理赔问题。

一、争议与索(理)赔的概念

争议(Disputes)是指交易的一方认为对方未能部分或全部履行合同规定的责任与义务而引起的纠纷。

索赔(Claim)是指遭受损害的一方在争议发生后，向违约方提出赔偿的要求。在法律上是指主张权利；在实际业务中，通常是指受害方因对方违约而根据合同或法律提出予以补救的主张；理赔是指违约方对受害方所提赔偿要求的受理与处理。索赔与理赔是一个问题的两个方面，在受害方是索赔，在违约方是理赔。

在交易中，双方引起争议的原因很多，大致可归纳为以下几种情况：

(1) 卖方违约。例如不按合同规定的交货期交货，或不交货，或所交货物的品质、规格、数量、包装等与合同(或信用证)规定不符，或所提供的货运单据种类不齐，份数不足等。

(2) 买方违约。例如，在按信用证支付方式成交的条件下，不按期开证或不开证；不按合同规定付款赎单，无理拒收货物；在FOB条件下，不按合同规定如期派船接货等。

(3) 买卖双方均负有违约责任。例如合同条款规定不明确，致使双方理解或解释不统一，造成一方违约，引起纠纷。

从违约性质看，争议产生的原因有：一是当事人一方的故意行为导致违约而引起争议；二是由于当事人一方的疏忽、过失或业务生疏导致违约而引起争议。此外，对合同义务的重视不足，往往也是导致违约、发生纠纷的原因之一。

二、合同中的索赔条款

进出口合同中的索赔条款有两种规定方式：一是异议和索赔条款(Discrepancy and Claim Clause)；另一个则是罚金条款(Penalty Clause)。在一般的商品买卖合同中，多数只订明异议和索赔条款；在买卖大宗商品和机构设备一类商品的合同中，除订明异议与索赔条款外，再另订罚金条款。

1. 异议与索赔条款

对于异议与索赔条款的内容，除规定一方如违反合同，则另一方有权索赔外，还包括索赔的依据、索赔期限、赔偿损失的办法和赔付金额等项。

(1) 索赔依据。其主要规定索赔必须具备的证据和出证机构。若证据不全、不清，出证机构不符合要求，则可能遭到对方拒赔。索赔依据包括法律依据和事实依据两个方面。其中，前者是指贸易合同和有关国家的法律规定；后者则指违约的事实真相及其书面证明，以证实违约的真实性。

(2) 索赔期限。这是索赔方向违约方提出索赔的有效时限，逾期索赔，违约方可不予受理。因此，关于索赔期限的规定必须根据不同种类的商品做出合理安排。对于有质量保证期限的商品，合同中加订保证期，保证期可规定为1年或1年以上。总之，关于索赔期限的规定，除一些性能特殊的产品(如机器设备等)外，一般不宜过长，以免使卖方承担过重的责任；也不宜规定得太短，以免使买方无法行使索赔权，要根据商品性质及检验所需时间多少等因素而定。

在规定索赔期限时，需对索赔期限的起算时间做出具体规定，通常有以下几种起算方法：

① 货物到达目的港后××天起算。

② 货物到达目的港卸离海轮后××天起算。

③ 货物到达买方营业处后或用户所在地后××天起算。

④ 货物经检验后××天起算。

索赔依据和索赔期限在异议和索赔条款中要明确地加以规定，并与检验条款相结合。例如，在我国出口合同中，关于异议和索赔条款的规定大致为：买方对于装运货物的任何索赔，必须于货到提单规定的目的地××天内提出，并需提供经卖方同意的公证机构出具的检验报告。

（3）处理索赔的办法和索赔金额：关于这个问题，除个别情况外，通常在合同中只做一般笼统规定。

2. 罚金条款

罚金(Penalty)是指合同当事人一方未履行合同义务而向对方支付约定金额的罚金，可见罚金实质上就是违约金。

罚金条款一般适用于卖方延期交货，或者买方延迟开立信用证和延期接运货物等情况。罚金数额由交易双方商定，并规定最高限额。罚金的多少，以违约时间的长短而定。例如，合同规定：如卖方不能如期交货，每延误 1 周，买方应收取相当于货款 0.5%的罚金，不足 1 周者，按 1 周计算；当延误 10 周时，买方除要求卖方支付延期交货罚金外，还有权撤销合同。按一般惯例，罚金数额以不超过货物总金额的 5%为宜。当卖方支付罚金后，并不能解除其继续履行合同的义务。

关于罚金起算日期的计算方法，应在合同中订明。计算罚金起算日期的方法有两种：一种是以约定的交货期或开证期终止后立即起算；另一种是规定优惠期，即在约定的有关期限终止后再宽限一段时期，在此优惠期内仍可免于罚款，待优惠期届满后再起算罚金。

3.8.3 不可抗力

一、不可抗力的概念

不可抗力(Force Majeure)又称人力不可抗拒，它是指在货物买卖合同签订后，不是因为订约者任何一方当事人的过失或疏忽，而是由于发生了当事人既不能预见、又无法事先采取预防措施的意外事故，以致不能履行或不能如期履行合同，遭受意外事故的一方可以免除履行合同的责任或延期履行合同。

不可抗力既是合同中的一项条款，也是一项法律原则。在国际贸易中，尽管不同法律、法规对不可抗力的确切含义在解释上并不统一，叫法也不一致，但其精神原则大体相同。其主要包括以下几点：意外事故必须发生在合同签订以后；不是因为合同当事人双方自身的过失或疏忽而导致的；意外事故是当事人双方所不能控制的，是无能为力的。

二、不可抗力的范围

不可抗力的事故范围较广，通常可分为两种情况：一种是由于“自然力量”引起的，如水灾、火灾、冰灾、暴风雨、大雪、地震等；另一种是由于“社会力量”引起的，如战争、罢工、政府禁令等。但是，由于不可抗力是一项免责条款，因此买卖双方通常主要是卖方援引它来解释自身所承担的合同义务，这种援引在多数情况下是扩大不可抗力的范围，以减少自己的合同责任。有的卖方除把各种自然灾害列入外，还把生产制作过程中的意外事故、战争预兆、罢工、怠工、货物集运中的事故、原材料匮乏、能源危机、原配件供应不及时等生产过程中的事故以及航、陆运机构的怠慢、未按以预定日期出航等统统归入不可抗力的范围。因此，在交易中应认真分析，区别不同情况，做出不同处理，防止盲目接受。

三、合同中的不可抗力条款

订约后发生的当事人双方无法控制的意外事故能否构成不可抗力，后果如何，国际上并无统一的解释。为了避免一方当事人任意扩大和缩小对不可抗力事故范围的解释，或当不可抗力事故发生后在履约方面提出不合理要求，在货物买卖合同中加入不可抗力条款是非常重要的。

1. 不可抗力事故的范围

关于不可抗力事故的范围，应在买卖合同中订明。通常有下列 3 种办法：

（1）概括式规定。在合同中不具体规定哪些事故属于不可抗力，而只是笼统地规定“由于不可抗力的原因”，至于具体内容和范围并未具体说明。这种方法含义模糊，解释伸缩性大，难以作为解释问题的依据，不宜采用。

（2）列举式规定。在合同中详细列明不可抗力的范围，虽然具体明确，但难以一览无余，且可能出现遗漏情况，这样仍可能发生争执，因此也不是最好的方法。

（3）综合式规定。合同中列明可能发生的不可抗力事故的同时，又加上“其他不可抗力的原因”的文句，这样就为双方当事人共同确定未列明的意外事故是否构成不可抗力提供了依据。因此，这种规定方法既具体明确，又有一定的灵活性，比较科学实用，在我国进出口合同中多采用这一种。

2. 不可抗力的后果

不可抗力事故所引起的后果有两种：一种是解除合同，另一种是延期履行合同。什么情况下解除合同，什么情况下延期履行合同，要看所发生的事故的原因、性质、规模及对履行合同所产生的影响程度而定，并明确地规定在合同中。

3. 不可抗力发生后通知对方的方式和证明

按照国际惯例，当发生不可抗力事故影响合同履行时，当事人必须及时通知对方，对方也应于接到通知后及时答复，如有异议则也应及时提出。尽管如此，买卖双方为明确责任起见，一般在不可抗力条款中还规定一方发生事故后通知对方的期限和方式。此外，当一方援引不可抗力条款要求免责时，还必须向对方提交一定机构出具的证明文件，作为发生不可抗力的证据。在国外，它一般由当地的商会或合法的公证机构出具；在我国，它是由中国国际贸易促进委员会或其设在口岸的贸促分会出具。

3.8.4 仲裁

一、解决争议的一般步骤

(1) 协商(Consultation，Negotiation)又称友好协商，它是指在发生争议后，由当事人双方直接进行磋商，自行解决纠纷。

(2) 调解(Conciliation)，是指在发生争议后，双方协商不成，则可邀请第三者居间调停。调解在性质上与协商并没有什么区别。最后的解决办法还需经双方当事人一致同意才能成立。

(3) 诉讼(Litigation)即打官司，是指由司法部门按法律程序来解决双方的贸易争端。这通常是由于争议所涉及的金额较大，故双方都不肯让步，或者一方缺乏解决问题的诚意，通过协商或调解难以达成协议，以致诉诸法律。

(4) 仲裁(Arbitration)也称公断，是指买卖双方按照在争议发生之前或之后签订的协议，自愿把它们之间的争议交给仲裁机构进行裁决。仲裁方式既不同于协商和调解，又不同于诉讼。

二、仲裁协议的形式和作用

仲裁协议是双方当事人在自愿、协商、平等互利的基础上，将争议交付仲裁机构解决争议的书面文件，是申请仲裁的必备材料。

1. 仲裁协议的形式

仲裁协议有两种形式：一种是由双方当事人在争议发生之前订立的，表示同意把将来可能发生的争议提交仲裁解决的协议，这种协议一般都已包含在合同内，作为合同的一项条款，即所谓的仲裁条款(Arbitration Clause)；另一种是由双方当事人在争议发生之后订立的，表示同意把已经发生的争议交付仲裁的协议，这种协议被称为提交仲裁的协议(Submission)。这两种仲裁协议的形式虽然不同，但其法律作用与效力是相同的。

2. 仲裁协议的作用

(1) 约束双方当事人只能以仲裁方式解决争议，不得向法院起诉。

(2) 排除法院对有关案件的管辖权。

(3) 使仲裁机构和仲裁员取得对有关争议案的管辖权。

仲裁协议的以上3个方面作用是互相联系的，其中排除法院对有关争议案的管辖权是很关键的。也就是说，只要双方订立了仲裁条款或其他形式的仲裁协议，就不能把有关争议案件提交法院审理，如果任何一方违反协议，自行向法院提起诉讼，对方可根据仲裁协议要求法院停止司法诉讼程序，把有关争议案件发还仲裁庭审理。因此，双方当事人在签订合同时如果愿意把日后可能发生的争议交付仲裁，而不愿诉诸法律程序，就应在合同中订立仲裁条款，以免一旦发生争议，双方因不能达成提交仲裁的协议而不得不诉诸法律。我国对外贸易实践也说明，在合同中订立仲裁条款比不规定要好。

三、仲裁条款的主要内容

1. 仲裁地点

在什么地方进行仲裁是买卖双方在磋商仲裁条款时的一个重点。这主要是因为仲裁地点与仲裁所适用的程序法以及合同所适用的实体法关系至为密切。

仲裁地点不同，适用的法律可能不同，对买卖双方的权利、义务的解释就会有差别，其结果也会不同。因此，交易双方对于仲裁地点的确定都很关注，都力争在自己比较了解和信任的地方，尤其是力争在本国仲裁。我国进出口贸易合同中的仲裁地点，根据贸易对象和情况的不同，一般采用下述 3 种规定方法之一：

（1）力争规定在我国仲裁。

（2）有时规定在被告所在国仲裁。

（3）规定在双方同意的第三国仲裁。若此，那么应选择受理双方当事人都不是本国公民的争议案的仲裁机构，且还应具备公正。

2. 仲裁机构

仲裁机构有两种可供选择：一种是由双方当事人在仲裁协议中规定一个常设的仲裁机构；另一种是由双方当事人指定仲裁员所组成的临时仲裁机构，当争议案件处理完毕后，它将自动解散。目前，我国有常设的仲裁机构，它是设在北京的中国国际经济贸易仲裁委员会及其分别设在深圳和上海的分会。世界许多国家也都有常设的国际贸易仲裁机构。

3. 仲裁程序

仲裁程序主要是规定进行仲裁的手续、步骤和做法，各国仲裁机构一般都有自己的仲裁程序规则，如图 3.29 所示。

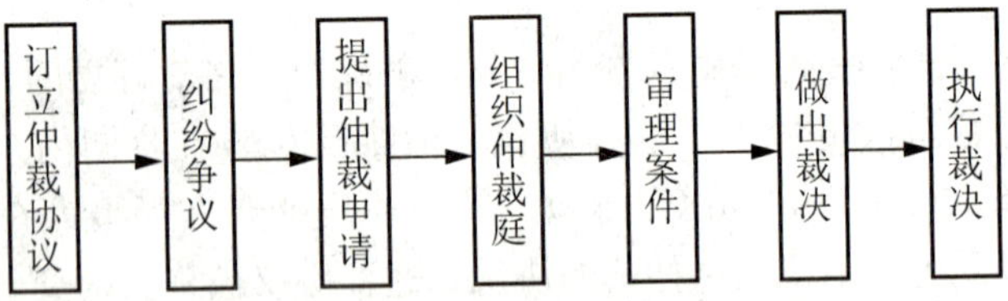

图 3.29　仲裁程序

4. 仲裁裁决的效力

仲裁裁决的效力主要是指由仲裁庭做出的裁决，包括对双方当事人是否具有约束力、是否为终局性的、能否向法律起诉要求变更裁决。仲裁裁决是终局的，对双方当事人均有约束力。任何一方当事人不得向法院起诉，也不得向其他任何机构提出变更裁决的请求，如败诉方不执行裁决，则胜诉方有权向法院起诉，请求法院强制执行。

5. 仲裁费用的负担

仲裁费用一般按争议总金额的百分之几计算，由谁负担应在仲裁条款中订明。通常由败诉方承担或者双方当事人按比例分担，也有的规定有仲裁庭酌情决定。我国仲裁规则规定，败诉方所承担的费用不得超过胜诉方所得胜诉金额的 10%。

四、仲裁裁决的承认与执行

仲裁裁决对双方当事人都具有法律上的约束力，当事人必须执行。但是，如一方当事人在国外，则涉及一个国家的仲裁机构所做出的裁决要由另一个国家的当事人去执行的问题。为了解决在执行外国仲裁裁决问题上的困难，国际上除通过双方协定就相互承认与执行仲裁裁决问题做出规定外，还订立了多边国际公约，1958 年 6 月 10 日联合国在纽约召开了国际商事仲裁会议，签订了《承认与执行外国仲裁裁决公约》(简称《1958 年纽约公约》)。该公约强调了两点：一是承认双方当事人所签订的仲裁协议有效；二是根据仲裁协议所作出的仲裁裁决，缔约国应承认其效力并有义务执行。

我国于 1986 年加入上述《1958 年纽约公约》，并同时提出两项声明：

(1) 我国只在互惠的基础上对在另一缔约国领土内做出的仲裁裁决的承认和执行适用该公约。

(2) 我国只对根据我国法律认定为属于契约和非契约性商事法律关系所引起的争议适用该公约。我国政府对上述公约的加入和所做的声明，为我国承认与执行外国仲裁裁决提供了法律依据，同时也有利于我国仲裁机构所做的裁决在国外各公约成员国内的执行。

每节一练

一、不定项选择题

1. “离岸重量、到岸品质”是指(　　)。

A. 装运港检验　　B. 目的港检验

C. 出口国检验、进口国复验　　D. 装运港检验重量、目的港检验品质

2. 在众多检验商品品质的方法中，最常用的是(　　)。

A. 装运港检验　　B. 目的港检验

C. 出口国检验、进口国复验　　D. 装运港检验重量、目的港检验品质

3. 短交在多数情况下，应该向谁索赔(　　)。

A. 保险公司　　B. 买方　　C. 卖方　　D. 承运人

4. 我国某公司与新加坡一家公司以 CIF 新加坡的条件出口一批土产品，在订约时，我国公司已知道该批货物要转销美国。当该货物到新加坡后，立即转运美国。其后新加坡的买主凭美国商检机构签发的在美国检验的证明书，向我方提出索赔。美国的检验证书是否有效？(　　)

A. 有效

B. 无效，应要求新加坡商检机构出具证明

C. 无效，应由合理第三国商检机构出具证明

D. 其他

5. 我某粮油食品进出口公司与美国田纳西州某公司签订进口美国小麦合同，数量为 100 万公吨。麦收前田纳西州暴雨成灾，到 10 月卖方应交货时小麦价格上涨，美方未交货。合同订有不可抗力条款，天灾属于该条款的范围，美方据此要求免责。此时，我方应(　　)。

A. 不可抗力，予以免责，并解除合同

B. 未构成不可抗力，坚持美方应按合同规定交货

C. 构成不可抗力，可以解除合同，但要求损害赔偿

D. 构成不可抗力，但不要求损害赔偿，也不解除合同，而要求推迟到下年度交货

6. 仲裁裁决的效力是(　　)。

A. 终局的，对争议双方具有约束力

B. 非终局的，对争议双方不具有约束力

C. 有时是终局的，有时是非终局的

D. 一般还需要法院最后判定

7. 发生(　　)，违约方可援引不可抗力条款要求免责。

A. 战争　　B. 世界市场价格上涨

C. 生产制作过程中的过失　　D. 货币贬值

8. 以仲裁方式解决贸易争议的必要条件是(　　)。

A. 双方当事人订有仲裁协议　　B. 双方当事人订有合同

C. 双方当事人无法以协商解决　　D. 一方因诉讼无果而提出

9. 某出口商按合同规定交了货，并向进口商提交了清洁提单，进口商收到货后发现，因外包装受损而导致包装内商品损坏。进口商应向谁索赔？(　　)

A. 船公司　　B. 保险公司　　C. 卖方　　D. 买方

10. 罚金条款一般适用于(　　)。

A. 卖方延期交货　　B. 买方延迟开立信用证

C. 买方延期接运货物　　D. 一般商品买卖

二、判断题

1. 若买方没有利用合理的机会检验货物，就是放弃检验权，从而就丧失了拒收货物的权利。(　　)

2. 在国际货物买卖合同中，罚金和赔偿损失是一回事。(　　)

3. 援引不可抗力条款的法律后果是撤销合同或推迟合同的履行。(　　)

4. 当买卖双方为解决争议而提请仲裁时，必须向仲裁机构递交仲裁协议，否则仲裁机构不予受理。(　　)

5. 若合同中无规定索赔条款，则买方无权提出索赔。(　　)

三、案例分析题

1. A公司委托B公司进口机器一台，合同规定索赔期限为货到目的港后30天。当货到目的港卸船后，B公司立即将货物转给A公司，因A公司厂房尚未建好，机器无法安装试车。半年后厂房完工，机器安装完毕进行试车，A公司发现机器不能正常运转。经过商检机构检验证明，该机器是旧货，于是A公司要求B公司对外索赔，但外商拒绝赔偿，A公司遭受了巨大经济损失。问：人们应从中吸取什么教训？

2. 某出口企业以CIF纽约条件与美国某公司订立了200套家具的出口合同，合同规定2004年12月交货，11月底我企业出口商品仓库因雷击发生火灾，致使一半以上的出口家具被烧毁。我企业遂以发生不可抗力为由，要求免除交货责任，美方不同意，坚持要求我方按时交货，我方经多方努力于2005年1月交货，而美方则以我方延期交货为由，提出索赔。问：本案中我方主张何种权利？为什么？美方的索赔要求是否合理？为什么？

3.9 国际货物买卖合同的商订

【学习目的】

(1) 了解交易磋商的一般程序和内容。
(2) 掌握构成有效发盘和接受的条件。
(3) 掌握合同成立的时间、合同生效的要件和合同的基本内容。
(4) 学会在交易磋商的基础上签订销售合同。

3.9.1 什么是国际货物买卖合同

一、国际货物买卖合同的概念

按照《联合国1980年国际货物买卖合同公约》(简称《公约》)的规定，国际货物买卖合同是指营业地处于不同国家的当事人所订立的货物买卖合同。货物买卖合同是指卖方为了取得货款而把货物的所有权移交给买方的一种双务合同。"双务"(Bilateral)是指合同双方相互承担义务，同时双方都享有权利，一方所承担的义务正是另一方所享有的权利。

国际货物买卖合同具有以下特点：国际货物买卖合同具有国际性；国际货物买卖合同的买卖标的物是货物；国际货物买卖合同的性质为买卖。

二、国际货物买卖合同的内容

根据《公约》和《中华人民共和国合同法》的有关规定，当事人订立合同有书面形式、口头形式和其他形式。

根据《中华人民共和国合同法》和其他国家民商法的规定，合同的内容由双方当事人约定，一般包括以下条款：

(1) 当事人的名称或者姓名和住所。
(2) 标的。国际货物买卖合同的标的通常就是货物。
(3) 数量。
(4) 质量。
(5) 价款或者报酬。
(6) 履行期限、地点和方式。
(7) 违约责任。违约责任是合同当事人违反合同的规定时应当承担的法律责任，是合同履行的保障条款。承担违约责任的形式主要有支付违约金、实际履行、损害赔偿等。
(8) 解决争议的方法。在履行合同中难免会发生争议，为使产生争议后能有一个双方都接受的解决方法，合同中一般均对此做出规定。解决争议的方法主要有协商、调解，仲裁和诉讼等。

3.9.2 国际货物买卖合同的磋商

交易磋商(Business Negotiation)是指买卖双方以买卖某种商品为目的而通过一定程序就

交易的各项条件进行洽商并最后达成协议的全过程。交易磋商的目的是买卖双方通过磋商能共同取得一致意见，达成交易。因此，交易磋商是签订货物买卖合同的基础，是进出口商品贸易的基础工作。

交易磋商主要有口头磋商和函电磋商两种形式。其中，前者包括在各种交易会上贸易双方的当面磋商、出国访问时的当面磋商和平时通过打电话进行的磋商等；后者包括写信、发电报、传真(Fax)、电子邮件(E-mail)以及EDI电子数据交换等。由于国际贸易双方的距离较远，所以当面磋商的机会比较少，大多数情况下是函电磋商。

交易磋商的内容是各种合同条款，如商品的品名和规格(Commodity & Specifications)、数量(Quantity)、包装条款(Packing)、价格(Price)、支付(Payment)、运输(Shipment)、保险(Insurance)、商检(Commodity Inspection)、不可抗力(Force Majeure)、仲裁(Arbitration)条款等。一份国际贸易合同究竟应包含哪些条款，并没有统一的规定，要根据交易的商品性质和交易的背景而定。

在国际贸易合同中，有一些条款在各种合同中是大致相同的。这些条款被称为“一般交易条件”(General Terms and Conditions)。对这些各种合同都大致相似的条件，进出口商往往在自己公司的格式合同中事先印就，通常印在格式合同的下方或背面。如果买方或卖方对这些印就的条款有不同意见，可以在签订合同时提出修改。

交易磋商的一般程序应包括询盘、发盘、还盘和接受4个环节，其中发盘和接受是交易成立的基本环节，也是合同成立的必要条件。

一、询盘

询盘(Enquiry)是指交易的一方打算购买或出售某种商品，向对方询问买卖该项商品的有关交易条件，或者就该项交易提出带有保留条件的建议。在这些条件中，价格常常是主要的，因此询盘也叫询价。

询盘既可以由买方发出，也可由卖方发出。买方发出的询盘英文称为“Invitation to make an offer”，如“拟订购买美加净牙膏大号1000罗，请电告最低价格及最快交货期”；卖方发出的询盘英文称为“Invitation to make a bid”，如“可供美加净牙膏3月装，如有兴趣请电告”。在贸易实践中，以买方首先询盘的情况比较多。

在通常的交易中，询盘并非必不可少的环节，然而在一些特殊的贸易方式下，如招标投标、拍卖等，情况则有所不同。询盘对询盘人无法律约束力，即买方询盘不一定要买，卖方询盘也不一定要卖。但是，为了树立良好的声誉，应避免只询盘不买或不卖的情况。

二、发盘

在国际贸易实务中，发盘(Offer)又称报盘、发价、报价，法律上称为要约。

1. 发盘的定义及具备的条件

根据《公约》规定“向一个或一个以上特定的人提出的订立合同的建议，如果十分确定并且表明发盘人在得到接受时承受约束的意旨，即构成发盘。一个建议如果写明货物并且明示或暗示地规定数量和价格或规定如何确定数量和价格，即为十分确定”。

对于这个定义，可以看出一项发盘的构成必须具备下列3个条件：

（1）向一个或一个以上的特定人提出。发盘必须指定可以表示接受的受盘人。受盘人可以是一个，也可以指定多个。不指定受盘人的发盘，仅应视为发盘的邀请。

（2）表明订立合同的意思。发盘必须表明严肃的订约意思，即发盘应该表明发盘人在得到接受时，将按发盘条件承担与受盘人订立合同的法律责任。这种意思可以用发盘、递盘等术语和语句加以表明，也可不使用上述或为类似上述术语和语句，而按照当时谈判情形，或当事人之间以往的业务交往情况或双方已经确立的习惯做法来确定。

（3）发盘的内容必须十分确定。对于什么是“十分确定”，《公约》的解释是在发盘中明确货物，规定数量和价格。在规定数量和价格时，可以明示，也可以暗示，还可以只规定确定数量和价格的方法。

2. 发盘有效期

发盘有效期指发盘可供受盘人接受的期限，也是发盘人受其发盘约束的期限。《公约》有关有效期的法律规则为：如果发盘规定了有效期，则发盘只能在有效期内接受，“逾期接受”在一般的情况下无效(参见本章“逾期接受”一节)。

发盘有效期的规定方式主要有以下两种：

（1）规定一段时间，如“发盘限 5 日内回复”（Offer valid five days）。

（2）规定最迟接受期限，如“发盘限 7 日前回复”（Offer subject reply seventh）。

【案例分析】

我某公司应荷兰某商号的要求报玉米实盘，有效期长达 28 天。结果在此期间国际市场玉米价格由于美国冻灾猛涨。对我方有何影响？

分析：如果买方接受发盘，则我方只能按原价格与它成交，由此要受到价格损失。

如果发盘没有规定有效期，按《公约》规定，发盘只在合理的时间内有效。至于什么是合理的时间，要根据商品的特性、市场行情、行业习惯、转达方式等因素具体分析。但是，在实践中最好要规定有效期，这样对买卖双方都有好处。

【案例分析】

我国一公司曾在海湾战争前向科威特某公司发过一个实盘，未规定有效期。当时，对方未作答复。但是，到海湾战争结束后，对方来函表示接受我方 2 年前的发盘。我方是否可以拒绝？为什么？

分析：可以拒绝。按《公约》规定，未规定有效期的发盘，在合理的时间内有效。本案发盘已经过去 2 年，显然不合理了。

口头发盘必须当时接受，否则无效。《公约》规定：“对口头发价必须立即接受，但情况有别者不在此限。”口头发盘包括电话发盘。

【案例分析】

在广交会上，一法国商人某日上午走访我国某外贸公司的摊位，洽购某商品。我方在口头发盘后，当时对方未置可否，当天下午法国商人再次来访，表示接受我方上午的发盘。我方获知该商品的国际市场价格有上涨的趋势，于是将价格上调。法国商人认为我方不能重新报价，因为上午他并未还盘。法国商人的说法是否有道理？

分析：无道理。中国与法国均是《公约》的缔约国，按《公约》规定，对口头发盘只在当时有效。法国商人上午对我方发盘未表态，发盘即告失效，因此我方可以重新发盘。

3. 发盘的撤回和撤销

《公约》对发盘生效时间做了明确规定："发盘在送达受盘人时生效。"那么，发盘在未被送达受盘人之前，如发盘人改变主意，或情况发生变化，则必然会产生发盘的撤回和撤销的问题。

在法律上，"撤回"和"撤销"属于两个不同的概念。撤回是指发盘尚未生效，发盘人采取行动、阻止它的生效；而撤销是指在发盘已生效后，发盘人以一定方式解除发盘对其的效力。发盘的撤回和撤销的区别如图 3.30 所示。

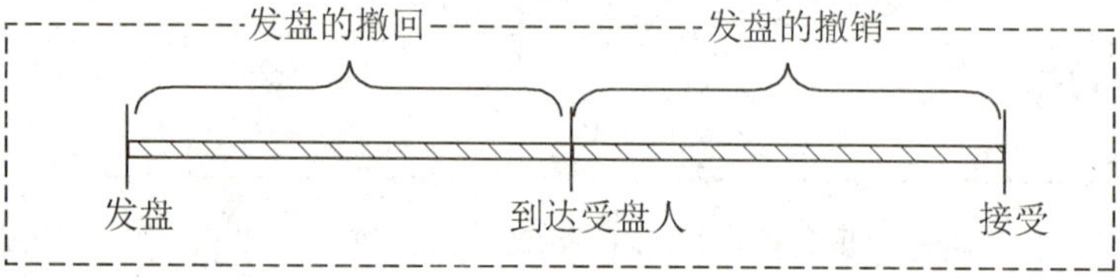

图 3.30　发盘的撤回和撤销的区别

《公约》规定："一项发盘，即使是不可撤销的，也可撤回，如果撤回的通知在发盘到达受盘人之前或同时到达受盘人。"

根据《公约》的规定，发盘可以撤销，其条件是发盘人撤销的通知必须在受盘人发出接受通知之前传达到受盘人。但是，在下列情况下，发盘不能再撤销。

(1) 发盘中注明了有效期，或以其他方式表示发盘是不可撤销的。

(2) 受盘人有理由信赖该发盘是不可撤销的，并且已本着对该发盘的依赖行事。

4. 发盘的失效

(1) 受盘人做出还盘。

(2) 发盘人依法撤销发盘。

(3) 发盘中规定的有效期届满。

(4) 人力不可抗拒的意外事故造成发盘的失效，如政府禁令或限制措施。

(5) 在发盘被接受前，当事人丧失行为能力、或死亡或法人破产等。

三、还盘

受盘人在接到发盘后，不能完全同意发盘的内容，为了进一步磋商交易，对发盘提出修改意见并用口头或书面形式表示出来，就构成还盘(Counter-Offer)。

还盘的形式可有多种不同，有的明确使用“还盘”字样，有的则不使用，而在内容中表示出对发盘的修改，也构成还盘。

需要注意的是，还盘有两个法律后果：其一是还盘是对发盘的拒绝，还盘一经做出，原发盘即失去效力，发盘人不再受其约束；其二是还盘等于是受盘人向原发盘人提出的一项新的发盘。在还盘做出后，还盘的一方与原发盘的发盘人在地位上发生了变化。还盘人由原发盘的受盘人变成新发盘的发盘人，而原发盘的发盘人则变成了新发盘的受盘人。新受盘人有权针对还盘的内容进行考虑，决定接受、拒绝或是再还盘。

【案例分析】

甲公司拟进口一批货物，请乙公司发盘。6 月 1 日乙公司发盘，对该货物报价每件 5 美元，限 6 月 30 日前答复。对此，甲公司还盘每件 4 美元，并要求乙公司 6 月 20 日前答复。至 6 月 20 日乙公司一直未答复。由于该货物价格看涨，故甲公司 6 月 20 日去电乙公司，表示可接受 6 月 1 日的发盘。该接受是否有效?

分析：甲公司的接受无效。因为它对乙公司 6 月 1 日的发盘已经还过盘，原发盘已经失效，不能再接受。

四、接受

接受(Acceptance)就是交易的一方在接到对方的发盘或还盘后，以声明或行动向对方表示同意的行为。法律上将接受称作承诺。接受和发盘一样，既属于商业行为，也属于法律行为。一般情况下，发盘一经接受，合同即告成立，对买卖双方都产生约束力。对有关接受问题，在《公约》中也做了较明确的规定。

1. 有效接受应具备的条件

(1) 接受必须是由受盘人做出。其他人对发盘表示同意，不能构成接受。

(2) 受盘人表示接受，要采取声明的方式，即以口头或书面的声明形式向发盘人明确表示出来。

(3) 接受的内容要与发盘的内容相符。也就是说，接受应是无条件。但是，在业务中，常有这种情况，受盘人在答复中使用了“接受”的字眼，但又对发盘的内容做了增加、限制或修改，这在法律上称为有条件的接受，不能成为有效的接受，而属于还盘。

【案例分析】

A 向 B 发盘，“供应 50 台拖拉机、100 匹马力，CIF 香港每台＄3500，订立合同后两个月装船，不可撤销即期信用证付款。请电复。”B 在收到发盘后，立即电复说：“我接受你方发盘。在订立合同后立即装船。”但是，A 之后未做出任何答复。双方合同是否成立?

分析：没有成立。发盘中规定“订立合同后两个月装船”，而接受函中说“立即装船”，这一修改构成对接受的还盘。

（4）接受的通知要在发盘的有效期内送达发盘人才能生效。发盘中通常都规定有效期。这一期限有双重意义：一方面它约束发盘人，使发盘人承担义务，在有效期内不能任意撤销或修改发盘的内容，过期则不再受其约束；另一方面发盘人规定有效期也是约束受盘人，只有在有效期内做出接受，才有法律效力。

2. 接受生效的时间

关于接受生效的时间，英美法系采用“投邮生效的原则(Mail Box Rule)”，大陆法系采用“到达生效的原则(Receive of The Little of Acceptance Rule)”。《公约》和我国的《合同法》都采用到达生效的原则。

【案例分析】

我国某进出口公司5月10日向美国一贸易公司发盘成品衣100万美元。5月16日美方回电要求降价至95万美元。我公司于5月19日回电表示同意其要求，美公司5月20日收到我方的回电。双方的合同何时成立？

分析：我国和美国均是《公约》的缔约国，根据《公约》规定，接受通知于送达受盘人时生效，因此该合同5月20日成立。

3. 逾期接受

在国际贸易中，由于各种原因而导致受盘人的接受通知有时晚于发盘人规定的有效期送达，这在法律上被称为“迟到的接受”。对于这种迟到的接受，发盘人不受其约束，不具有法律效力。但是，也有例外的情况。《公约》规定，过期的接受在下列两种情况下仍具有效力：

（1）如果发盘人毫不迟延地用口头或书面形式将此种意思通知受盘人。

（2）如果载有逾期接受的信件或其他书面文件表明，它在传递正常的情况下是能够及时送达发盘人的，那么这项逾期接受仍具有接受的效力，除非发盘人毫不迟延地用口头或书面方式通知受盘人，否则认为该发盘已经失效。

4. 接受的撤回

按《公约》规定，“接受得予撤回，如果撤回通知于接受生效之前或同时送达发价人”但是，其与发盘不同，接受没有撤销的问题。因为接受一旦到达对方合同即宣告成立，不像发盘那样，在到达与对方做出接受之间还有一段时间间隔。

3.9.3 国际货物买卖合同的成立

一、合同有效成立的条件

交易一方的发盘一经对方有效接受，合同即告成立。但是，合同是否具有法律效力还要视其是否具备了一定的条件。不具法律效力的合同是不受法律保护的。因此，了解和掌握合同有效成立的条件非常重要。概括起来，合同应具备下述条件才算有效成立：

（1）当事人必须在自愿和真实的基础上达成协议。

（2）买卖双方当事人应具有法律行为的资格和能力，包括自然人订立合同的资格和能力和法人的行为能力。

（3）合同必须以双方互惠、有偿为原则。

（4）合同的标的和内容必须合法。

（5）合同的形式必须符合法律规定的要求。

二、书面合同的签订

1. 书面合同的意义

（1）作为合同成立的证据。根据法律的要求，凡是合同均必须能得到证明，提供证据，包括人证和物证。在用信件、电报或电传磋商时，往来函电就是证明。当口头合同成立后，如不用一定的书面形式加以确定，那么它将由于不能被证明而不能得到法律的保障，甚至在法律上成为无效。

（2）作为履行合同的依据。国际货物买卖合同的履行涉及很多部门，如以分散的函电为依据，将给履行合同造成很多不便。所以，买卖双方不论通过口头还是信件、电报磋商，在达成交易后将谈定的完整的交易条件，全面清楚地列明在一个书面文件上，对进一步明确双方的权利和义务以及为合同的履行提供更好的依据具有重要意义。

（3）可作为合同生效的条件。一般情况下，合同的成立是以接受的生效为条件的。但在有些情况下，签订书面合同却成为合同生效的条件。我国《合同法》规定："法律、行政法规规定采用书面形式的，应当采用书面形式；当事人约定采用书面形式的，应当采用书面形式。"

2. 书面合同的类型

在国际贸易中，书面合同的格式和名称，不尽相同，形式很多，均无特定的限制。一般常用的有销售合同、购货合同、成交确认书、协议、备忘录、意向书、订单等。在我国对外贸易业务中，主要采用的书面合同是正式合同、确认书两种。

（1）正式合同(Contract)。它是带有"合同"字样的法律契约，包括销售合同和购货合同。

（2）确认书(Confirmation)。确认书较正式合同简单，是买卖双方在通过交易磋商达成交易后，寄给双方加以确认的列明达成交易条件的书面证明。经买卖双方签署的确认书是法律上有效的文件。

3. 书面合同的内容

（1）约首。这是指合同的序言部分，其中包括合同的名称、订约双方当事人的名称和地址(要求写明全称)。除此之外，在合同序言部分常常写明双方订立合同的意愿和执行合同的保证。该序言对双方均具约束力。因此，在规定该序言时，应慎加考虑。

（2）正文。这是合同的主体部分，具体列明各项交易的条件或条款，如品名、品质规格、数量、单价、包装、交货时间与地点、运输与保险条件、支付方式以及检验、索赔、不可抗力和仲裁条款等。这些条款体现了双方当事人的权利和义务。

（3）约尾。一般列明合同的份数、使用的文字及其效力、订约的时间和地点及生效的时间。合同的订约地点往往要涉及合同依据法的问题，因此要慎重对待。我国的出口合同的订约地点一般都写在我国。有时，有的合同将"订约时间和地点"在约首订明。

每节一练

一、不定项选择题

1. 我方 6 月 10 日向国外某客商发盘，限 6 月 15 日复到有效，6 月 13 日接到对方复电“你 10 日电接受，以获得进口许可证为准”。该接受（　　）。

A. 相当于还盘　　B. 在我方缄默的情况下，则视为接受

C. 属于有效的接受　　D. 属于一份非实质性变更发盘条件的接受

2. 按《公约》规定，一项发盘在尚未送达受盘人之前是可以阻止其生效的，这叫发盘的（　　）。

A. 撤回　　B. 撤销　　C. 还盘　　D. 接受

3. 我公司星期一对外发盘，限星期五复到有效，客户于星期二回电还盘并邀我电复。此时，国际市场价格上涨，故我方未予答复。客户又于星期三来电表示接受我星期一的发盘，在上述情况下（　　）。

A. 接受有效　　B. 接受无效

C. 如我方未提出异议，则合同成立　　D. 属有条件的接受

4. 我某出口公司对外发盘，外商于发盘有效期复到，表示接受我方的发盘，但外商对发盘的内容做出修改，下列哪一项内容的修改不属于实质性变更发盘的内容，若我方保持沉默，则合同有效成立？（　　）

A. 要求提供装箱单　　B. 货物的价格

C. 货物的数量　　D. 交货时间与地点

5. 某公司向欧洲某客户出口一批食品，该公司于 3 月 16 日发盘，限 3 月 20 日复到有效，3 月 18 日接对方来电称“你方 16 日电接受，希望在 5 月装船”，我方未提出异议，于是（　　）。

A. 这笔交易达成　　B. 需经该公司确认后交易才达成

C. 属于还盘，交易未达成　　D. 属于有效的接受，交易未达成

6. 根据《公约》的规定，发盘和接受的生效采取（　　）。

A. 投邮生效原则　　B. 签订书面合约原则

C. 口头协商原则　　D. 到达生效原则

7. 英国某商人 3 月 5 日向国外某客商用口头发盘，若英商与国外客商无特别约定，则国外客商（　　）。

A. 任何时间表示接受都可使合同成立　　B. 应立即接受方可使合同成立

C. 当天表示接受即可使合同成立　　D. 在两三天内表示接受可使合同成立

8. 在交易磋商中，必不可少的环节是（　　）。

A. 询盘　　B. 发盘　　C. 还盘　　D. 接受

9. 在国际贸易中，合同的生效时间是（　　）。

A. 接受送达发盘人时　　B. 依约签订书面合同时

C. 依法规规定，合同获得批准时　　D. 口头合同被立即接受时

10. 在下列选项中，属于实质性变更发盘的内容有(　　)。

A. 货物的价格　　B. 货物的数量　　C. 交货的时间地点　D. 货物的品质

二、判断题

1. 对要约内容做出变更的承诺将失去效力。(　　)

2. 发盘可以撤销，接受也可以撤销。(　　)

3. 按《公约》发盘和接受的生效采取投邮生效的原则。(　　)

4. 还盘一经做出，原发盘即告失效。(　　)

5. 如发盘无规定有效期，则受盘人可在任何时间表示接受。(　　)

三、案例分析题

1. 我某进出口公司向国外某客商询售某商品，不久我方接到外商发盘，有效期到 7 月 22 日。我方于 7 月 24 日用电传表示接受对方的发盘，对方一直没有回信，因该商品供求关系发生变化，价格上涨，所以 8 月 26 日对方突然来电要求我方必须在 8 月 28 日前将货发出，否则我方将要承担违约责任。问：我方是否应该发货？为什么？

2. 我某公司向外商询购某商品，不久我方收到对方 8 月 15 日发盘，有效期到 8 月 22 日。我方以 8 月 20 日向对方复电："若价格能降到 50 美元每件，我方可以接受。"对方未做答复。8 月 21 日我方得知国际市场行情有变，于当日又向对方去电表示接受对方 8 月 15 日的发盘。问：我方的接受能否使合同成立？为什么？

3.10 国际货物买卖合同的履行

【学习目的】

(1) 了解出口合同履行的一般程序和内容。

(2) 了解进口合同履行的一般程序和内容。

3.10.1 出口合同的履行

目前，我国绝大多数出口合同为 CIF 合同或 CFR 合同，并且一般都采用信用证付款方式，故在履行这类合同时，必须切实做好备货、催证、审证、改证、租船订舱、报验、报关、投保、装船和制单结汇等环节的工作。在这些环节中，以货(备货)、证(催证、审证和改证)、船(租船、订舱)、款(制单结汇)4 个环节的工作最为重要。

一、备货

备货工作是指卖方根据出口合同的规定，按时、按质、按量地准备好应交的货物，并做好申请报验和领证工作。

1. 备货

备货是进出口公司根据合同和信用证规定，向生产加工及仓储部门下达联系单(有些公司称其为加工通知单、或信用证分析单等)要求有关部门按联系单的要求，对应交的货物进行清点、加工整理、刷制运输标志以及办理申报检验和领证等项工作。在备货过程中，应注意的问题包括：货物的品质、规格应保证与合同规定一致，货物的数量应满足合同和信用证的要求并适当留有余地；货物的包装、运输标志应有保护商品和适应运输的要求。另外，备货时间也应合理安排，以利于船货衔接。

2. 报验

凡属国家规定，或合同规定必须经中国进出口商品检验局检验出证的商品，在货物备齐后，均应向商品检验局申请检验，只有取得商检局发给合格的检验证书，海关才准放行。凡经检验不合格的货物，一律不得出口。

申请报验的手续是，凡需要法定检验出口的货物，应填制“出口报验的申请单”，向商检局办理申请报验手续。当申报时，还应附上合同和信用证副本等有关单据，供商检局检验和发证时参考。

二、催证、审证和改证

当采用信用证为支付方式时，出口商为了维护自己的权益，必须做好对信用证的掌握，管理和使用，这包括催证、审证和改证。

1. 催证

在出口合同中，买方应严格按照合同的规定按时开立信用证，这是卖方履约的前提。但是，在实际业务中，有时国外进口商在遇到市场发生变化或资金发生短缺的情况时，往往会拖延开证。对此，应催促对方迅速办理开证手续。必要时，也可请我驻外机构或有关银行协助代为催证。

2. 审证

信用证是依据合同开立的，信用证内容应该是与合同条款一致的。但在实践中，由于种种因素，如工作的疏忽、电文传递的错误、贸易习惯的不同、市场行情的变化等，往往会出现开立的信用证条款与合同规定不符。为确保收汇安全和合同顺利执行，应该依据合同进行认真的核对与审查。

在实际业务中，通常是由银行和进出口公司共同承担审证任务。其中，银行着重审核开证行的政治背景、资信能力、付款责任和索汇路线等方面的内容，进出口公司则着重审核信用证内容与买卖合同是否一致。

（1）银行审核的重点。

① 从政策上审核。来证各项内容应该符合我国的政治与经济方针政策，不得有歧视性内容，否则应根据具体不同情况向有关方交涉。

② 开证行资信的审核。为了保证安全收汇，对开证行所在国家的政治经济情况、开证行的资信以及经营作风等必须进行审查；对于资信不佳的银行，应酌情采取适当措施。

③ 对信用证的性质和开证行付款责任的审核。来证不应标明“可撤销”的字样，同时在证内载有开证行保证付款的文句。对有些国家的来证，虽然注明有“不可撤销”的字样，但在证内对开证行付款责任方面加列“限制性”条款或“保留”条件的条款，受益人必须特别注意，必要时应要求对方进行修改。

(2) 进出口公司审核的要点。

① 对信用证本身说明的审核。这其中包括信用证金额应与合同金额相一致。如合同订有溢短装条款，则信用证金额也应包括溢短装部分的金额。信用证金额中单价与总值要填写正确。来证所采用的货币应与合同规定相一致。

② 对信用证有关货物记载的审核。证中有关商品货名、规格、数量、包装、单价等项内容必须和合同规定相符，特别是要注意有无另外的特殊条件。另外，还应注意装运期、装卸港口、运输方式、可否分批装运转船等内容的审查。

③ 对单据的审核。单据中主要包括商业发票、提单、保险单等。对于来证中要求提供的单据种类和份数及填制方法等，要进行仔细审核，如发现有不正常规定，例如要求商业发票或产地证明须由国外第三方签证等字样，则应慎重对待。

④ 对信用证有关时间说明的审核。装运期必须与合同规定一致，如国外来证晚，无法按期装运，那么应及时电请国外买方延展装运期限。信用证有效期一般应与装运期有一定的合理间隔，以便在装运货物后有足够时间办理制单结汇工作。关于信用证的到期地点，通常要求规定在中国境内到期。

3. 改证

在审证过程中如发现信用证内容与合同规定不符，则应区别问题的性质，分别同有关部门研究，做出妥善的处理。一般来说，如发现我方不能接受的条款，则应及时提请开证人修改，在同一信用证上如有多处需要修改的，应当一次提出。对信用证中可改可不改的，或经过适当努力可以办到而并不造成损失的，可酌情处理。对通知行转来的修改通知书内容，如经审核不能接受，就及时表示拒绝。如一份修改通知书中包括多项内容，则只能全部接受或全部拒绝，不能只接受其中一部分，而拒绝另一部分。

三、租船订舱与保险

进出口公司在出运货物之前，还需做好租船订舱、办理出口报关、投保等工作。

1. 租船订舱

当按CIF或CFR条件成交时，卖方应及时办理租船订舱工作。如果是大宗货物，则需要办理租船手续；如果是一般杂货则需洽订舱位。各外贸公司洽订舱位需要填写托运单(Shipping Note)，船方根据托运单内容，并结合航线、船期和舱位情况，如认为可以承运，即在托运单上签单，留存一份，退回托运人一份。船公司或其代理人在接受托运人的托运申请后，即发给托运人装货单(Shipping Order)，凭以办理装船手续。货物装船以后，船长或大副则应该签发收货单，即大副收据(Mate's Receipt)作为货物已装妥的临时收据，托运人凭此收据即可向船公司或其代理人交付运费并换取正式提单。

2. 报关

出口货物在装船运前，需向海关办理报关手续。当出口货物办理报关时，必须填写出口货物报关单，必要时还需要提供出口合同副本、发票、装箱单、重量单、商品检验证书以及其他有关证件。在海关查验有关单据后，即在装货单上盖章放行，凭以装船出口。

3. 投保

凡是按CIF价格成交的出口合同，卖方在装船前，必须及时向保险公司办理投保手续，填制投保单。关于出口商品的投保手续，一般都是逐笔办理的，投保人在投保时，应将货物名称、保额、运输路线、运输工具、开航日期、投保险别等一一列明。当保险公司接受投保后，即签发保险单或保险凭证。

四、制单结汇

在出口货物装出后，进出口公司即应按信用证的规定，正确缮制各种单据。在信用证规定的交单有效期内，递交银行办理议付结汇手续。在制单过程中，必须高度认真和十分细致，切实做到"单证相符"和"单单相符"，以利于及时、安全收汇。

在办理议付结汇时，出口公司应根据信用证规定提交单据。开证行在审核单据与信用证完全相符后才承担付款责任，如果开证行对出口公司提交的单据发现任何不符处，均有可能拒付货款。因此，要求出口结汇单据要正确、完整、及时、简明和整洁。

正确要做到单证一致、单单一致，且单据与货物也应一致，这样单据才能真正代表货物，避免错发错运；完整要做到提交按照信用证规定的各项单据，包括份数和单据本身的项目，都不能短少；及时要做到在信用证有效期内，尽早将单据提交议付行，以便早日寄出单据按时收汇；简明要做到不必要的内容切勿加列，以免画蛇添足；整洁要做到布局美观、大方，字迹清楚，更改地方要加盖校对图章，但是提单、汇票、产地证书不得更改。

在实际业务中，单证不符情况经常发生。这时，首先要争取时间修改单据，使其与信用证相符。如果来不及修改，那么视具体情况，选择如下处理方法。

（1）表提。表提也称担保结汇，即信用证受益人在提交单据时出现单证不符，主动向议付行书面提出单证不符点，议付行要求受益人出具保函，担保在日后遭到拒付时，一切后果由受益人承担。表提一般适用于单证不符点并不严重，或虽然是实质性不符，但事先已经进口商确认可以接受的情形。

（2）电提。电提又称电报提出，即在单证不符情况下，议付行先向开证行去电（电报或电传），列明单证不符点，待开证行同意后再将单据寄出。这样，可在最短时间内由开证行征求买方意见。如对方同意，则可寄单收汇；如不同意，则卖方可及时处理运输中的货物。

（3）跟单托收。议付行不同意上述两种方法，这时出口单位只能采用托收方式收款。对于以上方法，受益人都失去了开证行的付款保证，银行信用已经变成了商业信用。

3.10.2 进口合同的履行

我国进口货物大多数是按 FOB 条件并采用信用证付款方式成交，按此条件签订的进口合同，其履行的一般程序包括开立信用证、租船订舱、接运货物、办理货运保险、审单付款、报关提货、验收与拨交货物和办理索赔等。

一、开立信用证

买方开立信用证是履行合同的前提条件，因此在签订进口合同后，应按合同规定办理开证手续。如合同规定在收到卖方货物备妥通知或在卖方确定装运期后开证，则应在接到上述通知后及时开证；如合同规定在卖方领到出口许可证或支付履约保证金后开证，则应在收到对方已领到许可证的通知，或银行告知履约保证金已收讫后开证。当买方向银行办理开证手续时，必须按合同内容填写开证申请书，银行则按开证申请书内容开立信用证。因此，信用证内容是以合同为依据开立的，它与合同内容应当一致。

当卖方对收到信用证后，如提出修改信用证的请求，则经我方同意后，即可向银行办理改证手续。最常见的修改内容有展延装运期和信用证有效期、变更装运港口等。

二、派船接运货物

当按 FOB 条件签订进口合同时，应由买方安排船舶。如买方自己没有船舶，则应负责租船订舱或委托租船代理办理租船订舱手续。当办妥租订舱手续后，应及时将船名及船期通知卖方，以便卖方备货装船，避免出现船等货的情况。

当买方备妥船后，应做好催装工作，随时掌握卖方备货情况和船舶动态，催促卖方做好装船准备工作。对于数量大或重要的进口货物，必要时，可请我驻外机构就地协助了解和督促对方履约。当在国外装船后，卖方应及时向我方发出装船通知，以便我方及时办理保险和接货等项工作。

三、办理货运保险

对于在 FOB 或 CFR 交货条件下的进口合同，保险由买方办理。由于同中国人民保险公司签订了预约保险合同，其中对各种货物应保的险别做了具体规定，故投保手续比较简便。按照预约保险合同的规定，所有按 FOB 及 CFR 条件进口货物的保险，都由保险公司承保。因此，我方当进口货物并收到国外装运通知后，应及时将船名、提单名、开航日期、装运港、目的港以及货物的名称和数量等内容通知中国人民保险公司，即作为办妥投保手续。保险公司即按预约保险合同的规定对货物负自动承保的责任。

四、审单与付汇

当银行收到国外寄来的汇票及单据后，对照信用证的规定，核对单据的份数和内容。如内容无误，则由银行对国外付款。同时，进出口公司用人民币按照国家规定的有关折算的牌价向银行买汇赎单。进出口公司凭银行出具的“付款通知书”向用货部门进行结算。当审核国外单据发现证、单不符时，应做出适当处理。处理办法很多，具体包括：停止对外付款；相符部分付款，不符部分拒付；货到检验合格后再付款；凭卖方或议付行出具担保付款；要求国外改正；在付款的同时，提出保留索赔权等。

五、报关、验收和拨交

当进口货物到货后，由进口公司或委托外贸运输公司根据进口单据填具“进口货物报关单”向海关申请，并随附发票、提单及保险单。如属法定检验的进口商品，则还需随附商品检验证书。货、证经海关查验无误，如此才能放行。

当进口货物运达港口卸货时，港务局要进行卸货核对。如发现短缺，则应及时填制“短缺报告”交由船方签认，并根据短缺情况向船方提出保留索赔权的书面声明。卸货时如发现残损，则货物应存放于海关指定仓库，待保险公司会同商检局检验后做出处理。

在办完上述手续后，进出口公司可自行或货运代理提取货物并拨交给订货部门，货运代理通知订货部门在目的地办理收货手续，同时通知进出口公司代理手续已办理完毕。

六、进口索赔

进口商品常因品质、数量、包装等不符合合同的规定，而需向有关方面提出索赔。根据造成损失原因的不同，进口索赔的对象主要有 3 个方面：向卖方索赔、向转船公司索赔、向保险公司索赔。

每节一练

一、不定项选择题

1. 信用证修改通知书的内容在两项以上者，受益人(　　)。

A. 要么全部接受，要么全部拒绝　　B. 可选择接受

C. 必须全部接受　　D. 只能部分接受

2. 商业发票的抬头人一般是(　　)。

A. 受益人　　B. 开证申请人　　C. 开证银行　　D. 通知行

3. 出口报关的时间应是(　　)。

A. 备货前　　B. 装船前　　C. 装船后　　D. 货到目的港后

4. 当货物装船后，凭以换取正本提单的单据是(　　)。

A. 下货单　　B. 托运单　　C. 保险单　　D. 大副收据

5. 信用证中只规定了议付的有效期，没规定装运期，则根据《UCP 600》的规定(　　)。

A. 装运的最终期限与信用证的到期日相同

B. 信用证必须要修改才能使用

C. 该证无效

D. 装运期可视为与信用证的有效期相差一个月

6. 进口索赔的对象可能涉及(　　)。

A. 银行　　B. 保险公司　　C. 承运人　　D. 出口方

7. 因租船定舱和装运而产生的单据有(　　)。

A. 托运单　　B. 装货单　　C. 收货单　　D. 海运提单

8. 履行出口合同的程序可概括为(　　)。

A. 货　　B. 证　　C. 船　　D. 款

9. 在交易的过程中，卖方的基本义务是(　　)。

A. 提交货物　　B. 提交有关单据

C. 转移货物的所有权　　D. 投保

10. 银行审证的重点包括(　　)

A. 开证行的政治背景　　B. 开证行的资信能力

C. 开证行的付款责任　　D. 索汇路线

E. 信用证条款与合同内容是否一致

二、判断题

1. 信用证可随时修改，发现一处即可要求开证行申请修改一次。　　(　　)

2. 所有的进出口公司都可以直接向海关办理报关手续。 ( )

3. 当我方取得的提单日期是3月5日，而保险单的日期是3月8日时，不影响我方收汇。 ( )

4. 不符点的出现只要征求议付行的同意并议付完毕，受益人就可以不受追索的获得货款。 ( )

5. 对不清洁提单除非有特许，否则银行均可拒绝接受。 ( )

三、案例分析题

1. 我某公司与国外某公司达成一笔出口合同，信用证规定：数量5000公吨，1～5月分批装运，每月装1000公吨。卖方在1～3月每月装1000公吨，银行已分批凭单支付。第四批由于台风登陆，故延迟到5月2日才装船运出。当卖方凭5月2日的提单向银行议付时，遭银行拒绝。然后，卖方又以不可抗力为由要求银行付款。问：银行有无拒付的权利？为什么？

2. 我方某公司收到国外开来的即期不可撤销信用证，证中规定不得迟于2013年2月5日装运。我方因港口紧缺，无法如期装运，于1月15日电请买方将装运期延至3月5日。2月1日，买方来电表示同意。在接电后，我方组织装运，在3月3日出运，并备齐全套单据向银行交单议付，但银行拒收。问：银行拒收是否合理？为什么？

3.11 电子商务在国际贸易中的应用

【学习目的】

(1) 了解国际电子商务的概念和分类。

(2) 了解国际贸易电子化的意义。

(3) 了解电子商务在国际贸易中的应用。

(4) 了解国际电子商务交易流程和交易模型。

3.11.1 什么是国际电子商务

一、国际电子商务的概念

电子商务(Electronic Commerce)已经成为21世纪战略计划的热点。国际贸易跨越不同的国家、不同的时区，电子商务是国际贸易的大势所趋，是国际贸易发展的必然。

电子商务的内容包括两个方面：一是电子方式，二是商务活动。WTO对电子商务的定义是指通过电信网络进行的生产、营销、销售和流通活动，它不仅基于Internet上的交易，而且指所有利用电子信息技术来解决问题、降低成本、增加价值和创造商机的商务活动，包括通过网络实现从原材料查询、采购、产品展示、订购到出品、储运以及电子支付等一系列的贸易活动。

国际电子商务就是指企业利用电子商务运作的各种手段从事的国际贸易活动，它反映的是现代信息技术所带来的国际贸易过程的电子化，具体可以分为以下两种：

（1）有形产品的间接电子商务，它是指通过电子方式尤其是国际互联网等来进行买卖处理有形商品的洽谈、订货、开发票、收款等与货物相关的贸易活动，而货物本身则由第三方配送的方式，采用的是不完全国际电子商务方式。

（2）无形产品的直接电子商务，它是指通过电子方式尤其是国际互联网进行买卖计算机软件、电影、音乐、信息服务等可以数字化的无形商品，可以利用网络直接把商品送到购买者手中，采用的是完全的国际电子商务方式。

二、国际贸易电子化的意义

随着全球经济的飞速发展，全世界的商品交易量迅速增加，货币流通量日益加快，信息的交换速度也明显加快。信息技术正以其强大的渗透力，深入社会经济生活的各个方面。正是在这种背景下，以计算机应用、通信网络和数据标准化为基础的EDI技术应运而生。它是一种实现用户之间远程传递订单、发票等作业文件的电子化手段，并迅速成为一种新的国际贸易方式。

EDI贸易方式是指按照统一规定的一套通用标准格式，将标准的经济信息通过通信网络传输，在贸易伙伴的电子计算机系统之间进行数据交换和自动处理，俗称“无纸贸易”。以往全世界每年花在制作纸质文件上的费用高达3000亿美元，所以“无纸贸易”被誉为一场“结构性的商业革命”。国际贸易的电子化对国际贸易本身及经济的可持续发展都具有很大的意义。

1. 国际贸易的电子化有利于经济实现可持续发展

在现代社会中，特别是在经济全球化条件下，全球贸易额急剧上升，各种贸易单证、文件数量也随之大量增加。纸张的大量消耗加快了森林砍伐的速度，增加了造纸业的负担，对环境保护产生负面影响；而计算机及其他办公自动化设备的出现则可以在一定程度上减轻人工处理纸面单证的劳动强度。因为各类商业贸易单证中有相当大的一部分数据是重复出现的，需要反复输入，如果有一种统一的语言格式，那么就可以减少这种重复的工作量。EDI技术的使用解决了重复输入差错率高的问题，同时解决了重复输入浪费人力、浪费时间、降低效率的问题。在国际贸易过程中，纸质合同的电子化有助于解决国际贸易出现的纸张和人力资源的浪费问题，节约经济有利于经济实现可持续发展。

2. 国际贸易的电子化是国际贸易市场发展的需求

国际贸易发展到今天，市场竞争也越来越激烈，新的阻碍国际贸易顺利发展的因素也在不断地出现，国际贸易市场不断出现新的特征。因此，在现代贸易的发展中，价格因素在竞争中所占的比重逐渐减小，而服务性因素所占比重渐渐增大。销售商为了减少风险，要求采用小批量、多品种、快供货等方式，以适应瞬息万变的市场行情。在整个贸易链中，绝大多数的企业既是供货商又是销售商，因此提高商业文件的传递和处理速度成了所有贸易链中成员的共同需求。现代计算机的普及和应用以及功能的不断提高，已使计算机应用从单机应用走向系统应用；同时，通信条件和技术的完善、网络的普及，又为EDI技术的应用提供了坚实的基础。国际贸易的电子化能够满足国际贸易市场发展的需求。

3. 国际贸易的电子化从根本上改变了国际贸易方式

EDI技术一经出现便显示出了强大的生命力，迅速地在世界各主要工业发达国家和地区得到广泛的应用。正如中国香港某公司的宣传资料所指出的那样：当EDI于20世纪60年代末期在美国首次被采用时，只属于当时经商的途径之一；时至今日，不仅仅美国和欧洲的大部分国家，越来越多的亚太国家也广泛采用该技术。EDI 技术在经济贸易行业的迅速应用和发展，为国际贸易带来的不仅仅是业务操作方式的改变，更广泛影响着诸如企业行为、商业观念、经营运行模式等方方面面，并使这些方面都产生了根本性的变化。

三、电子商务在国际贸易中应用的 4 个阶段

在国际贸易中，不论是商品的出口还是进口，就一项具体交易来说，一般都要经过交易前的准备阶段、贸易磋商、签订合同、合同的履行这 4 个基本阶段。在电子商务下，国际贸易交易程序与传统的国际贸易做法有巨大区别。

1. 交易前的准备阶段

买方主要通过上网来获取信息，并可以随时上网查询自己所需商品的相关信息；卖方则主要利用 Internet 和各种贸易网络发布商品广告，积极上网推广自己商品的信息资源，寻找贸易伙伴和交易机会，以扩大贸易范围和商品所占的市场份额。

2. 贸易磋商和签订合同阶段

买卖双方在了解到商品有供求信息后，就开始商品交易磋商过程，且整个磋商过程在网络系统的支持下完成。在传统的磋商中，单证的交换在电子商务下变为记录、文件和报文在网络中的传递过程。各类贸易单证、文件(如价目表、报价单、询盘、发盘、还盘、订单、发票等)都变成了标准的报文形式，都通过网络传输和处理，从而提高了整个交易过程的速度，减少了漏洞和失误，规范了整个商品交易的过程。

3. 合同的履行阶段

传统的国际贸易合同的履行非常烦琐，而电子商务使履行环节大为简洁。目前，在我国对外贸易领域中，企业可以通过进入政府专门的网站，如中国电子口岸、中国国际电子商务网，实现在网上进行出口退税、进口许可证的联网申领、出口收汇和进口付汇核销、申领进出口货物原产地证等手续的办理，从而大大提高了交易效率，降低了交易成本。在买卖双方通过协议完成各种交易手续后，商品交付给运输公司起运，可以通过电子贸易系统跟踪货物，银行按照合同及相应的单证支付资金，出具相应的银行单证，最终完成整个交易过程；而利用现代的网络通信技术和先进的计算机处理系统，可以保证资金运营的高效率。

3.11.2 国际电子商务的交易

一、国际电子商务交易流程

参加交易的买卖双方在做好交易前后，通常都是根据电子商务标准规定开展电子商务活动，电子商务标准规定了电子商务交易应遵循以下基本程序：

(1) 客户方向供货方提出商品报价请求。说明想购买的商品信息。

(2) 供货方向客户方回答该商品的报价。说明该商品的报价信息。

(3) 客户方向供货方提出商品订购单。说明初步确定的报价信息。

(4) 供货方向客户对提出的商品订购单的应答。说明有无此商品及规格型号、品种、质量等信息。

(5) 客户根据应答提出是否对订购单有变更请求。说明最后确定购买商品信息。

(6) 客户方向供货方提出商品运输说明。说明运输工具、交货地点等信息。

(7) 供货方向客户方发出发货通知。说明运输公司、发货地点、运输设备、包装等信息。

(8) 客户方向供货方发回收货通知。报告收货信息。

(9) 交易双方收发汇款通知。买方发出汇款通知，卖方报告收款信息。

(10) 供货方向客户方发送电子发票。买方收到商品，卖方收到货款并出具电子发票，完成全部交易。

二、国际贸易电子商务交易模型

国际电子商务交易模型一般包括贸易关系建立模型、磋商和签约模型、电子托运、报关模型，国际贸易信用证支付模型和争议的处理。

1. 贸易关系建立模型

在 EDI 方式下，买卖双方和有关参与方，可以通过交换参与方信息报文建立业务关系。参与方信息报文用于向贸易伙伴提供位置信息和有关操作、管理、商务和金融的数据，如名称、联系人、地址、账务账号等。如果贸易关系中此信息发生变化或更新，则这种报文将重新交换，使贸易伙伴的主要数据文件保持最新。

2. 交易谈判和签订合同模型

买卖双方通过网络对所有的交易细节进行谈判，经多次“洽商”后就一系列条件达成一致，即以书面文件形式和数据电文形式签订贸易合同。在 EDI 方式下，具体模型和交换的报文如下：

(1) 由供货方提供给客户的价格或销售目录报文，它相当于现在的产品销售目录。

(2) 由客户向供货方提出报价请求报文，此报文是对供货方所提供的产品或服务进行询价，并可通过报价请求报文来索取供货方的支付条件，提出所需的数量、日期和交货地点。

(3) 由供货方向买方提供报价报文，是对已收到的由客户向供货方提出报价请求报文的响应，内容包括交货条款、支付条款、价格或费用等，此报价报文对买方要求的所有方面提供详细的资料。报价报文是业务流程中不可缺少的报文，买方可以根据其中传送的信息直接签发订购单。

(4) 由买方向供货方传送订购单报文，用于订购商品或服务，并提出数量、日期和交货的地点。

(5) 由供货方向买方传送订购单应答报文，通知买方所订购的一个或多个产品或服务的事宜已确认，并通知买方一些补充信息或不接受订购单的内容。认购单应答报文也能用于响应订购单变化的请求报文。根据实际需要，一个买方的订购单可以为一个或多个应答报文所应答。

(6) 订购单变化请求报文，是由买方向供货方传递的报文，以明确先前发送的报文修改的相关细节，买方可以请求更改或取消一个或多个物品项目或服务。

由于某些国家要求必须有书面合同才能受其法律的保护，所以在以上步骤完成后，还需手签合同。

3. 信用证的开立和修改模型

（1）开证申请人发送跟单信用证申请报文给开证银行，向银行申请开立信用证。

（2）开证银行开立跟单信用证签发信息报文给开证申请人。

（3）开证银行经由通知行传输跟单信用证通知报文给受益人。跟单信用证通知报文是向受益人指示跟单信用证条款和条件的报文，该跟单信用证由开证银行发出并被通知行接收，然后传给受益人。

如果开出的信用证需要修改，则其流程如下：

（1）由开证申请人发送修改请求报文给开证行，向开证行请求修改信用证。

（2）开证行在修改后，发送修改信息报文给开证申请人，同时开证行经由通知行传输信用证修改通知报文给受益人。

（3）受益人发送信用证修改响应报文给通知行，表明是否接受修改后的信用证条款和条件。如果受益人提出修改信用证，则应与开证申请人协商，同意后由开证申请人向开证行请求修改信用证。

4. 托运和报关模型

在信用证确认后，卖方应立即办理托运、报关、投保等手续，在 EDI 方式下的业务流程如下：

（1）卖方向货运公司发送预定订舱报文，或实际订舱报文，要求装运。

（2）货运公司在收到订舱报文，或实际订舱报文后，向卖方发送订舱确认报文。

（3）卖方向海关发送海关申请报文，或承运人向海关发送海关货物报告报文，海关发送回复报文给卖方或承运人。

（4）卖方向货运公司发送指示报文，货运公司在货物到达后向卖方回复指示合同状态报文。

（5）卖方向买方发送发货通知报文，告知买方装货情况。

（6）货物到达目的地后，货运公司向买方发送到达通知报文。

5. 制单结汇模型

卖方根据跟单信用证的要求，通过国内的 EDI 网络，运用国内的 EDI 协议向商检、船运公司等部门发出有关申请或协议，办理保险单、普惠制单、产地证和商检等报文，然后制作发票报文，开立直接借记报文，连同跟单信用证需要的报文，通过银行向开证行请求付款。

6. 争议的处理模型

在交易过程中，难免会发生意外，这就有可能产生索赔等问题，买卖双方可以通过发送商业争议报文交换信息，以便明确和认定责任。

注意：以上仅是 EDI 方式下出口业务的主要流程。但在具体的操作中，由于个别国家的法律、贸易习惯、文化背景等因素的不同，加上具体贸易操作实务中的不同做法，所以对应的业务流程可能有所变化。

每节一练

一、简答题

1. 什么是国际电子商务?

2. 国际贸易电子化的意义何在?

3. 简述国际电子商务交易流程。

二、操作题

登录一个国际贸易的电子商务网站(如 http://www.alibaba.com),利用站内搜索引擎搜寻5家女式衬衫的报价,对各家的产品和价格进行比较。然后,设法通过其他(非电子商务)途径找3家女式衬衫的报价,比较通过电子商务和其他途径获得贸易相关信息的差别。

模块四

SimTrade 外贸实习

SimTrade WAIMAO SHIXI

SimTrade 外贸实习平台是网络环境下仿真的进出口货物贸易操作平台。根据真实的进出口贸易所涉及的主要部门，SimTrade 外贸实习平台分别设立出口商、进口商、工厂、出口地银行和进口地银行 5 个角色。学生可以根据自己扮演的角色在网上进行进出口货物买卖实务的具体操作，快速掌握进出口贸易的成本核算、询盘、发盘与还盘等各种基本技巧；熟悉国际贸易的物流、资金流与业务流的运作方式；切身体会到国际贸易中不同当事人面临的具体工作与他们之间的互动关系；学会外贸公司利用各种方式控制成本以达到利润最大化的思路；认识供求平衡、竞争等宏观经济现象，并且能够合理地加以利用。教师通过在网站发布新闻、调整商品成本与价格、调整汇率及各项费率等方式对国际贸易环境实施宏观调控，使学生在实习中充分发挥主观能动性，真正理解并吸收课堂中所学到的知识，为将来走上工作岗位打下良好基础。

从签订外销合同，到租船订舱、检验、产地证、保险、送货、报关、装船出口，直至押汇(或托收)、交单、结汇、核销、退税，是每笔进出口业务必经的过程。SimTrade 外贸实习平台模拟了进出口业务中最常用的结算方式(L/C、T/T、D/P 或 D/A)和贸易术语(FOB、CFR、CIF)。下面以 CIF 下的 L/C 方式为例，分别列出 SimTrade 环境里，出口地银行、出口商、进口商、进口地银行的进出口合同履约过程，便于使用者理解和实践。

1. 推销

进出口商要将产品打进国际市场，必须先开拓市场，寻找合适的交易对象。此时，可以通过

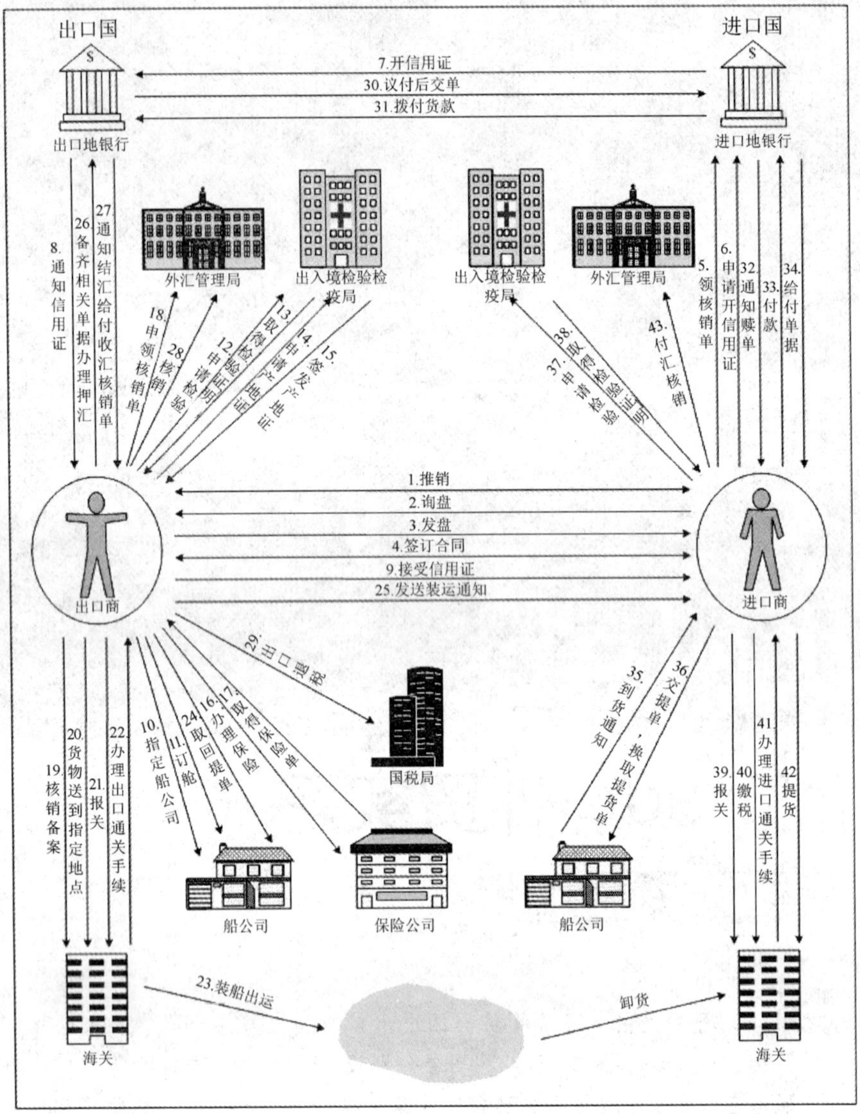

寄送业务推广函电(Sale Letter)或在计算机网络、国外杂志、报刊上刊登产品广告来推销自己，同时也可通过参加商展、实地到国外考察等途径来寻找交易对象，增进贸易机会。

2. 询盘

又称为询价。进口商收到出口商的业务推广函电或看到广告后，根据自己的需要，对有意进一步洽商的出口商予以询盘(Inquiry)，以期达成交易。

3. 发盘

又称为报价。出口商按买主来函要求，先向供货的工厂询盘，然后计算出口报价回函给进口商。这期间可能需要函电多次往返接洽，最后得到关于价格条款的一致意见。

4. 签订合同

在国外买主与出口商经一番讨价还价后，就各项交易条件达成一致，正式签订外销合同(Contract 或 Agreement)。

注意：在 SimTrade 中，外销合同可以由出口商起草，也可以由进口商起草，注意起草与确认合同时双方都需填写预算表。

5. 领核销单

为保证企业严格按照正常贸易活动的外汇需要来使用外汇，杜绝各种形式的套汇、逃汇、骗汇等违法犯罪行为，我国规定企业对外付汇要通过国家审核，实行进口付汇核销制度。当采用信用证结算方式时，进口商必须在开证前到外汇指定银行领取《贸易进口付汇核销单(代申报单)》，凭以办理进口付汇手续；若在其他结算方式下则在付款前领此单。

6. 申请开信用证

当进口商填妥付汇核销单后，再开具《不可撤销信用证开证申请书》(Irrevocable Documentary Credit Application)，向其有往来的外汇银行申请开立信用证。

7. 开信用证

开证银行接受申请并根据申请书开立信用证(Letter of Credit，L/C)，经返还进口商确认后，将信用证寄给出口地银行(在出口国称通知银行)，请其代为转送给出口商。

8. 通知信用证

出口地银行填妥《信用证通知书》(Notification of Documentary Credit)，并将信用证通知出口商。

9. 接受信用证

当出口商收到通知银行送来的信用证后，经审核无误，接受信用证，即可开始备货、装船等事宜。如信用证有误，则可要求进口商修改。

10. 指定船公司

在CIF或CFR条件下，出口商一边备货，一边还要寻找合适的船公司，以提前做好装运准备；在FOB条件下，此步骤则应由进口商完成。

11. 订舱

当确定好船公司后，出口商即应根据相应的船期，配合装运期限进行订舱，经船公司接受后发给配舱通知，凭以填制其他单据，办理出口报关及装运手续。

12. 申请检验

出口商根据信用证的规定填写《出境货物报检单》(Application for Certificate of Export Inspection)，并备齐商业发票、装箱单等相关文件向出入境检验检疫局申请出口检验。

13. 取得检验证明

检验机构经对商品检验合格后，签发《出境货物通关单》；并根据出口商的要求，签发相应的商检证书，如品质证书、健康证书等。

14. 申请产地证

出口商填妥相应的产地证明书向相关单位申请签发，其中《原产地证明书》(Certificate of Origin)与《普惠制产地证明书》(Generalized System of Preferences Certificate of Origin "Form A")应向出入境检验检疫局申请，而《输欧盟纺织品产地证》则应向商务部授权的纺织品出口证书发证机构(图上未标出)申请。

15. 签发产地证

相关机构经过审核，根据出口商的申请，签发相应的产地证书。

16. 办理保险

在CIF条件下，保险由出口商办理，出口商需根据信用证的规定填写《货物运输保险投保单》(Cargo Transportation Insurance Application)，并附商业发票向保险公司投保。

注意：交易条件如是CIF，则保险由出口商办理；若是FOB或CFR，则应由进口商办理保险。

17. 取得保险单

当保险公司承保后，签发《货物运输保险单》(Cargo Transportation Insurance Policy)给出口商。

18. 申领核销单

我国法律规定，境内出口单位向境外出口货物，均应当办理出口收汇核销手续。出口商在报关前，需到外汇管理局申领《出口收汇核销单》。

19. 核销备案

当填妥核销单后，出口商即可凭以向海关申请核销备案。

20. 货物送到指定地点

当出口商办完以上各项手续后，将货物送抵指定的码头或地点，以便报关出口。

21. 报关

当送出货物后，出口商填妥《出口货物报关单》，并备齐相关文件(出口收汇核销单、商业发票、装箱单、出境货物通关单等)，向海关投单报关。

22. 办理出口通关手续

在海关审核单据无误后即办理出口通关手续，签发加盖验讫章的核销单与报关单(出口退税联)给出口商，以便其办理核销与退税。

23. 装船出运

当通关手续完成后，货物即装上船，开航。

24. 取回提单

船公司需等到货物已装上船[《海运提单》(Bill of Lading，B/L)上有记载 On Board Date]，并起航后才签发提单，因此货物出运后，出口商就可到船公司领取B/L。

25. 发送装运通知

当出口商将货物运出后，应向买主寄发《装运通知》(Shipping Advice)，尤其是在FOB、CFR条件下，保险由买方自行负责时，出口商需尽快发送装运通知以便买方凭此办理保险事宜。

26. 备齐相关单据办理押汇

当货物装运出口后，出口商按L/C规定，备妥相关文件(商业发票、装箱单、海运提单、货物运输保险单、商检证书、产地证、信用证等)，并签发以进口商为付款人的汇票(Bill of Exchange)，向出口地银行要求押汇(Negotiation)。以出口单据作为质押，向银行取得融资。

27. 通知结汇，给付收汇核销单

押汇单据经押汇银行验审与信用证的规定相符，即拨付押汇款，通知出口商可以结汇，同时收取一定押汇费用。此外，银行还将出具加盖“出口收汇核销专用联章”的《出口收汇核销专用联》给出口商。

28. 核销

出口商凭出口收汇核销专用联及其他相关文件(出口收汇核销单送审登记表、报关单、出口收汇核销单、商业发票等)向外管局办理核销，当办理完成后，外管局发还出口收汇核销单(第三联)。

29. 出口退税

当核销完成后，出口商再凭出口收汇核销单(第三联)、报关单(出口退税联)与商业发票前往国税局办理出口退税。

30. 议付后交单

在押汇银行议付后，将押汇单据发送到国外开证银行，要求偿付押汇款。

31. 拨付货款

当开证银行审单与信用证条款核对无误后，拨付押汇款(即承兑)给出口地银行。

32. 通知赎单

开证银行向进口商要求缴清货款，由于当初进口商在向开证银行申请开立信用证时，大部分的信用证金额尚未付清，而出口商已经在出口地押汇(抵押融资)，所以开证银行通知进口商缴清余款，将押汇单据赎回。

33. 付款

进口商向开证银行缴清货款，同时需将之前领取的贸易进口付汇核销单交给银行审核。

34. 给付单据

当进口商付款后，自开证银行取回所有单据(即出口商凭以押汇的文件)。

35. 到货通知

此时，货物已运抵进口国的目的港，船公司通知进口商来换取提货单。

36. 交提单，换取提货单

进口商向船公司缴交提单(B/L)换取提货单(Delivery Order，D/O)，尤其当进口商是在FOB条件下买入货物时，进口商唯有向船公司缴清运费及杂费，并将B/L向船公司换取D/O，才能向海关提出要求报关，表明进口商已获得船公司同意可以提领货物。

37. 申请检验

进口商填写《入境货物报检单》(Application for Certificate of Import Inspection)，并备齐提货单、商业发票、装箱单等文件向出入境检验检疫局申请进口检验。

38. 取得检验证明

当检验机构经对商品检验合格后，签发《入境货物通关单》给进口商。

39. 报关

进口商备齐进口货物报关单、提货单、商业发票、装箱单、入境货物通关单、合同等文件，向海关投单报关。

40. 缴税

进口商向海关缴清各项税款，应纳税捐包括进口关税、增值税与消费税等。

41. 办理进口通关手续

海关审单通过，办理进口通关手续。

42. 提货

在海关放行后，进口商即可至码头或货物存放地提领货物。

43. 付汇核销

最后，进口商还要凭进口付汇到货核销表、进口货物报关单及进口付汇核销单到外汇管理局办理付汇核销。

在熟悉了履约流程后，学生就可以开始实习了，在实习过程中可随时参考在线帮助。

说明：本模块4.1～4.4节为一套完整的SimTrade实际业务操作实例，交易方式为L/C＋CIF，由于不同交易方式下贸易流程不尽相同，所以本例中的数据资料与单据内容仅供参考，根据具体情况来完成实际操作。

4.1 交易准备

一、实习准备

1. 寻找客户

（1）通过国内外展览会寻找客户。在国内举办进出口展览会，主要方式包括：政府部门搭台、行业协会协办和展览公司参与的各类博览会、展览会；企业自行组织的各类展览会、展示会、新产品发布会和看样订货会；企业常设展示厅、陈列室展览。在国内展览会期间，不同国家的企业可以向潜在顾客展示自己的产品或服务。

（2）通过互联网寻找客户。传统的寻找客户的办法是查找有关国家的商会或政府部门出版的企业名录，如日本的《中日贸易企业名录》、《美国进出口商名录》等。然而，受到名录出版滞后和可靠性的影响以及传真、电报、电话等传统联系方式的限制，寻找客户往往存在先期投入的成本费用高而效率低的缺点。在进入网络时代的今天，更具效率的方法是利用Internet搜索潜在的客户。通过Internet可迅速地获取客户的有关信息，并可廉价地与他们联系，大大地降低了先期的成本，并缩短了建立客户关系的时间。此外，在电子商务的条件下，进出口企业可以利用各种网站或网页，持续发布企业或产品信息，进行企业或产品的网上展示、宣传，吸引国外客户。

2. 资信调查

卖方在审慎选择客户的同时，需对客户进行深入的资信调查，这是对客户进行把关的第一步。在国际贸易中，贸易双方发生索赔纠纷、履约发生阻碍或收回货款方面发生阻碍，而使一方遭受风险及损失，都同不了解贸易对方的资信情况有直接关系。进行资信调查(Credit Investigation)有助于选定信用良好的顾客，并了解对方的信用程度，在D/P、D/A及寄售条件的交易中，可以测定给予赊账的限额与现存契约限额，以保安全。即使在与对方缔结了交易关系后，也应定期作资信调查，以便经常了解对方的资信情况。

资信调查的方式主要有以下几个：

（1）通过国内往来银行，向对方的往来银行调查。了解有关企业的基本背景、信用状况、付款能力、不良记录等信息，监控管理目标客户，识别高风险的客户，寻找潜在的利润来源。在申请办理资信调查业务时，需向银行提交申请书，并注明被调查单位名称、地址、电话和传真等，而对海外客户的调查必须提供英文名称和地址。

（2）直接向对方的往来银行调查。将简洁的文稿和调查对象的资料寄给对方的往来银行。

（3）通过国内和国外的资信机构调查。关于国外有名的资信机构，不仅组织庞大、效率高，而且调查报告详细且准确。

（4）通过国外商会、我国驻外商务机构和国外的亲朋调查。

（5）由对方来函自己判断调查。

（6）要求对方直接提供资信资料。

资信调查的对象主要是贸易对象。凡是同该贸易业务有关的从事商业行为的对方，均被称为贸易对象。贸易对象包括以下几个：

(1) 国外卖方(包括出口商和制造商)。在进口业务中，很容易出现下述几种不利的情况：货物的品质规格与合同不符；货物的品质粗劣或品质不良；不正常的拖延装船；遇到价格上涨趋势，故意不履行契约等。因此，对国外供应商的资信调查对于进口业务来讲十分重要。

(2) 国外买方。在出口业务中，国外买方即使使用开立信用证的支付方式，也有很多信用风险。当该项产品价格下跌时，买方不向开证行提交开证申请，即“不开立信用证”，这种情况就属典型的买方违约。有些国外买方商业道德和信用恶劣，故意开立与合同不符但对他自己有利的信用证，这就会给卖方带来一定的损失。

资信调查的内容主要有以下几方面：

(1) 贸易对象的组织情况。它包括公司、商号企业的组织性质、创建历史、主要领导人员、分支机构等。要弄清英文名称及公司是有限的还是无限的，此时可以从政府公司注册机构、劳工部、税务局、银行、信用评估机构拿到相关资料，这些资料的取得通常是需要交费的，且只能是有资格的机构才能获得资料。这些资料主要包括公司注册时间、地点、法人代表、股东名单、公司资金往来、贷款和债务余额、交税及退税额、经营范围等。资信调查公司在取得这些资料后，还可以分析该公司在行业内的竞争地位、主要对手、债务风险评估等。

(2) 贸易对象的道德。贸易往来对象诚实可靠是交易成功的基础。如果遇到不可靠的贸易对象，那么就难免出现货物的品质不良、开立与合同不符的信用证、延交货物等情况发生。

(3) 贸易对象的经验。一个具有国际贸易经验的贸易对象至关重要。

(4) 贸易对象的资信情况。所调查对方的资信情况包括企业的资金和信用两方面。资金指的是企业的注册资金、实收资金、公积金、其他财产及资产债务的情况等。信用是指企业的经营作风、履约守信等。这些情况对客户要求做经销、代理、独家包销、寄售等业务是十分重要的。银行调查是调查贸易对象资信的最常见的一种方法，在我国一般是委托中国银行，由中国银行根据具体要求，通过国外的分支机构或其他往来银行在当地进行调查。

(5) 贸易对象的经营范围。调查对方的经营范围也是较重要的，同时还要调查经营的性质，如代理商、零售商、批发商、实用户等。

(6) 贸易对象的经营能力。这包括了解该企业每年的经营金额、销售渠道、贸易关系、经营做法等。

(7) 贸易对象的往来银行名称。这包括了解对方往来银行的名称和地址。

二、实习目的

学生熟悉各角色基本画面，并掌握广告宣传与市场调查的方法。

三、实习内容

(1) 了解 SimTrade 基本用法。

（2）以每个角色登录并注册公司(银行)名称，在“资料”中输入必要的信息。

（3）选择目标产品与交易对象，做好市场调查。

（4）发布广告及供求信息。

四、实习步骤

（一）进口商

1. 以进口商角色登录，在登录画面中输入用户名(如 xyz)，在“用户类型”下拉列表中选择“进口商”选项，单击【登录系统】按钮，进入进口商业务主页面。

2. 创建公司。

（1）单击【资料】按钮，查看公司注册资金、账号、所属国家、单位代码、邮件地址等资料。

（2）其他逐项填写如下[还可自由添加图片，注意最好使用 GIF 或 JPG 格式的图片，尺寸建议在 120×120(像素)左右，后同]。

公司全称：Carters Trading Company，LLC 公司简称：Carters 企业法人：Carter 电话：0016137893503 传真：0016137895107 网址：http://www.carter.com 公司地址(注意应根据所属国家来填写)：P. O. Box8935，New Terminal，Lata. Vista，Ottawa，Canada 公司介绍：We are importers in all items enjoying good reputation!

（3）当填写完毕后，单击【确定】按钮。

3. 发布公司广告。

（1）点击“业务中心”主页面里的标志为“广告公司”的建筑物。

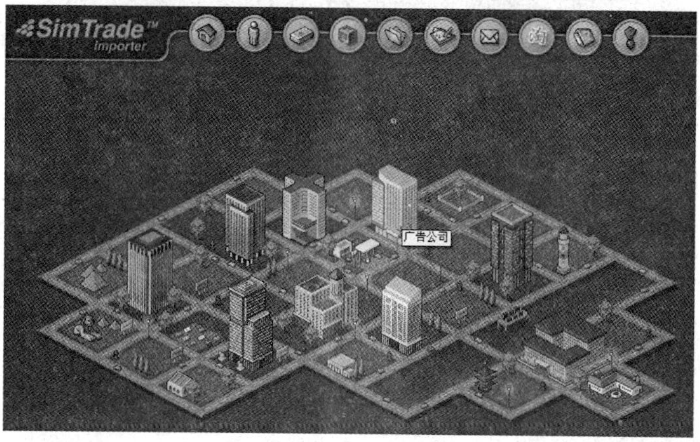

（2）在弹出页面中单击【发布广告】按钮，并逐项填写如下。

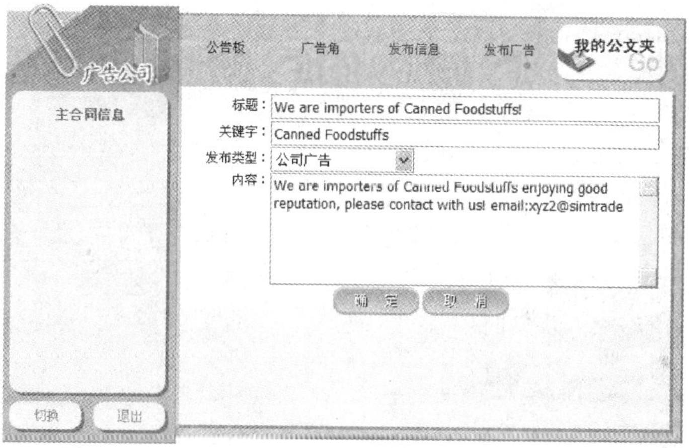

（3）当填写完毕后，单击【确定】按钮，成功发布公司广告。

注意：自己的电子邮件地址可在公司基本资料页面中查到，后同。

4. 寻找商机。

（1）单击【淘金网】按钮，进入查询页面，在其首页上可查看通知以及各类市场信息与供求信息。

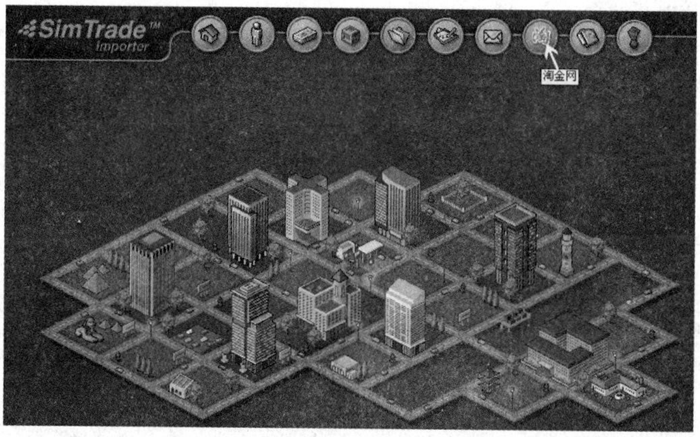

（2）单击上排的【产品展示】按钮，可看到所有产品信息，从中选择一种或多种商品进行交易(本例中选择商品 01005 甜玉米罐头)。

（3）单击【公司库】按钮，可看到所有公司信息，从中选择合适的公司作为交易对象。

5. 发布信息。

（1）当选定商品后，回到业务页面，单击【发布广告】按钮左边的【发布信息】按钮，逐项填写如下。

（2）当填写完毕后，单击【确定】按钮，成功发布信息。

6. 退出登录。

单击页面上方最后一个按钮，退出登录。

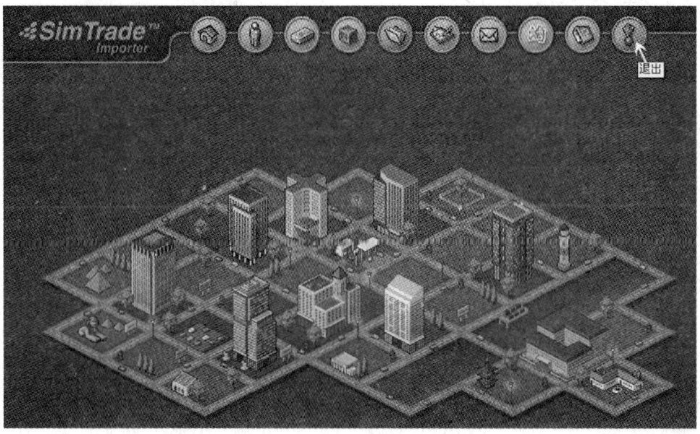

（二）出口商

1. 学生以出口商角色登录，输入自己的用户名(如 xyz)，在“用户类型”下拉列表中选择“出口商”选项，单击【登录系统】按钮，进入出口商业务主页面。

2. 创建公司。

（1）单击上方的【资料】按钮，可查看公司注册资金、账号、单位代码、邮件地址等资料，其他逐项填写如下(可自由添加图片)。

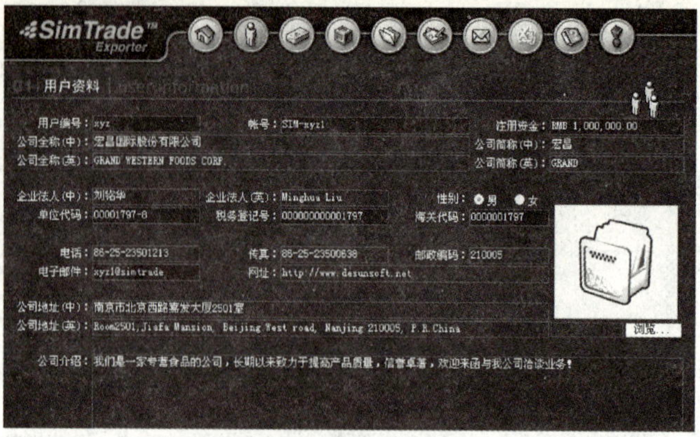

（2）当填写完毕后，单击【确定】按钮。

3. 发布公司广告。

（1）单击【业务中心】按钮，再点击标志为“广告公司”的建筑物，并在弹出页面中单击【发布广告】按钮，逐项填写如下。

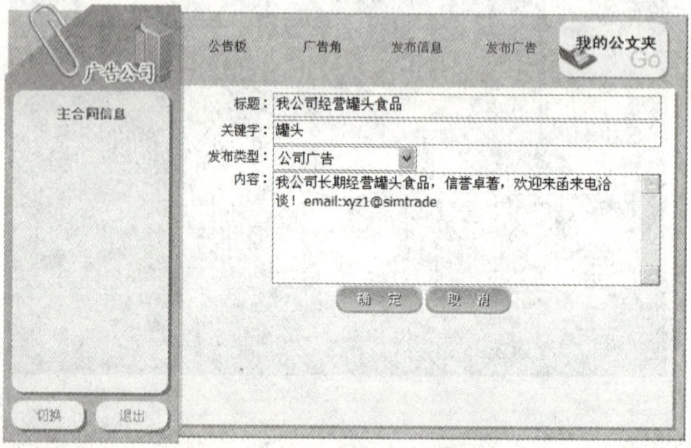

（2）当填写完毕后，单击【确定】按钮，成功发布公司广告。

4. 寻找商机。

单击【淘金网】按钮，进入查询页面，在首页上查看通知以及各类市场信息与供求信息，其中在进口商发布信息中可找到“Carters Trading Company，LLC”发布的求购甜玉米罐头(CANNED SWEET CORN)的信息(第一部分中进口商已发布该信息)。

5. 查看交易对象。

（1）单击【公司库】按钮，可看到所有公司的资料。

（2）输入关键词“Carters”，选择类别为“进口商”，单击【搜索】按钮，找到对应的公司。

（3）单击【详细情况】按钮，查看 Carters Trading Company，LLC 公司的具体信息。

6. 查看交易商品。

（1）单击【产品展示】按钮，可看到所有产品的资料。

（2）输入关键词“甜玉米罐头”，单击【搜索】按钮，找到对应的产品。

（3）单击【详细情况】按钮，查看商品具体资料。

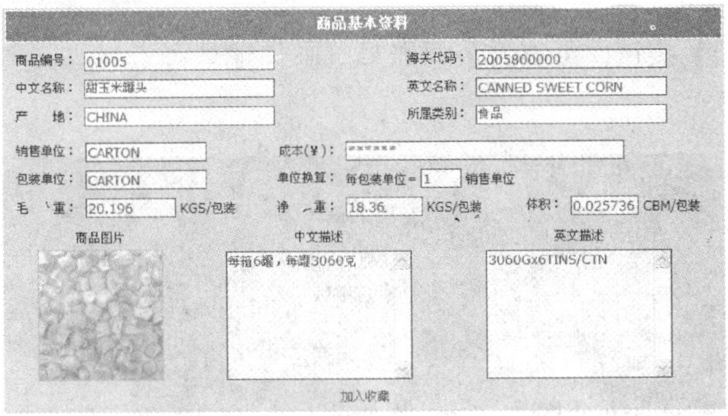

7. 发布国内采购信息。

（1）退出“淘金网”页面，回到业务主页面。

（2）在“业务中心”主页面里点击“广告公司”的建筑物。

（3）单击【发布信息】按钮，逐项填写如下。

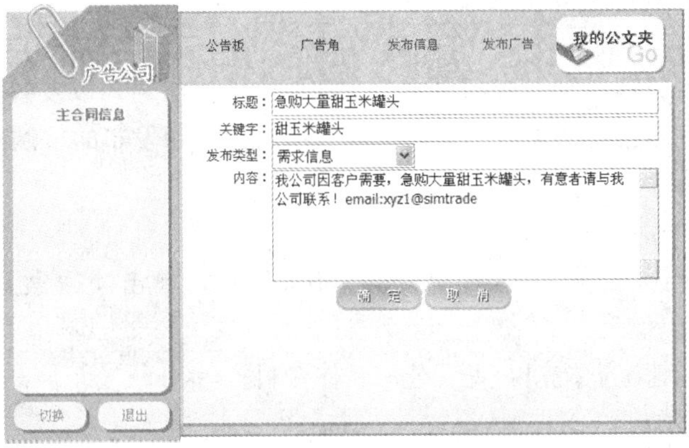

（4）当填写完毕后，单击【确定】按钮，成功发布信息。

8. 退出登录。

单击页面上方最后一个按钮，退出登录。

（三）工厂

1. 以工厂角色登录，输入账号(如 xyz)，在“用户类型”下拉列表中选择“工厂”选项，单击【登录系统】按钮，进入工厂业务主页面。

2. 创建公司。

(1) 单击【资料】按钮，可查看公司账号、邮件地址等资料，其他逐项填写如下(可自由添加图片)。

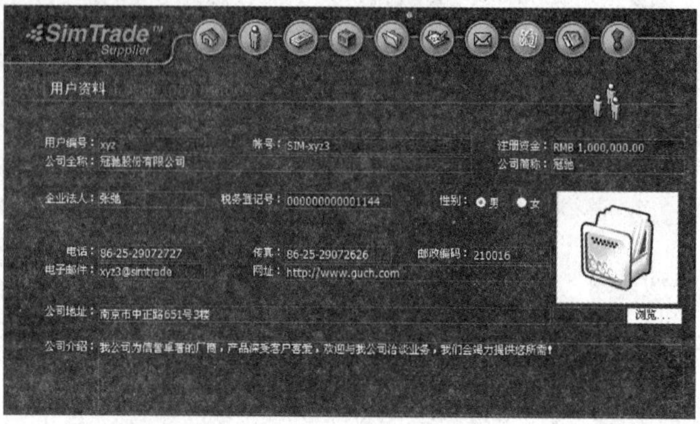

(2) 当填写完毕后，单击【确定】按钮。

3. 寻找商机。

单击【淘金网】按钮，进入查询页面，在首页上可查看通知以及各类市场信息与供求信息，其中在出口商发布信息中可找到宏昌国际股份有限公司发布的求购甜玉米罐头的信息。

4. 查看交易对象。

(1) 单击【公司库】按钮。

(2) 输入关键词“宏昌”，选择类别为“出口商”，单击【搜索】按钮，找到对应的公司。

(3) 单击【详细情况】按钮，查看公司具体资料。

5. 查看交易商品。

(1) 单击【产品展示】按钮。

(2) 输入关键词“甜玉米罐头”，单击【搜索】按钮，找到对应的产品。

(3) 再单击【详细情况】按钮，查看商品具体资料。

6. 查看生产成本。

(1) 退出“淘金网”页面，回到工厂业务主页面。

(2) 点击“业务中心”主页面里标志为“市场”的建筑物。

（3）再单击【查看市场】按钮，可看到 01005 甜玉米罐头的生产价格。

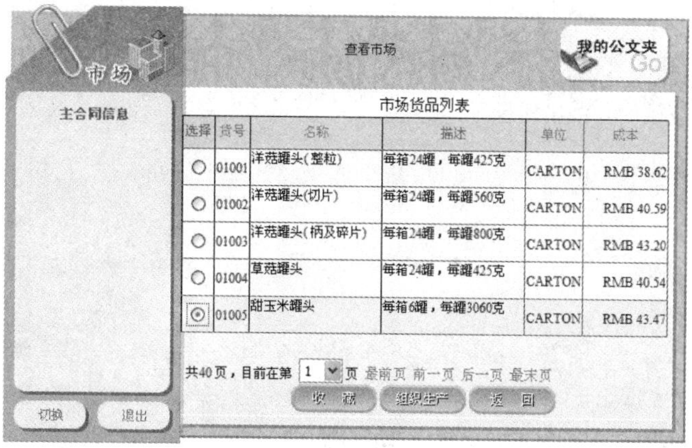

7. 发布信息。

（1）点击标志为“广告公司”的建筑物。

（2）单击【发布信息】按钮，逐项填写如下。

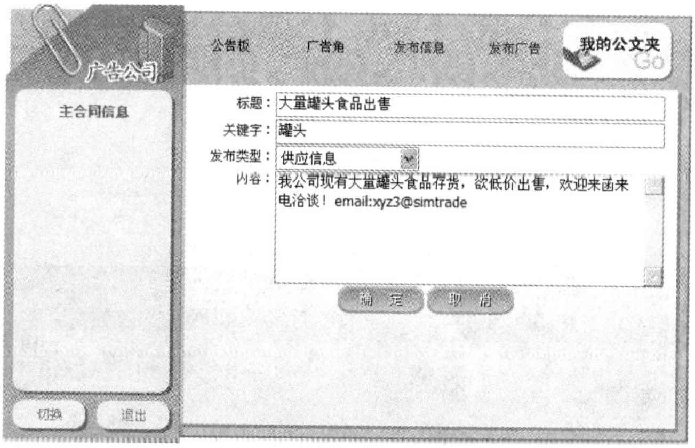

（3）当填写完毕后，单击【确定】按钮，成功发布信息。

8. 发布产品广告与公司广告。

（1）单击【发布信息】按钮右边的【发布广告】按钮，逐项填写如下。

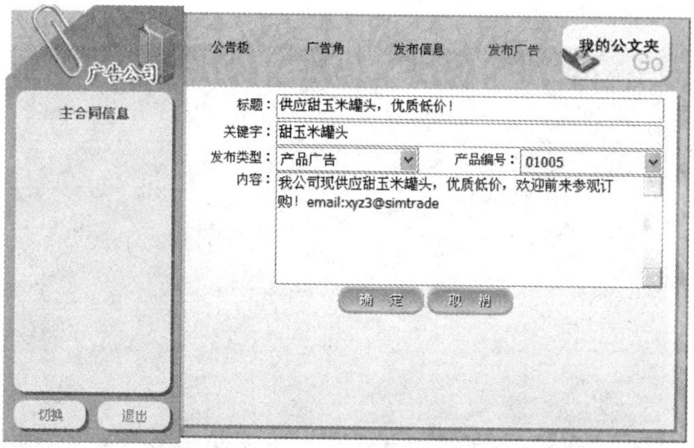

（2）当填写完毕后，单击【确定】按钮，成功发布产品广告。

（3）再发布公司广告，逐项填写如下。

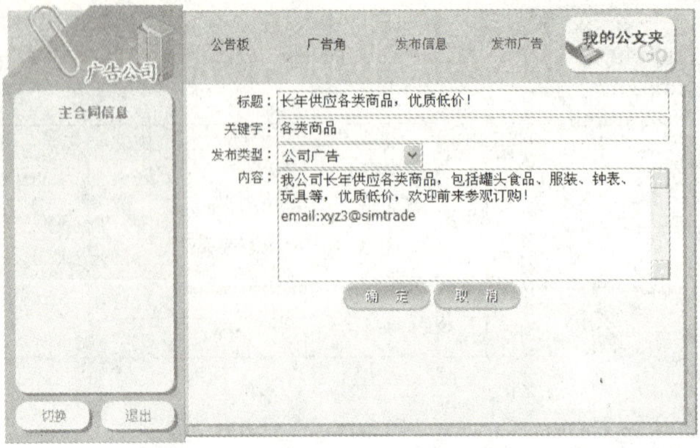

（4）当填写完毕后，单击【确定】按钮，成功发布公司广告。

9. 退出登录。

单击画面上方最后一个按钮，退出登录。

（四）出口地银行

1. 以出口地银行角色登录，输入账号(如 xyz)，在“用户类型”下拉列表中选择“出口地银行”选项，单击【登录系统】按钮，进入出口地银行业务主页面。

2. 创建银行。

（1）单击【资料】按钮，逐项填写如下。

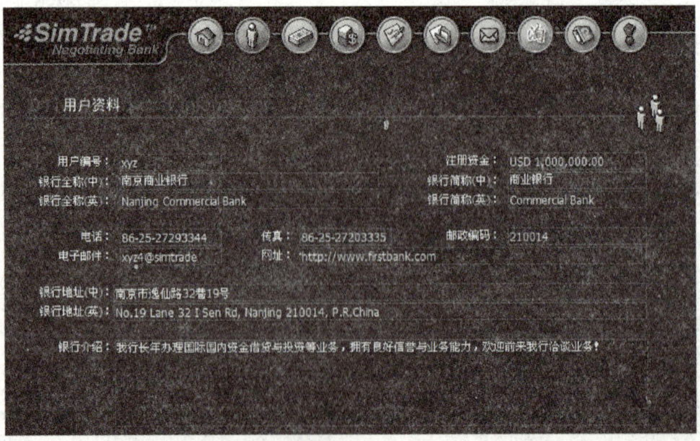

（2）当填写完毕后，单击【确定】按钮。

3. 查询信息。

单击【淘金网】按钮，进入查询页面，分别单击上排按钮查看各类信息。

4. 退出登录。

退出“淘金网”页面，回到业务主页面，单击上方最后一个按钮，退出登录。

（五）进口地银行

1. 学生以进口地银行角色登录，输入账号（如 xyz），在“用户类型”下拉列表中选择“进口地银行”选项，单击【登录系统】按钮，进入进口地银行业务主页面。

2. 创建银行。

（1）单击【资料】按钮，逐项填写如下。

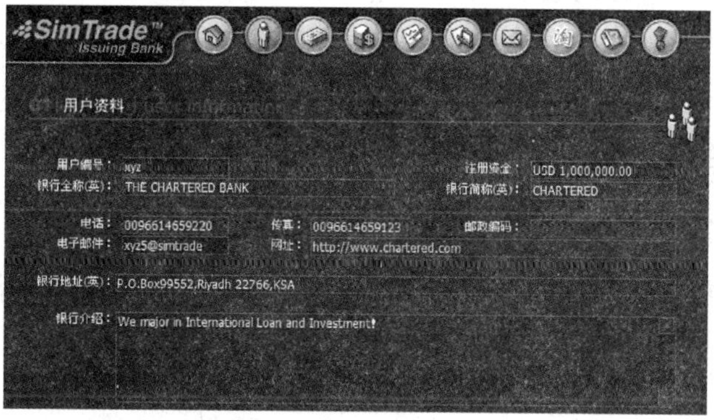

（2）当填写完毕后，单击【确定】按钮。

3. 查询信息。

单击【淘金网】按钮，进入查询页面，分别单击上排按钮查看各类信息。

4. 退出登录。

退出“淘金网”页面，回到业务主页面，单击上方最后一个按钮，退出登录。

4.2 交易磋商

一、实习准备

交易磋商(Business Negotiation)是指买卖双方通过直接洽谈或函电的形式，就某项交易的达成进行协商，以求完成交易的过程。交易磋商是国际贸易的重要环节之一，商品的国际交易能否顺利签订合同，主要取决于交易双方对交易双方条件磋商的结果。交易双方为了争取有利的贸易条件，经常会产生争端。因此，双方要在平等互利的基础上，通过友好协商尽量争取做到双方都有利；同时，要保证所达成的协议符合各自国家的法律和规定以及国际贸易惯例。交易磋商是一项交易的开始，应该以对该项业务进行周密调研为基础，做好充分准备，并预测和判断该项业务进行所需要的技术和知识。

交易磋商的方式主要有函电磋商方式和直接洽谈方式(或称为口头磋商方式)两种。交易磋商的过程可分成询盘、发盘、还盘和接受4个环节，其中发盘和接受是必不可少的，是达成交易所必需的法律步骤。

1. 询盘

询盘(Inquiry)是交易的一方向对方探询交易条件，表示交易愿望的一种行为。询盘多由买方作出，也可由卖方作出、内容可详可略。询盘对交易双方无约束力。

2. 发盘

发盘(Offer)也叫发价，指交易的一方(发盘人)向另一方(受盘人)提出各项交易条件，并愿意按这些条件达成交易的一种表示。

发盘在法律上称为要约，在发盘的有效期内，一经受盘人无条件接受，合同即告成立，发盘人承担按发盘条件履行合同义务的法律责任。

发盘多由卖方提出(Selling Offer)，也可由买方提出(Buying Offer)，也称递盘(Bid)。

在实务中，常见由买方询盘后，卖方发盘，但也可以不经过询盘，一方直接发盘。

3. 还盘

受盘人不同意发盘中的交易条件而提出修改或变更的意见，称为还盘(Counter Offer)。在法律上叫反要约。

还盘实际上是受盘人以发盘人的地位发出的一个新盘，而原发盘人成为新盘的受盘人。

还盘又是受盘人对发盘的拒绝，发盘因对方还盘而失效，原发盘人不再受其约束。

还盘可以在双方之间反复进行，还盘的内容通常仅陈述需变更或增添的条件，对双方同意的交易条件无须重复。

4. 接受

接受(Acceptance)在法律上称为“承诺”，是受盘人在发盘的有效期内，无条件地同意发盘中提出的各项交易条件，愿意按这些条件和对方达成交易的一种表示。接受一经送达发盘人，合同即告成立。双方均应履行合同所规定的义务并拥有相应的权利。

如交易条件简单，则接受中无须复述全部条件；如双方多次互相还盘，条件变化较大，还盘中仅涉及需变更的交易条件，则在接受时宜复述全部条件，以免疏漏和误解。

二、实习目的

(1) 参与国际贸易买卖合同的磋商，熟悉询盘、发盘、还盘和接受环节的实践过程。

(2) 熟悉价格术语的使用，并掌握报价核算方法。

三、实习内容

通过SimTrade内置的邮件系统进行交易磋商，要求出口商和进口商之间的往来业务函电必须使用英文，如下图所示。

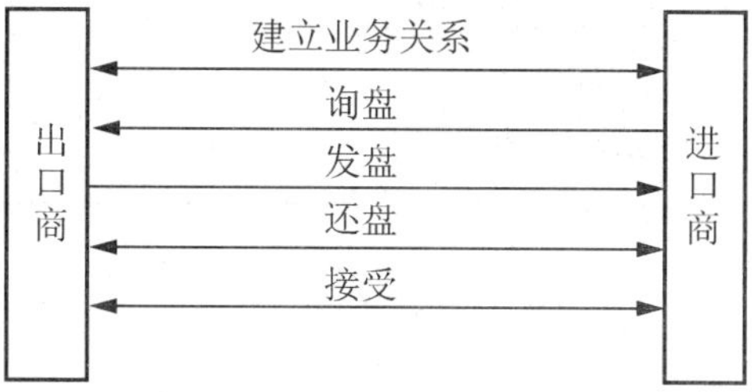

四、实习步骤

1. 以出口商的身份登录，进入出口商业务主页面，与进口商建立业务关系(注：建立业务关系的邮件可由出口商主动发送，也可由进口商发送)。

(1) 单击【邮件】按钮，进入邮件系统。

(2) 单击【新建】按钮，填写邮件内容如下。

收件人：对应进口商的邮件地址(如 xyz2@SimTrade) 主题：Introduce 合同号：(此时未建立合同，不需填合同号) 内容栏： Dear Mr. Carter, We known your name and address from the website of www. SimTrade. net and note with pleasure the items of your demand just fall within the scope of our business line. First of all, we avail ourselves of this opportunity to introduce our company in order to be acquainted with you. Our firm is an exporter of various Canned Foodstuffs. We highly hope to establish business relations with your esteemed company on the basis of mutual benefit in an earlier date. We are sending a catalogue and a pricelist under separate cover for your reference. We will submit our best price to you upon receipt of your concrete inquiry. We are looking forward to receiving your earlier reply. Yours faithfully, Minghua Liu Grand Western Foods Corp.

(3) 当填写完毕后，单击【发送】按钮。

2. 对应的进口商登录后，收取出口商希望建立业务关系的邮件，并向对方询盘。

（1）单击【我的邮件】按钮，进入邮件系统。

（2）单击新邮件名称，查看邮件内容。

（3）单击【回复】按钮，填写内容如下。

> 收件人：回复状态自动填写
>
> 主题：回复状态自动填写，可将其改为“Inquiry”
>
> 合同号：(此时未建立合同，不需填合同号)
>
> 内容栏：
>
> Dear Mr. Minghua Liu,
>
> Thanks for your E-mail.
>
> With reference to your letter of July 28, 2004, we are glad to learn that you wish to enter into trade relations with us.
>
> At present, we are in the market for CANNED SWEET CORN, and shall be glad to receive your best quotations for this item, with indications of packing, for date of shipment, CIF TORONTO.
>
> Your early replay will be appreciated.
>
> Yours sincerely
>
> Carter
>
> Carters Trading Company, LLC

注意：在 SimTrade 中，进口商所属的国家与币别是随机分配的，因此在使用时，需首先在公司基本资料中找到自己所属国家，然后到“淘金网”页面的“运费查询”选项中查询该国家所对应的港口，从中选择一个作为自己的交易港口，并在邮件中告知出口商。

（4）当填写完毕后，单击【发送】按钮。

3. 当以出口商登录后，收取进口商询盘的邮件。

（1）单击【我的邮件】按钮，进入邮件系统。

（2）单击新邮件名称或发件人，查看邮件，内容为进口商对甜玉米罐头询价。

4. 出口商发邮件向工厂询价(邮件的具体内容参考 4.4.2 节)。

5. 工厂核算成本并向出口商报价。

（1）查看商品的生产成本(查看方法参考 4.1 节)。

（2）打开在线帮助中的“工厂的业务费用”页面，照其中的说明计算各项支出。

（3）根据各项费用与利润确定报价。

（4）工厂向出口商报价(邮件的具体内容参考 4.4.2 节)。

6. 出口商核算成本并向进口商发盘。

（1）收取工厂报价的邮件。

（2）打开在线帮助中的“出口预算表的填写”页面。

（3）进入“淘金网”页面，分别单击【保险费】、【运费查询】及【其他费用】等按钮以打开相应页面，根据在线帮助中的说明逐一计算各项成本。

（4）在核算出各项成本与利润后，确定报价。

（5）向进口商发盘。打开进口商询盘邮件，单击【回复】按钮，填写邮件内容如下。

收件人：回复状态自动填写
主题：回复状态自动填写，可将其改为"Quotation"
合同号：（此时未建立合同，不需填合同号）
内容栏：
Dear Mr. Carter,
We have received your letter of July 29，2004，asking us to offer the CANNED SWEET CORN for shipment to TORONTO PORT and highly appreciate that you are interested in our products.
Comply with your kindly request，we are pleased to offer our best price as follows：
1. CANNED SWEET CORN
2. Packing：EXPORTER CARTON
3. Specification：3060Gx6TINS/CTN
4. Quantity：800 CARTONS
5. Price：USD14/CARTON CIF TORONTO
6. Payment：L/C
7. Shipment：in August，2004
8. Brand：At your option
Our offer remains effective until August 30，2004
Yours faithfully,
Minghua Liu
Grand Western Foods Corp.

（6）当填写完毕后，单击【发送】按钮。

7. 当进口商登录后，收取出口商发盘的邮件。双方经多次还盘，最后进口商表示接受对方发盘。填写邮件内容如下。

收件人：回复状态自动填写
主题：回复状态自动填写
合同号：（此时未建立合同，不需填合同号）
内容栏：
Dear Mr. Minghua Liu,
We have received your E-Mail of July 29，2004
After the consideration，we have pleasure in confirming the following offer and accepting it：
1. Commodity：CANNED SWEET CORN
2. Packing：EXPORTER CARTON
3. Specification：3060Gx6TINS/CTN
4. Quantity：800CARTONS
5. Price：USD14/CARTON
6. Payment：L/C
7. Shipment：in August，2004
Please send us a contract and thank you for your cooperation.
Yours sincerely,
Carter
Carters Trading Company，LLC

当填写完毕后，单击【发送】按钮。

8. 出口商收取进口商接受发盘的邮件。

4.3 签订合同

一、实习准备

1. 合同条款概述

合同有正本和副本之分。在我国的对外贸易中，通常由我方缮制合同正本一式两份，经双方签字后，买卖双方各保存一份。合同副本无须签字，也无法律效力。在国际贸易中，书面合同的主要形式有合同和确认书两种。

出口合同的内容一般包括3个部分，即约首、主体和尾部。约首包括合同的名称、编号、订约日期、地点、双方当事人的名称、地址等；合同的主体包括商品名称、品质规格、数量、包装、单价、总价、交货、保险、支付方式、商检、索赔、仲裁和不可抗力等；合同的尾部包括合同的份数、使用的文字和效力以及双方的签字等。

2. 出口合同的基本条款

（1）品名及规格条款。它是商品说明的重要组成部分，也是交易双方在交接货物时对货物品质界定的主要依据。在订立品质条款时，应注意以下几个问题：

① 要明确是按实物样品还是凭文字说明的方式买卖。在实际业务中，一般不宜采用既凭规格买卖又凭样品买卖的方式。

② 要注意品质条款的科学性和灵活性，不能订得过高、过低、过繁、过死。

（2）商品的数量条款。出口合同中的数量条款一般包括商品的数量、计量单位及/或数量机动幅度的规定。在签订合同时，一般应明确规定买卖货物的具体数量作为买卖双方交接货物的数量依据。但在实际业务中，由于某些商品本身的特性或是受其他条件的限制，故卖方的交货数量要做到与合同完全一致非常困难。为此，对一些难以严格计量的商品，通常在合同中规定溢短装条款或“约”量。关于常见的数量条款，在订立数量条款时要注意以下几个问题：

① 按重量计算的商品应明确用哪种计重方法，即按毛重、净重或以毛作净等明确按毛重或净重计量时，按惯例应以净重计量。

② 使用“约”量必须注意其机动幅度及适合的情况。

③ 在使用溢短装条款时，应注明溢短装部分的百分比、溢短装部分的选择权及溢短装部分的作价原则等。

（3）商品的包装条款。商品的包装条款一般包括包装的材料、包装的方式、包装的费用及包装的标志等内容。在订立包装条款时，应注意以下几个问题：

① 条款中必须包括包装材料、包装方式，有时还要规定包装费用的支付等，所在国对包装的特殊要求应特别注意。

② 除非买卖双方对包装方式的具体内容经事先充分交换意见或由于长期的业务交往已经

取得一致认识，否则在合同中一般以采用具体的规定方法为宜。

③ 运输标志中的唛头一般由卖方提供，无须在合同中规定，如买方要求提供则也可接受，但必须在装运前一定时间内将唛头通知卖方，否则卖方有权自行决定。

(4) 商品的价格条款。买卖合同中的价格条款由单价和总值组成。在订立价格条款时，应注意以下几个问题：

① 单价条款由 4 个部分组成，即计价的数量单位、单位价格金额、计价货币和贸易术语。四者缺一不可，且前后左右顺序不能随意颠倒。

② 单价与总值的金额要吻合，且币别保持一致。

③ 如果数量允许增加，则合同中的总金额也应有相应的增减。

(5) 货物装运条款。合同中的装运条款主要包括装运时间、起运港和目的港及分批装运、转运等。在订立装运条款时，应注意以下几个问题：

① 一般在合同中应明确规定具体的装运时间。

② 一般应选择费用低、装卸效率高的港口作为装运港或目的港。

③ 注意分批装运、转运，尤其是特殊的分运、转运条款的规定。

(6) 保险条款。合同中的保险条款因不同的贸易术语而异。

(7) 支付条款。出口合同中的支付条款依据不同的付款方式或支付方式而内容各异。

二、实习目的

(1) 掌握合同条款的具体规定与表达。

(2) 掌握进出口价格核算。

三、实习内容

签订 1 笔结汇方式为 L/C、价格术语为 CIF 的外销合同，填写预算表，双方签字确认并开始履行合同。

四、实习步骤

1. 起草外销合同(注：合同既可由出口商起草，也可由进口商起草)

(1) 退出邮件页面，点击“业务中心”主页面里标志为“进口商”的建筑物。

(2) 在弹出的页面中单击【起草合同】按钮。

(3) 输入合同号(如 Contract01)和对应的进口商编号(如 xyz)，再输入办理相关业务的出口地银行编号(如 xyz)，并勾选选项“设置为主合同”，单击【确定】按钮，弹出合同表单进行填写(填写说明可单击表头名称蓝色字体处查看，表单样本参考表 4-1，其中商品明细表填写可参考表 4-2)。

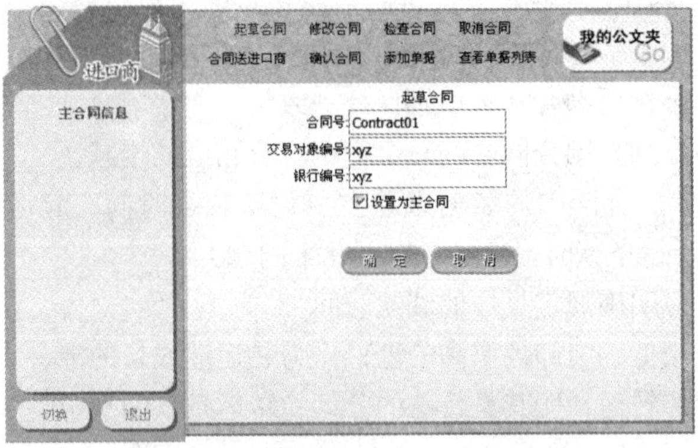

(4) 当填写完成后，单击【保存】按钮。

(5) 回到业务主页面中，单击【检查合同】按钮，确认合同填写无误；若检查结果中有错误，则应单击【修改合同】按钮，将错误之处全部改正后再进行下面的操作。

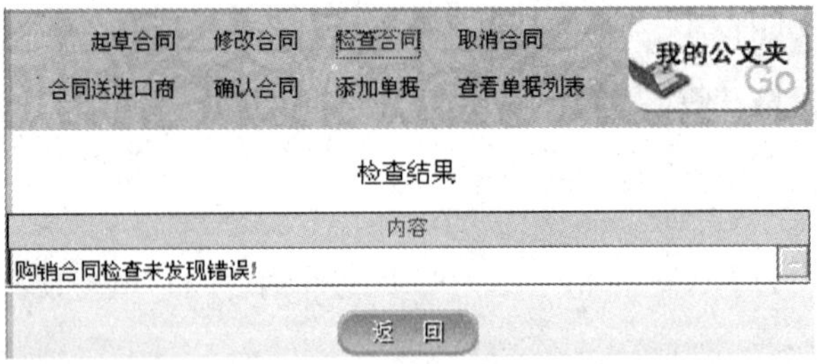

2. 制作出口预算表

(1) 单击【添加单据】按钮。

(2) 选中“出口预算表”选项前的单选按钮，单击【确定】按钮。

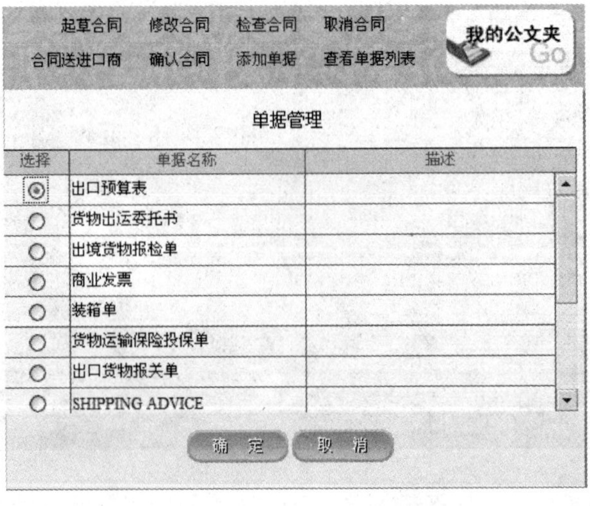

表 4-1 合同表单样本

GRAND WESTERN FOODS CORP.

Room2501,Jiafa Mansion, Beijing West road, Nanjing 210005, P.R.China

SALES CONFIRMATION

Messrs:	Carters Trading Company, LLC P.O.Box8935, New Terminal, Lata. Vista, Ottawa, Canada	**No.**	Contract01
		Date:	2004-08-19

Dear Sirs,

We are pleased to confirm our sale of the following goods on the terms and conditions set forth below:

Choice	Product No.	Description	Quantity	Unit	Unit Price	Amount
					[CIF] [Toronto]	
○	01005	CANNED SWEET CORN 3060Gx6TINS/CTN	800	CARTON	USD14	USD11200
					[添 加][修 改][删 除]	
		Total:	800	CARTON		[USD] [11200]

Say Total:	U.S.DOLLARS ELEVEN THOUSAND TWO HUNDRED ONLY
Payment:	L/C [By 100% irrevocable sight letter of credit in our favor.]
packing:	3060Gx6TINS/CTN Each of the carton should be indicated with Item No., Name of the Table, G.W., and C/No.
Port of Shipment:	Nanjing
Port of Destination:	Toronto
Shipment:	All of the goods will be shipped on or before Sep. 20, 2004 subject to L/C reaching the SELLER by the end of August, 2004. Partial shipments and transhipment are not allowed.
Shipping Mark:	CANNED SWEET CORN CANADA C/NO.1-800 MADE IN CHINA
Quality:	As per sample submitted by seller.
Insurance:	The SELLER shall arrange marine insurance covering ICC(A) plus institute War Risks for 110% of CIF value and provide of claim, if any, payable in Canada, with U.S. currency.
Remarks:	The Buyers are requested to sign and return one copy of this Sales Confirmation immediately after receipt of the same.

BUYERS	SELLERS
	GRAND WESTERN FOODS CORP.
	Minghua Liu
(Manager Signature)	(Manager Signature)

表 4－2　商品明细表

Product No.	01005		
Description	CANNED SWEET CORN 3060Gx6TINS/CTN		
Quantity	800	Unit	CARTON
Unit	USD	Price	14.00
		Amount	11200.00

[保存] [退出]

（3）在“查看单据列表”中点击出口预算表对应的单据编号（以后添加与填写单据都用此方法），弹出表单进行填写（计算方法参照在线帮助中的“出口预算表的填写”，表单样本参考表 4－3）。

表 4－3　出口预算表样本

合同号：　Contract01
预算表编号：　STEBG000001　（注：本预算表填入的位数全部为本位币）

项目	预算金额	实际发生金额
合同金额	92835.68	
采购成本	52000.00	
FOB总价	62246.19	
内陆运费	1235.33	
报检费	200.00	
报关费	200.00	
海运费	29690.84	
保险费	898.65	
核销费	10.00	
银行费用	400	
其他费用	5073.87	
退税收入	7555.56	
利润	10682.55	

3. 发送合同

回到业务画面中，单击【合同送进口商】按钮。

4. 确认邮件

当进口商登录后，收取出口商要求确认合同的邮件。

5. 制作进口预算表

（1）退出邮件系统，点击“业务中心”主页面里标志为“出口商”的建筑物。

（2）在弹出画面的左边单击【切换】按钮，将需要确认的合同设置为主合同。

（3）单击【修改合同】按钮，打开合同页面查看相关条款。

（4）单击【添加单据】按钮，选中“进口预算表”选项前的单选按钮，单击【确定】按钮。

（5）在“查看单据列表”中点击进口预算表对应的单据编号(以后添加与填写单据都用此方法)，弹出表单进行填写(计算方法参照在线帮助中的“进口预算表的填写”，表单样本参考表4－4)。

表4－4 进口预算表样本

合同号：　Contract01
预算表编号：　STIBG000001　（注：本预算表填入的位数全部为本位币）

项目	预算金额	实际发生金额
合同金额	11200	
CIF总价	11200	
内陆运费	149.03	
报检费	24.13	
报关费	24.13	
关税	1456	
增值税	1904	
消费税	0	
海运费	0	
保险费	0	
银行费用	55.49	
其他费用	560	

（6）当填写完成后单击【保存】按钮。

6. 确认合同

（1）回到业务主页面中，单击【修改合同】按钮。

（2）在弹出合同的左下方签字，分别在两行空白栏中填入“Carters Trading Company, LLC”与“Carter”，单击【保存】按钮。

（3）回到业务主页面，单击【确认合同】按钮。

（4）输入合同编号(本例中为Contract01)，再输入进口地银行编号[如xyz，此处最好找自己熟悉的银行，以免到需办理相关业务(如信用证)时，因找不到银行而耽误业务进程]，单击【确定】按钮，成功确认合同(签字后的合同见表4－5)。

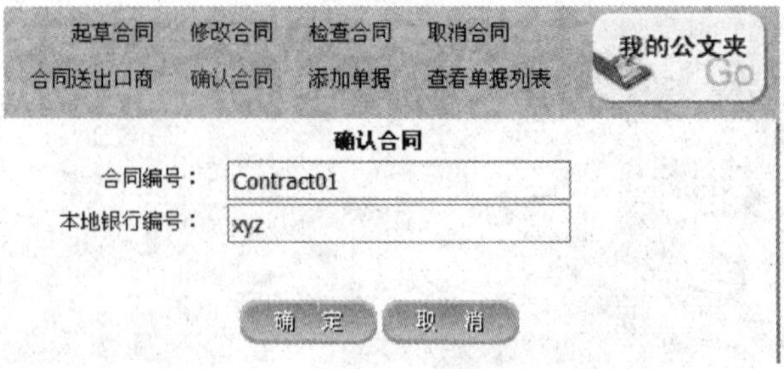

表 4-5 签字后的合同

GRAND WESTERN FOODS CORP.

Room2501,Jiafa Mansion, Beijing West road, Nanjing 210005, P.R.China

SALES CONFIRMATION

Messrs:	Carters Trading Company, LLC P.O.Box8935, New Terminal, Lata. Vista, Ottawa, Canada	**No.**	Contract01
		Date:	2004-08-19

Dear Sirs,

We are pleased to confirm our sale of the following goods on the terms and conditions set forth below:

Choice	Product No.	Description	Quantity	Unit	Unit Price	Amount
					[CIF] [Toronto]	
○	01005	CANNED SWEET CORN 3060Gx6TINS/CTN	800	CARTON	USD14	USD11200
					[添 加][修 改][删 除]	
		Total:	800	CARTON		[USD] [11200]

Say Total:	U.S.DOLLARS ELEVEN THOUSAND TWO HUNDRED ONLY
Payment:	L/C [By 100% irrevocable sight letter of credit in our favor.]
packing:	3060Gx6TINS/CTN Each of the carton should be indicated with Item No., Name of the Table, G.W., and C/No.
Port of Shipment:	Nanjing
Port of Destination:	Toronto
Shipment:	All of the goods will be shipped on or before Sep. 20, 2004 subject to L/C reaching the SELLER by the end of August, 2004. Partial shipments and transhipment are not allowed.
Shipping Mark:	CANNED SWEET CORN CANADA C/NO.1-800 MADE IN CHINA
Quality:	As per sample submitted by seller.
Insurance:	The SELLER shall arrange marine insurance covering ICC(A) plus institute War Risks for 110% of CIF value and provide of claim, if any, payable in Canada, with U.S. currency.
Remarks:	The Buyers are requested to sign and return one copy of this Sales Confirmation immediately after receipt of the same.

BUYERS	SELLERS
Carters Trading Company, LLC	GRAND WESTERN FOODS CORP.
Carter	*Minghua Liu*
(Manager Signature)	(Manager Signature)

4.4 履行合同

4.4.1 信用证业务

一、实习准备

在国际贸易活动中，买卖双方可能互不信任，买方担心预付款后，卖方不按合同要求发货；卖方也担心在发货或提交货运单据后买方不付款。因此，需要两家银行作为买卖双方的保证人，代为收款交单，以银行信用代替商业信用。银行在这一活动中所使用的工具就是信用证。

信用证(Letter of Credit，L/C)是指由银行(开证行)依照(申请人)的要求和指示或自己主动，在符合信用证条款的条件下，凭规定单据向第三者(受益人)或其指定方进行付款的书面文件。即信用证是一种银行开立的有条件的承诺付款的书面文件。

二、实习目的

熟悉与掌握信用证的申请、开证、审证要点。

三、实习内容

本环节实训流程如下图所示。

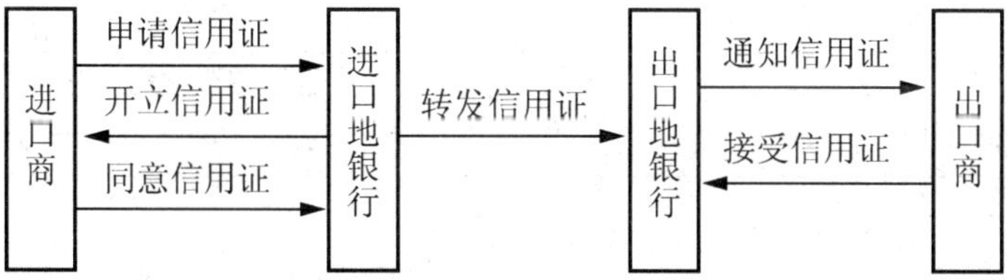

(1) 进口商：申请开证。
(2) 进口地银行：审核开证申请书，开信用证，交进口商确认。
(3) 进口商：确认信用证。
(4) 进口地银行：通知出口地银行。
(5) 出口地银行：对照合同审核信用证，填写通知书，通知出口商信用证已到。
(6) 出口商：审证并接受信用证。若信用证有问题，则可发邮件给进口商要求其修改。

四、实习步骤

1. 进口商申领核销单

在L/C方式下，需在开证前领单；若在其他方式下，则在付款前领单。
(1) 回到“业务中心”主页面，点击标志为“进口地银行”的建筑物。

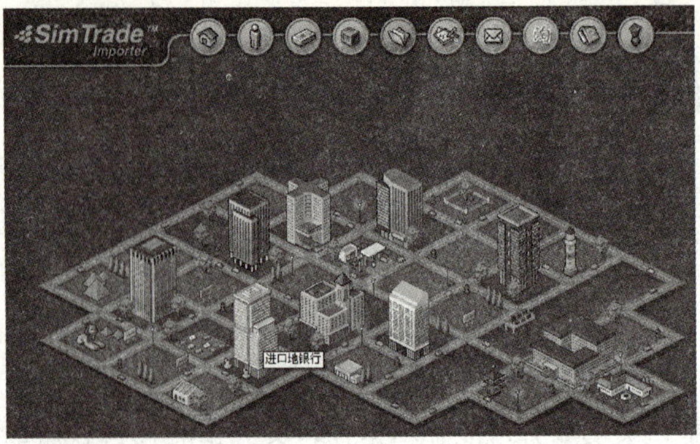

(2) 单击【申领核销单】按钮，即领取“贸易进口付汇核销单”。

(3) 单击标志为“出口商”的建筑物，进入“单据列表”中进行填写(填写说明可单击表头名称蓝色字体处查看，表单样本参考表4-6)。

表4-6 贸易进口付汇核销单(代申报单)样本

印单局代码： 320000　　　　核销单编号： STICA000001

单位代码 00000005-8		单位名称 Carters Trading Company, LLC		所在地外汇局名称	
付汇银行名称 THE CHARTERED BANK		收汇人国别 China		交易编码 0101	
收款人是否在保税区：是 ☐ 否 ☑		交易附言			
对外付汇币种 USD	对外付汇总额 11200				
其中：购汇金额 11200		现汇金额		其他方式金额	
人民币帐号		外汇帐号			
付汇性质					
☑正常付汇					
☐不在名录	☐90天以上信用证		☐90天以上托收	☐异地付汇	
☐90天以上到货	☐转口贸易				
备案表编号					
预计到货日期 09/10/2004		进口批件号		合同/发票号 Contract01/STINV000001	
结算方式					
信用证	90天以内 ☑ 90天以上 ☐	承兑日期 / /	付汇日期 / /	期限 天	
托收	90天以内 ☐ 90天以上 ☐	承兑日期 / /	付汇日期 / /	期限 天	
汇款	预付货款 ☐	货到付汇(凭报关单付汇) ☐		付汇日期 / /	
	报关单号	报关日期 / /	报关单币种	金额	
	报关单号	报关日期 / /	报关单币种	金额	
	报关单号	报关日期 / /	报关单币种	金额	
	报关单号	报关日期 / /	报关单币种	金额	
	报关单号	报关日期 / /	报关单币种	金额	
	(若报关单填写不完，可另附纸。)				
其他 ☐		付汇日期 / /			
以下由付汇银行填写					
申报号码：					
业务编号：		审核日期： / /		(付汇银行签章)	

(4) 当填写完成后，单击【检查】按钮，确认通过。

单据填写说明：在贸易进口付汇核销单中，对外付汇币种需以进口商的本币填写，金额也做相应转换。在SimTrade中，币别由系统自动分配，进口商可在自己的“财务”页面中查询本币币别。

2. 申请开立信用证

（1）点击标志为“进口地银行”的建筑物，选择“信用证”业务。

（2）点单击【添加信用证申请书】按钮，当添加完成后，点击该申请书编号进行填写（表单样本请参考表 4-7）。

表 4-7　信用证申请书样本

IRREVOCABLE DOCUMENTARY CREDIT APPLICATION

TO: THE CHARTERED BANK　　　　**DATE:** 040819

☐ Issue by airmail　☐ With brief advice by teletransmission ☐ Issue by express delivery ☑ Issue by teletransmission (which shall be the operative instrument)	**Credit NO.** STLCA000001 Date and place of expiry 041015 in the beneficiary's country
Applicant CARTERS TRADING COMPANY, LLC P.O.BOX8935,NEW TERMINALI, LATA. VISTA, OTTAWA, CANADA	Beneficiary (Full name and address) GRAND WESTERN FOODS CORP. ROOM2501,JIAFA MANSION, BEIJING WEST ROAD, NANJING 210005, P.R.CHINA
Advising Bank NANJING COMMERCIAL BANK NO.19 LANE 32 I SEN RD, NANJING 210014, P.R.CHINA	Amount [USD][11200] U.S.DOLLARS ELEVEN THOUSAND TWO HUNDRED ONLY
Parital shipments: ☐ allowed ☑ not allowed Transhipment: ☐ allowed ☑ not allowed Loading on board/dispatch/taking in charge at/from NANJING not later than 040920 For transportation to: TORONTO ☐ FOB　☐ CFR　☑ CIF ☐ or other terms	Credit available with NANJING COMMERCIAL BANK By ☐ sight payment　☐ acceptance　☑ negotiation ☐ deferred payment at against the documents detailed herein ☑ and beneficiary's draft(s) for 100 % of invoice value at **** sight drawn on ISSUE BANK

Documents required: (marked with X)

1.(X) Signed commercial invoice in 6 copies indicating L/C No. and Contract No. Contract01

2.(X) Full set of clean on board Bills of Lading made out to order and blank endorsed, marked "freight [ ] to collect / [X] prepaid [ ] showing freight amount" notifying THE APPLICANT.

( ) Air way bills/cargo receipt/copy of railway bills issued by showing "freight [ ] to collect/[ ] prepaid [ ] indicating freight amount" and consigned to.

3.(X) Insurance Policy/Certificate in 3 copies for 110 % of the invoice value showing claims payable in CANADA in currency of the draft, blank endorsed, covering All Risks and War Risks.

4.(X) Packing List/Weight Memo in 3 copies indicating quantity, gross and weights of each package.

5.( ) Certificate of Quantity/Weight in copies issued by.

6.( ) Certificate of Quality in copies issued by [ ] manufacturer/[ ] public recognized surveyor.

7.(X) Certificate of Origin in 3 copies issued by MANUFACTURER.

8.( ) Beneficiary's certified copy of fax / telex dispatched to the applicant within hours after shipment advising L/C No., name of vessel, date of shipment, name, quantity, weight and value of goods.

Other documents, if any

Description of goods:

01005 CANNED SWEET CORN, 3060Gx6TINS/CTN
QUANTITY: 800 CARTON
PRICE: USD14/CTN

Additional instructions:

1.(X) All banking charges outside the opening bank are for beneficiary's account.

2.(X) Documents must be presented within 21 days after date of issuance of the transport documents but within the validity of this credit.

3.( ) Third party as shipper is not acceptable, Short Form/Blank B/L is not acceptable.

4.( ) Both quantity and credit amount % more or less are allowed.

5.( ) All documents must be forwarded in.

( ) Other terms, if any

(3) 当填写完成后，单击【检查】按钮，确认通过。

(4) 仍在信用证管理页面中，选中对应信用证申请书前的单选按钮，单击【发送申请书】按钮。

3. 进口地银行开立信用证

(1) 收取进口商申请开证的邮件。

(2) 回到进口地银行业务主页面，单击【信用证】按钮。

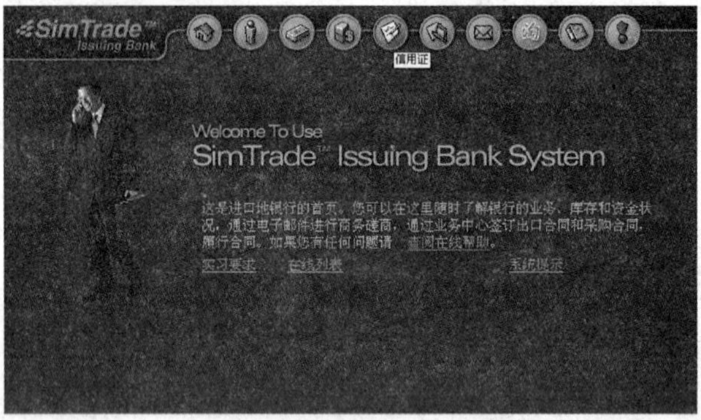

(3) 单击合同号为 Contract01 的信用证申请书编号，查看其内容。

(4) 选中该申请书，单击【开证】按钮。

(5) 完成后单击信用证编号进入，根据开证申请书进行填写(填写说明可单击表头名称蓝色字体处查看，表单样本参考表 4-8)。

(6) 当填写完成后，单击【检查】按钮，确认通过。

(7) 在“信用证”页面中再选中合同号为 Contract01 的信用证前的单选按钮，单击【送进口商】按钮。

4. 进口商同意信用证

(1) 收取银行要求确认信用证的通知邮件。

(2) 点“业务中心”主页面标志为“进口地银行”的建筑物。

(3) 单击【信用证业务】按钮，检查对应的信用证内容。

(4) 当检查无误后，选中对应信用证前的单选按钮，单击【同意】按钮。

5. 进口地银行转发信用证

(1) 收取进口商同意信用证的邮件。

(2) 进入信用证管理页面，选中合同号为 Contract01 的信用证前的单选按钮，单击【送出口地银行】按钮。

6. 出口地银行将信用证通知出口商

(1) 收取进口地银行已开证的通知邮件。

(2) 回到出口地银行业务主页面，单击【信用证】按钮。

(3) 打开合同号为 Contract01 的信用证进行查看。

(4) 选中该信用证前的单选按钮，单击【制作通知书】按钮，添加信用证通知书。

(5) 单击该信用证通知书所对应的单据编号，打开表单根据信用证内容进行填写(填写说明可单击表头名称蓝色字体处查看，表单样本参考表 4-9)。

表 4－8 填写信用证申请书

LETTER OF CREDIT

MESSAGE TEXT

:27:SEQUENCE OF TOTAL

1/1

:40A:FORM OF DOCUMENTARY CREDIT

IRREVOCABLE

:20:DOCUMENTARY CREDIT NUMBER

STLCN000001

:31C:DATE OF ISSUE

040820

:31D:DATE AND PLACE OF EXPIRY

041015 IN THE BENEFICIARY'S COUNTRY

:51A:APPLICANT BANK

THE CHARTERED BANK

:50:APPLICANT

CARTERS TRADING COMPANY, LLC
P.O.BOX8935,NEW TERMINALI, LATA. VISTA, OTTAWA, CANADA

:59:BENEFICIARY

GRAND WESTERN FOODS CORP.
ROOM2501,JIAFA MANSION, BEIJING WEST ROAD, NANJING 210005, P.R.CHINA

:32B:CURRENCY CODE, AMOUNT

[USD] [11200]

:41D:AVAILABLE WITH BY

NANJING COMMERCIAL BANK BY NEGOTIATION

:42C:DRAFTS AT

SIGHT

:42A:DRAWEE

ISSUE BANK

:43P:PARTIAL SHIPMENTS

NOT ALLOWED

:43T:TRANSHIPMENT

NOT ALLOWED

:44A:ON BOARD/DISP/TAKING CHARGE

NANJING

:44B:FOR TRANSPORTATION TO

TORONTO

:44C:LATEST DATE OF SHIPMENT

040920

:45A:DESCRIPTION OF GOODS AND/OR SERVICES

01005 CANNED SWEET CORN, 3060Gx6TINS/CTN, QUANTITY: 800 CARTON
CIF TORONTO, PRICE: USD14/CTN

:46A:DOCUMENTS REQUIRED

+SIGNED COMMERCIAL INVOICE IN 6 COPIES INDICATING CONTRACT NO. CONTRACT01
+FULL SET OF CLEAN ON BOARD BILLS OF LADING MADE OUT TO ORDER AND BLANK ENDORSED, MARKED "FREIGHT TO PREPAID" NOTIFYING THE APPLICANT
+INSURANCE POLICY/CERTIFICATE IN 3 COPIES FOR 110 % OF THE INVOIECE VALUE SHOWING CLAIMS PAYABLE IN CANADA IN CURRENCY OF THE DRAFT, BLANK ENDORSED, COVERING ALL RISKS, WAR RISKS

:47A:ADDITIONAL CONDITIONS

:71B:CHARGES

ALL BANKING CHARGES OUTSIDE THE OPENING BANK ARE FOR BENEFICIARY'S ACCOUNT

:48:PERIOD FOR PRESENTATION

DOCUMENTS MUST BE PRESENTED WITHIN 21 DAYS AFTER DATE OF ISSUANCE OF THE TRANSPORT DOCUMENTS BUT WITHIN THE VALIDITY OF THIS CREDIT

:49:CONFIRMATION INSTRUCTIONS

WITHOUT

:57D:ADVISE THROUGH BANK

表 4-9 信用证通知书样本

南京商业银行

Nanjing Commercial Bank

No.19 Lane 32 I Sen Rd, Nanjing 210014, P.R.China
FAX:86-25-27203335

信 用 证 通 知 书

NOTIFICATION OF DOCUMENTARY CREDIT

日期: 2004-08-22

TO 致: GRAND WESTERN FOODS CORP. ROOM2501,JIAFA MANSION, BEIJING WEST ROAD, NANJING 210005, P.R.CHINA		WHEN CORRESPOND NG PLEASE QUOTE OUT REF NO.	
ISSUING BANK开证行 THE CHARTERED BANK P.O.Box99552,Riyadh 22766,KSA		TRANSMITTED TO US THROUGH 转递行 REF NO.	
L/C NO.信用证号 STLCN000001	DATED 开证日期 040820	AMOUNT 金额 [USD] [11200]	EXPIRY PLACE 有效地 CANADA
EXPIRY DATE 有效期 041015	TENOR 期限 SIGHT	CHARGE 未付费用 RMB0.00	CHARGE BY 费用承担人 BENE
RECEIVED VIA 来证方式 SWIFT	AVAILABLE 是否生效 VALID	TEST/SIGN 印押是否相符 YES	CONFIRM 我行是否保兑 NO

DEAR SIRS 敬启者:
WE HAVE PLEASURE IN ADVISING YOU THAT WE HAVE RECEIVED FROM THE A/M BANK A(N) **LETTER OF CREDIT**, CONTENTS OF WHICH ARE AS PER ATTACHED SHEET(S).
THIS ADVICE AND THE ATTACHED SHEET(S) MUST ACCOMPANY THE RELATIVE DOCUMENTS WHEN PRESENTED FOR NEGOTIATION.
兹通知贵公司，我行收自上述银行信用证一份，现随附通知。贵司交单时，请将本通知书及信用证一并提示。

REMARK备注:
PLEASE NOTE THAT THIS ADVICE DOES NOT CONSTITUTE OUR CONFIRMATION OF THE ABOVE L/C NOR DOES IT CONVEY ANY ENGAGEMENT OR OBLIGATION ON OUT PART.

THIS L/C CONSISTS OF SHEET(S), INCLUDING THE COVERING LETTER AND ATTACHMENT(S).
本信用证连同面函及附件共 纸。

IF YOU FIND ANY TERMS AND CONDITIONS IN THE L/C WHICH YOU ARE UNABLE TO COMPLY WITH AND OR ANY ERROR(S), IT IS SUGGESTED THAT YOU CONTACT APPLICANT DIRECTLY FOR NECESSARY AMENDMENT(S) SO AS TO AVOID AND DIFFICULTIES WHICH MAY ARISE WHEN DOCUMENTS ARE PRESENED.
如本信用证中有无法办到的条款及/或错误，请迳与开证申请人联系，进行必要的修改，以排除交单时可能发生的问题。

THIS L/C IS ADVISED SUBJECT TO ICC UCP PUBLICATION NO.500.
本信用证之通知系遵循国际商会跟单信用证统一惯例第500号出版物办理。

此证如有任何问题及疑虑，请与结算业务部审证科联络，电话： 86-25-27293344

YOURS FAITHFULL

FOR *Nanjing Commercial Bank*

（6）当填写完成后，单击【检查】按钮，确认通过。

(7) 回到业务主页面，选择该通知书，单击【通知受益人】按钮。

7. 出口商接受信用证

(1) 收取信用证已开立的通知邮件。

(2) 回到“业务中心”主页面，单击标志为“出口地银行”的建筑物。

(3) 单击【接受信用证】按钮，进入信用证列表画面。

(4) 将查看信用证内容无误后，单击【接受】按钮。

4.4.2 备货

一、实习目的

(1) 熟悉与国内工厂的交易磋商环节。

(2) 了解并掌握国内购销合同的签订与履行。

二、实习内容

国内采购流程图如下图所示。

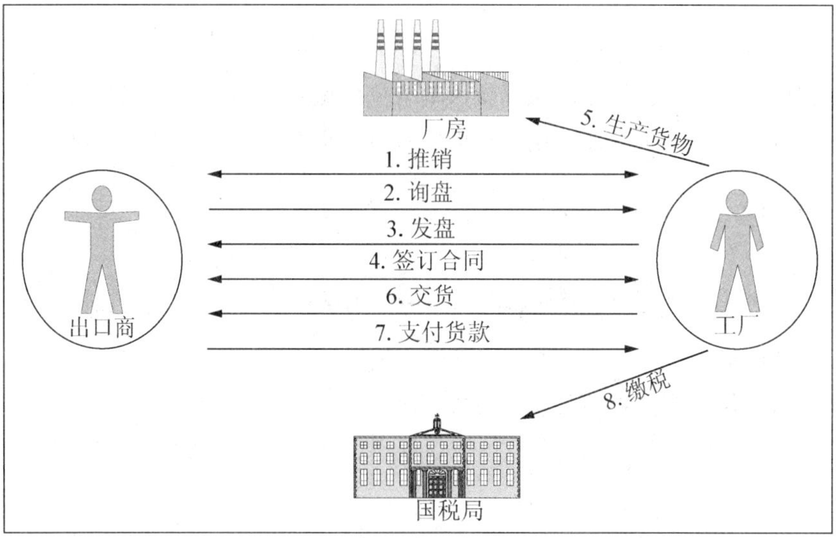

1. 推销

产品制造商和出口贸易商都需要积极开发市场，寻找贸易对象，可寄送业务推广函(Sale Letter)或在计算机网络、杂志、报刊上刊登产品广告来推销自己，同时可通过参加商展等途径寻找交易对手，增进贸易机会。

2. 询盘

当出口商收到工厂的业务推广函或看到广告后，根据自己的需要，对有意进一步洽商的工厂予以询盘，以期达成交易。

3. 发盘

工厂按买主来函要求，计算报价回函给出口商。这期间可能需要函电多次往返接洽，最后得到关于价格条款的一致意见。

4. 签约

当交易双方经一番讨价还价方式后，正式签订买卖合同(Contract 或 Agreement)。在SimTrade中，买卖合同可以由出口商起草，也可以由工厂起草。

5. 生产货物

当签约后，工厂即着手生产货物。

6. 交货

当生产完成后，工厂依合同放货给出口商。

7. 支付货款

在工厂放货的同时，出口商支付货款，交易完成。

8. 缴税

当合同完成后，工厂还需到国税局就该笔合同的收益缴付税款，增值税率与综合费用费率可在“淘金网”页面的“其他费用”页面中查到，以合同金额乘之即得税款。

三、实习步骤

1. 工厂与出口商建立业务关系(也可由出口商主动)

(1) 单击【邮件】按钮，进入邮件系统。
(2) 单击【新建】按钮，填写邮件内容如下。

> 收件人：对应出口商的邮件地址(如 xyz1@SimTrade)
> 主题：建立业务关系
> 合同号：(此时未建立合同，不需填合同号)
> 内容栏：
> 刘铭华先生：
> 您好！我们是冠弛股份有限公司，我公司有着悠久的经营历史，在国内外享有良好声誉。我们在www. SimTrade. net 里找到了贵公司的资料，得知你们欲购买甜玉米罐头，我公司正好是一家专业的罐头生产厂商，希望能与贵公司建立起长期的合作关系，盼来函询价！
> 盼复！
> 张弛
> 冠弛股份有限公司

(3) 当填写完毕后，单击【发送】按钮。

2. 出口商收取并回复该邮件，向工厂询价

(1) 收取邮件，阅读内容。

(2) 单击【回复】按钮，填写邮件内容如下。

> 收件人：回复状态自动填写
> 主题：回复状态自动填写，可将其改为“询价”
> 合同号：(此时未建立合同，不需填合同号)
> 内容栏：
> 张弛先生：
> 您好！非常感谢您的来信。
> 您的来信中提到贵公司是罐头食品的专业厂商，我们对此很感兴趣，想和你们建立起长期的合作关系。贵厂能否给我们报价(含税)甜玉米罐头，报价单中请注明交货地点、要求的付款方式及最小订量。因出口货物一般数量较大，请报最优惠价。
> 刘铭华
> 宏昌国际股份有限公司

(3) 当填写完毕后，单击【发送】按钮。

3. 工厂收取并回复邮件

(1) 收取邮件，阅读内容。

(2) 单击【回复】按钮，填写内容如下。

收件人：回复状态自动填写
主题：回复状态自动填写，可将其改为“甜玉米罐头报价”
合同号：(此时未建立合同，不需填合同号)
内容栏：
刘铭华先生：
您好！来函已收到，非常感谢您对我公司产品的关注与信赖，现报价如下：
产品名称：甜玉米罐头 CANNED SWEET CORN
货品编号：01005
海关编码：200580002
规格描述：每箱 6 罐，每罐 3060 克
销售单位：CARTON
包装单位：CARTON
交货地点：工厂交货
付款方式：需方凭供方提供的增值税发票及相应的税收(出口货物专用)缴款书在供方工厂交货后七个工作日内付款。如果供方未将有关票证备齐，需方扣除 17%税款支付给供方，等有关票证齐全后结清余款。
最小订货量：800CARTONS
单价：RMB 65/CARTON
以上资料供您参考并确认，盼复！
张弛
冠弛股份有限公司

(3) 当填写完毕后，单击【发送】按钮。

4. 出口商收取并回复工厂报价的邮件(其间可经过多次邮件往来进行还盘)

(1) 收取邮件，阅读内容。
(2) 单击【回复】按钮，填写内容如下。

收件人：回复状态自动填写
主题：回复状态自动填写
合同号：(此时未建立合同，不需填合同号)
内容栏：
张弛先生：
您好，感谢您的回复！
经过考虑，我们认为您的报价可以接受，我们将订购 800CARTONS 甜玉米罐头，合同将尽快寄出。
刘铭华
宏昌国际股份有限公司

(3) 当填写完毕后，单击【发送】按钮。

5. 出口商起草国内买卖合同(注意：此合同既可由出口商起草，也可由工厂起草)

(1) 在“业务中心”主页面里点击标志为“工厂”的建筑物。

(2) 在弹出页面中单击【起草合同】按钮。

(3) 输入合同号(如“Order01”)和对应的工厂编号(如 xyz)，并勾选“设置为主合同”复选框，单击【确定】按钮，填写表单内容(填写说明可单击表头名称蓝色字体处查看，表单样本参考表 4-10)。

(4) 当填写完成后，单击【保存】按钮。

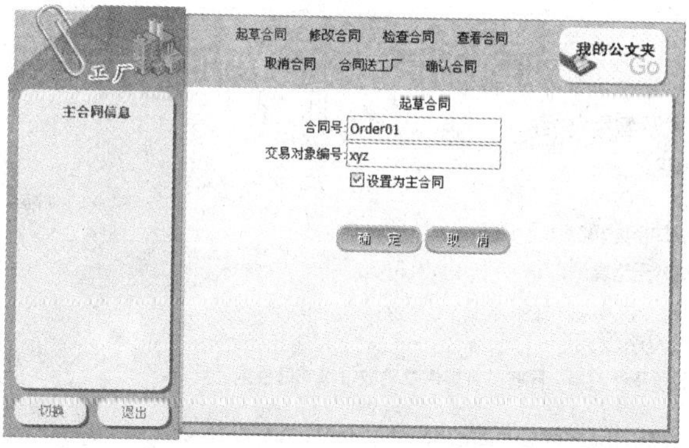

6. 回到业务主页面，单击【检查合同】按钮，确认合同填写无误后，再单击【合同送工厂】按钮

7. 工厂确认合同

(1) 收取出口商要求确认合同的邮件。

(2) 在“业务中心”主页面里点击标志为“出口商”的建筑物。

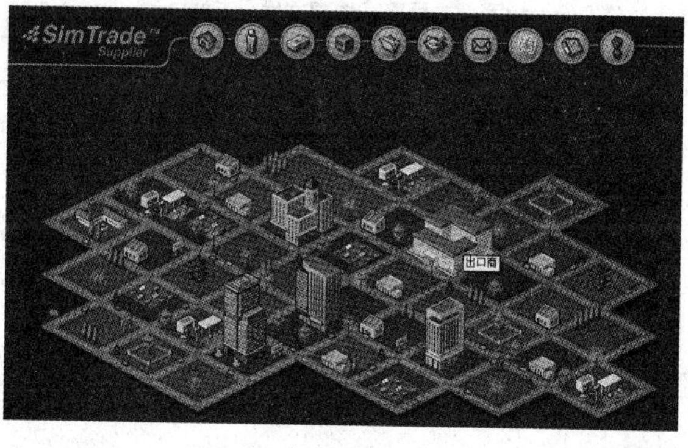

表 4-10 买卖合同样本

买 卖 合 同

卖方：冠驰股份有限公司

买方：宏昌国际股份有限公司

合同编号：Order01
签订时间：2004-08-20
签订地点：南京

一、产品名称、品种规格、数量、金额、供货时间：

选择	产品编号	品名规格	计量单位	数量	单价(元)	总金额(元)	交(提)货时间及数量
○	01005	甜玉米罐头 每箱6罐，每罐3060克	CARTON	800	65	52000	2004年4月16日前工厂交货
		合计：	CARTON	800		52000	
					[添 加][修 改][删 除]		
合计人民币(大写)	伍万贰仟元整						
备注：							

二、质量要求技术标准、卖方对质量负责的条件和期限：
质量符合国标出口优级品，如因品质问题引起的一切损失及索赔由供方承担，质量异议以本合同产品保质期为限。（产品保质期以商标效期为准）

三、交(提)货地点、方式：
工厂交货

四、交 (提) 货地点及运输方式及费用负担：
集装箱门到门交货，费用由需方承担。

五、包装标准、包装物的供应与回收和费用负担：
纸箱包装符合出口标准，商标由需方无偿提供。

六、验收标准、方法及提出异议期限：
需方代表按出口优级品检验内在品质及外包装，同时供方提供商检放行单或商检换证凭单。

七、结算方式及期限：
需方凭供方提供的增值税发票及相应的税收（出口货物专用）缴款书在供方工厂交货后七个工作日内付款。如果供方未将有关票证备齐，需方扣除17%税款支付给供方，等有关票证齐全后结清余款。

八、违约责任：
违约方支付合同金额的15%违约金。

九、解决合同纠纷的方式：
按《中华人民共和国经济合同法》。

十、本合同一式两份，双方各执一份，效力相同。未尽事宜由双方另行友好协商。

卖 方	买 方
单位名称：	单位名称：宏昌国际股份有限公司
单位地址：	单位地址：南京市北京西路嘉发大厦2501室
法人代表或委托人：	法人代表或委托人：刘铭华
电话：	电话：86-25-23501213
税务登记号：	税务登记号：000000000000003
开户银行：	开户银行：南京商业银行
账号：	账号：SIM-dst011
邮政编码：	邮政编码：210014

(3) 在弹出画面的左边首先单击【切换】按钮，将需要确认的合同设置为主合同。

(4) 单击【修改合同】按钮，在弹出的合同的下方签字，填入各项详细信息(账号等可在公司基本资料中找到)，单击【保存】按钮(填写后的买卖合同见表4-11)。

(5) 回到用户对话框中单击【确认合同】按钮。

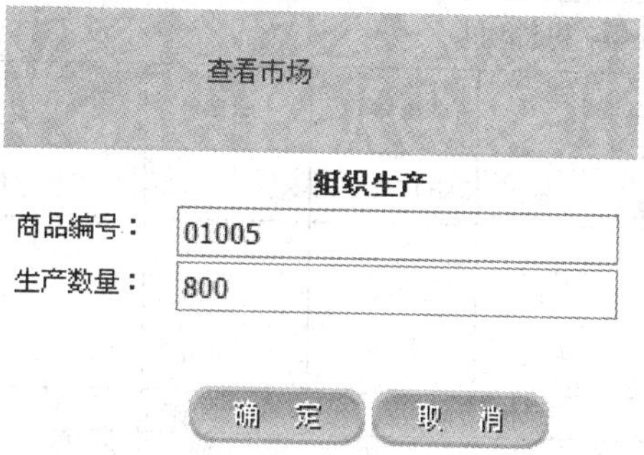

8. 组织生产

(1) 点击“业务中心”主页面中标志为“市场”的建筑物，再单击【查看市场】按钮。

(2) 选择商品“01005”，单击【组织生产】按钮。

(3) 输入生产数量“800”，单击【确定】按钮，完成生产。

9. 放货

(1) 单击标志为“出口商”的建筑物。

(2) 单击【放货】按钮，将货物送到出口商处，同时系统自动收取货款。

10. 缴税

单击标志为“国税局”的建筑物，再单击【缴税】按钮。至此，该笔交易完成。

11. 当出口商收取工厂已放货的通知邮件后，单击【库存】按钮，可看到所订购的货物已在库存列表中，备货完成

表 4-11 填写买卖合同

买 卖 合 同

卖方：冠驰股份有限公司

买方：宏昌国际股份有限公司

合同编号：Order01

签订时间：2004-08-20

签订地点：南京

一、产品名称、品种规格、数量、金额、供货时间：

选择	产品编号	品名规格	计量单位	数量	单价(元)	总金额(元)	交(提)货时间及数量
○	01005	甜玉米罐头 每箱6罐，每罐3060克	CARTON	800	65	52000	2004年4月16日前工厂交货
		合计：	CARTON	800		52000	
						[添 加][修 改][删 除]	
合计人民币(大写)	伍万贰仟元整						
备注：							

二、质量要求技术标准、卖方对质量负责的条件和期限：

质量符合国标出口优级品，如因品质问题引起的一切损失及索赔由供方承担，质量异议以本合同产品保质期为限。（产品保质期以商标效期为准）

三、交(提)货地点、方式：

工厂交货

四、交（提）货地点及运输方式及费用负担：

集装箱门到门交货，费用由需方承担。

五、包装标准、包装物的供应与回收和费用负担：

纸箱包装符合出口标准，商标由需方无偿提供。

六、验收标准、方法及提出异议期限：

需方代表按出口优级品检验内在品质及外包装，同时供方提供商检放行单或商检换证凭单。

七、结算方式及期限：

需方凭供方提供的增值税发票及相应的税收（出口货物专用）缴款书在供方工厂交货后七个工作日内付款。如果供方未将有关票证备齐，需方扣除17%税款支付给供方，等有关票证齐全后结清余款。

八、违约责任：

违约方支付合同金额的15%违约金。

九、解决合同纠纷的方式：

按《中华人民共和国合同法》。

十、本合同一式两份，双方各执一份，效力相同。未尽事宜由双方另行友好协商。

卖　方	买　方
单位名称：冠驰股份有限公司	单位名称：宏昌国际股份有限公司
单位地址：南京市中正路651号3楼	单位地址：南京市北京西路嘉发大厦2501室
法人代表或委托人：张弛	法人代表或委托人：刘铭华
电话：86-25-29072727	电话：86-25-23501213
税务登记号：320105526914732	税务登记号：320103756891549
开户银行：南京商业银行	开户银行：南京商业银行
账号：SIM-dst023	账号：SIM-dst011
邮政编码：210016	邮政编码：210014

4.4.3 租船订舱

一、实习目的

（1）了解租船订舱的流程。
（2）学会制作货物出运委托书。

二、实习内容

准备相关单据向船公司办理租船订舱手续。

三、实习步骤

1. 准备相关单据

（1）添加“货物出运委托书”并进行填写(填写说明可单击表头名称蓝色字体处查看，表单样本参考表 4－12，出口货物明细表见表 4－13)。

表 4－12 货物出运委托书样本

货物出运委托书

(出口货物明细单) 日期: 2004-09-10

根据《中华人民共和国合同法》与《中华人民共和国海商法》的规定，就出口货物委托运输事宜订立本合同。

托运人	宏昌国际股份有限公司 南京市北京西路嘉发大厦2501室
抬头人	To order of Carters Trading Company, LLC
通知人	Carters Trading Company, LLC P.O.Box8935,New Terminal, Lata. Vista, Ottawa, Canada

合同号	Contract01	运输编号	
银行编号	dst01	信用证号	STLCN000001
开证银行	THE CHARTERED BANK		
付款方式	L/C		
贸易性质	一般贸易	贸易国别	Canada
运输方式	海运	消费国别	Canada
装运期限	2004-09-20	出口口岸	Nanjing
有效期限	2004-10-15	目的港	Toronto
可否转运	NO	可否分批	NO
运费预付	YES	运费到付	NO

选择	标志唛头	货名规格	件数	数量	毛重	净重	单价	总价
○	CANNED SWEET CORN CANADA C/NO.1-800 MADE IN CHINA	CANNED SWEET CORN 3060Gx6TINS/CTN	800CARTON	800CARTON	16156.8KGS	14688KGS	USD14	USD11200
		TOTAL:	[800][CARTON]	[800][CARTON]	[16156.8][KGS]	[14688][KGS]		[USD][11200]

[添 加][修 改][删 除]

续表

注意事项		FOB价		[ ][ ]
		总体积		[20.5888] [CBM]
		保险单	险别	
			保额	[ ][ ]
			赔偿地点	
		海关编号		0000000003
		制单员		刘铭华

受托人(即承运人)		委托人(即托运人)	
名称:		名称:	宏昌国际股份有限公司
电话:		电话:	86-25-23501213
传真:		传真:	86-25-23500638
委托代理人:		委托代理人:	刘铭华

表 4－13　出口货物明细表

产品编号	01005		
货名规格	CANNED SWEET CORN 3060Gx6TINS/CTN		
标志唛头	CANNED SWEET CORN CANADA		
数量	800	单位	CARTON
件数	800		CARTON
毛重	16156.8		KGS
净重	14688		
单位	USD	单价	14.00
		总价	11200.00

[保存] [退出]

(2) 当填写完成后单击【检查】按钮，确认通过。

2. 租船订舱

(1) 当填写完成后，在“业务中心”主页面里点击标志为“船公司”的建筑物。

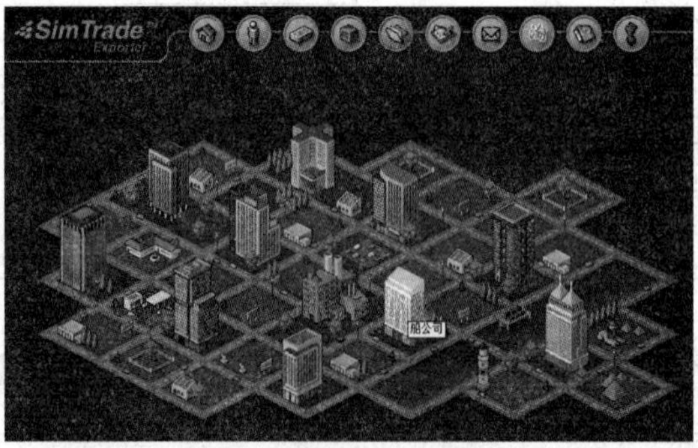

(2) 单击【指定船公司】按钮，选中“世格国际货运代理有限公司”单选按钮，单击【确定】按钮。

(3) 单击【洽订舱位】按钮。

(4) 选择集装箱为“20′”，填入装船日期“9/10/2004”，再单击【确定】按钮，订舱完成，系统将返回“配舱通知”页面。

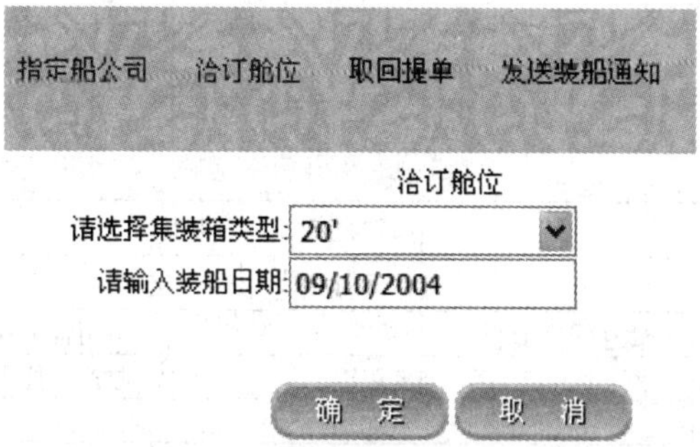

(5) 点击标志为“进口商”的建筑物，并选择“查看单据列表”，可查看“配舱通知”的内容。

4.4.4 出口报检

一、实习目的

(1) 了解出口报检的流程。

(2) 学会制作出境货物报检单、商业发票、装箱单。

二、实习内容

准备相关单据向检验机构办理检验手续。

三、实习步骤

在 SimTrade 中，交易商品是否需要出口检验，可在淘金网的“税率查询”页面，输入商品的海关编码进行查询。当查到相对应的监管条件后，点击代码符号，各代码的意义均列明于其中；若适用规定为必须取得出境货物通关单者，则应依规定办理出口检验。

1. 准备相关单据

(1) 添加“出境货物报检单”并进行填写(表单样本参考表 4-14，商品明细表填写参见表 4-15)。

表 4－14　出境货物报检单样本

报检单位（加盖公章）：　宏昌国际股份有限公司　　　　　　　　＊编　　号 STEPC000001

报检单位登记号：　000000000000C　联系人：　刘铭华　　　　电话：　86-25-2350121 报检日期：　2004年 8　月 20 日

发货人	（中文）	宏昌国际股份有限公司
	（外文）	GRAND WESTERN FOODS CORP.
收货人	（中文）	
	（外文）	Carters Trading Company, LLC

选择	货物名称（中/外文）	H.S.编码	产地	数/重量	货物总值	包装种类及数量
○	甜玉米罐头 CANNED SWEET CORN	20058000	中国	800CARTON	USD11200	800CARTON

［添 加］［修 改］［删 除］

运输工具名称号码	Zaandam	贸易方式	一般贸易	货物存放地点	Nanjing CY
合 同 号	Contract01	信用证号	STLCN000001	用途	
发货日期	2004-09-20	输往国家(地区)	加拿大	许可证／审批号	
启 运 地	南京港	到 达 口 岸	多伦多	生产单位注册号	
集装箱规格、数量及号码					

合同、信用证订立的检验检疫条款或特殊要求	标记及号码	随附单据（划"√"或补填）	
	CANNED SWEET CORN CANADA C/NO.1-800 MADE IN CHINA	☑合同 ☑信用证 ☑发票 ☐换证凭单 ☑装箱单 ☐厂检单	☐包装性能结果单 ☐许可/审批文件 ☐ ☐ ☐ ☐

需要证单名称（划"√"或补填）				＊检验检疫费	
☐品质证书	__正 __副	☐植物检疫证书	__正 __副	总金额（人民币元）	
☐重量证书	__正 __副	☐熏蒸/消毒证书	__正 __副		
☐数量证书	__正 __副	☐出境货物换证凭单		计费人	
☐兽医卫生证书	__正 __副	☑通关单			
☐健康证书	__正 __副	☐			
☐卫生证书	__正 __副	☐		收费人	
☐动物卫生证书	__正 __副	☐			

报检人郑重声明：	领取证单	
1. 本人被授权报检。 2. 上列填写内容正确属实，货物无伪造或冒用他人的厂名、标志、认证标志，并承担货物质量责任。	日期	
签名：刘铭华	签名	

注：有"＊"号栏由出入境检验检疫机关填写　　　　◆国家出入境检验检疫局制

[1-2 (2000.1.1)]

表 4-15 商品明细表

产品编号：	01005		
货物名称：	甜玉米罐头 CANNED SWEET CORN		
H.S.编码：	20058000		
产　地：	CHINA		
数/重量：	800	计量单位：	CARTON
数　量：	800	包装单位：	CARTON
货币单位：	USD	总金额(元)：	11200.00

[保存] [退出]

（2）分别添加“商业发票”与“装箱单”并进行填写(商业发票商品明细表参见表 4-16，装箱单商品明细表参见表 4-17，商业发票样本见表 4-18，装箱单样本见表 4-19)。

表 4-16 商业发票商品明细表

Product No.	01005		
Marks and Numbers	CANNED SWEET CORN CANADA C/NO.1-800 MADE IN CHINA		
Description	CANNED SWEET CORN 3060Gx6TINS/CTN		
Quantity	800	Unit	CARTON
Unit	USD	Price	14.00
		Amount	11200.00

[保存] [退出]

表 4-17 装箱单商品明细表

Product No.	01005		
Marks and Numbers	CANNED SWEET CORN CANADA C/NO.1-800 MADE IN CHINA		
Description	CANNED SWEET CORN 3060Gx6TINS/CTN		
Package	800	Unit	CARTON
G.W	16156.8		KGS
N.W	14688		
Meas.	20.5888		CBM

[保存] [退出]

表 4-18　商业发票样本

ISSUER GRAND WESTERN FOODS CORP. Room2501,Jiafa Mansion, Beijing West road, Nanjing 210005, P.R.China			商业发票 COMMERCIAL INVOICE		
TO Carters Trading Company, LLC P.O.Box8935,New Terminal, Lata. Vista, Ottawa, Canada			**NO.** STINV000001		**DATE** 2004-08-20
			S/C NO. Contract01		**L/C NO.** STLCN000001
TRANSPORT DETAILS From Nanjing to Toronto on Sep. 10, 2004 By Vessel.			**TERMS OF PAYMENT** L/C		
Choice	**Marks and Numbers**	**Description of goods**	**Quantity**	**Unit Price**	**Amount**
				CIF TORONTO	
	CANNED SWEET CORN CANADA C/NO.1-800 MADE IN CHINA	CANNED SWEET CORN 3060Gx6TINS/CTN	800CARTON	USD14	USD11200
					[添 加][修 改][删 除]
			Total:[800][CARTON]		[USD][11200]

SAY TOTAL: U.S.DOLLARS ELEVEN THOUSAND TWO HUNDRED ONLY

(写备注处)

GRAND WESTERN FOODS CORP.（公司名称）

Minghua Liu（法人签名）

表 4-19 装箱单样本

ISSUER GRAND WESTERN FOODS CORP. Room2501,Jiafa Mansion, Beijing West road, Nanjing 210005, P.R.China	**装箱单** **PACKING LIST**
TO Carters Trading Company, LLC P.O.Box8935,New Terminal, Lata. Vista, Ottawa, Canada	**INVOICE NO.** STINV000001 / **DATE** 2004-08-20

Choice	Marks and Numbers	Description of goods	Package	G.W	N.W	Meas.
○	CANNED SWEET CORN CANADA C/NO.1-800 MADE IN CHINA	CANNED SWEET CORN 3060Gx6TINS/CTN	800CARTON	16156.8KGS	14688KGS	20.5888CBM

[添 加][修 改][删 除]

Total:	[800] [CARTON]	[16156.8] [KGS]	[14688] [KGS]	[20.5888] [CBM]

SAY TOTAL: EIGHT HUNDRED CARTONS ONLY

(写备注处)

GRAND WESTERN FOODS CORP.(公司名称)
Minghua Liu(法人签名)

(3) 当填写完成后，分别单击【检查】按钮，确认通过。

单据填写说明：出境货物报检单里的“报检单位登记号”可到公司基本资料中查找；“运输工具名称号码”即船名，可到订舱后给出的“配舱通知”中查找；装箱单中各项重量体积的计算可参考在线帮助中的“了解产品的基本特点”。

2. 申请出口检验

(1) 回到“业务中心”主页面，点击标志为“检验机构”的建筑物。

（2）单击【申请报检】按钮，当选择单据“销货合同”、“信用证”、“商业发票”、“装箱单”、“出境货物报检单”选项后，单击【报检】按钮。

（3）当报检完成后，检验机构签发“出境货物通关单”及出口商申请签发的相应检验证书。

4.4.5 办理保险

一、实习目的

（1）了解办理保险的流程。

（2）学会制作货物运输保险投保单。

（3）了解如何在国际贸易货物运输过程中减少风险，并熟悉与掌握价格术语CIF、CFR、FOB的细节与运用技巧。

二、实习内容

准备相关单据向保险公司办理保险手续。

三、实习步骤

1. 准备相关单据

（1）添加“货物运输保险投保单”并进行填写(表单样本参考表4-20)。

（2）当填写完成后，单击【检查】按钮，确认通过。

单据填写说明：其中船名、航次、开航日期等信息可在“配舱通知”中查找，若为进口商投保，则在出口商发来的“Shipping Advice”中查找。

2. 办理保险

（1）回到“业务中心”主页面，点击标志为“保险公司”的建筑物。

（2）单击【办理保险】按钮，当选择单据“商业发票”和“货物运输保险投保单”后，单击【办理保险】按钮。

（3）当办理完成后，保险公司自动签发“货物运输保险单”。

注意：在CIF术语下，出口商要向保险公司投保，若在CFR或FOB条件下则由进口商负责。

表 4-20 货物运输保险投保单样本

投保人： 宏昌国际股份有限公司　　　　　　　　投保日期： 2004-08-25

<table>
<tr><td>发票号码</td><td>STINV000001</td><td>投保条款和险别</td></tr>
<tr><td rowspan="2">被保险人</td><td>客户抬头
宏昌国际股份有限公司</td><td rowspan="11">( ) PICC CLAUSE
(√) ICC CLAUSE
( ) ALL RISKS
( ) W.P.A./W.A.
( ) F.P.A
(√) WAR RISKS
( ) S.R.C.C
( ) STRIKE
(√) ICC CLAUSE A
( ) ICC CLAUSE B
( ) ICC CLAUSE C
( ) AIR TPT ALL RISKS
( ) AIR TPT RISKS
( ) O/L TPT ALL RISKS
( ) O/L TPT RISKS
( ) TRANSHIPMENT RISKS
( ) W TO W
( ) T.P.N.D.
( ) F.R.E.C.
( ) R.F.W.D.
( ) RISKS OF BREAKAGE
( ) I.O.P.</td></tr>
<tr><td>过户
Carters Trading Company, LLC</td></tr>
<tr><td>保险金额</td><td>[USD][12320]</td></tr>
<tr><td>启 运 港</td><td>Nanjing</td></tr>
<tr><td>目 的 港</td><td>Toronto</td></tr>
<tr><td>转 内 陆</td><td></td></tr>
<tr><td>开航日期</td><td>2004-09-10</td></tr>
<tr><td>船名航次</td><td>Zaandam, DY105-09</td></tr>
<tr><td>赔款地点</td><td>Canada</td></tr>
<tr><td>赔付币别</td><td>USD</td></tr>
<tr><td>保单份数</td><td></td></tr>
<tr><td>其它特别条款</td><td colspan="2"></td></tr>
<tr><td colspan="3">以 下 由 保 险 公 司 填 写</td></tr>
<tr><td>保单号码</td><td></td><td>签单日期</td></tr>
</table>

4.4.6 出口报关

一、实习准备

出口通关的业务程序如下：

(1) 预录入申报。申报人填制预录入凭单，自行录入或委托预录入企业录入报关单电子数据，向海关申报。

(2) 海关审单。当海关收到报关单电子数据后，对报关单进行电子/人工审单，并根据审核结果向申报人发送“不受理申报”、“现场交单”、“放行交单”等回执。

(3) 现场接单。当申报人接收到“现场交单”回执后，打印出纸质的报关单，待备齐随附单证并签章后，到海关现场接单岗位办理接单手续；当现场接单人员办理接单手续后，对涉税费报关单打印、签发各类税费专用缴款书或专用票据，交由申报人缴纳各项税费。

(4) 税费征收。申报人持海关打印的税费缴款书或专用票据到银行缴纳税费；当税费缴纳完毕后，将银行回执带回现场接单岗位，现场接单人员登录系统核注税费。

(5) 货物查验。对海关布控查验货物，申报人带齐单证到现场查验部门办理查验手续；海关查验关员对需要查验的货物实施现场查验，待查验结束后，申报人在“查验记录单”上签名、确认。

(6) 货物放行。对不涉及税费、无查验布控指令的报关单，由现场接单关员接单后直接予以放行，并在提货单或运单上盖章、签字(对于场站、港区与海关联网的口岸现场，出口报关单实现电子放行，取消纸质装货单的流转)；对涉及税费和布控查验的报关单，在税费缴纳、查验完毕后，现场放行关员予以放行，并在提货单或运单上盖章、签字。

(7) 结关。在出口货物离境后，船代/航空公司向海关传输出口清洁舱单，海关在核对报关单电子数据与清洁舱单数据一致后，办理结关核销手续。

(8) 证明联的签发、补签。当进出口报关单结关后，企业即可向海关申请签发报关单证明联；当海关现场关员签发后，企业可以到证明联打印窗口领取证明联。

海关已签发的报关单证明联因遗失、损毁等特殊情况而需要补签的，申报人应当自原证明联签发之日起1年内向海关提出书面申请，并随附由国税部门出具的未退税证明等相关证明材料，海关审核同意后，可予以补签。

二、实习目的

(1) 了解办理报关的流程。

(2) 学会制作出口收汇核销单与出口货物报关单。

三、实习内容

准备相关单据向海关办理核销备案、出口报关等手续。

四、实习步骤

1. 申领核销单

(1) 在出口商的“业务中心”主页面里点击标志为“外管局”的建筑物。

(2) 选择“申领核销单”，即可从外管局取得“出口收汇核销单”。

（3）到单据列表中进行填写（表单样本参考表4－21）。

表4－21 出口收汇核销单样本

出口收汇核销单
存根

（苏）编号：STECA000001

出口单位：	宏昌国际股份有限公司
单位代码：	00000003-8
出口币种总价：	[USD] [11200]
收汇方式：	L/C
预计收款日期：	2004-10-15
报关日期：	2004-09-10
备注：	
此单报关有效期截止到	

出口收汇核销单

（出口单位盖章）

S T E C A 0 0 0 0 0 1

（苏）编号：STECA000001

出口单位： 宏昌国际股份有限公司

单位代码： 00000003-8

银行签注栏	类 别	币种金额	日期	盖 章
		[ ] [ ]		

海关签注栏：

外汇局签注栏：

年 月 日（盖章）

（海关盖章）

出口收汇核销单
出口退税专用

（出口单位盖章）

（苏）编号：STECA000001

出口单位： 宏昌国际股份有限公司

单位代码： 00000003-8

选择	货物名称	数 量	币种总价
○	食品	800 Carton	[USD] [11200]

[添 加] [修 改] [删 除]

报关单编号：

外汇局签注栏：

年 月 日（盖章）

未经核销此联不得撕开

（4）当填写完成后，单击【检查】按钮，确认通过。

2. 备案

点击标志为“海关”的建筑物，再单击【备案】按钮，凭填好的出口收汇核销单办理备案。

3. 送货

单击【备案】按钮右边的【送货】按钮，将货物送到海关指定地点。

4. 报关

（1）添加“出口货物报关单”并进行填写（表单样本参考表4－22）。

（2）当填写完成后，单击【检查】按钮，确认通过。

（3）单击【海关】按钮，然后单击【送货】按钮右边的【报关】按钮。

（4）选择单据“商业发票”、“装箱单”、“出境货物通关单”（不需出口检验的商品可免附）、“出口收汇核销单”、“出口货物报关单”，单击【报关】按钮。

（5）在完成报关的同时，货物自动装船出运。

表 4-22 出口货物报关单样本

预录入编号：DS9110002　　　　海关编号：

出口口岸 南京海关	备案号	出口日期 2004-09-10	申报日期 2004-09-10

经营单位 宏昌国际股份有限公司,0000000003	运输方式 江海运输	运输工具名称 Zaandam/DY100-07	提运单号

发货单位 宏昌国际股份有限公司,0000000003	贸易方式 一般贸易	征免性质 一般征税	结汇方式 L/C

许可证号	运抵国（地区） 加拿大	指运港 多伦多	境内货源地

批准文号	成交方式 CIF	运费 [USD] [3582]	保费 [USD][108.4	杂费 [ ] [ ]

合同协议号 Contract01	件数 800	包装种类 CARTON	毛重(公斤) 16156.8	净重(公斤) 14688

集装箱号	随附单据 INVOICE, PACKING LIST	生产厂家

标记唛码及备注

CANNED SWEET CORN
CANADA
C/NO.1-800
MADE IN CHINA

选择	项号	商品编号	商品名称、规格型号	数量及单位	最终目的国(地区)	单价	总价	币制	征免
○	1	2005800000	甜玉米罐头每箱6罐，每罐3060克	800CARTON	加拿大	14	11200	USD	照章征税

[添 加] [修 改] [删 除]

税费征收情况

录入员 录入单位	兹声明以上申报无讹并承担法律责任	海关审单批注及放行日期(签章)
报关员 刘铭华	申报单位（签章）	审单　　审价
单位地址 南京市北京西路嘉发大厦2501室		征税　　统计
邮编 210005　　电话 86-25-235012	填制日期 2004-09-10	查验　　放行

4.4.7 装船出运

一、实习准备

装船通知也叫装运通知，主要指的是出口商在货物装船后发给进口方的、包括货物详细装运情况的通知，其目的在于让进口商做好筹措资金、付款和接货的准备。如成交条件为FOB/FCA、CFR/CPT等，则还需要向进口国保险公司发出该通知以便其为进口商办理货物保险手续，且出口装船通知应按合同或信用证规定的时间发出，该通知副本(Copy of Telex/Fax)常作为向银行交单议付的单据之一；在进口方派船接货的交易条件下，进口商为了使船、货衔接得当也会向出口方发出有关通知；通知以英文制作，无统一格式，内容一定要符合信用证的规定，一般只提供一份。

装船通知主要包括所发运货物的合同号或信用证号、品名、数量、金额、运输工具名称、开航日期、启运地和目的地、提运单号码、运输标志等，并且与其他相关单据保持一致，如信用证提出具体项目要求，则应严格按规定出单。此外，该通知中还可能出现包装说明、ETD(船舶预离港时间)、ETA(船舶预抵港时间)、ETC(预计开始装船时间)等内容。

装船通知的日期不能超过信用证约定的时间，常见的有以小时为准(Within 24/48 hours)和以天(Within 2 days after shipment date)为准两种情形，信用证没有规定时应在装船后立即发出，如信用证规定“Immediately after shipment”(装船后立即通知)，则应掌握在提单后3天之内。

二、实习目的

学会制作装船通知。

三、实习内容

在SimTrade中，装船出运的步骤是报关后由系统自动处理的，因此在报关(出运)完成后，出口商应到船公司取提单并向进口商发送装船通知。

四、实习步骤

1. 取回提单

在“业务中心”主页面中点击标志为“船公司”的建筑物，再单击【取回提单】按钮，将提单取回。

2. 发送装船通知

(1) 添加“Shipping Advice”并进行填写(表单样本请参考表4-23)。

(2) 当填写完成后，单击【检查】按钮，确认通过。

(3) 回到“业务中心”主页面，点击标志为“船公司”的建筑物。

(4) 单击【发送装船通知】按钮，将装船通知发送给进口商。

单据填写说明：其中Vessel栏最好将船名与航次同时填上，另外Container栏也可参考“配舱通知”填写。

表 4-23 Shipping Advice 样本

SHIPPING ADVICE

Messrs.
Carters Trading Company, LLC
P.O.Box8935,New Terminal, Lata. Vista, Ottawa, Canada

Invoice No. STINV000001
Date: 2004-09-10

Particulars

1.L/C No. STLCN000001

2.Purchase order No. Contract01

3.Vessel: Zaandam /DY100-07

4.Port of Loading: Nanjing

5.Port of Dischagre: Toronto

6.On Board Date: 2004-09-10

7.Estimated Time of Arrival: 2004-09-22

8.Container: 20' X 1

9.Freight: [USD] [3582]

10.Description of Goods:
CANNED SWEET CORN
3060Gx6TINS/CTN

11.Quantity:[800] [CARTON]

12.Invoice Total Amount: [USD] [11200]

Documents enclosed

1.Commercial Invoice: 1

2.Packing List: 1

3.Bill of Lading: 1(Duplicate)

4.Insurance Policy: 1(Duplicate) 2 Copies

Very truly yours, GRAND WESTERN FOODS CORP.
Minghua liu

Manager of Foreign Trade Dept.

3. 进口商收取装船通知

(1) 收取装船通知已发送的通知邮件。

(2) 到“业务中心”主页面中点击标志为“出口商”的建筑物，再单击【查看单据列表】按钮，可查看“Shipping Advice”的内容(注：在 FOB、CFR 交易方式下，保险由进口商办理，进口商需凭此装船通知内容填写投保单办理保险)。

4.4.8 结汇

一、实习准备

结汇是指外汇收入所有者将其外汇收入出售给外汇指定银行，外汇指定银行按一定汇率付给等值的本币的行为。

当出口货物装出后，进出口公司则应按照信用证的规定，正确缮制(箱单、发票、提单、出口产地证明、出口结汇)等单据，在信用证规定的交单有效期内，递交银行办理议付结汇手续。

二、实习目的

（1）了解国际贸易买卖中货款的结算方式。

（2）熟悉与掌握各种方式的结算程序和运用技巧(本例中为 L/C)。

三、实习内容

进出口双方到银行办理结汇事宜，具体流程如下图所示。

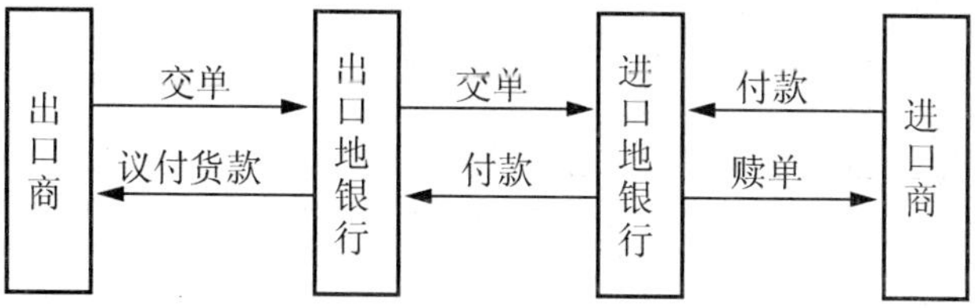

四、实习步骤

1. 出口商申请产地证

（1）添加“普惠制产地证明书”并进行填写(表单样本参考表 4－24)。

（2）当填写完成后，单击【检查】按钮，确认通过。

（3）回到“业务中心”主页面，点击标志为“检验机构”的建筑物。

（4）单击【申请产地证】按钮，选择产地证类型为“普惠制产地证明书”，单击【确定】按钮，完成产地证的申请。

2. 出口押汇

（1）添加“汇票”并进行填写(表单样本参考表 4－25)。

（2）当填写完成后，单击【检查】按钮，确认通过。

（3）回到“业务中心”主页面，点击标志为“出口地银行”的建筑物，选择“押汇”业务。

（4）选中单据“商业发票”、“装箱单”、“普惠制产地证明书”、“货物运输保险单”(CIF 条件时)、“海运提单”、“汇票”前的复选框，单击【押汇】按钮，完成押汇手续的办理。

3. 出口地银行议付

（1）收取单据已到达的通知邮件。

（2）先单击【结汇单据】按钮，再单击合同 Contract01 前的单选按钮，分别检查单据。

（3）如检查无误，则再单击【送进口地银行】按钮，同时系统自动议付货款。

表 4-24　普惠制产地证明书样本

ORIGINAL

1.Goods consigned from (Exporter's business name, address, country)

GRAND WESTERN FOODS CORP.
Room2501,Jiafa Mansion, Beijing West road, Nanjing 210005,
P.R.China
China

Reference No.　STGSP000001

GENERALIZED SYSTEM OF PREFERENCES
CERTIFICATE OF ORIGIN
(Combined declaration and certificate)

FORM A

Issued in　**THE PEOPLE'S REPUBLIC OF CHINA**
(country)

2.Goods consigned to (Consignee's name, address, country)

Carters Trading Company, LLC
P.O.Box8935,New Terminal, Lata. Vista, Ottawa, Canada
Canada

3.Means of transport and route (as far as known)

From Nanjing to Toronto On Sep. 10, 2004 By Vessel.

4.For official use

Choice	Item number	6.Marks and numbers of packages	7.Number and kind of packages; description of goods	8.Origin criterion (see Notes overleaf)	9.Gross weight or other quantity	10.Number and date of invoices
○	1	CANNED SWEET CORN CANADA C/NO.1-800 MADE IN CHINA	800 CARTONS (EIGHT HUNDRED CARTONS ONLY) OF CANNED SWEET CORN 3060Gx6TINS/CTN	"P"	16156.8KGS	STINV000001 Aug 20, 2004

[添 加][修 改][删 除]

11.Declaration by the exporter

It is hereby certified, on the basis of control carried out, that the declaration by the exporter is correct.

Place and date, signature and stamp of certifying authority

12.Certification

The undersigned hereby declares that the above details and statements are correct, that all the goods were

produced in　**CHINA**
(country)

and that they comply with the origin requirements specified for those goods in the Generalized System of Preferences for goods exported to

Place and date, signature and stamp of authorized signatory

表 4-25 汇票样本

BILL OF EXCHANGE

No. STDFT000001 Dated 2004-08-30

Exchange for USD 11200

At ---- Sight of this FIRST of Exchange

(Second of exchange being unpaid)

Pay to the Order of Nanjing Commercial Bank

the sum of U.S.DOLLARS ELEVEN THOUSAND TWO HUNDRED ONLY

Drawn under L/C No. STLCN000001 Dated 2004-08-20

Issued by THE CHARTERED BANK

To THE CHARTERED BANK

GRAND WESTERN FOODS CORP.

(Authorized Signature)

4. 出口商结收货款

(1) 收取出口地银行发来的可以结汇的通知邮件。

(2) 在"业务中心"主页面里点击标志为"出口地银行"的建筑物。

(3) 单击【结汇】按钮，结收货款，同时银行签发"出口收汇核销专用联"，用以出口核销。

5. 进口地银行处理单据

(1) 收取单据已到达的通知邮件。

(2) 先单击【结汇单据】按钮，再单击合同 Contract01 前的单选按钮，单击【检查单据】按钮。

(3) 如单据检查无误，则再单击【发送进口商】按钮。

6. 进口商付款赎单

(1) 收取单据到达的通知邮件。

(2) 回到"业务中心"主页面，点击标志为"进口地银行"的建筑物。

(3) 单击【付款】按钮，支付货款;

(4) 单击【付款】按钮旁边的【取回单据】按钮，领取相关货运单据。

4.4.9 出口核销与退税

一、实习准备

出口核销是指外汇监管当局对出口单位的出口货物实施跟踪监管直到货款收回进行核销的一种事后监督制度。出口收汇核销制度是国家加强出口收汇管理，确保国家外汇收入，防止外汇流失的一项重要措施。凡对外贸易经营权的中资企业和外商投资企业向境外出口货物，均应当在其注册地外汇管理局办理出口收汇核销手续。

出口收汇核销程序主要包括：网上向外汇管理局申领“出口外汇核销单”；实际领取；网上向海关进行备案；报关时使用核销单；报关后拿回已盖章的核销单；货款收妥、货物出口后向外汇管理局递交核销单；审核有关单证，办理核销手续等。

出口退税的基本含义是指对出口货物退还其在国内生产和流通环节实际缴纳的产品税、增值税、营业税和特别消费税。出口货物退税制度是一个国家税收的重要组成部分。出口退税主要是通过退还出口货物的国内已纳税款来平衡国内产品的税收负担，使本国产品以不含税成本进入国际市场，与国外产品在同等条件下进行竞争，从而增强竞争能力，扩大出口创汇。

出口退税的条件有以下几个：必须是增值税、消费税征收范围内的货物；必须是报关离境出口的货物；必须是在财务上做出口销售处理的货物；必须是已收汇并经核销的货物。

国家规定，外贸企业出口的货物必须要同时具备以上 4 个条件。生产企业(包括有进出口经营权的生产企业、委托外贸企业代理出口的生产企业、外商投资企业，下同)在申请办理出口货物退(免)税时必须增加一个条件，即申请退(免)税的货物必须是生产企业的自产货物或视同自产货物才能办理退(免)税。

二、实习目的

(1) 了解办理出口核销与退税的流程。

(2) 学会制作出口收汇核销单送审登记表。

三、实习内容

准备相关单据向外管局与国税局办理核销退税手续。

四、实习步骤

1. 出口核销

(1) 添加“出口收汇核销单送审登记表”并进行填写(表单样本参考表 4 - 26)。

表 4 - 26　出口收汇核销单送审登记表样本

出口单位：宏昌国际股份有限公司　　　　送审日期：2004 年 10 月 12 日

核销单编号	发票编号	商品大类	国别地区	贸易方式	结算方式	报关日期	货款			收汇核销金额	
							币别	报关金额	FOB金额		
STECA000001	STINV0000(	食品	Canada	一般贸易	L/C	2004-09-10	USD	11200	7509.58	[USD] [11200]	第一联　外汇局留存

出口单位填表人：刘铭华　　　　外汇局审核人：

（2）当填写完成后，单击【检查】按钮，确认通过。

（3）回到“业务中心”主页面，点击标志为“外管局”的建筑物，选择“办理核销”业务。

（4）选中单据“商业发票”、“出口货物报关单”、“出口收汇核销单”、“出口收汇核销专用联”、“出口收汇核销单送审登记表”前的复选框，单击【核销】按钮，完成核销手续的办理。

（5）与此同时，外管局盖章后返还出口收汇核销单第三联，用以出口退税。

2. 出口退税

（1）在“业务中心”主页面中点击标志为“国税局”的建筑物，选择“退税”业务。

（2）选中单据“商业发票”、“出口货物报关单”、“出口收汇核销单(第三联)”前的复选框，单击【退税】按钮，完成退税手续的办理。

注意：至此，出口商的工作就完成了。

4.4.10 进口报检

一、实习目的

（1）了解办理进口检验的流程。

（2）学会制作入境货物报检单。

二、实习内容

准备相关单据向检验机构办理进口检验手续。

三、实习步骤

在SimTrade中，交易商品是否需要进口检验，需在淘金网的“税率查询”页面输入商品的海关编码进行查询，待查到相对应的监管条件后，点击代码符号，各代码的意义均列明于其中。若适用规定为必须取得入境货物通关单者，则应依规定办理进口检验。

1. 换提货单

点击“业务中心”主页面里标志为“船公司”的建筑物，再单击【换提货单】按钮。

2. 准备相应单据

（1）添加“入境货物报检单”并进行填写(表单样本参考表4-27)。

（2）当填写完成后，单击【检查】按钮，确认通过。

单据填写说明：单据中的“报检单位登记号”可到公司基本资料中查找；“运输工具名称号码”即船名，可到出口商发来的“Shipping Advice”中查找；提单号可到提货单中查找。

3. 报检

（1）回到“业务中心”主页面，点击标志为“检验机构”的建筑物，选择“申请报检”业务。

（2）选中单据“销货合同”、“商业发票”、“装箱单”、“提货单”、“入境货物报检单”前的复选框，单击【报检】按钮。

（3）当报检完成后，检验机构签发“入境货物通关单”，凭以报关。

表 4-27　入境货物报检单样本

报检单位（加盖公章）：Carters Trading Company, LLC　　*编　号 STIPC000001

报检单位登记号：000000000000C　联系人：Carter　电话：001613789350　报检日期：2004年 9 月 22 日

收货人	（中文）	企业性质(划“√”)	☑ 合资 ☐ 合作 ☐ 外资
	（外文） Carters Trading Company, LLC		
发货人	（中文） 宏昌国际股份有限公司		
	（外文） GRAND WESTERN FOODS CORP.		

选择	货物名称（中/外文）	H.S.编码	原产国(地区)	数/重量	货物总值	包装种类及数量
C	甜玉米罐头 CANNED SWEET CORN	20058000	中国	800CARTON	USD11200	800CARTON

[添 加][修 改][删 除]

运输工具名称号码	Zaandam			合　同　号	Contract01
贸易方式	一般贸易	贸易国别(地区)	中国	提单/运单号	STBLN000001
到货日期	2005-09-22	启运国家(地区)	中国	许可证/审批号	
卸毕日期	2004-09-22	启运口岸	南京港	入境口岸	多伦多
索赔有效期至	2004-09-30	经停口岸		目的地	
集装箱规格、数量及号码					
合同订立的特殊条款以及其他要求				货物存放地点	
				用　　途	

随附单据（划“√”或补填）		标记及号码	*外商投资财产(划“√”)	☐ 是 ☐ 否
☑ 合同	☐ 到货通知	CANNED SWEET CORN CANADA C/NO.1-800 MADE IN CHINA	*检验检疫费	
☑ 发票	☑ 装箱单		总金额 （人民币元）	
☑ 提/运单	☐ 质保书			
☐ 兽医卫生证书	☐ 理货清单		计费人	
☐ 植物检疫证书	☐ 磅码单			
☐ 动物检疫证书	☐ 验收报告		收费人	
☐ 卫生证书	☐			
☐ 原产地证	☐			
☐ 许可/审批文件	☐			

报检人郑重声明： 1.本人被授权报检。 2.上列填写内容正确属实。 签名：Carter	领 取 证 单	
	日期	
	签名	

注：有“*”号栏由出入境检验检疫机关填写　　◆国家出入境检验检疫局制

[1-2 (2000.1.1)]

4.4.11　进口报关与提货

一、实习目的

（1）了解办理进口报关与提货的流程。

（2）学会制作进口货物报关单。

二、实习内容

准备相关单据向海关办理进口报关及提货手续。

三、实习步骤

1. 准备相应单据

（1）添加“进口货物报关单”并进行填写(表单样本参考表 4－28)。

表 4－28　进口货物报关单样本

预录入编号：　　　　　　　　　　　　　　海关编号：

进口口岸 Toronto Port	备案号		进口日期 2004-09-22	申报日期 2004-09-22
经营单位 Carters Trading Company, LLC, 0000000005	运输方式 江海运输	运输工具名称 Zaandam /DY100-07		提运单号 STBLN000001
收货单位 Carters Trading Company, LLC, 0000000005	贸易方式 一般贸易		征免性质 一般征税	征税比例
许可证号	起运国(地区) 中国	装货港 南京港		境内目的地
批准文号	成交方式 CIF	运费 [USD] [3582]	保费 [USD] [108.4]	杂费 [ ] [ ]
合同协议号 Contract01	件数 800	包装种类 CARTON	毛重(公斤) 16156.8	净重(公斤) 14688
集装箱号	随附单据 INVOICE,PACKING LIST			用途

标记唛码及备注

CANNED SWEET CORN
CANADA
C/NO.1-000
MADE IN CHINA

选择	项号	商品编号	商品名称、规格型号	数量及单位	原产国(地区)	单价	总价	币制	征免
○	1	2005800000	甜玉米罐头每箱6罐，每罐3060克	800CARTON	中国	14	11200	USD	照章征税

[添 加] [修 改] [删 除]

税费征收情况

录入员 录入单位	兹声明以上申报无讹并承担法律责任	海关审单批注及放行日期(签章)
报关员 Carter	申报单位(签章)	审单　　审价
单位地址 P.O.Box8935,New Terminal, Lata. Vista, Ottawa, Canada		征税　　统计
邮编　　电话 00161378935(	填制日期 2004-09-22	查验　　放行

（2）当填写完成后，单击【检查】按钮，确认通过。

2. 报关

(1) 点击“业务中心”主页面里标志为“海关”的建筑物，选择“报关”业务。

(2) 选中单据“销货合同”、“商业发票”、“装箱单”、“提货单”、“入境货物通关单”(不需进口检验的商品可免附)、“进口货物报关单”前的复选框，单击【报关】按钮。

(3) 当完成报关后，海关加盖放行章后返还提货单与进口报关单。

3. 缴税

单击【报关】按钮旁边的【缴税】按钮，缴纳税款。

4. 提货

单击【缴税】按钮旁的【提货】按钮，领取货物。

4.4.12 进口付汇核销

一、实习目的

(1) 了解办理付汇核销的流程。

(2) 学会制作进口付汇到货核销表。

二、实习内容

准备相关单据向外管局办理付汇核销手续。

三、实习步骤

1. 准备相应单据

(1) 添加“贸易进口付汇到货核销表”并进行填写(表单样本参考表4－29)。

表4－29　贸易进口付汇到货核销表样本

进口单位名称：Carters Trading Company, LLC　　进口单位编码：00000005-8　　核销表编号：STICE000001

付汇情况								报关到货情况							
序号	核销单号	备案表号	付汇币种金额	付汇日期	结算方式	付汇银行名称	应到货日期	报关单号	到货企业名称	报关币种金额	报关日期	与付汇差额 退汇	与付汇差额 其它	凭报关单付汇	备注
1	STICA00000		[USD][11200	2004-09-22	L/C	THE CHARTERED BANK	2004-09-22	STIAC00000	Carters Trading Company	[USD][11200]	2004-09-2				

付汇合计笔数：1	付汇合计金额：[USD][11200]	到货报关合计笔数：1	到货报关合计金额：[USD][11200]	退汇合计金额：[ ][ ]	凭报关单付汇合计金额：[ ][ ]
至本月累计笔数：	至本月累计金额：[ ][ ]	至本月累计笔数：	至本月累计金额：[ ][ ]	至本月累计金额：[ ][ ]	至本月累计金额：[ ][ ]

填表人：Carter　　负责人：Carter　　填表日期：2004 年 9 月 22 日

第二联：进口单位留存　　本核销表内容无讹。

(2) 当填写完成后，单击【检查】按钮，确认通过。

2. 付汇核销

(1) 回到“业务中心”主页面，点击标志为“外管局”的建筑物，选择“付汇核销”业务。

(2) 选择单据“进口付汇核销单”、“进口货物报关单”、“进口付汇到货核销表”前的复选框，单击【付汇核销】按钮。

4.4.13 销货

一、实习目的

了解市场上的价格变动，并掌握销货时机。

二、实习内容

进口商将货物在市场上售出，收回资金。

三、实习步骤

(1) 点击“业务中心”主页面里标志为“市场”的建筑物。

(2) 单击【销货】按钮，选择编号为01005的产品，单击【确定】按钮即可销售货物。

注意：至此，进口商的工作就完成了。

4.4.14 索赔

一、实习准备

由于国际货物买卖涉及面广、环节多、手续繁杂，故各方面的原因造成的索赔情况时有发生。在实际业务中，如果出现索赔事故，那么索赔的对象即责任方可能不仅仅限于买卖双方，有时还会涉及其他当事人，如承运人、保险公司等。当发生索赔事故时，首先要弄清事实，只有在分清责任的前提下，才能向有关责任方提出索赔要求。

在SimTrade中，货物在运输过程中有可能遇到意外造成损失，此时的货物损失属于实际全损，是保险公司的责任，保险公司将赔付保险金额的全部。当发生意外后，不能换提单提货。这时，如果已经投保，进口商就应凭保险单到保险公司办理索赔；当索赔完成后，不需要再进口报检和报关，也无须填写“进口付汇到货核销表”，只要于付款后到外管局凭“进口付汇核销单”办理进口付汇核销，即可完成合同。

二、实习内容

当货物发生意外时，在FOB、CFR条件下，进口商可直接向保险公司提出索赔。在CIF条件下，进口商可联络出口商，出口商向当地保险公司提出索赔。

三、实习步骤

(1) 进入“业务中心”主页面，点击标志为“保险公司”的建筑物。

（2）当选择合同号后，单击【保险索赔】按钮。

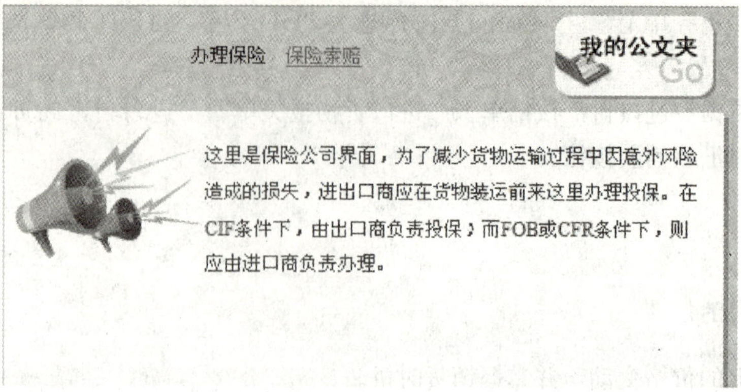

（3）进入“财务状况”页面，在“当前余额”页面中，确认收入中是否有“保险费赔偿”项。

4.5 其他方式下的履约流程

L/C、D/P、D/A、T/T是国际贸易中常用的4种结算方式，也是SimTrade中所采用的结算方式选择，前面已经具体描述过L/C方式下的履约流程，以下将就其他3种结算方式与L/C在流程方面的区别加以说明。

一、D/P与L/C的区别

（1）在D/P方式下，进口商不需向银行申请开发信用证，有关信用证部分的流程都可省去。

（2）出口商在办完报关等手续后，不再采用“押汇”方式向银行交付单据，而是采用“托收”方式，出口地银行也不需垫付款项。

（3）进口地银行同样不需垫付款项，可直接通知进口商前来付款赎单。

（4）当进口商付款后，银行才能通知出口商结汇。

二、D/A与L/C的区别

（1）在D/A方式下，进口商不需向银行申请开发信用证，有关信用证部分的流程都可省去。

（2）出口商在办完报关等手续后，不再采用“押汇”方式向银行交付单据，而是采用“托收”方式，出口地银行也不需垫付款项。

（3）进口地银行同样不需垫付款项，可直接通知进口商前来赎单；在进口商赎单时不需付款，可先承兑，在汇票到期日前付款即可。

（4）当进口商付款后，银行才能通知出口商结汇。

三、T/T 与 L/C 的区别

(1) 在 T/T 方式下，进口商不需向银行申请开发信用证，有关信用证部分的流程都可省去。

(2) 出口商在办完报关等手续后，不再采用“押汇”方式向银行交付单据，而是在“单据列表”页面中直接将单据送进口商。

(3) 进口商收到单据后可直接办理相关手续，待销货收回资金后再付款给进口商。当进口商付款后，银行才能通知出口商结汇。

参 考 文 献

[1] 夏名首．网上贸易实务[M]. 合肥：中国科技大学出版社，2011.
[2] 成先海．网络贸易实务[M]. 北京：机械工业出版社，2010.
[3] 王欣阳，韩宇红．国际贸易实务[M]. 北京：首都师范大学出版社，2009.
[4] 王溪若．国际贸易实务[M]. 北京：人民邮电出版社，2011.
[5] 秦超，张廷海．进出口贸易实验教程[M]. 天津：天津大学出版社，2009.
[6] 周婕，张成功．电子商务实训教程[M]. 北京：清华大学出版社，2011.
[7] 南京世格软件有限公司．SimTrade 外贸实习平台实习指导书，2005.
[8] 阿里巴巴中国站，http://china.alibaba.com/.

北京大学出版社第六事业部高职高专经管教材书目

本系列教材的特色：

1．能力本位。以学生为主体，让学生看了就能会，学了就能用；以教师为主导，授人以渔；以项目为载体，将技能与知识充分结合。

2．内容创新。内容选取机动、灵活，适当融入新技术、新规范、新理念；既体现自我教改成果，又吸收他人先进经验；保持一定前瞻性，又避免盲目超前。

3．精编案例。案例短小精悍，能佐证知识内容；案例内容新颖，表达当前信息；案例以国内中小企业典型事实为主，适合高职学生阅读。

4．巧设实训。实训环节真实可行，实训任务明确，实训目标清晰，实训内容详细，实训考核全面，切实提高能力。

5．注重立体化。既强调教材内在的立体化，从方便学生学习的角度考虑，搭建易学易教的优质的纸质平台，又强调教材外在的立体化，以立体化精品教材为构建目标，网上提供完备的教学资源。

经济贸易系列

序号	书　　名	书　　号	版次	定价	出版时间	主　　编
1	国际贸易概论	978-7-81117-841-8	1-4	28	2012 年 4 月	黎国英
2	国际贸易理论与实务	978-7-5038-4852-0	1-2	40	2007 年 8 月	程敏然
3	国际结算	978-7-5038-4844-5	1-2	32	2009 年 7 月	徐新伟
4	国际结算	978-7-81117-842-5	1-2	25	2012 年 7 月	黎国英
5	国际贸易结算	978-7-301-20980-6	1-1	31	2012 年 7 月	罗俊勤
6	国际贸易实务	978-7-301-20929-5	1-1	30	2012 年 8 月	夏新燕
7	国际贸易实务	978-7-301-16838-7	1-1	26	2012 年 8 月	尚洁，肖新梅
8	国际贸易实务	978-7-301-22739-8	1-1	33	2013 年 7 月	刘笑诵
9	国际贸易实务	978-7-301-19393-8	1-2	34	2013 年 1 月	李湘滇，刘亚玲
10	国际贸易实务	978-7-301-20192-3	1-2	25	2013 年 5 月	刘慧，吕春燕
11	国际贸易实务操作	978-7-301-19962-6	1-1	37	2012 年 1 月	王言炉，刘颖君
12	国际贸易与国际金融教程	978-7-301-22738-1	1-1	31	2013 年 7 月	蒋晶，石如璧
13	报关实务	978-7-301-21987-4	1-1	35	2013 年 1 月	董章清，李慧娟
14	报关与报检实务	978-7-301-16612-3	1-1	37	2013 年 3 月	农晓丹
15	报检报关业务：认知与实操	978-7-301-21886-0	1-1	38	2013 年 1 月	姜维
16	进出口商品通关	978-7-301-23079-4	1-1	25	2013 年 8 月	王巾，佘雪锋
17	进出口贸易实务	978-7-5038-4842-1	1-2	30	2008 年 5 月	周学明
18	国际海上货运代理实务	978-7-301-22629-2	1-1	27	2013 年 6 月	肖旭
19	国际货运代理实务	978-7-301-21968-3	1-1	38	2013 年 1 月	张建奇
20	国际商务单证	978-7-301-20974-5	1-1	29	2012 年 7 月	刘慧，杨志学
21	外贸单证	978-7-301-17417-3	1-1	28	2011 年 9 月	程文吉，张帆
22	新编外贸单证实务	978-7-301-21048-2	1-1	30	2012 年 8 月	柳国华
23	商务谈判	978-7-301-20543-3	1-1	26	2012 年 5 月	尤凤翔，祝拥军
24	商务谈判	978-7-5038-4850-6	1-2	32	2009 年 8 月	范银萍
25	商务谈判实训	978-7-301-22628-5	1-1	23	2013 年 6 月	夏美英，徐姗姗
26	国际商务谈判（第 2 版）	978-7-301-19705-9	2-1	35	2011 年 12 月	刘金波，王葳
27	国际商务谈判	978-7-81117-532-5	1-3	33	2010 年 1 月	卞桂英，刘金波
28	商务英语学习情境教程	978-7-301-18626-8	1-1	27	2011 年 8 月	孙晓娟

序号	书　　名	书　　号	版次	定价	出版时间	主　　编
29	外贸英语函电	978-7-301-21847-1	1-1	28	2012 年 12 月	倪华
30	国际商法实用教程	978-7-5655-0060-2	1-2	35	2012 年 4 月	聂红梅，史亚洲
31	国际市场营销项目教程	978-7-301-21724-5	1-1	38	2012 年 12 月	李湘滇
32	互联网贸易实务	978-7-301-23297-2	1-2	37	2015 年 1 月	符静波